AF287772

Leb in Gesellschaft, die deine ist

Gestalttherapie ist ein einzigartiges therapeutisches Konzept: Menschen in psychischen Nöten beizustehen und beim Zurückfinden in Lebensfreude zu unterstützen, ohne sie in die Tretmühle zu re-integrieren. Sinnvolle, für sich selbst hilfreiche, nicht selbst-zerstörerische Rebellion mit notwendiger, für den Organismus gerade mal eben so noch akzeptabler Anpassung zu kombinieren, ist ein hartes Brot. Auf die Gründungseltern der Gestalttherapie einwirkende biographische, geschichtliche und kulturelle Quellen werden hier zusammengeführt und lassen die Entstehung der Gestalttherapie lebendig werden: Laura und Fritz Perls aus Deutschland und Paul Goodman in Amerika bilden ein Team starker Gegensätze, geeinigt von ihrem Stammvater Sigmund Freud und seinem gefallenen Engel Wilhelm Reich: Dieses Buch ist eine *Tour de force*, dessen Autor sich seit einem halben Jahrhundert mit der Theorie der Gestalttherapie befasst.

Stefan Blankertz | Wortmetz | Lyrik und Politik für Toleranz und gegen Gewalt. Anarchist ab 1970. Ab 1972 Beschäftigung mit Paul Goodman.

Stefan Blankertz

Leb in Gesellschaft, die deine ist

Wie die Gestalttherapie sich entwickelte zwischen Berlin und New York

edition g. 411

ORIGINALAUSGABE
edition g. 411
Verlag: BoD · Books on Demand GmbH
In de Tarpen 42, 22848 Norderstedt
Druck: Libri Plureos GmbH
Friedensallee 273, 22763 Hamburg
© 2024 Stefan Blankertz, editiongpunkt.de
Cover unter Verwendung des Bildes
Niños comiendo uvas y melón
von Bartolomé Esteban Murillo
um 1650, Öl auf Leinwand, 146 × 104
Alte Pinakothek, München
gemeinfrei via The Yorck Project
Alle Rechte vorbehalten
ISBN 978-3-7597-7914-4

Inhalt

für Gaby

EDWARD ROSENFELD: «Viele Leute finden das Buch *Gestalt Therapy* so schwierig, dass sie es beiseite legen und denken, es sei nicht wichtig.»

LAURA PERLS: «Sie haben eben keine Zähne. Das ist schade.»[1]

1 Laura Perls, Interview 1977, zit. n. *Meine Wildnis ist die Seele des Anderen*, Kassel 2017, S. 142.

GOODMAN, 1964: «Das Grundschulschulsystem in New York verschlingt jährlich 700 Millionen Dollar [1964], Zinslast nicht eingerechnet. Von den 750 Gebäuden werden pro Jahr 15 mit Extrakosten zu je 2 bis 5 Millionen Dollar renoviert. Es gibt 40000 bezahlte Angestellte. Das sind gewaltige Pfründe, und sehr wahrscheinlich funktioniert es wie ein großer Teil unserer wirtschaftlichen und politischen Struktur – von der die öffentlichen Schulen ein Teil sind – um seiner selbst willen, hält über eine Million Leute auf Trab, verschwendet Wohlstand, belegt Zeit und Raum mit Beschlag, wo etwas anderes stattfinden könnte. [...] Mit dieser Beschlagnahme geht eine Engführung der Erfahrung einher, etwa durch die Gestaltung der Lehrpläne und der Prüfungen nach den immer rigider werdenden Vorgaben der sowohl zeitlich als auch räumlich weit entfernten höheren Schulen.»[1]

---

[1] Paul Goodman, *Compulsory Mis-education* (1964), New York 1966, S. 17.
Nach Recherche sind die Zahlen eher zu niedrig als zu hoch veranschlagt.

Start ins Hier und Jetzt

1

Die Entwicklung der Gestalttherapie ist das Ergebnis der Zusammenarbeit von drei Personen – Laura (1905-1990) und Fritz Perls (1893-1970) sowie Paul Goodman (1911-1972). Das Ursprungswerk, «Gestalt Therapy», 1951 erschienen, ziert allerdings neben Fritz Perls und Paul Goodman anstelle von Laura Perls der Name Ralph F. Hefferline (1910-1974), einem der ersten Patienten von Fritz nach dessen Ankunft in den Vereinigten Staaten 1946. Er wird während des weiteren Texts freilich nicht mehr vorkommen, denn über ihn ist kaum etwas bekannt, und das, was bekannt ist, deutet nicht auf einen denkwürdigen Beitrag hin;[1] jedenfalls ist dieser bedeutend geringer als derjenige der ungenannten Laura Perls. Typisches Beispiel einer Ehefrau, die im Schatten ihres erfolgreichen Mannes stand? Ja und Nein. Fritz Perls litt an einer Schreibblockade; weite Teile der Texte, die unter seinem Namen veröffentlicht wurden, verfasste Laura, abgesehen von denen, die aus (Stegreif-) Vorträgen entstanden (das sind diejenigen der späteren Jahre). Aber auch nach der räumlichen Trennung 1956 – sie in New York und er in Kalifornien – publizierte sie wenig unter eigenem Namen; andererseits veröffentlichte sie einige Texte zuvor, ohne dass Fritz interveniert hätte. Sie selber bestand darauf, sie habe als Autorin nicht in Erscheinung treten wollen.[2]

Die drei brachten über ihre individuellen Eigenarten hinaus auch zwei Kulturkreise mit in die Entwicklung der Gestalttherapie ein, die, trotz mancher Überschneidungen, kaum

[1] Terry Knapp, *Ralph F. Hefferline: The Other Gestalt Therapist*, in The Gestalt Journal, 20. Jg. (1997) Nr. 1, S. 121-135.

[2] Im Interview mit Dan Rosenblatt von 1972, zwei Jahre nach Fritz' Tod, sprach Laura über ihre Beteiligung an «Ego, Hunger, and Aggression» und «Gestalt Therapy» ohne Groll (*Wildnis*, a.a.O., S. 82f und S. 95). Milan Sreckovic verweist auf eine persönliche Mitteilung von ihr an ihn: «Jeder wusste, dass ich es nicht mag, im Zentrum oder *on the top* zu stehen; ich stehe lieber am Rande» (in Reinhard Fuhr u.a. [Hg.], *Handbuch der Gestalttherapie*, Göttingen 1999, S. 137). Der einzige Groll ist zu spüren in ihrer Bemerkung, Goldstein und ihr Doktorvater Adhémar Gelb hätten ihre Dissertation für eigene Publikationen ausgeschlachtet (*Wildnis*, S. 38).

unterschiedlicher hätten sein können: Berlin und New York
der Zeit zwischen den beiden Weltkriegen. Die Spannung
zwischen diesen persönlichen, geographischen und kulturellen
Polen macht Faszination wie Problematik der Entstehungsgeschichte der Gestalttherapie aus.

2

Warum schreibe ich diese Entstehungsgeschichte der Gestalttherapie? Es gibt einen biographischen und einen inhaltlichen
Grund. Dieses Buch basiert darauf, was ich seit nun gut drei
Jahrzehnten in Ausbildungsgruppen den angehenden Gestalttherapeuten erzähle, zunächst am Gestalt-Institut Köln GIK
und jetzt am InKontakt Gestaltinstitut Berlin. Im Herbst 1972
entdeckte ich Paul Goodman. Da war ich 16. Dass es 1972 war,
kann ich deswegen so genau sagen, weil ich in jener Zeit die
Schülerzeitung «Neue Viehzucht» (1970-1977) produzierte;
der erste Artikel über Goodman, den ich schrieb, stand in der
Ausgabe vom September 1972. Meine Entdeckung hatte mit
Gestalttherapie nichts zu tun, denn ich entdeckte Goodman
als anarchistischen Schulkritiker. Es gab wenig von ihm auf
Deutsch, und ich konnte zu dem Zeitpunkt kein Englisch,
schrieb Sechsen in diesem Fach. Dann nahm ich mir vor, ein
Buch von Goodman zu übersetzen.[1] So lernte ich Englisch.
Ein steiniger Weg, wohlgemerkt. Denn Goodman verfügte als
jemand, der fließend Altgriechisch und Latein sprach – er besuchte als Student Seminare, in denen diese angeblich toten
Sprachen im Unterricht verwandt wurden – sowie Französisch,
etwas Deutsch und ein klein wenig Spanisch, über einen un-
gewöhnlich großen Wortschatz. Als verfemter Homosexueller
kannte er sich auch bezüglich der Gossensprache aus, die er
hemmungslos in seine Texte einfließen ließ. In den Tagen vor
dem Internet war es nicht einfach, diese Hieroglyphen zu ent-
schlüsseln. Zudem pflegte er die Angewohnheit, Autoren zu
erwähnen, sie allerdings weder zu zitieren noch irgendwelche
Literatur- und Quellenhinweise zu geben. Ich folgte seinen
Spuren und vermag mein Denken schwer von seinem Denken

---

1 Paul Goodman, *Compulsory Mis-education*, 1964. Dt. *Das Verhängnis der
Schule*, Frankfurt/M. 1975.

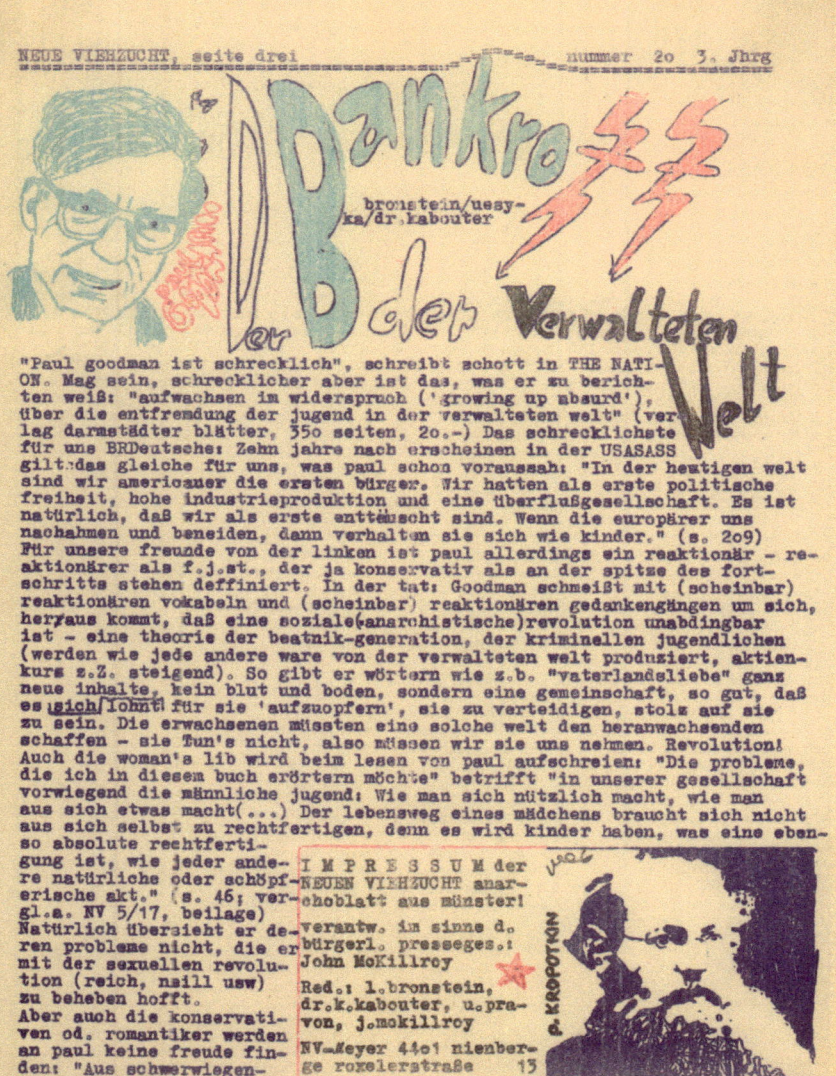

Der Bankross der Verwalteten Welt

bronstein/uesyka/dr.kabouter

"Paul goodman ist schrecklich", schreibt schott in THE NATI-
ON. Mag sein, schrecklicher aber ist das, was er zu berich-
ten weiß: "aufwachsen im widerspruch ('growing up absurd'),
über die entfremdung der jugend in der verwalteten welt" (ver
lag darmstädter blätter, 350 seiten, 2o.-) Das schrecklichste
für uns BRDeutsche: Zehn jahre nach erscheinen in der USASASS
gilt das gleiche für uns, was paul schon voraussah: "In der heutigen welt
sind wir amerikaner die ersten bürger. Wir hatten als erste politische
freiheit, hohe industrieproduktion und eine überflußgesellschaft. Es ist
natürlich, daß wir als erste enttäuscht sind. Wenn die europäer uns
nachahmen und beneiden, dann verhalten sie sich wie kinder." (s. 209)
Für unsere freunde von der linken ist paul allerdings ein reaktionär - re-
aktionärer als f.j.st., der ja konservativ als an der spitze des fort-
schritts stehen deffiniert. In der tat: Goodman schmeißt mit (scheinbar)
reaktionären vokabeln und (scheinbar) reaktionären gedankengängen um sich,
heraus kommt, daß eine soziale(anarchistische)revolution unabdingbar
ist - eine theorie der beatnik-generation, der kriminellen jugendlichen
(werden wie jede andere ware von der verwalteten welt produziert, aktien-
kurs z.Z. steigend). So gibt er wörtern wie z.b. "vaterlandsliebe" ganz
neue inhalte, kein blut und boden, sondern eine gemeinschaft, so gut, daß
es sich lohnt für sie 'aufzuopfern', sie zu verteidigen, stolz auf sie
zu sein. Die erwachsenen müssten eine solche welt den heranwachsenden
schaffen - sie tun's nicht, also müssen wir sie uns nehmen. Revolution!
Auch die woman's lib wird beim lesen von paul aufschreien: "Die probleme,
die ich in diesem buch erörtern möchte" betrifft "in unserer gesellschaft
vorwiegend die männliche jugend: Wie man als nützlich macht, wie man
aus sich etwas macht(...) Der lebensweg eines mädchens braucht sich nicht
aus sich selbst zu rechtfertigen, denn es wird kinder haben, was eine ebenso absolute rechtferti-
gung ist, wie jeder ande-
re natürliche oder schöpferische akt." (s. 46; ver-
gl.a. NV 5/17, beilage)
Natürlich übersieht er deren probleme nicht, die er
mit der sexuellen revolu-
tion (reich, naill usw)
zu beheben hofft.
Aber auch die konservati-
ven od. romantiker werden
an paul keine freude fin-
den: "Aus schwerwiegen-
den und bekannten gründen.

fortsetzung seite 4

IMPRESSUM der
NEUEN VIEHZUCHT anar-
choblatt aus münster!

verantw. in sinne d.
bürgerl. presseges.:
John McKillroy

Red.: l.bronstein,
dr.k.kabouter, u.pra-
von, j.mckillroy

NV-Meyer 44o1 nienberge roxelerstraße   13

Eigendruck (BdPV 44o3
hiltrup schlesienstr.24

P. KROPOTKIN

Mein erster Artikel zu Paul Goodman
Neue Viehzucht, 1972

von denen einige unvermeidbar sind, kann die instution ehe, wie wir sie
seid mehreren hundert jahren kennen, einfach heute nicht länger bestand
haben, sie ist sehr häufig die unmittelbate ursache intensiven leidens."
(s. 185)
Einer der wenigen abhilfe-vorschäge hat uns besonders gefreut, weil wir
unabhängig von paul in der NV 6/18 (sonderteilseite 3) den gleichen entwickelt haben: "Wir schlagen vor, die volkswirdschaft in zwei teile zu
trennen: die wirdschaft für den reinen lebensunterhalt und die wirdsch.
für den hohen lebensstandard. In dem teil für lebensunterhalt, der ausschließlich auf nützlichkeit gerichtet ist, wird jedermann alle
sieben jahre weniger als ein jahr arbeiten" (wir hatten täglich zwei
stunden vorgeschlagen; man könnte auch jede woche einen tag sagen, das
ist alles egal) "und dafür wird ihm auf lebenszeit sein unterhalt garan-
tiert. Die übrige zeit kann er gegen hohe löhne in der wirdsch.f.hohen
lebensst. arbeiten, oder überhaupt nichts tun, was ihm besser gefällt...
Man kann bei völliger integrität für das absolut notwendige arbeiten und
ein maximum an freiheit haben." (s. 118f.)
Paul sagt nichts, was nicht jeder wüßte oder wenigstens spürte - nutz-
losigkeit der arbeit, absurdität des lebens, zerstörte gemeinschaft
(durch die halbmonopole, funktionalen großstädte und IBM-kultur zerstört),
steigende (jugend)kriminalität, starres klassensystem, übermacht der
konzerne (konsumterror), zentralisation, resignation oder zynismus - trotzdem muß es gesagt (gelesen!!) werden und daß es ein solches buch geben
m u ß ist eine schande.
Pessimistisch ist paul goodman aber nicht:
DIE 'MENSCHLICHE NATUR' IST AUF SEITEN DER REVOLUTION - M A C H T
K A P U T T ,   W A S   E U C H   K A P U T T   M A C H T ! ! ! ! ! !

"Das revolutionäre programm der fortschrittlichen
erziehung ist fehlgeschlagen, sonst brauchte ich dieses düstere buch nicht zu schreiben. Die lautesten
u. oberflächlichsten einwände kamen von den konservativen, die sagten, daß die fortschr. erz. die
westliche tradition, sitte und anstand, vaterlandsliebe und achtung vor der autorität verächtlich
mache. Aber die schlimmsten und tatsächlich verhäng-
nisvollen schläge gegen die fort. erz. erteilten
ihr die furchtbaren innerhalb der bewegung selbst,
die befürchteten, daß diese art von ausbildung die
anpassung ans leben nicht erleichtere, wobei sie
unter "leben" verstanden, daß man seinen platz in
der verwalteten welt findet.(...) Hier handelt es
sich nicht um die grundsätze, die dazu führen,
daß man leidenschaftlich die umwelt prüft, anstatt
sich ihr "anzupassen". Was konnte man erwarten? Der
fehlschlag der fort. erz. ist nichts besonderes;
sie ist an den selben kompromissen zugrundegegangen
wie zwanzig weitere revolutionen, die ich in diesem buch anführen werde.
Die herrschende klasse dieser gesellschaft sorgt schon dafür, daß sie
auch die "fortschrittliche erziehung" bekommt, die ihr passt." (s. 141)

"Ich möchte hier zum schluß sagen, daß wir, die vorrige generation, lange
zornig und krank wurden, weil wir mitansehen mußten, wie ernste und ehrli
che anstrengung und menschl. kultur von diesem mist überschwemmt wurde,
angesichts dieser verrückten jungen verkündeten wieder mut schöpfen, und
glauben, daß vielleicht die zukunft besser aussehen wird." (s. 348)

"Es drängt sich der gedanke auf, daß wir unser land wieder zurückbekommen
können, wenn zehntausend menschen aus allen lebensbereichen einen festen
standpunkt einnehmen, ihn deutlich zum ausdruck bringen und auf ihm be-
harren."-"Mein vorgehen in diesem buch ist ganz einfach. Ich setze voraus, daß die jugend WIRKLICH eine welt braucht, in der zu leben es sich
lohnt, damit sie überhaupt aufwachsen kann." (seite 32)

Neue Viehzucht, Seite 2 des Artikels
und Zitate aus *Growing up Absurd*

zu trennen. Als ich 2022 über Goodmans Anarchismus einen Beitrag für die Zeitschrift «Gestalttherapie» der Deutschen Vereinigung für Gestalttherapie verfasste, fragte der mich betreuende Redakteur wiederholt, ob etwas meine Meinung oder diejenige Goodmans sei. Wie soll ich das auseinanderhalten?

1983 promovierte ich in Soziologie – mit einer Arbeit über Paul Goodman. Das Buch «Gestalt Therapy» wird darin häufig zitiert, jedoch immer noch ohne den Hauch eines Bezugs zur Gestalttherapie. Erst Mitte der 1980er Jahre sprach mich Hilarion Petzold, Begründer der Integrativen Therapie, der sich damals noch als Gestalttherapeut identifizierte, an, ob ich auf einer von ihm organisierten Tagung einen Vortrag über Goodman halten möchte – von dem man nicht viel wisse, außer dass er nach dem Zeugnis von Laura Perls der theoretische Kopf unter den Begründern gewesen sei. Über Goodman könne ich durchaus etwas sagen, erwiderte ich, verstünde jedoch nichts von Gestalttherapie. Petzold lachte und meinte, was Gestalttherapie sei, wüssten sie schon selber. Für den Vortrag[1] machte ich mich dann doch etwas kundig in Gestalttherapie.

Zehn Jahre später, nach den ersten Durchgängen von gemeinsamer Lektüre des Ursprungstextes mit Auszubildenden in Gestalttherapie, fiel mir auf, dass die Struktur des ersten Teils des zweiten, theoretischen Bandes von «Gestalt Therapy» aus einer Anlehnung an Aristoteles' Schrift «Von der Seele» und ihrer Rezeption durch Thomas von Aquin zu verstehen sei. Niemand war bisher dieser Spur gefolgt, einfach deshalb, weil man sich zwar in der Philosophie weiterhin mit Aristoteles beschäftigt, nicht aber in der Psychologie. Von Goodman her gesehen ist eine Anspielung auf Aristoteles (und Thomas) nicht weit hergeholt, denn sein Doktorvater war der Aristoteliker Richard McKeon (1900-1985) – der, in dessen Seminaren Altgriechisch die Umgangssprache war. Um bei ihm studieren zu können, hatte der Straßenjunge Paul sich Altgriechisch bei-

---

1 Stefan Blankertz, *Utopie oder Aggression? Goodmans Sozialpsychologie in «Gestalttherapie»*, in Integrative Therapie, Beiheft 10, hg. v. Hilarion Petzold u. Christoph J. Schmidt, Paderborn 1985, S. 43-57. Die Tagung fand Ende September 1984 in Oberwesel statt, und dies war mein erster öffentlicher Vortrag überhaupt. Bemerkenswert, dass schon da die gestalttherapeutische Aggressionstheorie im Zentrum meiner Rezeption stand.

gebracht. McKeon verachtete die Neothomisten, weil diese
Aristoteles in Latein lasen, und untersagte seinen Studenten,
bei ihnen zu hören. Genau das tat der Rebell und musste sein
Schullatein auffrischen. Die Neothomisten sprachen Latein.
Chicago, 1930er Jahre ... *just* kulturlose Amis.
Ich selber war auf Thomas von Aquin über eine Stelle in
dem von mir übersetzten Buch gestoßen. Goodman schrieb
einem «St. Thomas» die Aussage zu, dass der Hauptzweck der
Sexualität darin bestehe, die andere Person kennen zu lernen.
Der hl. Thomas?[1]

3

Der inhaltliche Grund für dieses Buch ist meine Überzeugung,
dass Gestalttherapie Widerstand[2] bedeute (oder nichts). Um
dies nachvollziehbar zu machen, entführe ich Sie in das New
York Ende der 1940er Jahre, wo das System dem New Yorker
Straßenjungen Horatio,[3] inzwischen herangereift zum jungen
Mann, einen Prozess macht. Horatio war pfiffig gewesen: Als
er eingeschult werden sollte, entwendete und vernichtete er
seine Akte. Damit wurde er fürs System unsichtbar. Natürlich
lernte er lesen – wortwörtlich beiläufig – und zwar anhand der
Schlagzeilen von Zeitungen. Er, die Freunde und informellen
Lehrer – die Stadt als Schule: zurück zu Sokrates[4] – versuchten

1 Goodman: «Wie St. Thomas sagt, ist die hauptsächliche menschliche Absicht des sexuellen Kontaktes, sich kennenzulernen.» (*Das Verhängnis der
Schule*, S. 87.) Anmerkung 75 (S. 116): «Thomas von Aquin (1193 [1224]-
1274); vergl. J. Fuchs, *Die Sexualethik des heiligen Thomas von Aquin*, Köln
1949, S. 134 u. 290; eine charakteristische Wendung von Thomas dazu lautet:
‹magis conju[n]ctus magis amatur› (Fuchs, S. 134).»
2 Um die Verwirrung von politischer und psychoanalytischer Bedeutung
des Begriffs *Widerstand* zu umgehen, greife ich für die psychoanalytische
Bedeutung nach Möglichkeit auf den Begriff *Abwehr* zurück. Zuordnung
siehe Sachindex.
3 Mit vollem Namen: Horatio Alger. Damit ist die Allusion auf den gleich-
namigen Autor von Groschenromanen in der zweiten Hälfte des 19. Jahrhunderts perfekt, in denen die Möglichkeiten des amerikanischen Traums
beschworen werden. Paul Goodman liebte diese Geschichten und bedauerte,
dass der Traum im Laufe des 20. Jahrhunderts erledigt wurde.
4 «What he really wants is to use the City as a school. Back to Socrates.»
Paul Goodman, *The Empire City* (Teil «The Grand Piano»), New York 1959,
S. 120f. (In der separaten Erstveröffentlichung von *The Grand Piano*, New
York 1942, S. 177.)

jeder in der eigenen Art, mit dem folgenden Dilemma fertig zu werden: Passt man sich an das kranke gesellschaftliche System an, wird man verrückt. Schließt man sich aus der bestehenden Gesellschaft (die einzige, die wirklich da ist) aus, macht einen das ebenfalls wahnsinnig.[1] Die Freunde um Horatio waren ein verschrobener und doch auch irgendwie lustiger Haufen, bis Krieg ausbrach. Der Krieg spielte in fernen Regionen, ihr Staat allerdings leistete seinen Beitrag. Einige beugten sich, machten ebenfalls mit und kamen um, andere aber weigerten sich und landeten im Gefängnis. Die Freunde lernten, dass sie, egal wie sehr sie versuchten, nicht am System mitzuwirken, stets aber ein Glied in ihm waren oder als Rädchen fungierten. Einer der Freunde ekelte sich schließlich sogar vor unschuldigem Brot, weil auch in ihm sich das System repräsentiere. Der Krieg zerstörte und tötete, das System hingegen ließ er intakt, obwohl die Hoffnung auf eine Befreiung aus dem Charakterpanzer des Systems der psychische Motor war, der die Menschen zum Mitmachen antrieb: Krieg wirft in den Naturzustand zurück und zugleich negiert er ihn. Nach dem Krieg besteht alles fort, wenn auch auf eine neue Weise, auf eine Weise noch höherer Integration in die Konformität. Der Aufbruch in den Frühling, der den Zerstörungen des Kriegs hätte folgen können, entfällt: Der Frühling ist tot, bevor das Leben zu spießen beginnt. Aber dann verlieben sich die Balletttänzerin Rosalind und Horatio ineinander. Goodman nannte es paradox «städtische Hirtenromanze».[2] Zugleich wird gegen Horatio ein sürrealer Prozess angestrengt. Der Staatsanwalt klagt ihn des Verrats an – sich der Gesellschaft zu verweigern. Sein Plädoyer formuliert er philosophisch und logisch hieb- und stichfest: Der Mensch sei ein soziales Wesen, er lebe nur durch und in einer Gesellschaft. Ihr könne er sich gar nicht verweigern, ohne Schaden an seiner

---

[1] «The Dilemma of our Society: If we conformed to the mad society, we became mad; but if we did not conform to the only society that there is, we became mad.» Paul Goodman, *The Empire City* (Teil «The Dead of Spring»), New York 1959, S. 407. (*The Dead of Spring*, Glen Gardner, NJ 1950, S. 180.)
[2] «An Urban Pastoral Romance (after Longus)». Der Hinweis geht auf den griechischen Schriftsteller Longos, der vermutlich im zweiten Jahrhundert nach Christus die Abenteuer- und Liebesgeschichte um die Findelkinder Daphnis und Chloe schrieb.

Gesundheit zu nehmen sowie der Gesellschaft zu schaden. Überdies sei die Verweigerung eine nur scheinbare, denn in Wahrheit bleibe er trotz allem ihr Teil. Das fasst genau die Erfahrung zusammen, die Horatio und seine Freunde bereits schmerzlich gemacht haben. Insofern befinde der Verweigerer sich, holt der Staatsanwalt unerbittlich aus, in einem Eigenwiderspruch. Ob er wolle oder nicht, sei er verurteilt, dazu zu gehören und mitzumachen.

Der Staatsanwalt hat seine schneidende Rede beendet, das letzte Wort verhallt, der Leser ist restlos überzeugt – es gibt keinen andern Ausweg als den der Verurteilung Horatios, seine Haltung der Verweigerung aufzugeben. Horatio erhebt sich und setzt dem Staatsanwalt entgegen: «Ich bin verliebt.»[1] Dieser Satz reicht. Der Staatsanwalt hat verloren. Er sieht es ein; seine ganze Argumentation bricht in sich zusammen: Horatio steht nicht Abseits der Gesellschaft, nein, qua Liebe verbindet er sich mit ihr. Das Liebespaar konstituiert eine Gesellschaft. Denn das war dem Staatsanwalt nicht bewusst: Es gibt einen Unterschied zwischen natürlicher (freiwilliger) Gemeinschaft und dem gesellschaftlichen System des Zwangs und der Bürokratie, welches der Natur des Menschen zuwider läuft und das Leben abwürgt: Atemnot ist das vorherrschende Krankheitssymptom in der «Reichsstadt». Für die tödliche Konsequenz des Systems steht das Schicksal von Horatios Schwester Laura. Vor dem Krieg eine erfolgreiche Architektin (wie Goodmans älterer Bruder Percival), beschäftigte sie sich im Krieg mit der Unsichtbarmachung ihrer eigenen Bauwerke zum Zwecke der Tarnung im Falle eines feindlichen Luftangriffs; nach dem Krieg kriegt sie kein Bein mehr auf den Boden und begeht Suizid[2] (was Percival erspart blieb).

Gut 600 Seiten, 4 ¼ Romane, verdichtet auf wenige Zeilen: Paul Goodman, *The Empire City* (gemeint ist New York), 1959, bestehend aus: *The Grand Piano: Before a War*, 1942; *The State of Nature: A War*, 1946; *The Dead of Spring:*[3] *After a War*, 1950; *The*

---

1 *Empire City*, a.a.O., S. 388. (*Dead of Spring*, S. 155.)
2 Ebd., S. 395. (*Dead of Spring*, S. 163.)
3 «The Dead of Spring» ist ein makaberes Wortspiel. Idiomatisch bedeutet die Phrase «mitten im Frühling»; als Horatio seine Schwester, die sich er-

Holy Terror: Modern Times sowie zwei Kapitel eines fünften, nie vollendeten Teils: *Here Begins*. Von der (wohlwollenderen) Kritik wurde der Roman mit Don Quijote verglichen. – Der Unterschied: Don Quijote und Sancho Panza zogen in den Kampf gegen einen sichtbaren Feind, den sie sich jedoch bloß einbildeten. Anders Horatio und seine Freunde, sie kämpfen gegen einen realen Feind, der jedoch unsichtbar ist. So ist der Repräsentant des Systems, der verschrobene Milliardär Hugo Eliphaz, derart sympathisch, dass Horatio sich ihn, während seine Kinder vor ihm fliehen, zum sozialen Vater wählt. In den letzten Lebensmonaten wohnt er mit ihm und begleitet ihn beim Sterben. Das Gegenteil von Gewalt, gibt der weise gewordene Sterbende ihm mit auf den Weg, sei der Handel.[1]

The Dead of Spring, 1950. 1947 waren Laura und Fritz Perls nach New York gekommen, hatten Goodman, von dem sie Essays bereits im südafrikanischen Exil lasen, kontaktiert und mit der Abfassung eines Buches für eine neu zu begründende psychoanalytische Richtung beauftragt, eines Buches, das Fritz wegen seiner Schreibblockade nicht zu Papier brachte.

Wer Goodman war und welche Scherereien er als Autor von «Gestalt Therapy» mit sich bringen würde, wird den Perls zumindest in Umrissen nicht unbekannt gewesen sein. In den Essays, die sie von Südafrika her kannten, entfaltete ein avantgardistischer Literat und bekennender Anarchist die Gründe für seine Kriegsdienstverweigerung im zweiten Weltkrieg und nutzte dazu vor allem Theorien von Sigmund Freud und Wilhelm Reich: Eine Gesellschaft, argumentierte er, die Lebenswillen und Kreativität und Aggressivität ihrer Mitglieder bis zur Bewusstlosigkeit stranguliere, erzeuge einen Wunsch nach Ausbruch – «Bersten» –, der suizidalen Charakter annimmt, wenn alle anderen Wege verstellt sind. Seinen Stil denunzierte George Orwell 1946 in «Politics and the English Language» als Beispiel für «hässliches und falsch geschriebenes Englisch», freilich ohne seinen Namen zu nennen.[2] Jedenfalls zitierte er

---

hängt hat, auffindet, trägt sie ein Schild um den Hals mit dem Text: «The Dead of Spring», die Frühlingstote.

1 *Empire City*, S. 153-161. (*State of Nature*, New York 1946, S. 10-23.)

2 Die Sätze, die Orwell analysierte, stammen aus *The Political Meaning of*

aus dem Umkreis jener Essays zur Kriegsdienstverweigerung und psychologischen Motivation, sich der Militärmaschinerie zu unterwerfen, deren Inhalt ich skizziert habe: Sie enthielten ähnliche Gedanken, wie sie durch die Perls in «Ego, Hunger, and Aggression» (1942) entwickelt worden waren.

Heute können wir im Stil Goodmans, seiner Vermischung von Genres, Philosophie, Psychologie, Sozialkritik und von Sprachebenen den Vorboten der Postmoderne erkennen.[1] Wie Horatio wuchs Goodman als Straßenjunge in New York auf (auch wenn er eine reguläre Schule besuchte); als streunender Homosexueller blieb ihm auch später die Sprache der Randgruppen nicht fremd. Zugleich war er sorgender Vater dreier Kinder. Nicht zuletzt ging in seinen Stil die bereits erwähnte Kenntnis alter und neuer Sprachen ein. Als wenn das nicht genug des Mischmaschs gewesen wäre, las Goodman bereits als Jugendlicher Sigmund Freud, und dessen Theorien animierten ihn zu seinen Romanen, Stories, Bühnenstücken (etliche von ihnen führte das legendäre Living Theatre auf) und Gedichten, noch bevor er in mittlerem Alter anfing, Essays zu schreiben. Den Anlass, aus dem Bereich der Literatur in den der Sozialkritik zu wechseln, gab die Frage, die er sich vorlegte: Der Einberufung zum Kriegsdienst Folge leisten oder in den Widerstand gehen und eventuell mit Gefängnis bestraft werden?

4

Der Stil, in dem Goodman «Gestalt Therapy» verfasste, ist eins der Gewichte, das diese Therapieform zu stemmen hat:

PETZOLD, 2011: «Das Buch ist ein künstlerischer Text, und darin liegt ein Problem, denn heute wird von einem zentralen Text der Psychotherapie verlangt – und ich meine

Some Recent Revisions of Freud, erschienen 1945 in der Zeitschrift «Politics» von Orwells (und Goodmans) Freund Dwight MacDonald. Orwell erklärte den Essay für «schlicht ohne Sinn» (Horizon, 13. Jg. [1946] Nr. 76, S. 260), vermutlich, weil er kein Wort begriff. (Goodmans Text ist in *Nature Heals*, New York 1977, S. 42-70, dt. in *Natur heilt*, Köln 1989, S. 71-99, enthalten.)
1 Zu denken wäre beispielsweise an David Foster Wallace' «Unendlicher Spaß» (1996) mit den essayistischen Einlagen und den wenig verknüpften Erzählsträngen.

zu recht –, dass er grundlagenwissenschaftlich (neuro-
wissenschaftlich, empirisch-psychologisch) und klinisch
(durch dokumentierte Erfahrungen im klinischen Bereich, klinische Forschung) fundiert ist.»[1]

Wird verlangt ... Zu recht ... Wer verlangt? Und mit welchem
Recht? Die Fragen verweisen auf eine weitere Beschwernis, die
Goodman ins Päckchen packte; sie hängt zusammen mit dem
Stil, wiegt aber noch schwerer, und das ist die Einsicht in das
Dilemma der Gesellschaft, wie Goodman es in «The Dead of
Spring» auf den Punkt brachte: Sich dem Verlangen des gesellschaftlichen «Wir» zu unterwerfen, macht ebenso krank, wie
sich der Sozialität zu verweigern. Wichtig ist, dass Goodman
hier keinen wohlfeilen Ausweg wies, kein Beisser'sches Paradox der Veränderung,[2] keine Buber'sche Dialogphilosophie,
keine Levinas'sche Akzeptanz der Andersheit des Anderen,
keinen Perls'schen Verzicht auf *Mindfucking* und auch keinen
Reich'schen Rückzug aufs rein Körperliche: Das Dilemma ist
da. Und es bleibt da. Es ist der Pfahl im Fleische der Gestalttherapeuten ebenso wie in demjenigen von ihren Klienten. Das
Therapeutische liegt darin, sich dem Dilemma zu stellen, ihm
nicht auszuweichen, weder in Richtung Unterwerfung, noch
in Richtung einer Verweigerung, welche zur Selbstvernichtung
tendiert.

Die Gestalttherapie ringt seit Anfang der nun 75 Jahre
ihrer Existenz (von denen ich rund die Hälfte selber bezeuge)
stets mit diesem Dilemma, das Goodman ihr ins Stammbuch
schrieb. In Deutschland etwa sehnte sie sich qua ihres Berufs-
verbandes vor allem danach, von der Staatsgewalt anerkannt zu
werden – und weiterhin sehnt sie sich, wohl wissend, dass die
Staatsgewalt sie niemals mit Paul Goodman und seinem Buch

---

1 Hilarion Petzold, *Zwischen Gestalttherapie und Integrativer Therapie: Ein
Interview*, in Psychologische Medizin 3 (2011), S. 14-44; Zitat in der pdf-
Fassung des FPI-Textarchivs auf S. 22.
2 Arnold R. Beisser (1925-1991), ein Schüler von Fritz Perls, formulierte
aufgrund eigener Erfahrung als nach einer Polio-Infektion Querschnitts-
gelähmter das für die Gestalttherapie wichtige «Paradox der Veränderung»;
es besagt, Veränderung finde erst statt, wenn man den Status quo akzeptiert
hat. Vgl. *Wozu brauche ich Flügel?* (1989), Wuppertal 1997.

anerkennen wird: Der einzige Ausweg in das Paradies, an dem Manna der Staatsgewalt doch irgendwie noch Teil zu kriegen, liegt in Richtung der Unterwerfung.

Der anarchistische Impuls, wie Goodman ihn in dem Dilemma formulierte, veraltete über die Jahrzehnte keineswegs. Und heute ist er wichtiger denn je. In einem anderen Roman sprach Goodman bereits 1963 von einer «Welt ohne Asyl».[1] Man stelle sich das vor: 1963! Inzwischen stopfte die Staatsgewalt die noch vorhandenen Löcher, sodass es keine regionale Souveränität mehr gibt. Weit weg von der psychotherapeutischen Praxis? Keineswegs. Die Behauptung, Psychotherapie müsse von der Öffentlichkeit beglichen werden, weil die Menschen sie sich nicht zu leisten vermögen, beruht wesentlich darauf, dass die Staatsgewalt heute weit mehr als die Hälfte all dessen konfisziert, was die Arbeitenden erwirtschaften.

Ist Goodmans Kritik am Staat historisch verständlich und berechtigt, aber nicht mehr zeitgemäß? Wie sieht die Empirie aus? Ein Beispiel: Das Bildungsbudget betrug in Westdeutschland 1972, Goodmans Todesjahr, rund 10 Milliarden DM, in Gesamtdeutschland 1995 knapp 76 Milliarden, 1999 knapp 79 Milliarden und 2021 gut 165 Milliarden Euro (jeweils inflationsbereinigt). In den USA stiegen die Bildungsausgaben für die Primar- und Sekundarstufe auf lokaler, bundes- und zentralstaatlicher Ebene kombiniert und inflationsbereinigt von 1977 302 Milliarden US-Dollar auf 2019 718 Milliarden US-Dollar. – Diese wenigen Zahlen sind ein Beispiel für die Tendenz der Zunahme von Staatsgewalt.

Obgleich der Einfluss des Staats auf das gesellschaftliche Leben seit 1972, Goodmans Todesjahr, gewachsen ist – an dem für Goodman wichtigen Parameter der Staatsausgaben für Bildung illustriert –, herrscht jedoch dieses Gefühl vor, der

---

1 Paul Goodman, *Making Do*, New York 1963, S. 9: «The police of Vanderzee, and of New York across the river, of Paris, Madrid, Warsaw, Moscow, were the instruments of the worldwide system of States in which a man was hounded from one baroque jurisdiction to another baroque jurisdiction, and he had no asylum or even exile.» – Vanderzee ist der fiktive Ort, vermutlich Hoboken gegenüber von Manhattan an der anderen Uferseite des Hudson in New Jersey, in welchem ein Teil des Romans spielt.

Staat sei schwach, sei geschwächt durch die Kritik. Die Klage über den durch Kritik geschwächten Staat ist in vielen Fällen leicht als Vorwand derer zu erkennen, die eine Zunahme der Ausgaben des Staats oder der staatlichen Regulierungen gesellschaftlicher Verhältnisse zum eigenen Nutzen erreichen wollen. Doch hinterliegt der Klage häufig doch auch das echte Gefühl, dieser oder jener Missstand müsse behoben werden, es sei aber kein Geld da, kein Personal vorhanden, kein gesetzgeberischer Vorstoß möglich, um das zu bewerkstelligen. Das Paradox des faktisch starken und stärker werdenden Staats und seines gefühlten Schwächerwerdens lässt sich mit Goodmans Theorem von einer «Psychologie des Gefühls der Machtlosigkeit» (1966) analysieren. Es gibt eine unscheinbare Wendung von Goodman, die hier wichtige Dienste leistet; alle Mittel, sagte er, seien vom System «mit Beschlag belegt».

GOODMAN, 1960: «Das System belegt die verfügbaren Mittel und das verfügbare Kapital mit Beschlag, kauft so viel Intelligenz wie möglich auf und dämpft abweichende Stimmen. Und dann behauptet es unwiderleglich, dass es selber die einzig mögliche Art der Gesellschaft darstelle und nichts anderes zu denken sei.»[1]

Die Zentralgewalt des Staats belege Räume im physischen und im übertragenen Sinne sowie Finanzmittel «mit Beschlag» und schränke damit den Platz für im Kontakt und im Konflikt entstehende kreative Anpassungen ein. Bezogen auf das Thema Schule, aus dessen Kontext das Zitat stammt, lautete Goodmans Aufruf, der individuellen Initiative, dem pädagogischen Freiraum, der lokalen Verfügung über die Finanzmittel mehr Bedeutung einzuräumen.

Welcher Rat lässt sich für heute ableiten? Für mich ist es vor allem: Nicht aufgeben. Der zweite Rat lautet, nicht zu meinen, jemand oder, Gott bewahre!, man selber sei so schlau, die Welt retten zu können – dass man die Welt könne retten, wenn einem nur genügend Staatsgewalt zur Verfügung stünde.

[1] Paul Goodman, *Growing up Absurd: Problems of Youth in the Organized Society* (1960), New York 1962, S. x.

In einem Interview 1986 erinnerte sich Pauls Bruder Percival
Goodman, Paul habe dessen Wunsch, noch einmal (nach
«Communitas», 1947) gemeinsam ein Buch zur Stadtplanung
zu verfassen, mit folgenden Worten abgelehnt:

GOODMAN, 19??: «Planung ist schier *nonsense*. Immer wenn
jemand etwas plant, wird es noch schlimmer als erwartet.
[…] Die Idee zentraler Planung [*master planning*] von
irgendetwas, ausgenommen in den kleinsten Einheiten,
führt immer ins Desaster.»[1]

Der Mensch ist eine problemlösendes Tier, aber ausschließlich
in dem Bereich, in dem er Erfahrung macht, mithin in dem
Bereich direkten Kontakts. Jeder Einsatz von intermediären
Zwischenstufen reduziert den Kontakt, macht die Erfahrung
flacher und die Lösungen unpassender. Jeder Einsatz von Gewalt bei der Durchsetzung der Pläne verschiebt den Kontakt in
Richtung Projektion, blockiert Erfahrung und Kreativität. Jede
Konstruktion einer Erzählung, die schrecklichen Probleme der
Gegenwart wären durch nichts anderes als durch die Inter-
nationalisierung der Staatsgewalt lösbar, lässt alle Einzelnen
ohnmächtig dastehen – dastehen in ohnmächtiger Wut, die
sich in Hass gegen jeden entlädt, der zu der einen oder anderen
in Frage stehenden Katastrophe eine abweichende Auffassung
vertritt.

Die Betonung von Gemeinschaft, Kontakt und kreativen
Lösungen, die Ablehnung von zentralstaatlichen, gewaltsamen
und bürokratischen Lösungen, zieht das Konzept der Politik in
Zweifel, das (gewaltsam) verwirklicht wurde: das Konzept, die
gesellschaftliche Ordnung erwachse aus staatlich erzwungener
Verbindlichkeit. Diesem Konzept stellte Goodman entgegen,
auf das Ansinnen zu verzichten, eigene Ideen oder Lösungen
durch etwas anderes als Zustimmung umzusetzen. Ordnung
und Verbindlichkeit entstehen aus dem Wechselspiel zwischen
Tradition und Neuerung; Aggression im Sinne der Gestalttherapie spielt bei diesem Prozess eine Rolle, ausgeschlossen ist

1 Interview von Dennis L. Dolens 1986 in Peter Parisi (Hg.), *Artist of the
Actual: Essays on Paul Goodman*, Metuchen, NJ 1986, S. 150.

Zentralgewalt. Um mit der Gemeinschaft und ihrer Verwirklichung zu beginnen, ist es nach Goodman nicht nötig (und nicht sinnvoll), auf die vollständige gesellschaftliche Umwälzung und die große Revolution zu warten, sondern zu tun, was man tun kann, und dann erst in einen Konflikt mit der Staatsgewalt einzutreten, wenn sie diesen Freiraum in einem konkreten Fall einschränkt.

Für Goodman ging es nicht darum, eine Therapieform ins Leben zu rufen, die behilflich ist, jene kranken Körper und Seelen derer ruhig zu stellen und wieder für ein Funktionieren im System flott zu machen, welche das System als unbrauchbar ausgespuckt hat, sondern darum, eine Möglichkeit zu kreieren, mit dem Dilemma zwischen krankmachender Unterwerfung und ebenso krankmachender Opposition fertig zu werden. In einem von denjenigen Essays, die die beiden Perls veranlassten, ihn als ihr Sprachrohr zu nutzen, erklärte Goodman es zum anarchistischen (libertären)[1] Programm, in der gegenwärtigen Gesellschaft so weit wie möglich zu leben, als sei sie eine freie.[2] Mit dem Roman «The Empire City» verlieh er diesem Programm, wie eingangs skizziert, einen literarischen Ausdruck. Um das Dilemma auszuhalten – bedarf es der Gestalttherapie. Entzieht man ihr aber diesen Auftrag, den ihr Goodman mit auf den Weg gab, bedeutet sie nichts als nur irgendein weiteres Anpassungsinstrument, das keine Eigenständigkeit und keine überzeitliche Bedeutung hat, vielmehr eine der Modewellen ist, die sich in ihrer Bedeutungslosigkeit abwechseln.

Gestalttherapie ist ein einzigartiges psychotherapeutisches Konzept – Menschen in ihren seelischen Nöten beizustehen und sie beim Zurückfinden zur Lebendigkeit zu unterstützen, ohne sie in die Tretmühle der Allkläglichkeit zu re-integrieren. Sinnvolle, für sie hilfreiche und nicht selbstzerstörerische Re-

---

[1] Goodman verwandte die Adjektive weitgehend synonym. Zur Begriffsgeschichte des Libertarismus vgl. Stefan Blankertz, *Einladung zur Freiheit: Werkbuch libertäre Theorie und Praxis*, Berlin 2020, S. 222-226.

[2] «Free action is to live in the present society as though it were a natural society.» Paul Goodman, *Reflections on Drawing the Line* (1945), in *Drawing the Line*, New York 1962, S. 11. (In *Art and Social Nature*, New York 1946, S. 1. In *Drawing the Line*, New York 1977, S. 3. In *Drawing the Line once again*, Oakland, CA 2010, S. 26.)

bellion mit der für den Organismus gerade noch akzeptablen
sozialen Anpassung zu vereinbaren, ist ein hartes Brot. Sowohl
ihrem Ursprung als auch ihrem Herzen nach ist die Gestalttherapie ein anarchistischer Ansatz. Das bedeutet, dass sie bloß
außerhalb des staatlichen Gesundheitssystems überleben kann.
In ihrer gegenwärtigen historischen Phase steht sie vor der
Wahl, sich entweder instrumentalisieren zu lassen oder stand
zu halten. Um dem Standhalten eine Aussicht einzuräumen,
schreibe ich dies Buch.

5

Für wen ist diese Entwicklungsgeschichte der Gestalttherapie
geschrieben? – Wer sich für die Entwicklungsgeschichte der
Gestalttherapie interessiert, hat vermutlich ein gewisses Vorverständnis davon, was Gestalttherapie sei. Aber auch, wer sich
ohne ein solches Vorverständnis in diese Seiten verirrt, wird es
erfahren, wenn auch nicht im Sinne eines Lehrbuches. Mein
Vorgehen ist die Kombination von biographischem mit ideen-
geschichtlichem Aspekt. Diese Aspekte zu unterscheiden, ist
bezogen auf Fritz Perls wichtig. Denn es wurde bereits auch
von anderen Beobachtern der Gestalttherapie angesprochen,
dass seine Behauptungen, der eine oder andere Philosoph oder
Psychologe sei für die Konstitution der Gestalttherapie wichtig
gewesen, höchst unzuverlässig sind – unzuverlässig in jenem
Sinne, kein stimmiges Ganzes zu ergeben. Für einen Vertreter
einer ganzheitlichen Denkungsweise ist das kein gutes Zeugnis. Dazu richte ich an den alten Fritz einen Brief.

6

Dear Fritz, was hast du uns denn da für ein Ei ins Nest gelegt?
mit dem Vortrag *Gestalttherapie und Kybernetik*. 1959. Kybernetik[1] war *en vogue*. Du wolltest ja schon immer Anschluss an
das Neueste, was im akademischen Bereich Rang und Namen
hat. Aber dazu hättest du irgendetwas über Kybernetik und die

---

1 Die Kybernetik beschreibt Steuerungsprozesse durch Soll-Ist-Abgleich
mittels einer automatisierten Rückkopplung in Technik, Institutionen und
Organismen. Um die Mitte des 20. Jahrhunderts entstanden, wurde sie vom
Ende der 1950er an bis hinein in die 1970er Jahre zur Allheillehre stilisiert.

Anschlussfähigkeit (du verzeihst mir sicher diesen anachronistischen reudeutschen Ausdruck; um soetwas wie linguistische Konsistenz hast du dich eh nie geschert) der Gestalttherapie sagen müssen. Stattdessen reduzierst du die Kybernetik auf den Allerweltssatz, dass es um Rückmeldung und -kopplung gehe – doch selbst bezogen auf diese Trivialität zeigst du nicht, inwiefern sie in der spezifischen Form, wie sie im Modell der Maschinensteuerung verwandt wird, für deine Gestalttherapie wichtig ist. Oder wolltest du uns provozieren im Sinne von Theodor W. Adorno, welcher die Kritik am Behaviorismus als ausgelaugten Humanismus geißelte,[1] weil sie den Begriff der Subjekthaftigkeit des Menschen bemühe, die es unter dem Druck der Verhältnisse (noch?) gar nicht geben könne. Nein, ich finde keinen Anhaltspunkt für dialektische Ironie in deinem Text, der solch eine subtile Argumentation tragen könnte.

FRITZ PERLS, 1959: «Obgleich wir in der Gestalttherapie eine Feedback-Technik [1] verwenden, die auf den ersten Blick der klientenzentrierten Therapie [2] von Rogers[2] ähnelt, findet sich doch zu dieser ein fundamentaler Unterschied: wir reformulieren [3] nämlich nicht die Sätze des Patienten […], sondern wir sind darauf bedacht, sorgfältig nur seine eigenen Worte und Bilder zu verwenden und zwar wortwörtlich [4] […]. Durch Interventionen wie ‹In welcher Richtung gehen wir weiter?› […] fördern [wir, Phantasien zu verbalisieren] [5].»[3]

1 Theodor W. Adorno, *Soziologie und empirische Forschung* (1957), in *Der Positivismusstreit in der deutschen Soziologie*, Neuwied 1972, S. 87.
2 Carl Rogers (1902-1987) begründete zeitgleich mit der Gestalttherapie die Personenzentrierte oder Nichtdirektive Gesprächstherapie. – Die Betonung der Beziehungsqualität zwischen Klienten und Therapeuten und der notwendigen Empathie der Therapeuten für die Klienten steht der Gestalttherapie nahe. Die Technik, Gefühle der Klienten zu spiegeln und zu bestärken, wird jedoch als zu eng und in gewissen Fällen als wenig hilfreich angesehen. Es kann unter Umständen auch angeraten sein, die Klienten zu konfrontieren oder gar zu provozieren.
3 Friedrich S. Perls, *Gestalttherapie und Kybernetik* (1959), in *Gestalt – Wachstum – Integration: Aufsätze, Vorträge und Therapiesitzungen*, Paderborn 1980, S. 128.

[1]+[2] Den kybernetischen Soll-Ist-Abgleich bezeichnest du als der Rogers-Methode ähnlich; nicht nachvollziehbar.

[3] Du unterstellst, die Rogers-Methode würde darin bestehen, Klientenstatements zu re-formulieren (zu re-framen?) – das scheint mir unzutreffend (und unkybernetisch) zu sein.

[4] Dagegen setzt du wörtliches Spiegeln als Gestaltmethode, was doch für die Rogers-Methode kennzeichnend ist.

[5] Deine Beispielintervention hat nun allerdings weder etwas mit Feedback [1], noch mit einer Rogers unterstellten Reformulierung [3], noch mit der von dir der Gestalttherapie zugeschriebenen wörtlichen Spiegelung [4] zu tun.

An einer anderen Stelle in deinem Vortrag behauptest du dies:

FRITZ PERLS, 1959: «Vom philosophischen Standpunkt aus betrachten wir uns als Existentialisten [1], wobei wir besonders auf Gedanken von Buber [2], Marcel,[1] Friedlaender [3] und auf Husserls Phänomenologie [4] zurückgreifen. Wir sind der Auffassung, dass alle metaphysischen und metapsychologischen Spekulationen, die unseren eingeschlossen, lediglich den Bedürfnissen der Individuen entsprechen, die sie erschaffen [5]. Indes, wir sind keine puristischen Phänomenologen [6], da wir annehmen [!], dass der Organismus als Ganzes arbeitet, als eine Einheit [7].»[2]

[1]+[4] Hier setzt du Existentialisten mit Phänomenologen gleich. Höchst zweifelhaft.

[2] Buber mag man bei den Existentialisten einordnen (wie es Adorno tat), aber er war bestimmt kein Hauptvertreter der Richtung.

---

1 Gabriel Marcel (1889-1973), ein französischer Vertreter des christlichen Existenzialismus, der oft in die Nähe von Martin Buber gestellt wird. In der Theoriegeschichte der Gestalttherapie griff man allerdings fast ausschließlich auf Buber zurück. Sreckovic (1999) erwähnt Marcel zweimal im Vorübergehen (S. 32 und S. 45), Clarkson und Mackewn (1993) einmal (S. 92), Bocian (2007) gar nicht. Dies schließt nicht aus, dass es lohnend wäre, sich mit ihm zu befassen; ein biographischer Einfluss lässt sich nicht erkennen.
2 *Gestalttherapie und Kybernetik*, a.a.O., S. 120f.

[3] Friedlaender war nie Existentialist. Dadaist, Expressionist, zeitweise Nietzscheaner, später dogmatischer Kantianer.[1]

[4] Auch Husserl war kein Existentialist, sondern Phänomenologe.

[5] Diese von dir genannte Auffassung ist weder phänomenologisch noch existentialistisch. Wir könnten sie womöglich in Nietzsches Perspektivismus, im Utilitarismus, im philosophischen Egoismus (Stirner) oder auch im Pragmatismus verorten.

[6] Dagegen kennzeichnest du diese Auffassung als puristisch phänomenologisch. Völlig daneben.

[7] Die Entgegensetzung zur «puristischen Phänomenologie» hat nun weder etwas mit Phänomenologie zu tun (auch nicht als Verneinung, als Antithese) noch etwas mit der in [5] formulierten Auffassung, sondern stellt vielmehr einen ganz anderen Aspekt dar.

Mein Gott, Fritz!, hättest du doch Wittgenstein beherzigt und darüber geschwiegen, wovon du nichts verstehst, anstatt einen solchen *elephant shit* zu produzieren. Glaubst du, wir würden dich nicht genauso (nein, was mich betrifft in Wirklichkeit: viel mehr) lieben, wenn du dich als das dargestellt hättest, was du bist: Als der nach Freud genialste Psychotherapeut? Mit herzlichen Grüßen aus dem Hier und Jetzt in Vergangenheit und Zukunft, dein Stefan.

7

Der Titel dieses Buchs ist eine Anlehnung an Goodmans Satz «The Society I Live In Is Mine», Titel einer 1962 erschienenen Sammlung seiner Briefe an Vertreter von Politik und Medien: Ich behandle sie, sagte Goodman, als seien sie meine Angestellten (obwohl er wusste, dass dem nicht so ist). Der Satz besteht aus drei Anapästen. Die Übertragung in drei Daktylen war eine mühsame Arbeit von mehreren Wochen und einigen Schluck Whisky sowie viel Kopfschütteln meiner Frau. Auch der Untertitel gelang dann in einer daktylischen Form, was im

---

1 Salomo Friedlaender, *Kant gegen Einstein* (1932), Gesammelte Schriften, Bd. 1, Herrschen 2008. Zu Friedlaender vgl. weiter hinten S. 113-120.

trochäischen Deutschen kein einfach zu erzielender Versfuß ist, wie jeder leibhaftig spüren kann, wenn er die Voß'sche Homer-Übersetzung vom Ende des 18. Jahrhunderts liest. Die Fließtext-Schrift ist die Adobe Caslon von Carol Twombly, die auf der von William Caslon entworfenen, ersten Schriftfamilie englischen Ursprungs basiert. In ihr wurde die amerikanische Unabhängigkeitserklärung gesetzt – und Goodmans Roman «The Empire City». Für die Headlines verwandte ich den Google Font Protest Riot von Octavio Pardo.

Was die Auswahl an Themen und an Autoren betrifft, halte ich mehr davon, wichtige Hinsichten eingehender zu untersuchen, als Namen ohne eine weitere Erklärung aneinander zu reihen mit dem Vermerk, dieser oder jener sei auch noch zu bedenken oder habe auch noch eine Rolle für die Eltern der Gestalttherapie gespielt. Meine Kriterien der Auswahl waren *erstens* Aktualität, *zweitens* systematischer Status in der Theorie der Gestalttherapie sowie *drittens* der biographische Bezug zu den Eltern. Anscheinend hat jeder Text, wie Judith Butler sagt, «mehr Quellen, als er in seiner eigenen Begrifflichkeit rekonstruieren kann».[1]

Und das Titelbild? Der Straßenjunge. Horatio. Und sein Freund. Oder Bruder? Eine Gesellschaft, die ihre ist. Beim Essen. Das Ich, der Hunger und die Aggression. Trauben und Melone. Messer. Zähne. Genuss. Freundschaftliches Teilen.

---

1 Judith Butler, *Das Unbehagen der Geschlechter* (1990), Frankfurt/M. 1991, S. 12.

Goldene Zwanziger

FRITZ PERLS, 1969: «Mein Name ist Friedrich Salomon Perls, auf Amerikanisch Frederick S. Perls; meist werde ich Fritz oder Fritz Perls genannt, manchmal Doktor Fritz. Indem ich das schreibe, komme ich mir sehr obenhin und unpersönlich vor. [...] Ich entwickele mich zu einer bekannten Persönlichkeit. Aus einem unbedeutenden jüdischen Jungen der unteren Mittelschicht wurde ein mittelmäßiger Psychoanalytiker, möglicherweise der Begründer einer ‹neuen› Therapieform und Repräsentant einer entwicklungsfähigen Philosophie, die für die Menschheit von Bedeutung sein könnte. [...] Am wohlsten fühle ich mich als Prima Donna und wenn ich mit meiner Fähigkeit prahlen kann, innerhalb kürzester Zeit das Wesen eines Menschen und seiner Probleme zu erfassen. [...] Ich habe jahrelang mit meiner Frau diese Spiele gespielt: ‹Bin ich nicht toll? Mich übertriffst du nicht!›, bis ich merkte, dass ich immer den Kürzeren zog und gar nicht gewinnen konnte. Damals glaubte ich noch an den weitverbreiteten Unsinn, dass es wichtig und sogar notwendig ist zu gewinnen.»[1]

---

[1] Frederick S. Perls, *Gestalt-Wahrnehmung: Verworfenes u. Wiedergefundenes aus meiner Mülltonne* (1969), Frankfurt/M. 1981, S. 1-3.

Lucys wegen auf der Couch: Freud 1

1

Rund um den Stammtisch sitzen Anfang des 20. Jahrhunderts in Berlin «lauter gehaltvolle Männer». Zu ihnen stößt der junge Arzt *Fagott* – die übrigen Namen der Groteske sind von ähnlich symbolischer Kraft – und outet sich als Anhänger des Wiener Nervenarztes Sigmund Freud, der bekanntlich alles Handeln aus «geschlechtlichen Dingen» herleitet. Man ist empört und ein jeder der Herrschaften gibt eine Geschichte als Widerlegung Freuds zum Besten. Höhe- und Schlusspunkt bildet der Bericht des Eisenbahners *Zwicke*. Er erzählt, dass er auf einer Dienstfahrt zufällig einer hübschen Frau gegenübersaß. Natürlich dachte der brave Mann bei ihrem zauberhaften Anblick an nichts Schändliches, als es zu einem Eisenbahnunglück kam. Der Aufprall schleuderte ihn auf die Frau, in der Folge schlingerte der Wagon und, was soll ich sagen?, ohne ein weiteres Zutun kam es – ohne vorherige Entkleidung!? – zum Coitus. Zu allem Überfluss stellte sich heraus, dass die Frau Novizin ist. Der Redner deklamiert am Ende der Anekdote, er verbürge seine Ehre für ihrer beider Unschuld.[1] Der olle Freud sieht sich widerlegt. Wer wollte das angesichts solcher Beweise leugnen?

Dies ist die Auftaktgroteske des Buches «Das Eisenbahnglück, oder: Der Anti-Freud», 1925 veröffentlicht von dem Satiriker Mynona, der Salomo Friedlaender (1871-1946) hieß, Bohème und Philosoph war sowie einen bedeutenden persön-

---

[1] Mynona, *Das Eisenbahnglück oder Der Anti-Freud* (1925), Hamburg 1988, S. 20f. (Die Eröffnungsgroteske des Buches stammt aus dem Jahr 1920. Auch in *Grotesken I*, Gesammelte Schriften, Bd. 7, Herrsching 2008, Nr. 94.) Es ergibt sich möglicherweise ein Zusammenhang zu Freuds Bemerkung in *Jenseits des Lustprinzips* (1920; in Studienausgabe, Bd. 3, S. 222): «Nach schweren mechanischen Erschütterungen, Eisenbahnzusammenstößen und anderen, mit Lebensgefahr verbundenen Unfällen ist seit langem ein Zustand beschrieben worden, dem dann der Name ‹traumatische Neurose› verblieben ist.» Übrigens eine entschieden nicht-sexuelle und nicht-frühkindliche Quelle für Neurose – dies denen ins Poesiealbum, die immer noch meinen, Freud habe nur frühkindliche und bloß sexuelle Quellen für die Entstehung von Neurosen erschlossen.

lichen Einfluss auf das Psychoanalytiker-Ehepaar Laura und Fritz Perls ausübte.

In der – zugegebenermaßen spärlichen – Sekundärliteratur findet man Andeutungen, der Autor der Groteske habe ernsthaft Partei für die Zwickes genommen und sich nicht über deren Bigotterie belustigt.[1] Und der Gestalttherapeut Claudio Naranjo bescheinigte ihm eine «durchgängige und intelligente Freud-Kritik».[2] Damit bescheinigte er Mynona, kein Satiriker, sondern ein recht verschrobener Idiot zu sein, der meinte, die Dominanz des Geschlechtstriebs durch eine Rückführung des Akts auf äußerliche, mithin ungewollte Mechanik widerlegen zu können, sowie dem Ehepaar Perls, das sich zu genau jener Zeit ihrer Begeisterung für Friedlaender in psychoanalytischer Ausbildung befand, eine geschwollene Geschmacksverirrung. Wie würde man sich hierüber hinaus die Umwandlung jenes Eisenbahn*un*glücks in dies Eisenbahn-glück erklären? Eisenbahner Zwicke jedenphalls wollte es als Un-glück verstanden wissen, dass er einer angehenden Nonne beywohnte. Er stellte es nicht als eine glückliche Fügung dar. Man kann es bloß als Glück bezeichnen, wenn man das Freud'sche Unbewusste hinzunimmt und Zwicke durchaus unterstellt, die hübsche junge Nonne begehrt zu haben, *vorgeblich* aber nicht bewusst. Vielleicht sogar auch die Nonne den «gehaltvollen» Mann. Sie nutzten die Gunst der Stunde oder die des Unglücks. Keine Anleitung zum Unglücklichsein. Was wird dann aus seiner – und ihrer – Ehre?

Wie auch immer diese Groteske gemeint gewesen ist, sie macht jedenphalls deutlich, welchem Unbehagen und welchen Missverständnissen Sigmund Freuds kaum ein viertel Jahrhundert alte Psychoanalyse ausgesetzt war, selbst im Kreise der fortschrittlichen Bohème, zu dem ihr Autor sich zählte.

1 Zum Beispiel Alfred Diener in seinem Nachwort zum *Eisenbahnglück*, a. a. O., S. 185 f. (Über den Autor des Nachworts konnte ich nichts weiter in Erfahrung bringen.) Vgl. auch die Einleitung zu *Grotesken I*, a. a. O., Abschnitt «Themen und Motive: 4. Psychologie, Psychiatrie, Psychoanalyse».
2 Ludwig Frambach und Claudio Naranjo, *By looking from nothingness: Ein Gespräch*, in Ludwig Frambach u. Detlef Thiel (Hg.), *Friedlaender/Mynona und die Gestalttherapie*, Bergisch Gladbach 2015, S. 252. Durchgängig vielleicht; aber wo wäre Intelligenz? Oder wenigstens Esprit?

2

Lange Zeit war die Psychologie ein Teil der Philosophie und als solche galt ihre einzig mögliche Fragestellung dem logischen Aufbau des Bewusstseins. Freud räumte damit auf. Nein, nein, sagte Freud, ein großer Teil der psychischen Aktivität läge im Unbewussten.

Wie in den Grotesken von Mynona angedeutet, eilte Freud der Ruf voraus und tut es immer noch, alles auf Sexualität (und auf die Prägung in der Kleinkindheit) zurückgeführt zu haben. Dieser Ruf lässt sich für jeden leicht durch eigene Lektüre widerlegen. Sei es die berühmte Traumdeutung (1900),[1] seien es seine eindrucksvollen Vorlesungen zur Einführung in die Psychoanalyse (1916 & 1933):[2] Freuds Beispiele drehten sich keineswegs bloß um Sexualität (und Kleinkindheit). Dennoch ist in dem Ruf, der Freud vorauseilt, viel von dem enthalten, was psychoanalytisch erklärt werden kann: Es ist in dem Ruf die (verständliche) Abwehr[3] dagegen zu spüren, von Kräften beherrscht zu werden, die man nicht mit seinem Bewusstsein kontrollieren kann. Nehmen wir ein so unverfängliches Beispiel wie die Sprache. Der erste Spracherwerb der Muttersprache liegt weitgehend in der Phase, bevor ein erinnertes Bewusstsein vorhanden war. Die intuitiv erfassten Regeln können befolgt werden, ohne bewusst zu sein. Und außer für Linguisten bleibt die Anwendung der Regeln ein Leben lang unbewusst. – Kunsthistorisch Interessierten empfehle ich Freuds wunderbare Interpretation des Moses von Michelangelo, in der es weder um Sexualität noch um Kindheit geht, sondern um Zorn und um die Möglichkeit, ihn zurückzuhalten (psychoanalytisch: zu «retroflektieren»). Die Statue wurde meist so gedeutet, dass Moses die Steintafeln von Gott erhalten hat, ins Lager der Israeliten zurückkehrt, erfährt, dass sie abgefallen sind, und sich kurz vor seinem Zornesausbruch befindet. Freud sah sie anders:

1 In der Studienausgabe Bd. 2.
2 In der Studienausgabe Bd. 1.
3 Dort, wo es sinnvoll ist, verwende ich *Abwehr* statt *Widerstand*, wenn der psychoanalytische Sinn gemeint ist, und behalte den Begriff Widerstand für den politischen Bereich vor. Zuordnung siehe Sachindex.

FREUD, 1914: «[Der Moses des Michelangelo] wollte es in einem Anfall von Zorn, aufspringen, Rache nehmen [...], aber er hat die Versuchung überwunden, er wird jetzt so sitzen bleiben in gebändigter Wut, in mit Verachtung gemischtem Schmerz. [...] [Michelangelo] hat das Motiv der zerbrochenen Gesetzestafeln umgearbeitet, er lässt sie nicht durch den Zorn Moses' zerbrechen, sondern diesen Zorn durch die Drohung, dass sie zerbrechen könnten, beschwichtigen oder wenigstens auf dem Wege zur Handlung hemmen [...] – nicht ohne Vorwurf gegen den Verstorbenen [Papst Julius II, für dessen Grab die Statue vorgesehen war], zur Mahnung für sich selbst, sich mit dieser Kritik über die eigene Natur erhebend.»[1]

Diese Interpretation macht die Statue zum Sinnbild dessen, was ich für das Kernstück der Toleranz (und der Schwierigkeit, sie zu üben) halte: Es geht ja nicht darum, das zu dulden, was mir gefällt oder gleichgültig ist (da bräuchte man gar nicht von Duldung zu sprechen), vielmehr in gebändigter Wut, in mit Verachtung gemischtem Schmerz sich über die eigene Natur erhebend das zu erdulden, was mir im höchsten Maße zuwider ist, den tief eingewurzelten Werten und höchsten Wahrheiten widerspricht. Danke, Sigmund, für diesen Michelangelo.

Eine spezielle Abwehr erfährt immer noch der Nachdruck Freuds darauf, dass Sexualität weite Teile des individuellen und gesellschaftlichen Handelns bestimme. Immer noch grassiert die ausgenzwinkernde Klassifizierung von Sex als schönster Nebensache der Welt. Wie das? Nebensache? Ohne Sexualität gäbe es keine höher entwickelten, komplexeren Lebewesen. Vielleicht wäre es ja besser, hätte das Leben sich nicht über das Stadium einer Amöbe hinaus entwickelt (hierüber spekulierte

---

1 Sigmund Freud, *Der Moses des Michelangelo* (1914), in Studienausgabe, Bd. 10, S. 214-218. Zu einer umfassenden kritischen Würdigung inklusive einer psychoanalytischen Deutung, weswegen Freud diesen Essay verfasste, vgl. Ilse Grubrich-Simitis, *Michelangelos Moses und Freuds «Wagstück»: Eine Collage*, Frankfurt/M. 2004. Entscheidend ist aber nicht, ob Michelangelo es so ausdrücken wollte, vielmehr dass Freud es in der Statue so sah.

Freud in seinem pessimistischen Text *Jenseits des Lustprinzips*, als er 1920 nach dem ersten Weltkrieg an der Destruktivität der Menschen schier zu verzweifeln drohte). Die Besonderheit der menschlichen Sexualität liegt in ihrer Entgrenzung oder umgekehrt gesagt: darin, dass sie zeitlich und funktional nicht mehr auf die Fortpflanzung eingegrenzt ist.[1] Dies hat die entwicklungsgeschichtliche Ursache, dass bei Menschen die Brutpflege über einen sehr langen Zeitraum stattfindet und einer stabilen Familie bedarf. Die Funktion der Sexualität als Bindemittel für die Familie hat übrigens nicht erst Freud entdeckt; sie wird bereits bei Thomas von Aquin im 13. Jahrhundert ausführlich beleuchtet.[2]

GOODMAN, 1963: «Der hl. Thomas […] stellt heraus, der menschliche Hauptsinn der Sexualität bestehe darin, mit einander in Kontakt zu treten. Ich weiß nicht, ob die Katholiken unter Ihnen mit dieser Interpretation einverstanden sind, aber die Kirche wäre viel besser, wenn sie die Ideen des Aquinaten ernst nähme.»[3]

Nun wird Freud von konservativer Seite aus immer noch und gerade auch wieder verstärkt vorgeworfen, die Familie zerstört

[1] In Anschluss an Aristoteles und Thomas von Aquin wandte Goodman sich gegen die Sicht auf Sexualität, sie sei da, um Spaß zu haben: «Die nach außen gerichtete Liebe ist eine sich selbst fraglos rechtfertigende Handlung; so kann man sagen, Liebe sei der Sinn des Lebens. […] Wenn aber Liebe aus genau diesem formalen Grund gesucht wird, stellt der Satz sich als eine schlimme Illusion heraus – er ist der Aufschrei dessen, der nicht liebt, sein Betteln um Liebe, weil er der Liebe bedarf und nicht lieben kann. Man sagt auch, Vergnügen sei der Sinn des Lebens, und das ist wahr, weil Vergnügen die Handlung begleitet […]. Es liegt allerdings ganz außerhalb unserer Erfahrung, Glück als die Summe von Vergnügungen zu betrachten; im Gegenteil, der Gedanke: ‹Ich tue das, um mich zu amüsieren›, gehört zur Suche nach Ablenkung vom Elend.» Paul Goodman, *On the Question: «What is the Meaning of Life?»* (1946), in Collected Stories, Bd. 3, Santa Barbara, CA 1979, S. 209 f.
[2] Es gibt übrigens einige wenige Ethnien wie die Trobiander auf Papua-Neuguinea und die Arrernte in Zentral-Australien, deren Familienstruktur für Psychoanalytiker wie für Thomisten eine Herausforderung darstellt, weil die Kernfamilie nach anderen Prinzipien gebildet wird.
[3] Paul Goodman, *Sex and Ethics* (1963), in *Nature Heals*, New York 1977, S. 101. Dt. *Natur heilt*, Köln 1989, S. 136.

zu haben: Seine Aufklärung über die Bedeutung der Sexualität und über die Abgründe, die sich in Familien leider allzuoft finden, habe zum Verfall der Familie geführt, zu rebellischen Kindern, zu Müttern und Vätern, die sexueller Befriedigung hinterher hecheln, anstatt ihrer Pflicht nachzukommen. Dieser Vorwurf tut so, als habe Freud sich das, was er über Familie und deren problematische psychische Dynamik sagte, bloß ausgedacht. Wer dies meint, sollte nicht Freud angreifen, sondern zeigen, dass die Familie nur Friede Freude Eierkuchen war und ist. Dass Mütter und Väter *vor* Freud nur ihrer Pflicht nachgekommen und nie ihrer Lust hinterher gehechelt seien. Dass Kinder nie rebelliert oder nie stumm unter ihren Eltern schwer gelitten hätten. Das ist mehr als unwahrscheinlich.

Ein anderer Freud gern gemachter Vorwurf lautet, er habe die Verantwortung vom Einzelnen auf die Gesellschaft verschoben. Wenn es soziale Vorgänge vor allem in der Kindheit seien, die das Handeln unbewusst motivieren, dann folge daraus, dass nicht der Handelnde schuld ist, wenn etwas schief läuft, sondern die anonyme Gesellschaft. Dies wurde zwar häufig aus Freuds Theorien geschlussfolgert und ist heute weitgehend Standard sowohl in der Rechtspraxis als auch im eingebürgerten Bewusstsein. Aber es ist nicht das, was Freud anstrebte. Sein therapeutisches Ziel war, die Entwicklung des von seinem Unbewussten gesteuerten, in der Kindheit verhafteten Es hin zum aktiven, erwachsenen, Verantwortung übernehmen könnenden und wollenden Ich zu unterstützen.

Der fürs Verständnis der sozio-psychologischen Dynamik der Gesellschaft wichtigste Text Freuds ist «Das Unbehagen in der Kultur». 1930 erschienen, nach dem katastrophalen ersten Weltkrieg, Kommunismus und Faschismus auf dem Vormarsch, ein neuer Krieg im Anzug, stellte Freud sich die Frage nach dem Warum: Warum sind die Menschen bereit, sehenden Auges die Zerstörung dessen in Kauf zu nehmen, was sie aufgebaut haben und was ihr Leben angenehm macht? Die Analyse der (ökonomischen) Interessen, die die Herrschenden zu solchem Handeln treibt, beantwortet die Frage nicht hinreichend; denn die Herrschenden mögen zwar Gründe für ihr Handeln haben, aber warum macht die Masse mit? Freud ent-

wickelte in dem kleinen Text die These, dass die sozio-psycho-
logische Dynamik der Gesellschaft vermittels zweier Mächte
geprägt werde, von den individuellen Bedürfnissen (vor allem
Sexualität und Aggressivität) sowie von den gesellschaftlichen
Bedürfnissen nach Ordnung und Gegenseitigkeit. Um die gesellschaftlichen Bedürfnisse zu befriedigen, ist es – laut Freud
– nötig, individuelle Bedürfnisse teilweise einzuschränken: Die
individuellen Bedürfnisse können nicht immer, nicht alle und
vor allem selten sofort befriedigt werden, ohne dabei die gesellschaftliche Ordnung – oder die Gegenseitigkeit – zu verletzen.
Die Frustration der individuellen Bedürfnisse bleibt allerdings
nicht ohne Folgen. Die Menschen machen sich gegenüber den
eigenen Bedürfnissen taub; diese rutschen ab ins Unbewusste,
sind jedoch dort um so wirksamer. Viele Menschen reagieren
mit Selbstschädigung (auf psychischer Ebene Depression,[1] auf
somatischer Ebene Krankheit), manche mit ungezügelter Destruktivität. Insgesamt entsteht ein Unbehagen in der Kultur;
die Kultur und ihre Leistungen (Ordnung und Gegenseitigkeit) werden mithin nicht bloß positiv gesehen, sondern auch
negativ erlebt. Die Frustration der individuellen Bedürfnisse,
das Unbehagen, kann ein Ausmaß erreichen, dass es in die Bereitschaft mündet, alles kurz und klein zu hauen. Freud, selber
bereits schwer krank, war zum Zeitpunkt der Veröffentlichung
des Textes pessimistisch, ob es je gelingen werde, ein lebensfähiges Gleichgewicht zwischen den individuellen und gesellschaftlichen Bedürfnissen herzustellen.

3

«Wir alle kommen von Freud» (Laura Perls).[2] – Friedrich Perls
wurde Ende des 19. Jahrhunderts in eine jüdische Familie der
unteren Mittelschicht geboren, der Vater war Weinhändler.
Obwohl – oder gerade weil – Fritz kaum etwas Positives über
seinen Vater zu sagen hatte, übernahm er einige seiner Eigenschaften, etwa die Neigung zu kurzfristigen sexuellen Affären
sowie die Sucht nach gesellschaftlicher Anerkennung. Nathan

1 Wichtig: Dies ist nicht die einzig mögliche Quelle von Depression.
2 Laura Perls, Gespräch mit Milan Sreckovic, 1989, in *Leben an der Grenze:
Essays und Anmerkungen zur Gestalt-Therapie*, Köln 1989, S. 182.

Perls, der Vater, gründete etliche Freimaurerlogen, nachdem er in seiner ursprünglichen Loge als Jude nicht aufsteigen konnte. Zweimal wurde er aus eigenen Gründungen wegen eines nicht angemessenen Verhaltens ausgeschlossen.[1] Fritz studierte Medizin und diente im ersten Weltkrieg als Sanitäter und Arzt. Bei Einsätzen von Giftgas erlebte er den Horror, ohne Raum zum Nachdenken entscheiden zu müssen, welche Betroffenen er mit den knappen Ressourcen wie Sauerstoff versorgt (Triage).[2] Nach dem Krieg assistierte er dem Biologen und Psychologen Kurt Goldstein, der gehirnverletzte Soldaten betreute.

Laut eigener Aussage war Fritz schon als Jugendlicher auf Freuds Theorien gestoßen im Zusammenhang mit seiner Verunsicherung zwischen aufbrechender Sexualität und deren Ablehnung durch die Umgebung:

FRITZ PERLS, 1969: «In meiner Jugend griff ich Freud als meinen gebrauchsfertigen Erlöser auf. Ich war überzeugt, dass ich meine Erinnerung durch Masturbation zerstört hatte, und Freuds Theorie kreiste sowohl um Sex als [auch] um Erinnerung. Also war ich überzeugt, dass Psychoanalyse das einzige Heilmittel war.»[3]

Eine Psychoanalyse, die schnell in Lehrtherapie überging, fing Fritz allerdings erst Mitte der 1920er Jahre an, als er die verwickelte Beziehung zu einer Frau mit Namen *Lucy* aufklären wollte, Missbrauchsopfer seines Onkels Hermann Staub.[4] Obwohl er bei Goldstein assistierte, erlebte Lore – später: Laura – Posner ihn als in erster Linie mit Psychoanalyse beschäftigt. Goldstein habe er gar nicht begriffen.

1 Bernd Bocian, *Fritz Perls in Berlin 1893-1933: Expressionismus – Psychoanalyse – Judentum*, Wuppertal 2007, S. 71.
2 Frederick S. Perls, *Gestalt-Wahrnehmung: Verworfenes u. Wiedergefundenes aus meiner Mülltonne* (1969), Frankfurt/M. 1981, S. 165.
3 Ebd., S. 151.
4 Laut Fritz (ebd., S. 222) meinte Wilhelm Reich, er sei in Wirklichkeit Staubs Sohn. – Bisweilen wird Lucy als Nichte, manchmal sogar als Tochter von Staub bezeichnet; Fritz nannte sie eine «entfernte Verwandte» (ebd., S. 223). Sie war morphiumsüchtig und beging später Suizid.

LAURA PERLS, 1982: «Fritz war vor allem psychoanalytisch orientiert. […] Zunächst war ich ja Gestaltpsychologin und wandte mich erst später der Psychoanalyse zu. Fritz dagegen war bereits Analytiker, bevor er sich mit der Gestaltpsychologie befasste. […] Fritz sagte zu mir: ‹Weißt du, ich wünschte, ich hätte Goldstein besser verstanden.› […] Fritz hatte nicht den philosophischen Hintergrund, um die Gestaltpsychologie zu verstehen.»[1]

Wenn wir den gehässigen Anteil in dieses Statements abziehen und mit der Bemerkung zusammennehmen, Fritz habe nie viel gelesen,[2] erkennen wir hier die Problematik bei der Rekonstruktion, welche wesentlichen theoretischen Einflüsse auf Fritz gewirkt hätten. Er nahm Einflüsse durch rhapsodische Lektüre, durch Atmosphäre, durch Hörensagen auf, und dies synthetisierte er intuitiv zu genialen neuen Gedanken; jedoch ist es heikel, diese Synthese wieder zurückzuverwandeln in ihre einzelnen Elemente.

Bei den Lehranalysen machte Fritz negative (im Rückblick meist überbewertete) und positive (im Rückblick leider meist unterschlagene) Erfahrungen. – Wenn Analysen nicht recht funktionieren wollten, wurde das damals entweder auf eine fehlerhafte Technik seitens des Therapeuten oder auf die Abwehr seitens des Patienten geschoben. Die Einsicht, dass es vor allem die zwischen den Klienten und Therapeuten entstehende Beziehungsqualität sei, die über den Erfolg der Psychotherapie entscheidet, formulierte erst später die Gestalttherapie – eine

---

1 Laura Perls, *Meine Wildnis ist die Seele des Anderen*, Kassel 2017, Interview von 1982, S. 166-170. Vgl. auch 1972 (ebd., S. 47): «Noch vor ein paar Jahren sagte Fritz: ‹Ich wünschte, ich hätte mehr von Gestalt verstanden, als ich noch bei Goldstein war.›» 1977 (ebd., S. 122): «Ich war erst ein Gestaltist und dann wurde ich Analytikerin. Fritz war zuerst ein Analytiker und dann kam er zur Gestalt, aber ist dort nie richtig angekommen.»
2 *Wildnis* (1972), ebd., S. 83. Original in Nancy Amendt-Lyon (Hg.), *Zeitlose Erfahrung: Laura Perls' unveröffentlichte Notizbücher und literarischen Texte 1946-1985*, Gießen 2017, S. 315. Was war Lauras Maßstab für wenig oder viel lesen? – Laut Taylor Stoehr, *Here Now Next: Paul Goodman and the Origins of Gestalt Therapy*, San Francisco, CA 1994, S. 152, prahlte Fritz damit, keine Bücher mehr zu lesen. Wo? Wann?

Einsicht, die von dem herrschenden Gesundheitswesen immer
noch ungern zugegeben wird. Man will gern, dass Verfahren
und Techniken losgelöst von den beteiligten Personen wirken.
Jedenfalls beendete Fritz keine Lehranalyse, was dann beim
Gang ins Exil Thema wurde. Bis dahin konnte er ungehindert
als Arzt und Psychiater praktizieren. Heute wäre das natürlich
undenkbar.

4

Freud endete «Das Unbehagen in der Kultur» – den ersten
Weltkrieg und die russische Oktoberrevolution mit den un-
vorstellbaren Grausamkeiten im Rücken, die Machtübergabe
an die Nationalsozialisten und der zweite Weltkrieg stehen als
Bedrohung schon im Raum – mit der Feststellung:

> **FREUD, 1930:** «Die Schicksalsfrage der Menschenart [*sic*]
> scheint mir zu sein, ob und in welchem Maße es ihrer
> Kulturentwicklung gelingen wird, der Störung des Zu-
> sammenlebens durch den menschlichen Aggressions-
> und Selbstvernichtungstrieb Herr zu werden.»[1]

Diese Zeilen lese ich immer mit Erschütterung. Klingen sie
denn nicht, als seien sie eben im Hinblick auf die jüngsten Ereignisse geäußert worden? Gleichwohl haben jene Zeilen auch
etwas Vertrautes und Beruhigendes. Sie setzen die Kulturentwicklung zum Aggressions- und Selbstvernichtungstrieb in
einen klaren Gegensatz. Das gesteht uns zu, dass wir kultiviert
sind, die Gewalttäter hingegen kulturlose Barbaren. Ein erstes
Unbehagen will uns beschleichen angesichts der Aufzählung –
oder der Gleichsetzung? – des Aggressions- mit dem Selbstvernichtungstrieb. Aggressiv sind doch bloß die bösen Feinde,
die sich nicht den Regeln der Kulturnationen unterwerfen; wer
um Gottes Willen hat einen Selbstvernichtungstrieb? Wir etwa? Die Feinde etwa? Noch angsteinflößender tönt es einige
Zeilen vor der zitierten Passage:

---

1 Sigmund Freud, *Das Unbehagen in der Kultur* (1930), in Studienausgabe,
Bd. 9, S. 270.

FREUD, 1930: «Ich kann wenigstens ohne Entrüstung den Kritiker[1] anhören, der meint, wenn man die Ziele der Kulturstrebung und die Mittel, deren sie sich bedient, ins Auge fasst, müsse man zu dem Schlusse kommen, die ganze Anstrengung sei nicht der Mühe wert und das Ergebnis könne nur ein Zustand sein, den der Einzelne unerträglich finden muss.»[2]

Hier ist nichts mehr zu finden von einer deutlichen Entgegensetzung zwischen Kultur und Barbarei. Die Kultur erheischt eine Kritik, weil sie zu einem für den Einzelnen unerträglichen Zustand führt. Diese Kritik fügt sich zu Freuds Einsicht, «in welchem Ausmaß die Kultur auf Triebverzicht aufgebaut ist», darin gründet, was Freud als «diese Kulturversagung»[3] bezeichnete. Freud lehnte die Schlussfolgerung des ungenannten Kritikers zwar ab, jene Kulturstrebungen über Bord zu werfen; die Grundlage von dessen Kritik aber zweifelte er nicht an; er hatte sie ihm geliefert.

Bei Triebverzicht denkt man, gerade wenn es um Freud sich dreht, spontan an die Sexualität. Der Standardeinwand lautet, seit Freud hätten sich die gesellschaftlichen Sitten und Werte gewandelt, das Problem heute sei nicht Unterdrückung der Sexualität, vielmehr eher zu große sexuelle Freizügigkeit. Keiner, der die Fallgeschichten von Freud und besonders von Wilhelm Reich liest, kann umhin, den Fortschritt sexueller Befreiung zu bewundern, den wir ja im Wesentlichen der Psychoanalyse zu verdanken haben. Dennoch realisierten die Versprechen sich nicht, die die Psychoanalyse an die sexuelle Befreiung knüpfte – ein besseres, friedlicheres Sozialleben mit weniger Neurosen und anderen psychischen Problemen herbeizuführen. Schon 1951 hieß es in «Gestalt Therapy»:

---

1 Meiner Vermutung nach ist an dieser Stelle Wilhelm Reich gemeint; so sah es jedenfalls auch Reich selber, wie er 1952 Kurt Eissler sagte, vgl. *Reich Speaks of Freud*, New York 1967, S. 44: «‹Das Unbehagen in der Kultur› was written specifically in response to one of my lectures in Freud's home.»
2 *Unbehagen in der Kultur*, a.a.O., S. 269.
3 Ebd., S. 227. Versagung *durch* Kultur (nicht *von* Kultur).

PHG,[1] **1951:** «Die quantitative Zunahme an ziemlich un-
eingeschränkter Sexualität wird von abnehmender Erregung und Tiefe der Lust begleitet.» – Hieran schloss
sich die beunruhigte Frage an: «*Warum* gibt es weniger
Befriedigung usw.?»[2]

Es geht also nicht darum zu statuieren, Freud habe sich geirrt,
man müsse halt umkehren in die gute alte Zeit, in der Disziplin,
Selbstbeherrschung und Keuschheit zentrale Werte eines ge-
sitteten Charakters darstellten. Nein, Freud scheint etwas über-
sehen zu haben: einen Mechanismus, der die befreite Sexualität
daran hindert, sich sozial und individuell wohltuend in dem
Maße auszuwirken, wie es zu erwarten war. Den Mechanismus
der Hemmung macht die Gestalttherapie bei der Hemmung
der Aggression aus; sie formuliert eine besondere und dem
Mainstream widersprechende Theorie positiver Aggression.
Hiermit schließt sie enger an Freud an, als bislang vermutet.
Denn bereits laut Freud ist es nicht bloß Sexualität, vielmehr
auch Aggressivität, die einer Kulturversagung unterliegt.

FREUD, 1930: «Wenn die Kultur nicht allein der Sexualität,
sondern auch der Aggressionsneigung des Menschen so
große Opfer auferlegt, so verstehen wir es besser, dass
es dem Menschen schwer wird, sich in ihr beglückt zu
finden.»[3]

Damit ist präzisiert, weswegen es keine klare Entgegensetzung
von Kultur zur Barbarei oder Gewalt gibt. Wie notwendig oder
zumindest wünschenswert die gesellschaftliche Aggressions-
hemmung auch sein mag, sie erzeugt ein unglückliches Bewusstsein. Aus diesem ergibt sich erneute Aggression, etwa als
Ressentiment, als Selbstzerstörung oder als scheinbar sinnlose
Lust an der Gewalt, gar an deren Exzessen.

---

1 Abgekürzt für Perls, Hefferline, Goodman, *Gestalt Therapy* (1951).
2 A, 336f. B, 117. C, 124. D, 128. E, 165. F, 53. (Die zitierten Ausgaben
finden sich in der Bibliographie, S. 322.)
3 *Unbehagen in der Kultur*, a.a.O., S. 243.

Was nun ist die Aggressionsneigung oder der Aggressions-trieb?[1] Freud meinte, «dass sich ein Anteil des [Todes-] Triebes gegen die Außenwelt» wende und sodann als ein «Trieb zur Aggression und Destruktion zum Vorschein» komme. Durch diesen Mechanismus werde der Todestrieb «in den Dienst des Eros gezwängt», sodass «das Lebewesen anderes, Belebtes wie Unbelebtes, statt seines eigenen Selbst vernichtet»; hiermit zu-gleich jedoch steigere umgekehrt «die Einschränkung dieser Aggression nach außen die ohnehin immer vor sich gehende Selbstzerstörung».[2]

Zunächst scheint Freud hier kein eigentliches, kein sinn-volles, kein organisches, kein natürliches Ziel der Aggression anzunehmen. Die Lust in der Aggression ist ein Ausdruck des libidinösen Anteils; Lust kann kein Ziel des Aggressionstriebs sein. «An jeder Triebäußerung» ist «Libido beteiligt, aber nicht alles an ihr» muss «Libido» sein.[3] Auch wenn Freud in dieser Passage nicht klärte, was das Ziel der Aggression sei, stellte er ein durchaus gespanntes Verhältnis dar zwischen individueller und kollektiver Aggression, welche die individuelle Aggression hemme. Eine für die Gestalttherapie prägende Formel findet sich bereits bei Freud: «dass jedes Stück Aggression, dessen Befriedigung wir unterlassen, vom Über-Ich übernommen» werde «und dessen Aggression (gegen das Ich) steigert».[4] 1938 – man beachte das Jahr – hielt Laura Perls im Johannesburger Exil einen Vortrag zum Thema «Erziehung zum Frieden». In diesem sagte sie, was eine Freud-Paraphrase ist, «dass die Ver-drängung der individuellen Aggression unweigerlich zu einem Anstieg der universellen Aggression führt».[5]

Die uns beruhigende anfängliche Unterstellung, dass die barbarische individuelle Aggression oder jene unzivilisierter, eventuell fanatischer Kleingruppen durch die Kultur gebändigt

---

1 Freud verwandte diese Begriffe synonym. Man kann ihm das als eine be-griffliche Unsauberkeit anlasten oder darin lesen, dass er mit «Trieb» keine Kategorie biologischer Notwendigkeit aufmachte.
2 *Unbehagen in der Kultur*, a.a.O., S. 247.
3 Ebd., S. 248.
4 Ebd., S. 255.
5 Laura Perls, *Erziehung zum Frieden* (1938), in *Leben an der Grenze*, Köln 1989, S. 14f. Ein längeres Zitat aus diesem Vortrag siehe S. 138.

werden müsse oder auch nur könne, gerät nun immer mehr ins
Wanken. Steht denn nach Freud aber nicht fest, dass die völlige
Hemmung der Aggression wenigstens erstrebenswert wäre?
Nein. Der Aggressions- und sogar Destruktionstrieb ist ebenso
unerlässlich wie der Eros.

FREUD, 1932: «So ist z. B. der Selbsterhaltungstrieb gewiss
erotischer [libidinöser] Natur, aber grade er bedarf [!]
der Verfügung [!] über die Aggression, wenn er seine
Absicht durchsetzen soll. Ebenso benötigt der auf Objekte gerichtete Liebestrieb eines Zusatzes [!] vom Be-
mächtigungstrieb, wenn er seines Objektes überhaupt
habhaft werden soll. [... Deshalb] handelt es sich [...]
nicht [!] darum, die menschliche Aggressionsneigung
völlig zu beseitigen.»¹

Dies nun ist die zentrale Aussage der gestalttherapeutischen
Aggressionstheorie, und sie steht so wortwörtlich bei Freud;
wohlgemerkt nicht in «Das Unbehagen in der Kultur», son-
dern zwei Jahre danach, 1932, in einem langen Brief an Albert
Einstein. Er hatte Freud gebeten, die Frage zu beantworten:
«Warum Krieg?» – In «Gestalt Therapy» heißt es:

PHG, 1951: «Vernichten, Zertrümmern, Antrieb und Wut
sind Funktionen guten Kontakts, für jeden Organismus
nötig, um in einem schwierigen Feld sich zu nähren und
zu schützen und Spaß zu haben.»²

Mit dem Aggressionstrieb, wie Freud ihn fasste, sind wir jedoch noch nicht fertig. Immer wieder assoziierte er ihn mit
Destruktion und Selbstzerstörung, stellte er eine Beziehung zu
einem ominösen «Todestrieb» her. Bei Freud hat der Destruk-
tions-, Selbstzerstörungs- oder Todestrieb «das Bestreben»,
das Leben «zum Zerfall zu bringen», es «zum Zustand der un-

---

1 Sigmund Freud, *Warum Krieg?* (1932), in Studienausgabe, Bd. 9, S. 281-
283.
2 A, 345. B, 124. C, 132. D, 136. E, 176. F, 77. «Antrieb» ist meine Übertragung von *initiative*.

belebten Materie zurückzuführen».[1] Den Grundstein zu dieser
Vorstellung legte Freud mit «Jenseits des Lustprinzips» (1920),
also kurz nach dem ersten Weltkrieg. Es ist Freuds düsterstes
Stück; gegen «Jenseits des Lustprinzips» klingt «Das Unbehagen in der Kultur» zehn Jahre später heiter, geradezu von
überschäumendem Optimismus geprägt. Das Leben sei entstanden, so lesen wir in «Jenseits des Lustprinzips», durch «un-
vorstellbare Krafteinwirkung» auf die «unbelebte Materie»;[2]
gleichsam eine «Störung» der Ruhe[3] stelle das Leben dar. Den
Todeswunsch bezeichnete Freud nun als den «ersten [also ur-
sprünglichen] Trieb»; der Lebenstrieb sei bloß infolge einer
Umlenkung des Todeswunsches nach Außen denkbar, mithin einer Umlenkung des Todestriebs in den Aggressions- und
Destruktionstrieb. Im «Prozess der Kulturentwicklung» werde
dieser dann erneut «verinnerlicht».[4]

Will man leben – also Krieg und andere Selbstzerstörungen
vermeiden –, gelte es, spann Freud den Gedanken aus «Jenseits
des Lustprinzips» in «Das Unbehagen in der Kultur» und in
«Warum Krieg?» weiter, den Destruktionstrieb so stark wie nur
möglich abzumildern, umzulenken und seiner im Prozess der
Kulturentwicklung «Herr zu werden»;[5] das allerdings ist eine
Formulierung, die, gestalttherapeutisch gelesen, eine aggressive
Komponente im Prozess der Kulturentwicklung verrät. Dem
Prozess der Kulturentwicklung, die sich, um den Frieden zu
wahren, aggressiv gegen die individuellen Bedürfnisse wendet,
verdanken wir laut Freud das Beste, was wir geworden sind,
aber eben auch ein gut Teil von dem, woran wir leiden.[6] «Die
Verinnerlichung der Aggressionsneigung» durch Kultur hat
nach Freud sowohl vorteilhafte als auch gefährliche Folgen.[7]
Dennoch taucht immer wieder diese beschwichtigende Formel
in seinem Text auf: «Alles, was die Kulturentwicklung fördert,

1 *Warum Krieg?*, a.a.O., S. 282.
2 Sigmund Freud, *Jenseits des Lustprinzips* (1920), in Studienausgabe, Bd. 3,
S. 248.
3 Ebd. S. 246.
4 *Warum Krieg?*, a.a.O., S. 285f.
5 *Unbehagen in der Kultur*, a.a.O., S. 270.
6 *Warum Krieg?*, a.a.O., S. 285.
7 Ebd., S. 286.

arbeitet auch gegen den Krieg.»¹ Wo nahm er diesen Optimismus her? Beständig rang er mit dem Widerspruch zwischen
einerseits der einfachen Konfrontation individuell-aggressiver
Barbarei mit kollektiv-aggressiver Hemmung der Aggression
durch die Kultur sowie andererseits der Einsicht, dass Kultur
hiermit selber den Keim einer Barbarei auf einer höheren,
organisierten Stufe in sich trage. Er entschuldigte sich bei den
Lesern, «dass er ihnen kein geschickter Führer gewesen» sei,²
und bei Albert Einstein: «Sie sehen, es kommt nicht viel dabei
heraus, wenn man bei dringenden praktischen Aufgaben den
weltfremden Theoretiker zu Rate zieht.»³

5

Man kann bei diesem Widerspruch zwischen der unkritischen
Glorifizierung der Kultur und ihrer naiven Aburteilung als die
Grundlage eines Rückfalls in Barbarei nicht stehen bleiben.
Die einen haben sich ganz auf die Seite der Kulturentwicklung
geschlagen, die es gegen die Barbarei zu bewahren gelte. Was
aber, wenn diese Kulturentwicklung die Barbarei hervorbringt,
in einer verdoppelten Form? Freud war sich ganz sicher, dass
die Menschheit zahlreiche, ja unaufhörliche Kleinkriege gegen
seltenere, aber um so verheerendere Großkriege eintauschte.⁴
Das religiöse Ziel universeller Liebe (und damit endgültigen
Friedens) stellt sich laut Freud als bloße Illusion, gar als eine
Ideologie dar: Es sei nur dann möglich, eine größere Menge
von Menschen in Liebe aneinander zu binden, wenn weiterhin
Andere als Sündenböcke für das Ausagieren der Aggression
übrig bleiben.⁵ Kultur überwindet die Funktion von Sünden-
böcken nicht, vielmehr braucht sie sie zur Sicherung inneren
Zusammenhalts. In «Gestalt Therapy» wird das 1951 dann so
formuliert:

---

1 Ebd., S. 286.
2 *Unbehagen in der Kultur*, a.a.O., S. 260.
3 *Warum Krieg?*, a.a.O., S. 284. – Freuds Bescheidenheit in allen Ehren,
wahr aber ist, dass, ohne einen weltfremden Theoretiker zu Rate zu ziehen,
gar keine praktische Aufgabe gescheit angepackt werden könnte.
4 Ebd., S. 279.
5 *Unbehagen in der Kultur*, a.a.O., S. 243.

PHG, 1951: «Die auffälligsten Leiden, die unsere Epoche am meisten kennzeichnen, sind Gewalt und Zahmheit. Es gibt Staatsfeinde und zwischenstaatliche Kriege, die in Ausmaß, Intensität und Atmosphäre des Schreckens unglaublich sind; und gleichzeitig herrscht ein bisher nie dagewesener ziviler Frieden mit einer fast völligen Unterdrückung persönlicher Ausbrüche, begleitet von neurotischem Verlust an Kontakt, von gegen das Selbst gerichteter Feindseligkeit sowie von den körperlichen Symptomen verdrängter Wut.»[1]

Wenn demnach die arglose Dichotomie Kultur versus Barbarei nicht aufrecht erhalten werden kann, gibt es auf der anderen Seite, um nicht der Verzweiflung Freuds anheim zu fallen, Wilhelm Reich, den Kritiker, «der meint, wenn man die Ziele der Kulturstrebung und die Mittel, deren sie sich bedient, ins Auge fasst, müsse man zu dem Schlusse kommen, die ganze Anstrengung sei nicht der Mühe wert und das Ergebnis könne nur ein Zustand sein, den der Einzelne unerträglich finden muss».[2] Reich verneinte die Existenz eines ursprünglichen Todestriebes und ging davon aus, dass die befreiten Es-Triebe des Einzelnen sich sozial ohne ein weiteres Zutun zu einem harmonischen Ganzen fügen.

In «Gestalt Therapy» wird Reichs Kritik am Freud'schen Todestrieb fortgesetzt und ebenso Reichs Konzept einer organismischen Selbstregulierung genutzt. Dennoch gab es mit Rückgriff auf Freud auch eine kritische Anmerkung zu Reich:

PHG, 1951: «Die Theoretiker [wie zum Beispiel Reich], die meinten, die zugrundeliegenden Triebe wären immer nur ‹gut› und ‹sozial›, sind zu weit gegangen. [...] Freud nahm den feindseligen, tatsächlich sozialzerstörerischen

---

1 A, 339. B, 119. C, 126. D, 131. E, 168. F, 55. N.B.: Zahmheit als Leiden. Hinweis: Als Symptome von verdrängter Wut werden angegeben: «Geschwüre, Karies usw.» Dies ist eine Psychosomatik im primitiven Stadium, die ich hier nicht unterschreiben möchte.
2 *Unbehagen in der Kultur*, a.a.O., S. 269.

Kern sehr ernst. [...] Wenn unsere modernen Wächter
geistiger Gesundheit finden, das, was sie freisetzen, sei
gleichbleibend gut und nicht anti-sozial und darum
bräuchten sie keiner Abwehr in der liberalen und
toleranten Bevölkerung zu begegnen, dann kommt das
einfach daher, dass sie Schlachten schlagen, die in der
Hauptsache schon gewonnen sind. Mit Aggression
befasste Psychotherapie dagegen ist gesellschaftlich
riskant. Dies sollte offensichtlich sein, da der gesellschaftliche Druck die organismische Selbstregulation
nicht so deformiert, dass sie bloß noch ‹gut› und ‹nicht
anti-sozial› ist, wenn sie nur richtig verstanden und auf
die akzeptierte Weise ausgedrückt wird; die Gesellschaft
verbietet das, was für sie zerstörerisch ist. Bei dieser Aussage handelt es sich nicht etwa um ein semantisches
Missverständnis, sondern um einen echten Konflikt.»[1]

1. Organismische Selbstregulierung, welche bloß noch soziale
   Ziele hätte, wäre eine rein angepasste. Die Bestrebungen
   des Einzelnen lassen sich nicht einfach, nicht konfliktfrei in
   das soziale Ganze integrieren.
2. Mit Recht wendet die Gesellschaft sich gegen anti-soziale
   Aspekte der individuellen Bestrebungen. Die individuellen
   Bestrebungen sollte – und kann! – sie jedoch nicht unterdrücken, auch nicht deren anti-soziale Seite.
3. Daraus ergibt sich ein echter, nicht reduzierbarer Konflikt.
4. Weil die Psychotherapie, die mit Aggression befasst ist, *ergo*
   die Gestalttherapie, in diesem Konflikt das von der eine
   Anpassung verlangenden Gesellschaft krank gemachte Individuum stärkt, begibt sie sich auf riskantes Terrain.

Ideal ist dann nicht eine fertige ideale Gesellschaft, vielmehr
eine unfertige, in der die Balance zwischen individuellen und
sozialen Bestrebungen, die jeweils für sich genommen legitim
sind, nicht erstarrt und fixiert ist, sondern im Fluss. Die gesellschaftliche Struktur sei offen für die Konflikte zwischen den

---

1 A, 334-336. B, 115f. C, 121-123. E, 162-164. F, 49. ... um einen echten,
das heißt *unumgänglichen* Konflikt.

Individuen und zwischen den Gruppen dieser Individuen. Dadurch, dass die Konflikte direkt vor Ort und nach Möglichkeit *face-to-face* ausgetragen, nicht sublimiert, nicht in ferne Zukunft verschoben und nicht an anonyme Instanzen delegiert werden, bleiben sie begrenzt – und sie schaukeln sich nicht zu einem Wunsch hoch, das Ganze der Gesellschaft, der Kultur oder gar der Menschheit zur Hölle zu schicken. Die Gestalttherapie ist diesen anderen, dritten Weg gegangen, der sie gesellschaftlich nicht integrierbar macht, meines Erachtens bezogen auf die Ausgangsfrage aber auch aktueller denn je.

6

Die Einwendung gegen die gestalttherapeutische Aggressionstheorie, sie sei ein Kind der befriedeten Wohlstandsgesellschaft der 1950er und 1960er Jahre und nicht von Nutzen, nicht zeitgemäß in einer Welt, in welcher die kriegerische, terroristische und kriminelle Gewalt überhand zu nehmen droht, ist von Grund auf falsch. Schon Freuds (und Reichs) Aggressionstheorie stand eindeutig im Dienst, sowohl individuelle als auch organisierte Gewalt und Krieg zu erklären und einzudämmen; diesem Dienst schlossen sich Laura und Fritz Perls und Paul Goodman an und zwar mit vollem Bewusstsein der eigenen Erfahrungen von Leid und Verfolgung.

Die Ablehnung, der die gestalttherapeutische Aggressionstheorie heute sich teils sogar in Kreisen der Gestalttherapie selber gegenüber sieht, ist, wenn ich das mal klassisch psychoanalytisch formulieren darf: Abwehr. Es ist die Abwehr gegen die Einsicht, dass dem Unbehagen in der Kultur als Quelle der Neigung zu Destruktivität und Selbstzerstörung nicht durch ein umso hartnäckigeres Klammern an den kulturellen Status quo Einhalt zu bieten ist. – Wir brauchen etwas Besseres: die Rückbesinnung darauf, dass gesellschaftliche Institutionen dem Einzelnen nicht mit Vorschriften die angeblich optimale Einrichtung seines Lebens zu bieten vermögen und dass der Versuch, es dennoch zu tun, in Katastrophen mündet, vielmehr dass die angemessene Einrichtung des sozialen Umfelds die Sache niemands als der Einzelnen und ihrer frei gewählten Gruppen sein darf. Damit werden nicht alle Lebensprobleme gelöst und nicht alle Konflikte beigelegt, jedoch ist der Boden bereitet für eine Kultur, die es nicht mehr nötig hat, auf Selbstzerstörung hinauszulaufen.

Funktion des Orgasmus: Reich 1

1

Nun sind wir bereits mitten in der Diskussion des Beitrags, den Wilhelm Reich (1897-1957) zur Revision der Freud'schen Theorie sowie zur Konstitution der Gestalttherapie leistete. Freud bezeichnete die Beschränkung der Aggression wie die der Sexualität als den Stachel, mit welchem die Gesellschaft dem Einzelnen das Unbehagen in der Kultur zufüge, dennoch fand er sie notwendig, um die Gesellschaft aufrechtzuerhalten, obwohl damit zugleich die Gefahr verbunden sei, dass das Unbehagen in die Zerstörung der Gesellschaft umschlage.

REICH, 1942: «In [‹Jenseits des Lustprinzips›, 1920] hatte Freud eine wichtige Änderung seiner früheren Auffassung vorgenommen. Ursprünglich hieß es, der Hass wäre eine biologische Triebkraft parallel zur Liebe. Die Destruktivität wäre zunächst gegen die Außenwelt gerichtet. Unter deren Einfluss wendete sie sich gegen die eigene Person und würde derart zum Masochismus, also zum Wunsch nach Leiden. Nun erschien die Sache umgekehrt. Ursprünglich wäre eigentlich der ‹primäre Masochismus› respektive ‹Todestrieb›. Er säße schon in den Zellen. Durch seine Wendung gegen die Welt entstünde die destruktive Aggression, die ihrerseits wieder gegen das Ich als sekundärer Masochismus rückgewendet werden könnte. Die geheime negative Einstellung der Kranken wurde angeblich vom Masochismus gespeist. Nach Freud auch die ‹negative therapeutische Reaktion› und das ‹unbewusste Schuldgefühl›. [...] Einen destruktiven Impuls entwickelt ein Lebewesen dann, wenn es eine Gefahrenquelle vernichten will. Dann ist die Zerstörung oder Tötung des Objekts das biologisch sinnvolle Ziel. Das Motiv ist nicht ursprüngliche Lust an Destruktion, sondern das Interesse des ‹Lebenstriebes› (ich benütze absichtlich den damals üblichen Ausdruck), Angst zu ersparen und das Gesamt-

Ich zu erhalten. Ich vernichte in der Gefahrensituation, weil ich leben und keine Angst haben will. Der Destruktionstrieb tritt im Dienste eines ursprünglichen biologischen Lebenswillens auf. Er hat als solcher keine sexuelle Note an sich. Er will nicht Lust erzielen, wenn auch Befreiung von Unlust ein lustähnliches Erlebnis ist. Dies ist wichtig für viele Grundauffassungen der Sexualökonomie. Sie leugnet den ursprünglich biologischen Charakter der Destruktivität.[1] [...] Die Aggression im strengen Sinne des Wortes hat weder mit Sadismus noch mit Destruktion zu tun. Das Wort bedeutet ‹herangehen›. [...] Die Aggression ist die Lebensäußerung der Muskulatur, des Systems der Bewegung. Die Bedeutung dieser Korrektur für die Beurteilung der heutigen Kindererziehung ist groß. Ein großes Stück der Aggressionsbremsung, die unsere Kinder in vernichtender Weise zu erdulden haben, folgt aus der Gleichsetzung von ‹aggressiv› mit ‹bösartig› oder ‹sexuell›. Das Ziel der Aggression ist stets die Ermöglichung der Befriedigung eines lebenswichtigen Bedürfnisses. Die Aggression ist somit kein Trieb im eigentlichen Sinne, sondern das unerlässliche Mittel jeder Triebregung. Diese ist an sich aggressiv, weil die Spannung zur Befriedigung drängt.»[2]

In «Gestalt Therapy» gibt es ein ungekennzeichnetes Zitat von dieser Passage mit der Aussage, Aggression bedeute, «heranzugehen an den Gegenstand des Verlangens oder des Hasses».[3] Genau so argumentierte bereits Thomas von Aquin:

THOMAS, 1268: «Insoweit es um ein Gut geht, das sich unvermittelt von den Sinnen genießen lässt, richtet sich das Begehren auf es. Insoweit es aber um ein Gut geht,

---

1 Der Satz müsste meines Erachtens heißen: «Sie leugnet den ursprünglich *nicht-funktionalen* Charakter der Destruktivität.»
2 Wilhelm Reich, *Die Funktion des Orgasmus: Die Entdeckung des Orgons,* in der Fassung von 1942, Köln 1987, S. 114-120.
3 «Aggression is the ‹step toward› the object of appetite or hostility.» A, 342. B, 122. C, 130. D, 134. E, 172. F, 71.

dessen Genuss in indirekter Ferne liegt, grundsätzlich
jedoch erreichbar ist, richtet die Aggression[1] gleichsam
als die Vorkämperin des Begehrens sich auf jenes Gut.
Tiere zeigen darum ihre kämpferische Aggressivität nur
im Bereich sinnlichen Genusses, nämlich wenn es um
Nahrung oder Sexualität geht, wie es im achten Buch
der aristotelischen ‹Tierkunde› heißt. Bei den Tieren
gründet alle Aggression in ihrem Begehren und findet
seine Grenze in diesem. Aggression erschöpft sich in
Mattheit und endet in Befriedigung, da ‹die Zornigen
die Vergeltung genießen›. Deswegen kann man sagen,
das Ziel der Aggression sei schwierig zu erreichen. Diejenigen, die allerdings behaupten, die Aggression richte
sich auf das Schlechte, liegen völlig falsch. Weil es alle
Fähigkeiten kennzeichnet, das jeweilige Gegensatzpaar
einzuschließen, wie etwa beim Sehen das Schwarze und
Weiße, kann das Gegensatzpaar *gut* und *schlecht* nicht
zur Differenzierung der Bedürfnisstruktur herhalten.
Liebe zum Guten und Ablehnung des Schlechten definieren das Begehren, wie der Philosoph [Aristoteles]
im zweiten Buch seiner ‹Topik› sagt. Die Hoffnung auf
das Gute und die Furcht vor dem Schlechten gehören
zur Aggression.»[2]

Um den gestalttherapeutischen, auf diesen Überlegungen von
Freud, Reich und Thomas beruhenden Aggressionsbegriff zu
widerlegen, müsste Folgendes geklärt werden:

1. Es müsste gezeigt werden, dass es gar keinen ursprünglichen
aggressiven Impuls beim Menschen gibt oder wie er, sofern er *ausschließlich* lebensbedrohlich ist, die evolutionäre
Selektion überdauert haben könnte. Dieser Punkt betrifft
das biologische Fundament der Aggressionstheorie. Wenn
ein aggressiver Impuls ursprünglich ist, muss er evolutionär
gesehen im Kern einen lebenserhaltenden Sinn haben.

1 *ira*, wörtlich: «Zorn».
2 Thomas von Aquin, *De Anima*, III.8 (zu Aristoteles, *Über die Seele* [432b3-
432b6]). «Et spes de bono et timor de malo pertinent ad irascibilem.»

2. Es müsste gezeigt werden, wie die Lebensprobleme ohne aggressive Impulse sich meistern lassen. Sogar wenn wir nicht von einer biologischen Fundierung der Aggression ausgehen, lautet die soziologische Frage, ob wir uns gesellschaftliche Zustände denken können, in denen es keiner Aggression bedürfte, z.B. solche, in denen niemand sich je gegen einen Angriff wehren muss.

3. Es müsste gezeigt werden, dass negative, selbstschädigende Aggression kein neurotisches Derivat von problemlösender Aggression darstellt. Sogar wenn wir uns gesellschaftliche Zustände denken könnten, in denen das Leben sich ohne Aggression reproduziert, bleibt die psychologische Frage, ob solche Zustände im Sinne eines individuellen Glücksanspruchs lebenswert sind oder ob sie nicht doch zwingend ein Unbehagen in der Kultur hervorrufen, welches sich aggressiv gegen die Kultur richtet und sie letztlich vernichten wird.

2

Abgesehen von einem kürzeren Revival der Ideen Wilhelm Reichs in der Bewegung zur Selbstbefreiung der 1960er Jahre hacken nun alle auf ihm herum: Konservative sagen ihm nach, mit der Propagierung von ungezügelter Sexualität eine kulturmarxistische Marschrichtung zur Zerstörung der Familie und der westlichen Werte vorangetrieben zu haben. Feministinnen unterstellen ihm Phallokratie. Marxisten bemängeln, er würde von der Analyse der ökonomischen Klassenlage ablenken; *last not least* spöttelte Sigmund Freud über Reich, er ritte mit der Orgasmustheorie nur sein «Steckenpferd».[1] Andererseits rankt sich bei den verbliebenen linken Bewunderern Reichs immer noch die Legende um ihn, in US-Amerika habe ihn die antikommunistische Hatz unter McCarthy zu Fall gebracht.

Wilhelm Reich stieß während seines Medizinstudiums in Wien auf die junge Psychoanalyse, wurde von Freud als ein Ausnahmetalent erkannt und noch als Student in die Psychoanalytische Vereinigung aufgenommen. Er setzte Freuds Er-

---

1 Wilhelm Reich, *Die Funktion des Orgasmus* (1942), Köln 1987, S. 100. Offenbar ist Reich die einzige Quelle dieser Bemerkung Freuds. Verlässlich?

forschung der Sexualität fort, indem er sich als Arzt für die biologisch-naturwissenschaftliche Seite der Sexualität interessierte und nach der Funktion des Orgasmus fragte. Die Formel, die seinen Lebensweg prägte, lautete: Unterdrückung einer befriedigenden Sexualität führt zu psychischen und zu körperlichen Krankheiten und Perversionen wie Sexsucht oder Vermischung von Gewalt- und Sexualphantasien. So etwa beobachtete er, wie verbreitet unter Soldaten (insbesondere den Offizieren) eine unterdrückte Homosexualität war. Entgegen geläufiger Behauptungen propagierte Reich keine wahllosen Partnerwechsel; ganz im Gegenteil, diese subsumierte er unter die Perversionen. Zu einer befriedigenden Sexualität zählte für ihn auch eine liebevolle sowie dauerhafte Partnerschaft. Die Erkenntnisse über die Bedingungen einer befriedigenden und die Wirkungen von unbefriedigender Sexualität nannte Reich «Sexualökonomie». – Neben diesen Forschungen beschäftigte Reich die Idee, dass soziale Veränderungen nötig seien, um Krankheiten und Perversionen, die aus einer Unterdrückung der befriedigenden Sexualität erwachsen, zu verhindern. Die Behandlung einzelner Personen, die sich Psychoanalyse leisten konnten, würde nicht reichen. Er trat in die Kommunistische Partei ein, was sich bald als eine höchst unkluge Entscheidung herausstellte. Jedoch glaubte er zunächst, die Kommunisten würden ernsthaft an einer Befreiung des Individuums mitwirken wollen. Erfolgreich baute er in Deutschland Ende der 1920er und Anfang der 1930er Jahre sexualökonomische Beratungsstellen auf, die seine Partei eher murrend duldete als begrüßte.

Zeitgleich mit der Machtübergabe an die Nationalsozialisten 1933 veröffentlichte Reich seine Studie «Massenpsychologie des Faschismus». Dies war für die Genossen zuviel, sie schlossen ihn aus der Partei aus. Was hatte Reich verbrochen? Er fragte nach dem Fehler, den die Kommunisten gemacht hätten, sodass die Faschisten siegen konnten. Natürlich waren die Kommunisten der Meinung, unter Stalins allwissender und allmächtiger Führung hätten sie nichts falsch gemacht. Doch musste ihnen auf diese Weise der Siegeszug ihres Gegners unerklärlich bleiben.

Wilhelm Reich ging ins Exil nach Norwegen. Seine sexual-
ökonomischen Forschungen radikalisierte er in naturwissen-
schaftlicher Hinsicht und meinte, den Orgasmus als bloß eine
Ausprägung einer allgemeinen Lebensenergie definieren zu
können. Fortan konzentrierte er sich auf die Erforschung
dieser Energie, die er Orgon nannte. Zwei Dinge erschweren
die Würdigung seiner Thesen, das sind zum einen seine sich
steigernden eigenen psychischen Erkrankungen: Paranoia ist
gewiss, vermutlich jedoch litt er auch an Schizophrenie. Das
andere ist die zunehmende tatsächliche Verfolgung, die Mitte
der 1950er Jahre darin mündete, dass bewaffnete Häscher der
«Food and Drug Administration» (FDA) ihn zwangen, gemeinsam mit seinem minderjährigen Sohn Peter sein Labor in
den USA zu zerschlagen. Wie kam es dazu?

Noch vor der Okkupation Norwegens durch die Deutschen verließ Reich sein Exil, weil Kommunisten ihren Einfluss geltend machten und gegen ihn hetzten. Er wählte nun
die USA als neues Land des Exils. Mit dem Eintritt der USA
in den zweiten Weltkrieg unterzog das FBI ihn als Deutsch-
Österreicher routinemäßig einer Sicherheitskontrolle und
stellte fest, dass er keine Bedrohung für die USA darstelle. Dabei blieb das FBI auch bei späteren Denunziationen, er sei
Kommunist. Die Akten des FBI sind seit Ende der 1990er
Jahre frei zugänglich. Soweit ich sehe, bin ich der einzige, der
sie systematisch ausgewertet hat; jedenfalls, soweit im Internet
ersichtlich.

In den USA wandelte Reich sich endgültig zu einem Antikommunisten. Er erkannte nun, dass in der amerikanischen
liberalen Tradition der bessere Ansatz für Selbstorganisation
der Arbeitenden zu finden sei als bei den Kommunisten (die er
nun mit den Faschisten gleichsetzte). Mit diesem Hintergrund
überarbeitete er seine «Massenpsychologie des Faschismus»
und publizierte sie 1946 in Englisch. Außerdem ließen die
Kommunisten nicht davon ab, ihn zu verfolgen. Die ganzen
1940er Jahre über gab es in den USA eine breite Sympathie für
die Kommunisten als die Alliierten; die berühmt-berüchtigte
McCarthy-Zeit begann erst mit dem Kalten Krieg gegen die
Sowjetunion Anfang der 1950er Jahre. Dennoch verschwanden

die Kommunisten nicht (wie sollten sie sich auch in Luft auf-
lösen?), sie tauchten unter.

Die FDA, Überwachungs- und Zulassungsstelle für Arz-
nei- und Lebensmittel, ist eine Gründung im Zuge des ersten
großen Schubs in Richtung eines sozialstaatlichen Ausbaus
durch den Republikaner Theodore Roosevelt zu Beginn des
20. Jahrhunderts, die von dem Demokraten Franklin Delano
Roosevelt in den 1930er Jahren stark gefördert wurde. Sie war
eine unter Kommunisten beliebte Institution, um dort unter-
zutauchen. Wilhelm Reich hielt immer an der Meinung fest,
Sympathisanten der Kommunisten dort seien es gewesen, die
gegen ihn intrigierten. Wie dem auch sei, die FDA erreichte
eine gerichtliche Verfügung, die Reich das Weiterforschen mit
dem Orgon verbot. (Das FBI hatte jede Mitwirkung an dieser
Verfügung abgelehnt.) Nachdem ruchbar wurde, dass Reich
sich an das Verbot nicht hielt, veranlasste die FDA die Zer-
schlagung seines Labors, Reich wurde inhaftiert (und starb in
Haft), während die vollständigen Auflagen seiner Bücher konfisziert und verbrannt wurden; der Besitz seiner Bücher stand
unter Strafe. Allerdings war dies Verbot nicht lange aufrecht
zu erhalten. Der Verlag Farrar und Straus, der bis dahin weder
etwas mit Psychoanalyse im Allgemeinen noch mit Wilhelm
Reich im Besonderen zu tun gehabt hatte, beschloss, seine
Werke nachzudrucken, um gegen die Zensur zu protestieren.
Das Verbot, seine Bücher zu besitzen, war sowieso zu keinem
Zeitpunkt durchsetzbar. – Reichs Verhaftung wird in dem
Musikvideo zu Kate Bushs Song «Cloudbusting» dargestellt,
Donald Sutherland in der Rolle von Reich, Kate Bush in der
seines Sohnes Peter.

Für unsere Gestalttherapie von überragendem Wert bleibt
Reichs Analyse der Quelle, warum Menschen sich der Herrschaft und dem In-den-Krieg-geschickt-Werden unterwerfen.
Menschen, die keine feste Gründung in ihren biologischen
Lebensfunktionen haben, werden weder frei denken noch sich
selbstorganisieren können. Das, was Reich Arbeitsdemokratie
nannte, hat wenig mit der Vorstellung formalisierter Wahlen
und noch weniger mit der Vertretung (angeblicher) Arbeiter-
interessen durch Gewerkschaften in gesetzlich erzwungenen

Körperschaften der betrieblichen Mitbestimmung zu tun, dagegen viel mit anarchistischen – beziehungsweise libertären –
Vorstellungen: Menschen regeln ihre Angelegenheiten in freiwilligen Gruppen nach von ihnen selber gestalteten Regeln.[1]
Dies ist das Herz der Arbeitsdemokratie im Sinne Reichs.

3

Aber noch bewegen wir uns im deutschsprachigen Raum, die
Schande der Demokratie – Machtübergabe an Hitler – stand
erst bevor. Die Welt war für Kommunisten noch in Ordnung.
Nach der Oktoberrevolution in Russland 1917 fühlten sie den
Wind des Weltgeistes im Rücken. Zwar scheiterte 1918 die
deutsche Revolution, das jedoch erschien als vorübergehender
Fehlschlag. In der neuen Sowjetunion kam es zu Hungers-
nöten, ausgelöst von der wahnsinnigen, antibäuerlichen Politik,
davor aber konnte man die Augen verschließen, ebenso davor,
dass bereits Säuberungen zum Beispiel die russischen Anarchisten trafen. Dass es Menschen gab, die davor ihre Augen
nicht verschlossen, zeige ich im Kapitel über Martin Buber.
    Fritz Perls begegnete Wilhelm Reich, indem er 1927 an
Reichs sogenannten «Technischen Seminaren» in Wien teilnahm.[2] Der Titel der Seminare hört sich weniger aufregend
an, als es ihr Inhalt war. Reich entwickelte die Technik der
Psychoanalyse weiter, die vor allem davon geprägt war, dass
der Therapeut passiv den Klienten frei assoziieren (zensurfrei
reden) ließ und aus dem so produzierten Wortschwall seine
Schlüsse zog. Die größte und für die Orthodoxen unter der
jungen Psychoanalyse skandalöseste Richtung in der Weiterentwicklung war die aktive Technik, in der der Therapeut den
Patienten direkt konfrontiert. Inhaltlich skandalös war vor
allem der Nachdruck, den Reich auf befriedigende Sexualität
legte, um zu einem gesünderen Menschen zu werden. Die
Sexualunterdrückung durch die gesellschaftlichen Normen, so
seine These, vernichte nicht die sexuelle Energie; diese jedoch
werde, um das nach außen Gehen des Impulses zu verhindern,

1 Werden sie dagegen staatlich verbindlich gemacht, ist das Korporatismus.
2 Bernd Bocian, *Fritz Perls in Berlin 1893-1933: Expressionismus – Psychoanalyse – Judentum*, Wuppertal 2007, S. 201-208.

gegen den eigenen Körper gerichtet. Habitualisiert drücke sich
diese gegen den eigenen Körper gerichtete sexuelle Energie als
ein Charakter- oder Muskelpanzer aus. Eine Gesundung des
Menschen war nun nicht mehr Sache einer einzelnen Therapie,
sondern hing an der Veränderung der Gesellschaft.
Während Fritz Perls von seiner Begegnung mit Freud in
Wien enttäuscht war, fesselten ihn Reichs Ideen. Als Reich
nach Berlin übersiedelte, wählte Fritz ihn als Lehrtherapeuten
aus, und die beiden kamen miteinander klar. Eine von Laura
erzählte Anekdote beleuchtet die Revolution, die Reich in der
Psychoanalyse auslöste.

LAURA PERLS, 1972: «Einmal besuchte ich Reich, er wollte
mich sehen. Fritz hatte eine flüchtige Impotenz-
Episode und ich machte mich ein wenig über ihn lustig.
Reich wollte mich sehen und sagte, das sei nicht sehr
klug. [...] Wir hatten eine ganz schöne Unterhaltung.
Das war die einzige persönliche Begegnung, die ich mit
Reich hatte.»[1]

Hier bezog der Therapeut das Lebensumfeld seines Patienten
aktiv mit ein. Natürlich ist es ein Vorurteil gegen Freud, er
habe dem Lebensumfeld keine Bedeutung zugesprochen. Im
Gegenteil, die Probleme des Patienten erklärte Freud ausschließlich aus der Interaktion mit dem Umfeld. Soweit es sich
um die Phase der Kindheit handelt, war der Patient der passive
Nehmer der Bedingungen, die ihm später Probleme machen.
Doch bei ihren therapeutischen Interventionen beschränkte
die Psychoanalyse sich auf den Patienten. Die von Laura zum
Besten gegebene Intervention Reichs war zwar sicherlich noch
recht unbeholfen, sie zeigte jedoch die Richtung an. Gestalttherapeuten entwickelten später viele Ideen, wie das Lebensumfeld der Klienten in die Therapie einbezogen werden könne,
ohne direkten Kontakt aufzunehmen, was meist entweder
nicht möglich oder nicht angeraten ist, zum Beispiel wenn die

1 Laura Perls, *Meine Wildnis ist die Seele des Anderen*, Kassel 2017, S. 64f.
Original in Nancy Amendt-Lyon (Hg.), *Zeitlose Erfahrung*, Gießen 2017,
S. 299. – Wohlgemerkt, Laura war da Mitte zwanzig.

betreffende Person bereits gestorben ist oder wenn ein Kontakt
mit ihr den Klienten überfordern würde (ganz zu schweigen
davon, dass die Person sich weigern könnte, zu kooperieren).
Angeregt durch Reich hielt Fritz in der «Marxistischen
Arbeiterschule» Vorträge und engagierte sich bei der «Anti-
faschistischen Aktion», mit der die Kommunisten Anfang der
1930er Jahre eine Einheitsfront gegen den heraufziehenden
Nationalsozialismus initiieren wollten. Aber die Haltung der
Kommunisten vor allem den Sozialdemokraten gegenüber
blieb ambivalent, zu tief saß die Enttäuschung, dass die Sozialdemokraten 1918 die Partei des konservativen Staats ergriffen
und Ansätze einer Rätedemokratie in Deutschland militärisch
unterdrückt hatten. Die Anarchisten ließen sich, nachdem sie
durch die Kommunisten in Russland zum Beginn der 1920er
Jahre eliminiert worden waren, kaum für eine Einheitsfront
begeistern. Übrig blieben einige politisch ungebundene Anti-
faschisten aus den Kreisen der Intellektuellen und Künstler wie
Fritz Perls; auch ihnen gegenüber waren die Kommunisten
misstrauisch, setzen sie doch weit mehr auf das Proletariat als
revolutionäre Kraft. Zudem wird in heutigen Rückschauen
meist völlig unterschlagen, dass Anfang der 1930er Jahre in der
Ukraine der Holodomor wütete: mit diesem rächte Stalin sich
an der Ukraine; denn lange hatten Anarchisten auf deren
Boden der Einverleibung in die UdSSR getrotzt. Die politisch
gezielt herbeigeführte Hungerskatastrophe, in der Millionen
an Menschen das Leben einbüßten, war keine Werbung für
den Kommunismus als erstrebenswerte Alternative zu bürger-
licher Demokratie oder Faschismus.

4

Später kam es zu zwei Vergegnungen mit Reich. 1936, als Fritz
den *Oralen Widerstand* präsentierte, reagierte Reich uninter-
essiert. 1946, als Fritz ihn in seinem Labor in den USA besuchte, traf er ihn in schlechtem körperlichen Zustand an, und
Reich war auf *Orgon* fixiert.[1]

---

1 Frederick S. Perls, *Gestalt-Wahrnehmung* (1969), Frankfurt/M. 1981, S. 51.

Der Organismus: Goldstein

1

Lore – Laura – Posner lernte Fritz Perls 1926 in einem Seminar kennen, das der Neurologe Kurt Goldstein (1878-1965) und der Gestaltpsychologe Adhémar Gelb (1887-1936), später ihr Doktorvater, abhielten. Goldstein und Gelb arbeiteten mit hirnverletzten Soldaten, und Fritz war Goldsteins Assistent. Da ich auf Adhémar Gelb im weiteren Verlauf der Darstellung nicht eingehen werde, sei hier sein trauriges Schicksal skizziert. Infolge der Machtübergabe an die Nationalsozialisten 1933 wurde er aller Ämter enthoben und floh in die Niederlande. Dort wartete er mit Kurt Goldstein auf die Einreiseerlaubnis in die USA, erkrankte aber an Tuberkulose. Um seine Krankheit zu kurieren, suchte er 1935 ein Sanatorium in Deutschland auf, wo die übrigen Patienten erzwangen, dass der Jude nicht mit ihnen im Haus übernachtete, sondern ein Zimmer im Dorf zugewiesen kriegte. Ob er bei besserer Behandlung überlebt hätte, ist ungewiss. Dennoch stellt dies eins jener Ereignisse in Nazi-Deutschland dar, die mich mit ohnmächtigem Zorn erfüllen.

Trotz der biographisch eindeutig überragenden Bedeutung von Goldstein für beide Perls spielte er in der Literatur zur Gestalttherapie lange Zeit eine bloß untergeordnete Rolle. Übrigens gibt es auch von Paul Goodman eine biographische Verbindung zu Goldstein, denn Goodman war sein Englischlehrer, nachdem er in die USA immigrieren konnte. Sowohl Laura als auch Fritz Perls und darüber hinaus Paul Goodman zeichnete die Eigenart aus, dass sie Namen als Quellen ihrer Ideen fallen ließen, ohne zu erläutern, auf was genau sie zurückgriffen. Im einleitenden Kapitel habe ich anhand von zwei Fritz-Zitaten gezeigt, dass dessen Verweise auf Quellen etwas Zufälliges, zum Teil Widersprüchliches anhaftet und dass manche behaupteten Einflüsse mehr zur Provokation der Zuhörerschaft dienten als einer theoretischen Aufklärung.

Wenn es um das Organismus/Umwelt-Feld geht, dem so zentralen Konzept der Gestalttherapie, dann wird eher Lewin

als *der* Feldtheoretiker angegeben; im Lewin-Kapitel werden
wir sehen, dass diese Auszeichnung, vorsichtig gesagt, zweifelhaft ist. In Goldsteins Hauptwerk «Der Aufbau des Organismus» (1934) finden sich eine ganze Reihe von Zusammen-
setzungen mit -feld: Blickfeld, Gesamt- und Ganzfeld, Sehfeld, Sinnenfeld, Reizfeld, Wahrnehmungsfeld, Umfeld. Für
den Feldbegriff wies er auf Wolfgang Köhler hin.[1] Der Kontext, in dem der Hinweis steht, enthält aber eine Abgrenzung
zur Gestaltpsychologie, weil Goldstein eine auch biologische,
eine nicht nur psychologische Theorie entwickeln wollte.

Zu den ungeklärten biographischen Fragen zählt, warum es
nach der Entwicklung der Gestalttherapie keinen Kontakt mit
Goldstein gab, der der sich herausbildenden humanistischen
Psychologie insgesamt freundlich gegenüber stand. An Köhler
wurden Druckfahnen des Buches gesandt in der Hoffnung,
von ihm ein positives Statement zu erhalten, was aber nach
hinten los ging: Köhler äußerte sich negativ.[2] Weshalb nicht
auch an Goldstein? (Lewin war bereits 1947 gestorben.) Nach
der Publikation bekam Goldstein zwar ein Exemplar, jedoch
reagierte Goldstein nicht. Auf einer psychoanalytischen Kon-
ferenz, an der auch Goldstein teilnahm, versuchte Fritz, mit
ihm ein Gespräch anzuknüpfen, offensichtlich ebenfalls ohne
Erfolg,[3] obwohl Laura 1982 behauptete, Goldstein sei «sehr an
unserer Entwicklung interessiert [gewesen], und wir schickten
ihm alles, was wir veröffentlichten».[4] Eher entspricht es der
Wahrheit, dass es sich um ein einseitiges Interesse gehandelt
hatte. Ganz klar, die etablierte Psychologie mauerte. Nun denn,
die Gestalttherapie musste sich einen Umweg suchen, auf dem
sie in die Welt gelangen konnte.

2

Kurt Goldstein stattete die Auffassung, es gebe keine andere
Instanz als das Individuum, welches seine Lebensprobleme an-

---

1 Kurt Goldstein, *Der Aufbau des Organismus: Einführung in die Biologie
unter besonderer Berücksichtigung der Erfahrungen am kranken Menschen*, Den
Haag 1934, S. 320.
2 Taylor Stoehr, *Here Now Next*, San Francisco, CA 1994, S. 100.
3 Ebd., S. 104.
4 *Wildnis* (1982), a.a.O., S. 165.

gemessen regeln könne, die jedem Streben nach Freiheit letztlich zugrunde liegt, mit einer psychologischen, ja biologischen Fundierung aus. Wie Freud war Goldstein Arzt, wie Lewin hielt er eine enge Verbindung zur Philosophie, so stark, dass «Der Aufbau des Organismus» nach dem zweiten Weltkrieg in Frankreich vom französischen Phänomenologen Maurice Merleau-Ponty (1908-1961) in einer Buchreihe mit philosophischen Texten herausgegeben wurde. Anders als Lewin grenzte Goldstein die Psychologie nicht streng von der Biologie ab, wie auch der Untertitel seines Hauptwerks anzeigt.

Goldsteins Interesse für die Psychologie wurde durch seine Arbeit mit hirnverletzten Soldaten während und nach dem ersten Weltkrieg angeregt. Einer der kurzzeitigen Assistenten war wie gesagt Fritz Perls. Indem man beobachtet, welche Symptome die Soldaten aufgrund ihrer je spezifischen Verletzungen herausbilden, kann man etwas darüber erfahren, so lautete Goldsteins Annahme, wie das Gehirn funktioniere. Hiermit begründete er die Fachrichtung der Gehirnforschung, deren Bedeutung inzwischen stark zugenommen hat. Bei der Beobachtung stieß Goldstein auf die erstaunliche Fähigkeit des Gehirns, gegenüber Schädigungen in irgendeiner Weise einen Ausgleich zu schaffen. Das Symptom, verallgemeinerte Goldstein seine Beobachtung, sei nicht so sehr Ausdruck der Krankheit, als vielmehr eine Antwort des Organismus auf das gegebene Problem, wie unzureichend auch immer die Antwort ausfallen mag.

GOLDSTEIN, 1934: «Man [erkannte nicht] die Problematik, die in der Methode der Feststellung von Symptomen überhaupt liegt. Wir sind so gewohnt, Symptome als unmittelbaren Ausdruck der Schädigung bestimmter Teile des Nervensystemes zu betrachten, dass schon die Frage nach der ‹Entstehung› der Symptome als eine zum mindesten überflüssige erscheinen mag. Bei näherem Zusehen stellen wir aber fest, dass nur ein geringer Teil der Symptome wirklich ohne weiteres, der größte Teil eigentlich erst bei ganz bestimmter Untersuchung in Erscheinung tritt. Die Symptome sind Antworten,

die der Organismus auf ganz bestimmte an ihn gestellte
Fragen gibt, sie sind zum mindesten von diesen Fragen
mit bestimmt.»[1]

Mit dieser These gab Goldstein der Lewin'schen Umgehungstendenz eine umfassendere Struktur: Schon Lewin hatte her-
ausgearbeitet, dass jedes Verhalten, da es immer irgendein Ziel
im Auge habe, dazu tendiere, auftretende Barrieren und andere
Hindernisse umgehen zu wollen. Goldstein nun formulierte
das übergeordnete Ziel: Der Organismus versuche, die innere
Ordnung gegenüber seiner Umgebung[2] aufrecht zu erhalten.
Dies nannte Goldstein Selbstverwirklichung.

GOLDSTEIN, 1934: «[Das] Wesen in seiner bestimmten qua-
litativen Struktur und in seinem jeweiligen Zustande
stellt gewissermaßen die Topographie dar, die das Geschehen mitbestimmt. Gewiss keine feste Topographie,
wie sie die übliche Auffassung, etwa die eines bestimmten Aufbaus des Nervensystems, voraussetzt; sondern
eine Topographie, die selbst dynamischer Natur ist, mit
den verschiedenen Situationen, die die Selbstverwirklichung des Organismus notwendig macht, wechselt.»[3]

In biologischer und psychischer Hinsicht strebt der Organismus danach, seine Identität zu behaupten. Dieser Prozess, die
eigene Identität zu behaupten, ist aufgrund der hohen Beweg-
lichkeit der Umgebungsbedingungen niemals in einem Ruhe-
zustand. Hier können wir getrost eine Parallele ziehen zu der
Ökonomik der Österreichischen Schule (z.B. Hayek, Mises,
Schumpeter, Rothbard):[4] Der wirtschaftliche Gleichgewichts-
zustand ist eine Abstraktion, die zu analytischen Zwecken
zwar sinnvoll ist, aber in der Wirklichkeit niemals angetroffen
werden kann. Die Dynamik pendelt um den Gleichgewichts-

---

1 Kurt Goldstein, *Der Aufbau des Organismus*, Den Haag 1934, S. 11.
2 Ich bevorzuge die Begriffe Umfeld und Umgebung vor dem der Umwelt,
um die sinnliche Nähe gegenüber der totalitären Ganzheit zu betonen.
3 Ebd., S. 334. Wohlgemerkt, die einzige Stelle in dem Buch, an der er von
Selbstverwirklichung sprach. Dennoch machte der Begriff Karriere.
4 Vgl. Stefan Blankertz, *Rothbard denken*, Berlin 2021.

zustand, ohne ihn je zu erreichen. Genauso verhält es sich laut
Goldstein mit dem Organismus: Er sucht nach der Balance
zwischen Bedürfnissen und Einflüssen, wird jedoch zu keinem
Zeitpunkt einen Zustand völliger Entspannung erreichen.
Wie Lewin setzte Goldstein sich mit der biologischen und
psychologischen Auffassung kritisch auseinander, die davon
ausgeht, das Verhalten eines Organismus werde allein durch
die «Umweltreize» gesteuert. Ein Reiz trifft immer auf eine
spezifische Situation des Organismus, sodass er niemals die
stets gleiche Reaktion erfährt. Nicht nur das. Die Umgebung
des Organismus ist fortwährend von vielen, unterschiedlichen
Reizen angefüllt. Der Organismus muss aus diesem Meer von
äußeren und inneren Reizen diejenigen auswählen, auf die er
reagiert.

GOLDSTEIN, 1934: «Jeder Organismus lebt in einer Welt, die
keineswegs nur die für ihn adäquaten Reize enthält,
keineswegs nur in seiner ‹Umwelt›, sondern in einer
Welt, in der noch alle möglichen anderen Reize wirksam sind und auch auf ihn wirken. Mit dieser gewissermaßen negativen Umwelt muss er fertig werden. Es
findet tatsächlich dauernd eine Art Auswahl unter den
Vorgängen in der Welt statt, unter dem Gesichtspunkt,
welche Vorgänge zum Organismus gehören und welche
nicht. Die Umwelt eines Organismus ist keineswegs etwas Fertiges, sondern sie entsteht dauernd in gleichem
Maße, wie der Organismus lebt und sich betätigt. Man
könnte sagen, dass die Umwelt sich durch das Sein des
Organismus aus der Welt herausschält; unpräjudizier-
licher:[1] dass ein Organismus nur sein kann, wenn es ihm
gelingt, in der Welt eine adäquate Umwelt zu finden, sie
herauszugestalten (wozu natürlich [!] die Welt die Möglichkeit geben muss).»[2]

---

1 Eine selten gebrauchte Wortbildung aus *präjudizieren* (eine richtungs-
weisende Gerichtsentscheidung fällen: ein *Präjudiz* schaffen; ähnlich wie
Präzedenz`; *unpräjudizierlich* ist «unverbindlich», «nicht justiziabel»; hier im
Sinne von: *weniger vorsichtig formuliert*.
2 Goldstein, a. a. O., S. 58. Leb in Gesellschaft, die deine ist.

An anderer Stelle sprach Goldstein davon, die Reizwirkung bestimme sich von der Bedeutung eines Reizes für den Organismus her[1] und durch die Reaktion werde der Organismus in sinnvoller Weise modifiziert.[2] Diesen Prozess der Wahl zwischen jenen praktisch unendlichen Möglichkeiten nannte Goldstein die Figurbildung.

> GOLDSTEIN, 1934: «Normalerweise ist offenbar jede durch einen Reiz bedingte Figurbildung im Ganzen des Organismus verankert, Erregung, Ausgleich erfolgen in für den Organismus adäquater Weise, ebenso die Verwertung anderer Reize in ihrer Bedeutung für die der Aufgabe zugehörigen Figur. Verliert die Figurbildung an Festigkeit durch die mangelhafte Verankerung im Ganzen, so werden die äußeren Reize in inadäquaterer ‹beliebiger› Weise abnorm wirksam; sind sie nun sehr stark, so kommt es zur abnormen Fixierung einer Figur.»[3]

Diese Schlussfolgerung zog Goldstein aus rein biologischen Experimenten. In «Gestalt Therapy» wird daraus eine psychologische Theorie. Frank-M. Staemmler sieht einen Kategorienfehler hierin.[4] Begriffe (Kategorien) aus unterschiedlichen Ebenen – in diesem Fall der biologischen und psychologischen Ebene – ließen sich nicht ohne Weiteres vermischen oder austauschen. Das ist sicherlich richtig, wenn man akzeptiert, dass Biologie und Psychologie zwei strikt zu trennende Welten seien. Goldstein jedenfalls akzeptierte das keineswegs. In «Der Organismus» wechselte er in atemberaubender Weise zwischen Einzeller und Mensch, sowie zwischen psychologischen und biologischen Beispielen hin und her.

Die Nähe des Figur- zu dem Gestaltbegriff liegt auf der Hand, sodass Goldstein retrospektiv gern der Gestaltpsychologie zugerechnet wird, ohne dass er jemals zum eigentlichen

1 Ebd., S. 134.
2 Ebd., S. 136f.
3 Ebd., S. 96.
4 Frank-M. Staemmler, *Babylonische Sprachverwirrung? Über die vielfältigen Verwendungen und Bedeutungen des Feldbegriffs*, in Gestalttherapie: Forum für Gestaltperspektiven, 20. Jg. (2006) Nr. 2, S. 54.

Kreis der Gestaltpsychologen gehörte, obgleich er sehr eng mit dem Gestaltpsychologen Adhémar Gelb zusammenarbeitete. Er und Lewin dagegen waren, um es vorsichtig auszudrücken, alles andere als ziemlich beste Freunde.[1] Inhaltlich gesehen ist die Differenz eher zu vernachlässigen. Goldsteins Darstellung der Dynamik von Figur und Grund entspricht genau Lewins Formel, jedes Verhalten sei eine Funktion von Person und Umgebung.

1934, als Goldstein sein Hauptwerk verfasste, befand er sich im Exil in den Niederlanden auf dem Weg in die USA. SA-Leute hatten ihn direkt nach der Machtübergabe an Hitler in Berlin verhaftet und misshandelt; doch gelang es einflussreichen Freunden, seine Freigabe zu erreichen. Dass jemand unter solch extremen Umständen in der Lage ist, sein Hauptwerk zu verfassen, das ist ein eindrucksvolles Beispiel für die Leistung eines Symptoms, Probleme zu meistern. In den USA wurde der Literat und Anarchist Paul Goodman Goldsteins Englischlehrer. Goldstein arbeitete sowohl als ein Hochschullehrer wie auch als Arzt in privater Praxis. In den 1950er und beginnenden 1960er Jahren begleitete er wohlwollend die Entstehung der humanistischen Psychologie.

Für die Lösung von Problemen kann es Beistand (psychotherapeutisch gesagt: Support) durch andere Menschen geben;

1 Vgl. einen Brief von Wilhelm Benary an Wolfgang Köhler, datiert auf den 18. 4. 1929. Benary informierte Köhler über eine gemeinsam mit Lewin besuchte Tagung in Wien, an der auch Goldstein teilnahm, und äußerte sich etwas abfällig über Goldstein: «Leider sprach auch Goldstein, wieder über ‹Wesentliches›; er hat zuviel davon auf Lager.» Zwischen den Zeilen lese ich, dass Lewin eher zu der Beurteilung Benarys tendierte und sich jedenfalls weniger mit Goldstein gemein machte (Jürgen Court u. Jan-Peters Janssen, *Wilhelm Benary: Leben und Werk*, Lengerich 2003, S. 67ff). Die positive Einschätzung des Verhältnisses von Goldstein und Lewin durch Lewins Schülerin Bluma Zeigarnik (Andrzej Gołąb, *Erinnerungen an Kurt Lewin: Ein Interview mit Bluma Zeigarnik*, in Gruppendynamik, 15.Jg. [1984] Nr. 1, S. 105) krankt daran, dass sie Goldstein fälschlich Leiter der Berliner Charité nannte und ist darum unzuverlässig (Thomas Hoffmann, *Psychische Räume abbilden: Kurt Lewins topologische Psychologie und ihr Beitrag zu einer dynamischen Theorie geistiger Behinderung*, in Frank Stahnisch und Heijko Bauer [Hg.], *Bild und Gestalt: Wie formen Medienpraktiken das Wissen in Medizin und Humanwissenschaften?*, Berlin 2007, S. 76, Fn. 3, bemerkt dies, folgt dann aber dennoch ihrer Einschätzung). – Eine biographische Verbindung zwischen den beiden lässt sich jedenfalls nicht erkennen.

dieser wird aber sofort unwirksam, wenn Zwang (etwa Strafandrohung) oder Manipulation (etwa Belohnungsversprechen)
ins Spiel kommen. Der Organismus muss je frei entscheiden
können, was in seiner spezifischen Situation und in seiner für
ihn spezifischen Sichtweise nützlich für ihn ist und was nicht.
Maßnahmen von Zwang und Manipulation stehen niemals
auf der Lösungs-, sondern immer auf der Problemseite: Sie
stellen für den Organismus das Problem auf, sie gegen den
Willen des Täters sich anzupassen oder zu umgehen. – Wir
können hier die Entsprechung sehen zu F. A. Hayeks Begriffen
der komplexen Phänomene sowie der spontanen Ordnung.[1]
Komplexe soziale Verhältnisse lassen sich bloß durch (zwangfreie) spontane Ordnung regulieren. Ihnen gegenüber bleibt
Zwang stets unterkomplex, da der Täter niemals alle speziellen
individuellen Umstände in der Ganzheit erfassen und berücksichtigen kann. Goldstein wies drauf hin, dass nicht erst das
soziale Verhältnis, sondern bereits der Organismus zu komplex
sei, um dessen Probleme anders als durch (zwangfreie) Selbstverwirklichung zu lösen.
    Und weil gegenwärtig so wenig verstanden wird, dass es
neben der zwanghaften auch eine zwangfreie Sozialität geben
kann, will ich betonen: Die individualistische Sicht auf Biologie, Psychologie und Ökonomik des Menschen schließt freiwillige Gemeinschaft nicht aus, im Gegenteil, sie hat sie zum
Ziel. Wer behauptet, die individualistische Sicht sei gesell-
schaftsfremd, setzt stillschweigend voraus, es gebe keine andere
Möglichkeit, Gesellschaft herzustellen, als auf Grundlage von
Gewalt. Gegen diese Voraussetzung begehren Anarchisten wie
Buber und Goodman auf.

3

Weil Fritz Perls uns weismachen wollte, die Gestalttherapie
würde mehr auf dem Behaviorismus als auf der Psychoanalyse

---

1 F. A. Hayek (1899-1992), am klassischen Liberalismus ausgerichteter
österreichisch-amerikanischer Sozioökonom, dessen Lehre der spontanen
Ordnung und der Komplexität von gesellschaftlichen Strukturen, denen
gegenüber staatliche Interventionen immer unterkomplex bleiben, eine
große inhaltliche Nähe zum Anarchismus hat, ohne dass die beiden Seiten
dies gern zugeben.

Freuds basieren,[1] hier ein Exkurs zum Behaviorismus. Obwohl
der Begriff seit Anfang des 20. Jahrhunderts existiert, wurde er
erst in der Mitte des 20. Jahrhunderts populär. Kurt Lewin war
immer der Auffassung, der Behaviorismus stelle nur eine Abart
des Assoziationismus dar, also der psychologischen Richtung,
gegen die die Gestaltpsychologie sich wandte und die Lewin
experimentell widerlegt hatte. Der Assoziationismus war eine
Wahrnehmungs- und eine Verhaltenspsychologie.[2] Im Bereich
der Wahrnehmung ging der Assoziationismus davon aus, dass
die Sinnesorgane unverbundene Daten aufnehmen würden,
und erst das Gehirn setze sie zu einem Sinn zusammen. In der
Hinsicht hat die Gestaltpsychologie sich völlig durchgesetzt,
weil die Empirie ihr eindeutig recht gibt. Bezüglich des Verhaltens ging der Assoziationismus davon aus, alles Verhalten
sei durch Gewohnheit gesteuert. Der Mensch nehme die Umweltreize passiv auf und reagiere entsprechend.

GOLDSTEIN, 1934: «Nach der Anschauung, die der Lehre
von den Reflexen zugrunde liegt, handelt es sich beim
Organismus um ein Zusammen von isolierbaren Ap-
paraten von konstantem Bau und von konstanter Ver-
änderungsmöglichkeit durch Umweltvorgänge (Reize),
mit konstanten Reaktionen auf diese Vorgänge. [...]
Die Einwirkungen, denen der Organismus ausgesetzt
ist, erscheinen für diese Anschauung als eine Summe
von Reizen, auf die der Organismus in gesetzmäßiger
Weise reagiert. [...] Dieses Vorgehen wäre wegen seiner
methodischen Klarheit gewiss als ein Ideal zu betrachten, wenn es wirklich gelänge, auf diesem Wege das
Verhalten des Organismus zu verstehen. [...] Dies wird

1 Friedrich S. Perls, *Gestalttherapie und Kybernetik* (1959), in *Gestalt – Wachstum – Integration*, Paderborn 1980, S. 120.
2 Völlig abwegig ist, dass Fritz (ebd., S. 120) die Assoziationspsychologie
mit Freuds Methode freier Assoziation identifizierte. Freuds Methode ist
weder eine Wahrnehmungs- noch Verhaltenstheorie, sondern meint, indem
Patienten veranlasst werden, ihren Gedanken freien Lauf zu lassen, offenbare
sich den Therapeuten darin weitgehend zensurfrei das Unbewusste ihrer
Patienten. (Weitgehend, nicht völlig: «Die Zensur schläft niemals ganz»; *Die
Traumdeutung* [1900], in Studienausgabe, Bd. 2, S. 470.)

jedoch schwierig dort, wo sich nicht eine Vielfältigkeit des Reflexes je nach der Reizart ergibt, sondern eine eigenartige Auswahl unter den Reizen, die zum Reflex führen, nachweisbar ist.»[1]

Hiermit formulierte Goldstein in ebenso knapper wie präziser Weise das Programm des Behaviorismus, und es reichte ihm ein Satz, um es zu widerlegen. Gleichwohl wurde es das Programm einer einflussreichen psychologischen Richtung. Betrachten wir den Menschen als eine Black Box, deren Innenleben uns weder zugänglich ist noch überhaupt ein Interesse verdient. Schauen wir einfach, aufgrund welcher Reize (Input) sie welche Reaktionen (Output) zeigt. B.F. Skinner (1904-1990) gehörte zu den wichtigsten Behavioristen und ist neben Freud – und Kurt Lewin – der einflussreichste Psychologe des 20. Jahrhunderts.

Angefangen hatte es freilich mit Iwan P. Pawlow (1849-1936) und seinem inzwischen sprichwörtlichen Hund: Ertönt immer, wenn dem Hund Futter geben wird, eine Glocke, löst nach einer gewissen Gewöhnungsdauer der Glockenton allein die Speichelbildung aus, auch wenn gar kein Futter vorliegt. Mit derartigen Reflexen lässt sich wunderbar die Entstehung von Aberglauben erklären: Die Black Box stellt aufgrund der wiederholten Gleichzeitigkeit von Reizen einen objektiv nicht gegebenen Ursache-Wirkungsmechanismus her. Erreicht der Aberglauben die gesellschaftliche Ebene, kriegen wir es mit Massenwahn zu tun. Diese Erklärung von Aberglauben und Massenwahn beherrscht inzwischen die Alltagspsychologie genauso wie einige Versatzstücke aus Freuds Lehre: Man geht stillschweigend davon aus, dass Werbung und politische Propaganda Beliebiges mit den Menschen anstellen können.

Die gesellschaftlich entscheidende Erkenntnis von Skinner lautete, negative Verstärkungen (landläufig Strafen genannt) seien viel weniger wirksam als positive Verstärkungen (landläufig Belohnungen genannt). Diese Erkenntnis, gewonnen auf ganz anderem theoretischen Hintergrund, wird uns bei Kurt

1 Goldstein, a.a.O., S. 44-47. Das Treffen der Auswahl unter den Reizen ist das Problem des Behaviorismus.

Lewin wieder begegnen. Der Grund dafür liegt auf der Hand:
Auf einen negativen Reiz kann die Black Box in tausenderlei
verschiedener Weise reagieren. Es wird zwar eine bestimmte
Handlung abgeschreckt, aber keine bestimmte, sondern eine
weitgehend unbestimmte Reaktion hervorgerufen. Deswegen
arbeiten alle behavioristisch aufgeklärten Lernsysteme, sei es in
der Erziehung, sei es in der Therapie, mit positiven, nicht mit
negativen Verstärkungen. Dass Belohnungen keineswegs besser
wirken als Strafen, das wird uns dann Lewin erklären.

Jedenfalls war Skinner der Auffassung, dass sich mit richtig
organisierten Reizen der positiven Verstärkung auch über den
einzelnen Menschen hinaus die komplette Gesellschaft in eine
gewünschte Richtung hin konditionieren lasse. Begriffe wie
Freiheit und Würde des Menschen hielt er für hinderlich; so
hieß denn auch sein bekanntestes populärwissenschaftliches
Werk «Jenseits von Freiheit und Würde» (1971). Dies meinte
er völlig bejahend. In seiner bereits 1948 verfassten Zukunfts-
vision «Walden Two» (in den ersten deutschen Auflagen unter
dem Titel «Futurum Zwei») legte er dar, wie er sich eine Gesellschaft vorstellt, in der nicht in alt hergebrachter Weise ge-
herrscht, sondern sozialtechnisch verwaltet wird. «Walden» ist
der Titel des Berichtes aus dem Jahre 1854, den Henry David
Thoreau über sein Experiment eines einfachen, friedlichen,
aber auch einsamen Lebens abfasste. Thoreau, der Begründer
der Lehre vom zivilen Ungehorsam, wurde mit diesem Buch,
das zu seinen Lebzeiten wenig Beachtung fand, zum Helden
der Hippie-Bewegung der 1960er Jahre. In «Walden Zwei»
zeige er ein einfaches und friedliches Leben auf, sagte Skinner,
das Gemeinschaft zulasse. Diese Utopie stellte er mit einer
1984 veröffentlichten Reflexion in die Nähe des Anarchismus,
indem er George Orwell durch seine Walden-Gemeinschaft
führt und von ihm die Absolution erhält: Der Behaviorismus
mache es möglich, ganz auf Herrschaft zu verzichten.[1]

In einem Kapitel von «Walden Zwei» beschrieb Skinner
die folgende Versuchsanordnung, welche dem Training der
Selbstkontrolle und Emotionslosigkeit diene: Hungrig kehren

1 B. F. Skinner, *News from Nowhere*, 1984, in Behavior Analyst, 8. Jg. (1985)
Nr. 1, S. 6.

die Kinder nach einer kräftezehrenden Wanderung heim. Der
Tisch ist gedeckt, auf ihm stehen die dampfenden Schüsseln.
Nun werden die Kinder angehalten, fünf Minuten zu verharren, bevor sie sich zum Essen setzen. Diese Übung, sagt der
Erzähler, absolvieren sie, «als sei es eine Rechenaufgabe»,[1] und
später ebenfalls die verschärfte Variante: beim Warten haben
sie zu schweigen, dann wird zuerst nur einem Teil von ihnen
gestattet, mit dem Essen zu beginnen; die übrigen müssen zusätzliche fünf Minuten warten. Auf diese Weise unterbinde
man, dass Neid aufkomme. – Gordon Rattray Taylor (1911-
1981) meinte, es sei naiv zu glauben, eine solche Maßnahme
werde Selbstkontrolle – und nicht Roboter – herauszubilden
helfen und keinen offenen Widerstand provozieren.[2]

Diese Bemerkung führt uns dorthin, die vier wesentlichen
Fehler der Voraussetzungen des Behaviorismus zu erkennen:
Zum *ersten* nimmt er an, dass die Black Box auf den gleichen
Reiz stets gleich reagiere.[3] Dies ist aber schon bei dem sprichwörtlichen Pawlow'schen Hund nicht so; die Reaktion erfolgt
bloß unter der Bedingung, dass der Hund Hunger hat. Der
innere Zustand der Black Box spielt sehr wohl eine Rolle. Zum
zweiten folgt der Behaviorismus dem Grundsatz, zwischen den
Black Boxen gäbe es kaum Unterschiede, alle reagierten mehr
oder weniger gleich, besäßen mithin keine Individualität. Zum
dritten schließt der Behaviorismus aus, dass die Black Box eine
Einsicht über die wirklichen Zusammenhänge erreichen kann.
Der Hund ist dazu vermutlich tatsächlich nicht in der Lage;
der Mensch schon – andernfalls könnte es keine Behavioristen
geben. Zum *vierten* ist in der Theorie des Behaviorismus nicht
zu erklären, wie eine Entscheidung über die einzuschlagende
gewünschte Richtung einer Verhaltenskonditionierung gefällt
werden könnte: Dies ist laut seiner Theorie unmöglich, da eine
jede Entscheidung des nicht-konditionierten Entscheiders bedarf.

1 B. F. Skinner, *Walden Two* (1948), Indianapolis, IN 2005, S. 99.
2 Gordon Rattray Taylor, *Rethink*, London 1972, S. 208.
3 Vgl. Goldstein, a. a. O., S. 45: «Es ist […] gar nicht so einfach, dem Sinn
des Reflexbegriffes entsprechende *konstante* Wirkungen bei *konstantem* Reiz
festzustellen.» (Meine Hervorhebungen.)

4

Goodman steuerte noch einen weiteren Ansatz bei, Skinners Erziehung – Dressur – qua Konditionierung zu begegnen. Mit Verweis auf Goldstein schlug er vor, das Verhalten in freier Wildbahn und unter Laborbedingungen zu vergleichen.

GOODMAN, 1964: «Um ganz ehrlich zu sein, ich glaube, dass die ‹operante Konditionierung› gewaltig überschätzt wird. Sie lehrt uns den nicht neuen Satz, dass ein Tier, wenn es seiner natürlichen Umgebung und Gesellschaft beraubt, sensorisch depriviert, sanft beunruhigt und auf die geringst möglichen spontanen Bewegungen eingeschränkt wird, sich emotional mit dem Unterdrücker identifiziert und mit herabgesetzter Anmut, Energie und Intelligenz auf dem einzigen Weg antwortet, der ihm erlaubt ist. [...] Ohne Zweifel kann ein Jagdhund darauf trainiert werden, auf seinen Hinterbeinen zu gehen und einen Ball auf der Nase zu balancieren. Aber der Hund wird mehr Intelligenz, Kraft und schnelle Rückkopplung zeigen, wenn er ein Kaninchen im Feld jagt. Es ist ein überspannter Gedanke, die Effizienz des Lernens dadurch steigern zu können, dass wir *a priori* die meiste Kraft des Tieres zum Lernen zerstören und es aus seiner Umgebung herausnehmen. [...] Es ist nicht schwer zu sehen, dass ein Kind Fahrradfahren kann; und es wird es nie verlernen; dies wäre nicht der Fall, wenn das Lernen Konditionierung durch Verstärkung gewesen wäre, weil diese einfach ausgelöscht werden kann durch eine negative Verstärkung. (Dies hat Kurt Goldstein gezeigt.[1])»[2]

1 Goldstein, a.a.O., S. 119: Bedingte Reflexe «sind labil und unbeständig. Sie sind durch andere Vorgänge leicht zu stören und zu vernichten. Sie überdauern die Ausbildung nur eine bestimmte Zeit. Sollen sie länger bestehen, so müssen sie immer wieder mit den unbedingten in Beziehung gebracht werden. Sie werden durch einen zweiten Reiz gestört, ‹gehemmt›.»
2 Paul Goodman, *Compulsory Mis-education* (1964), New York 1966, S. 88f. Frank-M. Staemmler würde Goodman an dieser Stelle einen Kategorienfehler ankreiden. Hierzu später mehr (S. 89–94). Goodmans ganze Passage schließt sehr eng an Goldstein an.

5

«Jenseits von Freiheit und Würde» heißt auch jenseits von Verantwortung. Bezogen auf Freud meinen konservative Kritiker, die Rückführung von Fehlverhalten auf gesellschaftliche (zum Beispiel familiäre) Bedingungen schwäche das Konzept der Verantwortung, da nicht der Täter, sondern die (sozialen) Umstände schuld am Verbrechen seien. Mit Freud im Visier ist die Kritik falsch, da das Ziel der Psychoanalyse in der Stärkung der Ich-Verantwortung besteht. Bei Skinner aber rührt die Kritik genau am Zentrum:

SKINNER, 1971: «Die reale Frage betrifft die Wirksamkeit von Techniken der Kontrolle. Wir werden die Probleme des Alkoholismus und der Jugendkriminalität nicht lösen, indem wir an irgendein ‹Verantwortungsgefühl› appellieren. Es ist die Umwelt, die für das abzulehnende Verhalten ‹verantwortlich› ist, und es ist die Umwelt, nicht eine Eigenschaft einer Einzelperson, die geändert werden muss.»[1]

Dies Statement wird man heute in der linken Ecke des Mainstreams verorten. Das war nicht immer so. In ihrer Kritik an Skinner benannte Ayn Rand (1905-1982) die philosophischen Einflüsse, aus denen er sich sein Lehrgebäude zimmere:

RAND, 1972: «Pragmatismus, Sozialdarwinismus, Positivismus, linguistische Analyse, Sargnägel von David Hume, Planken von Bertrand Russell, während die New York Post den Kitt beisteuerte.»[2]

Typisch linke Theorien finden sich in dieser Aufzählung nicht. Darüber hinaus erwähnte sie mit Hochachtung die Zurückweisung der Theorie des Sprechverhaltens von Skinner[3] durch

1 B. F. Skinner, *Beyond Freedom and Dignity*, New York 1971, S. 74.
2 Ayn Rand, *The Stimulus and the Response* (1972), in *Philosophy: Who Needs It?*, New York 1982, S. 168.
3 B. F. Skinner, *Verbal Behavior*, 1957. Sprache bestehe, so Skinners Grundthese, aus *zufälligen* Lauten, die ihren Sinn aufgrund der Reaktionen anderer Menschen erhalten.

Noam Chomsky. Es sei eine große Erleichterung, Chomskys Zurückweisung[1] zu lesen, schrieb sie und vergaß nicht, hinzuzufügen, dass Chomsky zur Neuen Linken zähle.[2] Die Neue Linke war bekanntermaßen der erklärte Feind für Ayn Rand. Wenn sie zu ihrer Kritik an Skinner einen Autor der Neuen Linken heranzog, musste es sich bei ihm folglich um jemanden handeln, der noch jenseits dieser Auseinandersetzung thronte. In der Tat, so sehr Ayn Rand alle Konzeptionen der Neuen Linken verachtete und ablehnte, der gemeinsame Grund, auf dem sie standen, war die Idee eines autonomen, mit Freiheit und Würde ausgestatteten Subjekts. Das Herunterbringen des Menschen zur «Reaktionsweise von Lurchen», um mal wieder Theodor W. Adorno zu zitieren,[3] als Utopie «jenseits von Freiheit und Würde», wie Skinner sie formulierte, stellte eine weitaus tiefergreifende Bedrohung für den Wert der Freiheit dar, der für Ayn Rand existenzieller Ausgangspunkt war.

6

Goldsteins Einfluss auf «Gestalt Therapy» ist nach meinem Dafürhalten weitaus größer, als bisher gedacht. Als Goldstein bei Goodman Englisch lernte, war Goodman Mitte zwanzig und stellte sich im Traum nicht vor, irgendwann eine psychotherapeutische Theorie mitzubegründen, hatte keinen Wunsch, jemals etwas anderes als Literatur zu schreiben. Den «Aufbau des Organismus» übersetzte Goldstein selber, und er wird mit seinem Englischlehrer zumindest teilweise darüber gesprochen haben. Manche Abschnitte von «Gestalt Therapy» kann man als Paraphrasen der Gedanken Goldsteins lesen. Auch später finden sich in Goodmans Essays deutliche Spuren von Goldstein, so 1964 eine Reverenz in «Compulsory Mis-education».[4] Noch im letzten Buch von Goodman, «Little Prayers & Finite Experience» (1972), gibt es auf Goldstein einen direkten und einen indirekten Hinweis. Der Hinweis mit Namensnennung

1 Noam Chomsky, *Verbal Behavior by B. F. Skinner*, Language, 35. Jg. (1959) Nr. 1, S. 26-58.
2 Ayn Rand, a. a. O., S. 189.
3 Theodor W. Adorno, *Soziologie und empirische Forschung* (1957), in *Der Positivismusstreit in der deutschen Soziologie*, Neuwied 1972, S. 87.
4 Siehe S. 73. (Zur Dressur-Kritik vgl. *Organismus*, a. a. O., S. 140, S. 343.)

ist die Übernahme des Begriffes «Katastrophenreaktion»[1] für
die Unfähigkeit, die eigenen Erfahrungen konzeptionalisieren
zu können.[2] Der indirekte Hinweis steht in Goodmans Zusammenfassung des Grundgedankens aus «Gestalt Therapy»,
wenn man ein Wesen – *animal* – charakterisiere, das sich bewegt und mit seinen Problemen fertig werden muss, stoße man
darauf, dass es jederzeitiger kreativer Anpassungen bedarf. Es
muss das Dienliche vom Undienlichen scheiden, Initiative ergreifen und Änderungen vornehmen, um die Umgebung sich
anzupassen und um all das zu entfernen, was sein lebensfähiges
Gleichgewicht stören würde. Solche Anpassungen sind notwendig, weil das Potenzial, zu leben, bloß in einer Umgebung
aktualisiert werden kann. Die Umgebung ihrerseits muss für
solch eine aktive Anpassung zugänglich sein; sie muss plastisch
für die Veränderung sein, und es muss interessant sein, sie zu
erkunden.[3] Dies entspricht dem Duktus der zitierten Passage
aus Goldsteins Buch, dass ein Organismus bloß «sein» könne,
sofern es ihm gelinge, die Umgebung für sich adäquat zu gestalten – wozu die Umgebung allerdings die Möglichkeit ein-
geräumt haben müsse.[4]

Schließlich sei noch Goldsteins Erkenntnis genannt, dass
ein Symptom nicht so sehr der Ausdruck der Krankheit sei als
vielmehr des Versuchs vom Organismus, trotz der gegebenen
Schmälerung seine Integrität zu behaupten.[5] Goldstein selber
hat vermutlich nicht geahnt, welchen Wandel des Denkens bezogen auf Krankheit und Gesundheit diese Erkenntnis in der
Psychotherapie herausfordert.

---

1 *Organismus*, a.a.O., S. 27: «Beginnt aus einer für ihn objektiv gefährlichen
Situation heraus ein Reiz wirksam zu werden, tritt sofort eine Katastrophenreaktion ein; jede weitere adäquate Reizverwertung ist ausgeschlossen, der
Kranke erscheint völlig abgeschlossen gegenüber der Welt.»
2 *Little Prayers*, a.a.O., S. 21 (Ausgabe *Crazy Hope*, S. 39; dt. S. 45).
3 Ebd., S. 39 (*Crazy Hope*, S. 51; dt. S. 73/75). – Aus dem *Source Book of
Gestalt Psychology* von Willis Ellis (1938) kann Goodman Goldsteins Gedanken nicht entnommen haben, da in diesem Goldstein bloß durch einen
kleinen, gemeinsam mit Adhémar Gelb verfassten Aufsatz aus dem Jahr
1918 zur Figurwahrnehmung bei Hirnverletzten vertreten ist (S. 315-325).
4 Siehe S. 65. – Das Buch steckt voller solcher noch ungehobenen Schätze.
5 Siehe S. 63f. Der Inhalt klingt für Gestaltohren vertraut, die Quelle nicht.

Kritik der Ganzheit: Lewin

1

Kurt Lewin (1890-1947) kommt mit einem Label in die Gestalttherapie, das ihm erst posthum angehängt wurde, nämlich
Feldtheorie. Oft beschränkt die Sekundärliteratur sich darauf,
Lewin beim Namen zu nennen, ohne weiter auf ihn oder die
Feldtheorie einzugehen.[1] Dabei bezeichnete Lewin sich, obwohl er genau wie Goldstein den Feldbegriff nutzte, nie als
Feldtheoretiker und reklamierte für den Begriff nie Urheber-
schaft. Zu *dem* Feldtheoretiker wurde Lewin darum, weil nach
seinem Tod Dorwin Cartwright, einer seiner Schüler, 1951 von
ihm Essays unter dem Titel «Field Theory in Social Science»
veröffentlichte. Urheber der Feldtheorie in der Gestaltpsychologie war Wolfgang Köhler (1887-1967), mit dem Lewin in
Berlin intim zusammenarbeitete. Weswegen im gemeinsamen
amerikanischen Exil ihr Kontakt abbrach, ist letztlich nicht geklärt. Meine Vermutung: Lewin kehrte 1933 von einem Lehrauftrag in den USA nicht nach Deutschland zurück unter dem
Eindruck, dass die Lage besonders für die Juden unerträglich
werden würde. Es muss einen Brief von Köhler gegeben haben,
der Lewin zur Rückkehr und zum Standhalten aufforderte.
Dieser Brief ist meines Wissens nicht erhalten. Es gibt eine
Antwort Lewins an Köhler, die allerdings vermutlich niemals
abgeschickt wurde, einen langen Brief, durch den Lewin seine
Entscheidung rechtfertigte.[2] Köhler, der kein Jude war, ertrug
es 1935 in Nazi-Deutschland nicht mehr, und auch er ging ins
Exil. Seinem ersten Buch, das Lewin 1936 in den USA veröffentlichte, stellte er einen fiktiven Brief an Köhler voran, in
welchem er seinen Werdegang skizzierte, als habe Köhler nicht
direkten Anteil an ihm. Der Ton des Briefes ist distanziert und
klingt nach Abschied. Das Buch widmete Lewin seinen neuen,
seinen amerikanischen Schülern.[3] Möglicherweise empfand er

---

1 Zu den Ausnahmen gehört Gary M. Yontef, *Awareness, Dialog, Prozess:
Wege zu einer relationalen Gestalttherapie* (1988), Köln 1999, S. 139-242.
2 Dokumentiert in Psychologie Heute, Juni 1981, S. 51-56.
3 Kurt Lewin, *Principles of Topological Psychology*, New York 1936, S. vii-ix.

Köhlers Aufforderung, nach Deutschland zurückzukehren, als wenig einfühlsam, als einen Verrat an ihrer Freundschaft.

Köhler entlieh den Feldbegriff aus der Physik (illustrativ ist das Magnetfeld) und beschrieb mit ihm, dass menschliches Verhalten immer in einem tatsächlichen oder gedachten Raum stattfindet, wo das Verhalten erstens einer ganzen Reihe von verschiedenen Feldkräften ausgesetzt ist sowie zweitens mit den eigenen Energien auf andere Personen oder Dinge dieses Felds einwirkt. Vielleicht wurde in der gestalttherapeutischen Literatur über lange Zeit hinweg deshalb so ungern auf Köhler als den Urheber der Feldtheorie referiert, da Köhler sich nach der Veröffentlichung von «Gestalt Therapy» negativ über dies Buch äußerte.

Lewins Einfluss auf die Gestalttherapie ist nicht direkt. In Fritz Perls'«Ego, Hunger, and Aggression» (1942) wird Lewin nur einmal erwähnt. Das entsprechende Kapitel geht sicher auf Laura zurück. Referiert wird ein Experiment, das sich weniger mit dem Feld befasste, sondern die Tendenz feststellte, offen gebliebene Gestalten zu schließen;[1] daraus wurden in der Gestalttherapie die berühmten *unfinished businesses*, jene unerledigten Geschäfte, die nach einer therapeutischen Aufmerksamkeit verlangen. Zu der wichtigen Stelle, an der in «Gestalt Therapy» Lewin zitiert wird, komme ich nach dem folgenden Überblick über Lewins Werk, um abschließend auf einen Vergleich von Goldsteins und Lewins Feldbegriff und demjenigen in «Gestalt Therapy» einzugehen.

2

Obwohl Lewin neben Freud und Skinner als einer der einflussreichsten Psychologen des 20. Jahrhunderts gilt, geriet er letzthin weitgehend in Vergessenheit; das zeigt sich zum Beispiel darin, dass seine Werkausgabe aus den 1980er Jahren unvollendet blieb. Für das Vergessen Lewins gibt es einen biographischen und einen inhaltlichen Grund. Der biographische Grund ist, dass wegen seines frühen Todes von ihm fast ausschließlich fragmentarische Essays, keine zusammenfassenden

---

1 Frederick S. Perls, *Ego, Hunger, and Aggression*, London 1947, S. 101. Oder dt. *Das Ich, der Hunger und die Aggression*, Stuttgart 1978, S. 123.

Erörterungen seiner Theorie vorliegen. Zum Fragmentarischen seines Werks trägt zudem bei, dass zwischen seiner deutschen Zeit und seinem US-amerikanischen Exil ab 1933 nicht nur ein sprachlich-kultureller Riss besteht, sondern auch eine grundlegende Veränderung seiner Forschungsfragen: In Deutschland hatte er sich vor allem mit dem Verhalten von Individuen (besonders auch Kindern und Säuglingen) beschäftigt, in den USA wandte er sich vor allem der Dynamik von Gruppen zu und begründete damit die Gruppendynamik als Fachgebiet innerhalb der Psychologie.

Den inhaltlichen Grund für Vergessen – oder Verdrängen – von Lewin aus dem Gedächtnis der psychologischen Wissenschaft werde ich nach dem folgenden biographischen Exkurs darstellen.

Lewin gehörte einer ersten Generation derjenigen an, die überhaupt die Psychologie als eigenständige Wissenschaft vertraten. Alle Lehrer Lewins waren noch Philosophen gewesen. Als junger Mann hing Lewin dem damals in der Psychologie während des Übergangs von der Philosophie zur empirischen Wissenschaft vorherrschenden Assoziationismus an. Der Assoziationismus ist ein Vorläufer des Behaviorismus und basiert auf dem englischen Aufklärungsphilosophen David Hume, der die Kategorie der Kausalität als Aberglauben abtat. Alles, was sich feststellen lasse, sei, wie Ereignisse zeitlich hintereinander folgten. Der Assoziationismus leitete hieraus nun ab, dass das Verhalten durch die psychische – nicht logische – Kette von Ereignissen gesteuert werde. Die Kategorie der Psychologie, die der Assoziationismus postulierte, war die Assoziation oder, umgangssprachlich, die Gewohnheit (statt Kausalität). Lewin erdachte eine Reihe von genialen Experimenten, mit denen er die Theorie des Assoziationismus beweisen wollte. Er führte sie noch während des ersten Weltkriegs durch. Erstaunt stellte er fest, dass die Experimente stets das Gegenteil dessen aufzeigten, was er erwartet hatte.

Bei seiner Suche nach einem alternativen Ansatz nahm Lewin Ideen der frühen Gestaltpsychologen auf. Die Gestaltpsychologen gingen nicht wie die Assoziationisten von der gewohnheitsmäßigen psychischen Assoziation unzusammen-

hängender Einzelereignisse (heute würde man «Daten» sagen)
aus, vielmehr untersuchten sie die Wahrnehmung von Sinn-
einheiten – eben Gestalten. Die Verbindung von Experimenten mit der Theorie, die
Lewin herstellte, ist einzigartig in der Psychologie. Alle Lehrer
Lewins waren, wie gesagt, Philosophen; unter ihnen führende
Kantianer. Lewin formulierte es als Aufgabe der Psychologie,
Gesetzmäßigkeiten des Verhaltens zu ermitteln. Diese seien
zum einen empirisch zu überprüfen (per Experimenten), zum
anderen aber nicht durch Empirie zu ermitteln. Alle Erkenntnis, hatte Kant statuiert, hebe mit der Erfahrung an, stamme
jedoch nicht nur aus ihr.[1] Für die Formulierung von Gesetzmäßigkeiten (bei Kant ging es dabei um Naturwissenschaft)
seien Intuition und Logik erforderlich; ob die formulierte
Gesetzmäßigkeit zutrifft, muss sich freilich in der Erfahrung
beweisen lassen. Hierfür sind keine Statistiken notwendig, ein
geeignetes Experiment reicht (um das Fallgesetz zu beweisen,
müssen nicht Mittelwerte einer Batterie von Experimenten
vorgelegt werden). – Kann diese Erkenntnistheorie auch für
Sozialwissenschaften nutzbar gemacht werden? Lewin bejahte
das.

Es ist nun deutlich, dass in dem gegenwärtig herrschenden
Wissenschaftsbetrieb, der zwischen reiner Empirie und beliebiger Essayistik hin und her schwankt, kein Platz für Lewins
handlungslogische Methodologie ist.

Die beiden Hauptsätze der psychischen Dynamik, die sich
aus den verstreuten Schriften Lewins rekonstruieren lassen,
lauten *Gegenwärtigkeit* und *Gerichtetheit* des Verhaltens. Mit
der Gegenwärtigkeit wandte Lewin sich gegen Psychoanalyse
ebenso wie gegen Behaviorismus, die auf jeweilig ganz unterschiedlichen theoretischen Hintergründen davon ausgingen,
das in der Vergangenheit Gelernte determiniere das Verhalten.
Lewin hingegen betonte, dass immer gegenwärtige Umstände
zu untersuchen seien, während das Gelernte nur eingrenze, was

---

1 «Wenn aber gleich alle unsere Erkenntnis [zeitlich gesehen] mit der Erfahrung anhebt, so entspringt sie darum [logisch gesehen] doch nicht eben
alle aus der Erfahrung.» Immanuel Kant, *Kritik der reinen Vernunft* (1787),
Einleitung I.

für den Handelnden machbar ist, nicht jedoch festlege, wie er sich innerhalb des Machbaren entscheide. Dies ergibt sich begriffslogisch aus dem Konzept des Verhaltens selber. Wenn wir von Verhalten sprechen, dann muss die Fähigkeit gegeben sein, angesichts einer Reihe von Möglichkeiten eine Entscheidung zu treffen; ansonsten läge bloß eine automatische Reaktion vor, wie Behavioristen es ja tatsächlich sehen. Die Entscheidung kann aber weder in der Vergangenheit gefällt worden sein – dann läge die gegenwärtige Reaktion bereits fest – noch kann sie in der Zukunft liegen – dann würde sie nicht jetzt wirksam sein können. Der Zeitpunkt einer Entscheidung ist immer das Hier und Jetzt.

Die Grundformel des Verhaltens, wie Lewin sie aufstellte, klingt einfach, ist aber höchst herausfordernd für die Humanwissenschaften: Verhalten sei die Funktion von Person und Umgebung. Nun rechnet es sich mit zwei Faktoren schwer, deshalb tendieren die Wissenschaften dazu, einen Faktor stillzustellen. – Vereinfacht ausgedrückt tendiert die Psychologie dazu, die Person zu untersuchen und die Umgebung zu vernachlässigen, die Soziologie hingegen dazu, die Umgebung zu untersuchen und die Person zu vernachlässigen.

Während Gegenwärtigkeit als Hauptsatz der psychischen Dynamik die Umgebung anspricht, kommt mit der Gerichtetheit die Person zu Wort. Alles Verhalten ist darauf gerichtet, irgendetwas zu erreichen. Manche Zeitgenossen aber haben Schwierigkeiten, diese Aussage zu akzeptieren. Doch auch die Gerichtetheit folgt begriffslogisch aus dem Konzept des Verhaltens. Ein Verhalten, das auf nichts gerichtet wäre, würde schlicht unterlassen. Die Entscheidung, etwas Bestimmtes aus der Reihe fast unendlicher Möglichkeiten zu tun, hat irgendein Motiv, und das ist die Gerichtetheit des Verhaltens.

Eine wichtige Schlussfolgerung aus der Gerichtetheit des Verhaltens ist die Umgehungstendenz, wenn eine Barriere bei der Ausführung auftaucht. Taucht zwischen dem Ziel, auf das das Verhalten der Person gerichtet ist, und dem Standort der Person eine Barriere auf, so wird die Person das Hindernis zu umgehen versuchen, damit sie ihr Ziel trotzdem erreicht. Bis hierher einleuchtend und wenig sensationell? Mag sein. Doch der nächste Schritt der Folgerung hat es in sich, nämlich die kritische Untersuchung der Wirkung von Strafe und Lohn. Im Rahmen der Darstellung des Behaviorismus habe ich davon gesprochen, dass Strafe (negative Verstärkung) behavioristisch gesehen problematisch sei, denn die Reaktion auf Strafe ist kein bestimmtes Verhalten, sondern sie kann vielerlei Formen annehmen. Mit Lewin lässt sich das genauer fassen: Die Strafdrohung wird immer dazu führen, dass die Person auf die eine oder andere Weise versucht, ihr Ziel doch zu erreichen, sei es durch Inkaufnahme der Strafe, sei es durch Betrug, sei es durch Verheimlichung, sei es durch eine Ersatzhandlung (dies letzte, die Ersatzhandlung, ist das, was die Psychoanalyse gern untersucht und Sublimation nennt). Allerdings gilt dies auch für die Belohnung (positive Verstärkung). Gemeint ist hier nicht der intrinsische Lohn, der bei der Zielerreichung sich durch Befriedigung einstellt, oder der Arbeitslohn, sondern eine sachfremde Belohnung, um jemanden dazu zu verlocken, anders zu handeln, als er es will. Wem das Rauchen verboten wird, der wird versuchen, heimlich zu rauchen. Wem eine Belohnung dafür versprochen wird, falls er das Rauchen sein lässt, wird ebenso heimlich rauchen, um die Belohnung zu kassieren und dennoch den Genuss des Rauchens zu haben.[1]

In den USA wandte Lewin sich der Erforschung von Gruppenprozessen zu, bei denen er wie beim individuellen Verhalten davon ausging, dass sie gewissen Gesetzmäßigkeiten folgen. Er scheute sich nicht, Aufträge von Behörden- oder Firmenseiten anzunehmen, das Verhalten von Gruppen in eine gewünschte Richtung zu beeinflussen. Von Kritikern wird ihm dies als Versuch von Manipulation ausgelegt, mit einem gewissen Recht, wie ich meine. Dennoch, Lewin selber sah es nicht so: Eine Verhaltensänderung ohne Einsicht kann nicht stattfinden. Manipulationen, sei es durch eine Strafandrohung, sei es durch ein Belohnungsversprechen, werden aufgrund der Umgehungstendenz unausweichlich ganz wo anders enden, als geplant war.

1 Vgl. zur Umgehungstendenz Kurt Lewin, *Die psychologische Situation bei Lohn und Strafe* (1931), hg. v. Stefan Blankertz, Berlin 2020. Sowie Stefan Blankertz, *Rothbard denken*, Berlin 2022, S. 53-76.

Und dies wäre die gute Nachricht der Lewin'schen Psychologie: Das menschliche Verhalten ist nicht wirklich steuerbar, ausgenommen im Einklang mit Person und Umgebung. Es bleibt individuell und ist für die Herrschenden letztlich nicht verfügbar.

3

In «Gestalt Therapy» (1951) findet sich unter den ganz wenigen Zitaten aus Quellen der Gestaltpsychologie eins von Lewin. Damit erhält es einen hohen Stellenwert. Es stammt aus «Die Struktur der Seele» von 1926. Das Zitat ist dem «Source Book of Gestalt Psychology» (1938) von Willis D. Ellis entnommen. In diesem Buch stellte Ellis der amerikanischen Wissenschaft die Überlegungen vor, die aus der deutschen Gestaltpsychologie hervorgegangen sind. Viele der Gestaltpsychologen waren zu diesem Zeitpunkt bereits vor den Nationalsozialisten in die USA geflüchtet. – Ausdrücklich nannte Ellis seine Sammlung Abstracta und Zusammenfassungen, keine Übersetzungen.

PHG, 1951: «What is the relation between the neurotic patient's on-going self-regulation and the therapist's scientific conception of healthy organismic-self-regulation? With respect to this question we do well to pay careful attention to the following words of Kurt Lewin: ‹It is particularly necessary that one who proposes to study whole-phenomena should guard against the tendency to make the wholes as all-embracing as possible. The real task is to investigate the structural properties of a given whole, ascertain the relations of subsidiary wholes, and determine the boundaries of the system with which one is dealing. It is no more true in psychology than in physics that «everything depends on everything else».›»[1]

Lewins Original, das paraphrasiert, also nicht übersetzt wurde, lautet folgendermaßen:

[1] A, 276f. B, 54. Diesem Lewin-Zitat weist auch Frank-M. Staemmler eine wichtige Position in «Gestalt Therapy» zu: *Babylonische Sprachverwirrung?*, in Gestalttherapie, 20. Jg. (2006) Nr. 2, S. 41. – *Source Book*, S. 289.

LEWIN, 1926: «Gerade wenn man Ganzheitsprobleme in den Mittelpunkt stellen will, wird man sich vor der Tendenz hüten müssen, die Ganzheiten äußerlich möglichst umfangreich zu machen. Vor allem wird man sich klar darüber sein müssen, dass die konkrete, über allgemeine Vagheiten hinausgehende Forschung allemal nach der Strukturiertheit der vorliegenden Ganzheiten in Unterganze und nach den speziellen Grenzen der im Einzelfalle maßgebenden Systemganzen wird fragen müssen. Man neigt wahrscheinlich mit Recht dazu, die Einheitlichkeit des Gesamtbereiches des Seelischen, das ein Individuum ausmacht, als vergleichsweise höher anzusetzen als die Einheitlichkeit der physikalischen Natur. Aber der Satz ‹alles hängt mit allem zusammen›, der die Verhältnisse in der physikalischen Natur keineswegs adäquat wiedergibt,[1] gilt auch nicht für die Totalität der Seele, obschon er in beiden Fällen in gewissem Ausmaße richtig ist.»[2]

In dieser Passage stützte Lewin sich (nach meiner Lektüre) auf folgende Darlegung bei Köhler:

KÖHLER, 1920: Die «eine Ansicht von der physischen Welt wäre: Die Natur besteht aus Und-Verbindungen selbstständiger Teile, deren rein additive Gesamtheit das Wirkliche ausmacht. Eine zweite und entgegengesetzte Anschauung wäre: In der Natur gibt es keine selbstständigen Teile, sondern alle Zustände und Verläufe sind nur im totalen Weltzusammenhange wirklich, alle ‹Teile› sind Abstraktionsprodukte. Der erste Satz ist ganz unrichtig; aber auch der zweite hindert eher ein Verstehen des Gestaltprinzips, als dass er es fördert. [...] ‹Alles hängt mit allem zusammen›, das ist kein Satz, der die spezifischen und irgendwie wert-

1 Fußnote mit Verweis auf Köhler, *Physische Gestalten*, ohne Seitenangabe. Mit dem drolligen Druckfehler: *psychische* Gestalten.
2 Kurt Lewin, *Vorsatz, Wille und Bedürfnis*, Berlin 1926, S. 29.

vollen Eigenschaften von Beobachtetem angäbe oder zu deren Verständnis viel beitrüge. Fundamentale Erfahrung aller Experimentatoren ist es im Gegenteil, dass neben den Zusammenhängen gewisser endlicher Gebiete, welche dabei in sich sehr bestimmten Gesetzen folgen, der übrige Weltzusammenhang (mit dem Zustande innerhalb der Gebiete) wie 1 neben 10^{10} anzusehen ist. Wir würden keine Naturwissenschaft haben, falls jene ungefähre These eine reale Bedeutung hätte. [...] Dass die naturwissenschaftliche Forschung sich durch diesen Satz hätte ernstlich stören lassen, ist wohl noch nicht oft vorgekommen. Dagegen wirkt er für eine naturphilosophische Betrachtung, in welcher nicht konkrete physikalische Fälle eine Hemmung bilden, um so schädlicher, als er wie die äußerste Anerkennung des Gestaltprinzips klingt, während er es in Wirklichkeit verdirbt. [...] Dass diese Gefahr nicht erdacht ist, kann man an dem analogen Fall der Psychologie sehen. Der größte Feind einer fruchtbaren, weil zu konkreten Folgerungen verpflichtenden Gestalttheorie dürfte hier die These gewesen sein, unmittelbar gegeben sei eigentlich nur das Gesamtbewusstsein schlechthin. Mit dieser Art Realität kann man nicht wirklich umgehen; also bleibt es einerseits bei der (recht platonischen) Zustimmung zu dem modernen Satz, andrerseits fühlt man sich berechtigt, jede Abstraktion als gleichbegründet (genauer: gleich unbegründet) anzusehen, und das Bewusstsein wieder [...] stückmäßig zu behandeln.»[1]

Weder die Übersetzung von «Gestalt Therapy» des Jahres 1979 noch die des Jahres 2006 griff auf Lewins Original zurück, geschweige denn wurde die Intertextualität zu Köhler hergestellt:

PHG, ÜBERS. 1979: «Welche Beziehung besteht zwischen der laufenden Selbstregulierung des neurotischen Patienten

---

[1] Wolfgang Köhler, *Die physischen Gestalten in Ruhe und im stationären Zustand*, Braunschweig 1920, S. 153-157. Das Buch richtete sich in *erster* Linie an Physiker, in *zweiter* an Biologen und erst in *dritter* an Psychologen.

und der wissenschaftlichen Theorie des Therapeuten von
einer gesunden organischen Selbstregulation? Im Hinblick auf diese Frage tun wir gut daran, den folgenden
Worten von Kurt Lewin besondere Aufmerksamkeit
zu widmen: ‹Es ist besonders wichtig, dass jemand, der
angibt, Ganzheitsphänomene zu studieren, sich vor
der Tendenz hütet, die Ganzheiten so allumfassend wie
möglich zu sehen. Die eigentliche Aufgabe besteht darin, die strukturellen Eigenschaften einer gegebenen
Ganzheit zu untersuchen, die Beziehungen zu sub-
sidiären Ganzheiten festzustellen und die Grenzen des
Systems, mit dem er es zu tun hat, zu bestimmen. Es ist
in der Psychologie nicht wahrer als in der Physik, dass
«alles von allem abhängt».›»[1]

PHG, ÜBERS. 2006: «Welche Beziehung besteht zwischen
der anhaltenden neurotischen Selbstregulation des
Patienten und der wissenschaftlichen Vorstellung
des Therapeuten von einer gesunden organismischen
Selbstregulation? Bei dieser Frage tun wir gut daran,
den folgenden Worten von Kurt Lewin Beachtung zu
schenken: ‹Es ist besonders wichtig, dass derjenige, der
angibt, ganzheitliche Phänomene zu studieren, sich vor
der Neigung hütet, die Ganzheiten so umfassend wie
möglich zu machen. Die eigentliche Aufgabe besteht
darin, die strukturellen Eigenschaften einer gegebenen
Ganzheit zu untersuchen, sich der Beziehungen der
untergeordneten Ganzheiten zu vergewissern und die
Grenzen des Systems, mit dem man es zu tun hat, zu
bestimmen. In der Psychologie ist dies nicht weniger
wahr als in der Physik, dass «alles von allem anderen abhängt».›»[2]

...nicht wahrer als... ...nicht weniger wahr als... Bloß eins
von beidem kann zutreffen. Mit «es ist in der Psychologie nicht
wahrer als in der Physik, dass ‹alles von allem abhängt›» war

1 C, 59. D, 62.
2 E, 85.

die Stelle 1979 nicht schön, aber richtig übersetzt worden, weil Lewin meinte, *weder* für die Physik *noch* für die Psychologie würde gelten, dass alles mit allem zusammenhinge; aber 2006 deutete man sie holistisch: «In der Psychologie ist dies nicht weniger wahr als in der Physik, dass ‹alles von allem anderen abhängt›.» Infolgedessen wird dieses Zitat zu einem Eigenwiderspruch, denn es beginnt mit der Mahnung, «sich vor der Neigung [zu] *hüten*, die Ganzheiten so umfassend wie möglich zu machen». Man sollte Gestalttheorie weder mit Holismus noch mit Universalismus verwechseln. Deren Perspektive bleibt ganz konsequent auf das Individuum fokussiert: Der Organismus ist mit seiner Wahrnehmung – und mit seiner Bewegung – das Organisationsprinzip der «Ganzheit».

Der Satz «alles hängt mit allem zusammen» ist eben keine Wirklichkeitserfassung,[1] sondern ein neurotisches Ausweichen vor der Wirklichkeit. Er mündet entweder in einer Ohnmachtsfantasie – da das Ganze zu umfassend sei, ließe es sich nicht beeinflussen – oder in einem Allmachtswahn, da alles mit allem zusammenhänge, brauche ich bloß gute Gedanken von mir aus in ein Kriegsgebiet zu senden und schon werde es dort Frieden geben. Es läuft, was die Handlungsebene betrifft, aufs Gleiche hinaus.

Die Ganzheit, wie Lewin und andere Gestaltpsychologen sie fassten, ist hingegen ein vor einem Hintergrund sich abhebendes, räumlich und zeitlich eingegrenztes Sinnstück.[2] Dies bezog Goodman hier auf die therapeutische Situation als Mahnung, dass es nicht darum zu tun sei, das «ganze» Leben des Klienten umzukrempeln, sondern so vorsichtig – minimalinvasiv sozusagen – wie möglich zu intervenieren.

Derart verschränkte Goodman die Gestaltpsychologie mit dem Pragmatismus (William James und John Dewey). Dem Pragmatismus nach besteht nämlich der Sinn des Bewusstseins

---

1 Die Vorstellung von «Welteinheit» («alles hängt mit allem zusammen») täuscht «über die Existenz von physischen Gestalten in einem fruchtbaren und wissenschaftlich sehr realen Sinne des Wortes geradezu hinweg», so Köhler, a. a. O., S. 154.
2 So auch *Ego, Hunger, and Aggression*, dt. S. 42, engl. S. 28: Es gehe um eine spezifisch-organische, *keine* universell-ganzheitliche Auffassung.

darin, zur Veränderung drängende Situationen – Probleme – in den aktuellen Bezügen so lange zu analysieren, bis solch eine Ursache gefunden worden ist, die einen hinreichenden Ansatzpunkt zum Eingreifen (zur Lösung) bietet. Dies heißt, dass die Analyse mit der Intensivität wie nötig, jedoch auch in der Begrenztheit wie möglich durchgeführt wird. Denn je komplexer eine Ursache, desto schwieriger gestaltet sich der Eingriff. Was psychotherapeutisch gilt, gilt auch politisch. Und an dieser Stelle schlägt Goodmans Ansatz in Gesellschaftskritik um: Dass unter den gegebenen sozialen Bedingungen alles mit allem zusammenhängt, ist keine Naturnotwendigkeit und auch kein unausweichliches historisches Schicksal, vielmehr das Ergebnis dessen, wie wir die Gesellschaft eingerichtet haben. Wir könnten zu einer Situation zurückkehren, in welcher Probleme eher vor Ort als in entfernten Schaltzentralen gelöst werden. Wir könnten mehr «organismische Selbstregulation [...] möglich machen, erlauben und riskieren»,[1] wenn wir Komplexität entflechten und keine totalitären Ganzheiten mehr dulden würden. Aber dies ist nur dann möglich, wenn die Menschen sich weniger von neurotischer Angst umgetrieben sehen und wenn sie selbstbewusster, individualistischer und spontaner werden. Dies ist eine therapeutische und keine politische Aufgabe, denn die neurotische Hemmung der Selbstregulation ist ihrerseits die selbstregulierte sinnvolle Antwort der Menschen auf den Zustand der Gesellschaft.[2] Gestalttherapie hingegen sollte Praxis der Befreiung sein. Lewins Ansatz liefert mit der Einsicht von Gegenwärtigkeit und Gerichtetheit psychischer Dynamik im überschaubaren Feld die Voraussetzung für die Möglichkeit verantwortlichen Handelns.

LEWIN, 1945: «Wir können in jeder Situation nur in Übereinstimmung mit dem von uns wahrgenommenen Feld handeln.»[3]

1 A, 275. B, 53. C. 57. D, 60. E, 83.
2 Das ist die sozialpsychologische Form von Goldsteins Symptom-Begriff.
3 *Das Verhalten, die Kenntnis und die Übernahme neuer Werte* (1945), in Kurt Lewin, *Die Lösung sozialer Konflikte*, Bad Nauheim 1953, S. 99; engl. in *Resolving Social Conflicts*, New York 1948, S. 61.

Demokratie war für Lewin implizit, für Goodman explizit kein System staatlicher Herrschaft, sondern ein soziales Verhalten in freiwilligen Gruppen, das Führungs- und Sachkompetenz ebenso anerkennt wie der Initiative jedes Einzelnen eine Chance gibt.[1] Dawider sind Unüberschaubarkeit und kontaktlose Entscheidungen, die wegen bürokratisch=autokratischer Strukturen ohne Fundierung in der eigener Wahrnehmung gefällt werden, das Grundübel der staatlichen Herrschaft unserer Tage; sie sind keine objektiven Bedingungen oder sogar Notwendigkeiten des modernen Lebens.

4

Der Gestalttherapeut Frank-M. Staemmler untersuchte 2006 den Feldbegriff in der Gestalttherapie und diagnostizierte eine babylonische Sprachverwirrung.[2] Er spielte auf die Differenz zwischen Goldsteins und Lewins Feldbegriff an: Goldstein ging von einem Organismus aus, der durch einen Beobachter in seinem Umfeld analysiert wird, dagegen bezog Lewins Feld sich auf eine Person, die ihr Umfeld wahrnimmt. Was die Person nicht wahrnimmt, ist nicht Teil ihres Feldes. – Lakonisch fasste Goodman zusammen:

GOODMAN, 1972: «Der Abgrund, in den du stürzt, ist nicht deine Umgebung.»[3]

Lewin lieferte eine Definition, welche Staemmlers Forderung nach kategorialer (begrifflicher) Eindeutigkeit erfüllt, gab aber ein Beispiel, das ihm Kopfzerbrechen bereiten dürfte.

LEWIN, 1942: «Nach meinem Dafürhalten liegt eines der grundlegenden Kennzeichen der psychologischen Feld-

---

1 So sah es auch Reich in der US-amerikanischen Zeit, siehe Zitat S. 203.
2 Frank-M. Staemmler, *Babylonische Sprachverwirrung? Über die vielfältigen Verwendungen und Bedeutungen des Feldbegriffs,* in Gestalttherapie: Forum für Gestaltperspektiven, 20. Jg. (2006) Nr. 2, S. 30-62.
3 Paul Goodman, *Little Prayers and Finite Experience,* New York 1972, S. 39. Ausgabe *Crazy Hope & Finite Experience: Final Essays of Paul Goodman,* San Francisco, CA 1994, S. 51. Dt. *Stoßgebete,* Köln 1992, S. 75: «The precipice that you fall off is not your environment.»

theorie in der Forderung, das Feld, durch welches ein
Individuum bestimmt ist, nicht in ‹objektiven, physikalischen› Begriffen zu beschreiben, sondern in der Art
und Weise, wie es für das Individuum zu der gegebenen
Zeit existiert.»[1]

Was Lewin meinte, kann man an folgendem Beispiel ablesen:

LEWIN, 1943: «Liegt das Futter hinter geschlossenen Türen
am Ende des Labyrinths, sodass es weder gesehen noch
gerochen werden kann, so gehört es nicht zum Lebensraum des Tieres. Wenn das Tier aber weiß, dass dort
Futter ist, so muss natürlich dieses Wissen in seinem
Lebensraum dargestellt werden, weil ja dieses Wissen
das Verhalten beeinflusst.»[2]

Dieses Beispiel ist allerdings für Staemmlers Behauptung, die
begriffliche Verwirrung sei erst durch Perls (und Goodman)
gestiftet worden, während er Goldstein und Lewin eindeutige
Wissenschaftlichkeit attestierte, ein Problem, denn hier führte
Lewin eine Versuchsanordnung mit Tieren an. Dieses Beispiel
fällt also – im Sinne Staemmlers – in den Begriffsbereich der
Goldstein'schen Biologie. Darüber hinausgehend müsste die
von Staemmler geforderte saubere Abgrenzung des psychologischen und biologischen vom physikalischen Feldbegriff[3]
mit Köhler verhandelt werden, nicht mit Goodman (und
Perls). Welche Verwirrung Fritz und teils auch Laura Perls und
Paul Goodman gestiftet haben mögen, *diese* Verwirrung geht
aufs Konto genau jener Autoren, auf die sie sich vornehmlich
bezogen. Sie zu attackieren, ist freilich deutlich schwieriger,
als die mitunter recht schlampig argumentierenden Eltern der
Gestalttherapie.

1 Kurt Lewin, *Feldtheorie und Lernen* (1942), in *Feldtheorie in den Sozialwissenschaften*, Bern 2012, S. 103f; auch in der KLW 4, S. 159; engl. in *Field
Theory in Social Science*, New York 1951, S. 62.
2 Kurt Lewin, *Definition des «Feldes zu einer gegebenen Zeit»* (1943), in ebd.,
S. 100; auch in KLW 4, S. 148; engl. S. 57f.
3 Staemmler, a.a.O., S. 48f. Er referierte hier auf Goldsteins Kritik an der
Gestaltpsychologie.

Die Nutzung des Bildes vom «Organismus/Umwelt-Feld» in «Gestalt Therapy», die mehr besagt als bei Goldstein (und Köhler-Lewin) vorgefunden, erfuhr eine spezielle Kritik von Staemmler – das ist die für die Gestalttherapie grundlegende Beschreibung des Ortes aller Erfahrung an der Kontaktgrenze. Als erstes bringe ich die durch Staemmler zitierte Übersetzung aus dem Jahr 1979:

PHG. 1951: «An der Grenze von Organismus und Umwelt, zuallererst an der Hautoberfläche und in den anderen Organen der Sinneswahrnehmung und der motorischen Reaktion, *ereignet* sich Erfahrung.»[1]

Staemmler warf nun die Frage des Gestalttherapeuten Gordon Wheeler auf, ob Erfahrung sich wirklich «an» der Oberfläche der Haut ereigne:[2]

STAEMMLER, 2006: «Die Antwort [...] muss ein klares Nein sein! Erfahrung ereignet sich eindeutig nicht ‹an der Hautoberfläche [...]›. [...] Das zu behaupten, stellt eine krasse Vermengung unterschiedlicher Kategorien dar: ‹Haut› bezieht sich auf den *physischen*, trans-phänomenalen Bereich, während ‹Erfahrung› sich auf den *psychologischen*, phänomenalen Bereich bezieht. Man kann eine Erfahrung *von* seiner Haut haben oder eine Erfahrung von etwas, das die Haut berührt, aber niemals eine Erfahrung *an* der Haut.»[3]

Hier kommt es auf das Tätigkeitswort an, darum gebe ich auch das englische Original dieses zentralen Satzes wieder, um zu überlegen, welche Alternativen möglich wären:

---

1 C, 9. D, 9. – In der Übersetzung von 2006 (E, 21) heißt es: «Erfahrung *vollzieht* sich an der Grenze zwischen dem Organismus und seiner Umwelt, vor allem an der Hautoberfläche und den anderen Sinnesorganen sowie der Motorik.» (Meine Hervorhebung.) Ich bevorzuge den Begriff Umgebung.
2 Gordon Wheeler, *Kontakt und Widerstand: Ein neuer Zugang zur Gestalt-therapie* (1991), Köln 1993, S. 70.
3 Staemmler, a. a. O., S. 53. (Hervorhebungen im Original.)

PHG, 1951: «Experience *occurs* at the boundary between the organism and its environment, primarily the skin surface and the other organs of sensory and motor response.»[1]

Nun, was heißt *occur?* – Es liegt nahe, wie die Übersetzung von 1979 «ereignen» zu sagen. Die Übersetzung von 2006 schrieb «vollziehen», was schon weniger befremdlich klingt: Die Erfahrung *vollzieht* sich an der Hautoberfläche. Ich würde, wegen des dynamischen Aspektes, gut finden: Erfahrung *passiert* an der Hautoberfläche. Man könnte auch davon sprechen, sie *geschieht* an der Hautoberfläche. Weitere Verben wären *vorgehen* oder *vorkommen.* Der an das Zitierte anschließende Satz macht deutlich, was gemeint ist: Erfahrung sei die *Funktion* dieser Grenze. Das ist gar nicht mehr verwirrend oder mystifizierend: Wenn wir eine Erfahrung machen, ist der *Ort* stets die physiologische oder die psychologische Kontaktgrenze. Wo sonst sollten wir eine Erfahrung machen können? Eine Erfahrung kann nichts anderes sein, als dass an einer Grenze (und sei sie imaginiert) ein Unterschied festgestellt wird. Unterschied ist Leben, Harmonie der Tod (Bakunin).

Während Wheeler 1991 in jenem von Staemmler zitierten Buch gegenüber der Formulierung, Erfahrung *ereigne* sich an der Hautoberfläche, skeptisch war und fragte, ob es sich um eine Metapher handele, ist er sich zehn Jahre später sicher, dass es eine (räumliche) Metapher sei, und bezieht sich nun positiv auf sie:

WHEELER, 2001: «Es [ist] ratsamer, den Prozess [der Selbstwerdung und der Selbsterfahrung] metaphorisch ‹an der Grenze› der Erfahrung zu verorten und nicht irgendwo tief in dem privaten und bereits existierenden Individuum. Goodman argumentierte, es sei vielmehr jener ‹Prozess der Grenzziehung›, der die ‹individuelle

---

1 A, 227. B, 3. – «‹Die Augen sind vielfältig.› Ich kann jetzt diesen Satz von Alexander Kluge mit der Haut verstehen. Die Haut hat überzeitliche Augen», Marica Bodrožić, *Die Arbeit der Vögel*, München 2022, S. 49.

Person› in dem Feld ausmache. ‹Kontakt› ist der gestalttherapeutische Begriff für diesen integrativen Prozess,
dem ganzen Feld Bedeutung beizumessen.»[1]

Derart bekommt sogar die Übersetzung des Tätigkeitswortes
occur mit *(sich) ereignen* von 1979 zu Ehren: Ja, der Ort, an dem
Erfahrung *sich ereignet*, ist die Kontaktgrenze, und die primäre
Kontaktgrenze stellt die Hautoberfläche dar. Das reflexive
Verb ist hier besonders angebracht, drückt es doch den von
Goodman im Anschluss ans Griechische geliebten mittleren
Modus aus, der zwischen Aktiv (*ich tue* …) und Passiv (*mir
wird angetan* …) steht. Wenn wir das Tätigkeitswort in dem
letzten Satz des Staemmler-Zitats verändern, dann wird der
Gedanke aus «Gestalt Therapy» noch plausibler: Staemmler
meinte, man könne zwar eine Erfahrung *von* der Haut haben,
nicht aber *an* der Haut. Ersetzen wir nun *haben* durch *machen*:
Sicher lässt sich eine Erfahrung an der Haut machen (spüren),
sei es positiv die von Zärtlichkeit oder sei es negativ die von
Gewalt – wo sonst? Das triviale (Gedanken-) Experiment mit
dem Anfassen der heißen Herdplatte spricht eine eindeutige
Sprache. – Es gibt keinen Kategorienfehler, sondern es mögen
die herkömmlichen Kategorien falsch sein.

Diese Einsicht war nicht neu. Bei Goodmans Orientierung
an Aristoteles (und Thomas von Aquin) ist es nicht abwegig,
auf die Schrift «Von der Seele» hinzuweisen, in der entwickelt
wird, dass jede Wahrnehmung ein Kontaktvorgang sei: Wahr-
nehmungs- (Sinnes-) organ und Umgebung berühren einander.
Bei taktiler Wahrnehmung geschieht dies ganz direkt. Ebenfalls beim Schmecken und Hören. Interessanterweise statuierte
Aristoteles, lange bevor es möglich war, dies mit der Wellen-
theorie des Lichtes zu beweisen, dass auch beim Sehen etwas
vom sichtbaren Gegenstand Ausgehendes das Auge berühren
müsse, sonst wäre Sehen unmöglich.

Die aristotelische und scholastische Philosophie drückt die
Einheit von Physiologie (Körper) und Psychologie (Geist), die

1 Gordon Wheeler, *Jenseits des Individualismus: Für ein neues Verständnis
von Selbst, Beziehung und Erfahrung* (2001), Wuppertal 2006, S. 148; vgl.
auch S. 97-99 sowie S. 103.

bei Goldstein implizit angenommen und in «Gestalt Therapy» gefordert wurde, folgendermaßen aus: Die Seele sei *Form* des Körpers. Sogar Lewin trennte Geist und Körper weit weniger, als es laut Staemmler angebracht wäre. Perls und Goodman stemmten sich gegen diese Trennung, die sie für ein Ergebnis neurotischer Erfahrung erklärten. Dies mag man kritisieren, für eine überzeugende Kritik aber reicht es nicht aus, dabei auf Kategorien zu pochen, welche die Spaltung von Körper und Geist bereits voraussetzen. Und Goldstein ist bestimmt kein geeigneter Kronzeuge, um einer solchen Anklage Hand und Fuß zu verleihen. Der Gebrauch, den Goodman und Perls von ihm machten, ging über ihn zwar hinaus, lag jedoch ganz auf seiner Linie.

Anarchismus 1: Buber

1

Von allen Einflüssen, die Laura und Fritz Perls aus Berlin nach New York schmuggelten, um dort mit Paul Goodman die Gestalttherapie aus der Taufe zu heben, ist neben Sigmund Freud keiner so wichtig wie Martin Buber (1978-1965), der heute, wenn überhaupt, als Religionsphilosoph in Erinnerung ist. Wenn überhaupt jemand anderes als Gestalttherapeuten sich mit ihm weiterhin beschäftigen. Speziell Bubers kleines Buch «Ich und Du» (1923) ist für die Gestalttherapeuten so wichtig, dass viele das Wort *dialogisch* zu ihrer Richtung hinzusetzen: *dialogische* Gestalttherapie, ganz so, als sei Dialog nicht bereits tief ins Konzept von «Gestalt Therapy» (1951) eingeschrieben. Doch wurde in den 1960er Jahren die Gestalttherapie mit der (vermeintlich) ruppigen und provokativen Methode von Fritz identifiziert, sodass es etlichen Gestalttherapeuten ein Anliegen wurde, auf den zugewandten, existenzialistischen Dialog des Ich und Du zu verweisen, den Buber anmahnte.

Die biographische Verbindung besonders von Laura Perls zu Buber ist unbestritten; sie selber verwies darauf, in Frankfurt seine Seminare besucht zu haben und von ihm stärker beeinflusst worden zu sein als sowohl von der Psychoanalyse wie auch von der Gestaltpsychologie.[1] Dies ist ein robustes Statement. In «Ego, Hunger, and Aggression» (1942) kam Buber allerdings noch nicht vor. Und wenn Laura Buber erwähnte, blieb das immer allgemein, sodass nicht recht deutlich wird, was sie von ihm mitnahm (und was sie an Fritz weitergab). Auch bei Paul Goodman kann ich keinen intensiven Einfluss Bubers ausmachen. Die Buber-Rezeption der Gestalttherapie liegt eindeutig in der Zeit nach Abfassung ihres Gründungsdokuments.

Mit Buber kam neben Wilhelm Reich noch eine politische Dimension in den Einflussbereich der Gestalttherapie. Aber diese weitere Dimension ist zugleich ein kräftiger Spannungs-

---

1 *Wildnis* (1972), a.a.O., S. 38f. *Erfahrung*, a.a.O., S. 279. Er habe einen direkten und existenziellen Zugang zum Leben. Was immer das heißen mag.

bogen, denn Reich war bis 1933 Kommunist und Buber bis ans
Ende seines Lebens Anarchist. In den USA wandte Reich sich
vom Kommunismus zwar ab, nicht aber dem Anarchismus zu.
Bubers politisches Denken wird in der Gestaltliteratur meist
völlig unterschlagen,[1] und wenn es Erwähnung findet, dann
lautet die beschwichtigende Einordnung, Buber sei religiöser
Sozialist gewesen. Gegen religiösen Sozialismus kann niemand
sein, und jeder darf sich genau das darunter vorstellen, was ihm
passt. Weder Laura noch Fritz Perls hatten feste politische
Standpunkte. Am Ende der Weimarer Republik engagierte
Fritz sich, vermutlich angeregt durch seinen Kontakt mit Wilhelm Reich, in dem Versuch, eine antifaschistische Volksfront
zu formieren. Seine Freunde waren Linksintellektuelle, Sozialdemokraten, Kommunisten und Anarchisten. Er selber nahm
keine eindeutige Position ein. Genau in dieser unbestimmten
Form wird auch in der Gestaltliteratur, wenn sie überhaupt die
politische Dimension verhandelt, Bezug genommen: Irgendwie links, irgendwie antifaschistisch, damit setzt man sich
nicht in die Nesseln. Zu Beginn der 1920er Jahre hatten die
russischen Staatskommunisten unter dem Befehlshaber der
Roten Armee, Leo Trotzki, die Anarchisten, die besonders in
der Ostukraine stark waren, liquidiert. Im spanischen Bürgerkrieg 1936-39 operierten die Kommunisten dort auf Befehl
von Stalin lieber hinter der Front, indem sie missliebige Anarchisten (stark besonders in Katalonien und Andalusien) be-
kämpften anstatt die Faschisten. Es gab keine Heile Welt auf
der vermeintlich linken Seite. Richtig, die Kommunisten
wurden von den Nationalsozialisten verfolgt und getötet; aber
sobald sie dazu in der Lage waren, verfolgten und töteten
Kommunisten so bedenken- wie rücksichtslos alle Anders-
denkenden. Sie waren keine Humanisten. In Milan Sreckovics
Aufzählung von Einflüssen auf Goodman kommt der Anarchismus nicht vor, aber Humanismus und Marxismus stehen
nebeneinander, ganz so, als habe es keinen Lenin und keinen

---

1 Unter die wenigen Ausnahmen zählt etwa: Erhard Doubrawa, *Die Politik
des Ich-Du: Der Anarchist Martin Buber* (1999), in Erhard Doubrawa und
Frank-M. Staemmler (Hg.), *Heilende Beziehung: Dialogische Gestalttherapie*,
Kassel 2016, S. 191-202.

Stalin, keinen Trotzki, keinen Mao, keinen Pol Pot, keinen Ceauşescu, keinen Fidel Castro und keinen Ernesto Guevara gegeben, um nur die schlimmsten der Menschenverächter zu nennen.[1] Und Elisabeth Mandl meint: «Bei aller notwendigen Kritik bleibt dennoch die Marxsche Krisentheorie eine der schlüssigsten Methoden, die heutige Welt mit ihren Krisen zu begreifen.»[2] Dies war jedenfalls nicht die Auffassung der Eltern der Gestalttherapie und, wie ich zeigen werde, auch nicht die Wilhelm Reichs in den Jahren seines amerikanischen Exils. Vor allem nicht die von Martin Buber.

2

Klar muss sein, dass das, was Buber unter Sozialismus verstand, alles andere als das ist, was man heute gemeinhin Sozialismus nennt. Dazu beginne ich mit Gustav Landauer (1870-1919),[3] denn Buber bezog seine Idee des Anarchismus von Landauer, einem engen Freund. Es gab eine schwere Prüfung für die Freundschaft, als Buber 1914 in den Kriegstaumel einstimmte und Landauer ihn daraufhin «Kriegsbuber» nannte.[4] Schnell war Buber von seiner Begeisterung für den deutschen Angriffskrieg geheilt und die Freunde fanden wieder zusammen. Als Landauer während der Niederschlagung der Münchner Räterepublik 1919 verhaftet und in Haft geplündert und ermordet wurde, war das für Buber ein schwerer Schlag. In den folgenden Jahren gab Buber eine Reihe der Schriften seines ermordeten Freundes heraus.

Landauer sah sich als ein Sozialist. Das Journal, das er zeit-

1 Milan Sreckovic, *Geschichte und Entwicklung der Gestalttherapie*, in Reinhard Fuhr u.a. (Hg.), *Handbuch der Gestalttherapie*, Göttingen 1999, S. 56: Goodmans «Bildungsreise führte ihn von der Thora über den Taoismus, Humanismus und Marxismus bis zu *Neo-Classicism, Platonism and Romanticism* […] und über Existentialismus, Pragmatismus, Transzendentalismus und Aristotelismus zur Thora zurück.»

2 Elisabeth Mandl, *Revolution auf Krankenschein: Das politische Erbe der Gestalttherapie*, Dissertation, Wien 2018, S. 60.

3 Nicht zu verwechseln mit Karl Landauer (1887-1945), Psychoanalytiker, Lehrtherapeut sowohl von Laura als auch Fritz Perls.

4 Bernd Bocian, *Fritz Perls in Berlin 1893-1933*, Wuppertal 2007, S. 95. Paul Mendes-Flohr, *Martin Buber: Ein Leben im Dialog* (2019), Berlin 2022, S. 116.

lebens edierte, nannte er selbstbewusst-schlicht *Der Sozialist*;
die Organisation, die er (zugegebenermaßen recht wirkungs-
los) mit Buber gründete, war *Der sozialistische Bund*, und eins
seiner Werke trug den Titel *Aufruf zum Sozialismus* (1911).
Mit Sozialismus verband Landauer in der Tradition Pierre-
Joseph Proudhons (1809-1865) genau eine Sache, nämlich den
freiwilligen Bund.

Anders als Proudhon, der sich, obgleich
selber aus landwirtschaftlichen Verhältnissen stammend, vor
allem an die Arbeiter wandte, hatte Landauer mehr die Idee im
Kopf, dass (freiwillige, libertäre, anarchistische) Sozialisten gemeinsam Boden erwerben und bewirtschaften: Lasst uns mit
dem Sozialismus *beginnen!*, rief er. Darauf, dass das ein heikles
Unterfangen war, weil entsprechende utopische Siedlungs-
gründungen allesamt scheiterten, gehe ich am Schluss dieses
Kapitels noch ein; Landauer aber kam nie er in die Lage, seine
Idee tatsächlich in die Tat umzusetzen. Freilich ist Landauers
Idee weniger in den Zusammenhang der Gründung utopischer
Siedlungen zu stellen, als in den Kontext des Zionismus, der
einen starken anarchistischen Flügel hatte: Nicht einen Staat
im Heiligen Land zu errichten, war das Ziel zionistischer
Anarchisten, vielmehr eine Föderation im Sinne Proudhons.
Buber hielt an dieser Idee fest, vermochte sich jedoch nicht
durchzusetzen gegen die etatistischen Zionisten.

Neben Proudhon war Landauers Orientierungsbasis unter
den anarchistischen Theoretikern vor allem Peter Kropotkin,
von dem er einige Werke ins Deutsche übersetzte, so die
«Gegenseitige Hilfe in der Tier- und Menschenwelt» (1901).
Kropotkins Grundthese lautete, im darwinschen Kampf ums
Überleben sei die Kooperation («gegenseitige Hilfe») der ent-
scheidende Faktor. Kropotkins These wird als Interpretation
Darwins noch heute von Evolutions- und Verhaltensbiologen
zitiert, zum Beispiel von dem niederländischen Primatologen
Frans de Waal.[1] – In der «Gegenseitigen Hilfe» gibt es zwei
Kapitel mit Beispielen aus der Zeit mittelalterlicher Städte.
Landauer nahm sie auf und radikalisierte sie zur romantischen
These, das Mittelalter sei *die* Alternative zu dem neuzeitlichen

---

1 Frans de Waal, *Der gute Affe: Der Ursprung von Recht und Unrecht bei Menschen und anderen Tieren* (1996), München 2000, S. 33-39.

Staat, sei die höchste Entwicklungsstufe der gesamten bislang bekannten Geschichte.[1] Nach Landauer war das Prinzip des gesellschaftlichen Zusammenhalts im Mittelalter Geist, in der Moderne (und der Antike?) hingegen ist es Gewalt. Geist und Gewalt sind laut Landauer absolute Gegensätze des sozialen Lebens, und jede Gesellschaft ordnet sich nach dem einen oder nach dem anderen Prinzip. Bei seiner Beschäftigung mit dem Mittelalter stieß Landauer auf Meister Eckhart, dessen Predigten gerade erst (wieder-) entdeckt worden waren. Dass Meister Eckhart von der Inquisition verurteilt wurde und nur durch eine Finte, die manche ihm als Feigheit auslegen, dem Todesurteil entging, macht ein erstes großes Fragezeichen hinter Landauers unkritische Begeisterung fürs Mittelalter als Zeit siegreichen Geistes.

Wenn derzeit von Sozialismus die Sprache ist, gesteht man zwar zu, dass unter diesem Begriff verschiedene Strömungen zusammengefasst werden, die Vorstellung allerdings einige sie, der Einsatzes von (Staats-) Gewalt solle und könne sozioökonomische Gerechtigkeit (oder Gleichheit) herstellen. Dies reicht von kleinen reformistischen Interventionen in die Wirtschaft wie die Verfügung eines Mindestlohns bis hin zu einer revolutionären Enteignung aller Produktionsmittel und der zentralstaatlichen Verwaltung nahezu aller wirtschaftlichen Tätigkeiten. Zudem stimmen Freunde – und Feinde – aller sozialistischen Richtungen darin überein, dass jede Ausprägung des Sozialismus in mehr oder weniger enger Verbindung mit dem Marxismus stehe, denn Karl Marx habe «bewiesen», dass

---

1 «Kropotkin [hat] annähernd [!?] recht, wenn er die Entstehung des modernen zentralistischen Staates [...] erst vom sechzehnten Jahrhundert an datiert, also von der Zeit, in der ‹die Niederlage aller freien Verträge: der Dorfgemeinschaften, der Gesellenbünde, der Brüderschaften, der Eidgenossenschaften des Mittelalters› vollendet wurde. [...] ‹Eine Stufe großer Kultur kommt da zustande, wo die Einheit der Mannigfaltigkeit der Organisationsformen und überindividuellen Gebilde nicht ein äußeres Band der Gewalt ist, sondern ein in den Individuen wohnender, über die irdisch-materiellen Interessen hinaus weisender Geist› [Landauer]. Als Beispiel führt Landauer das christliche Mittelalter an (in der Tat in der Geschichte des Abendlandes die einzige Epoche, die sich in dieser Hinsicht mit den großen Kulturen des Orients vergleichen lässt).» Martin Buber, *Pfade in Utopia* (1945/1950), Heidelberg 1985, S. 80, S. 103.

Wirtschaften ohne den Eingriff durch staatliche Gewalttätig-
keit in Ungerechtigkeit, Armut, Verelendung und neuerdings
auch in Umweltzerstörung münde.

Dies ist nichts anderes als eine Geschichtsschreibung der
Sieger, obwohl die Sieger inzwischen selber zu den Verlierern
gehören; ich meine die bolschewistischen Sozialisten nach der
Oktoberrevolution 1917, die sich dann eher als Kommunisten
bezeichneten. Doch der Name ihrer Staatsgewalt lautete auf
Sozialismus: Union der sozialistischen Sowjetrepubliken. Dass
deren Sicht auf die Geschichte trotz historischen Scheiterns
bis heute prägend bleibt und sogar Gegner sie kaum noch in
Frage stellen, ist bemerkenswert.

Demgegenüber kann ich Karl Marx selber als Kronzeugen
aufrufen,[1] der eingestand, dass zumindest in Frankreich der
Einfluss Pierre-Joseph Proudhons stärker als sein eigener war.
Anlässlich des Ausbruchs des preußisch-französischen Kriegs
1870, der in die Gründung des zweiten deutschen Kaiserreichs
mündete, schrieb Marx an Friedrich Engels:

MARX, 1870: «Die Franzosen brauchen Prügel. Siegen die
Preußen, so die Zentralisation der *state power* nützlich
der Zentralisation der deutschen Arbeiterklasse. Das
deutsche Übergewicht würde ferner den Schwerpunkt
der westeuropäischen Arbeiterbewegung von Frankreich nach Deutschland verlegen, und man hat bloß die
Bewegung von 1866 bis jetzt in beiden Ländern zu vergleichen, um zu sehn, dass die deutsche Arbeiterklasse
theoretisch und organisatorisch der französischen überlegen ist. Ihr Übergewicht auf dem Welttheater über die
französische wäre zugleich [*sic*] das Übergewicht unsrer
Theorie über die Proudhons etc.»[2]

---

1 Eine neue quantitative Untersuchung der Referenzen auf Marx in der
ökonomischen, politologischen sowie soziologischen Literatur zeigt einen
sprunghaften Anstieg um das Jahr 1917 herum (und dann erneut in der
Zeit nach dem zweiten Weltkrieg): Phillip W. Magness u. Michael Makovi,
*The Mainstreaming of Marx: Measuring the Effect of the Russian Revolution on
Karl Marx's Influence*, in Journal of Political Economy, 131. Jg. (2023) Nr. 6.
2 Karl Marx in einem Brief an Friedrich Engels am 20. Juli 1870, zitiert
nach MEW 33, S. 5.

Dies hätte er nicht geschrieben, wäre in der revolutionären Bewegung Frankreichs Proudhon eine Randfigur gewesen. 1870, da war Proudhon seit fünf Jahren tot. Der Proudhonismus in Frankreich ist ein bemerkenswertes Phänomen. Denn Proudhon, Ochsenhirt, Schriftsetzer, zeitweilig mit Unterstützung eines reichen Freundes Privatgelehrter, schließlich ein kleiner Angestellter, entsprach so gar nicht dem, was man sich unter einem revolutionären Führer vorstellt. Er war kein begnadeter Redner, kein geschickter Verschwörer, und auch kein großer Organisator. Philosophischer Leitstern war Hegel, und seine Schriften durchzieht eine bisweilen anstrengende Dialektik. Aber seine Idee vermochte es, die revolutionäre Bewegung zu beflügeltn; die Idee nämlich: Die Menschen sind in der Lage, ihr Leben ohne Herrschaft zu meistern, und zwar besser zu meistern als mit Herrschaft!

Was konzipierte Proudhon als Sozialismus? Mit einer Begebenheit lässt es sich charakterisieren: Wegen Beleidigung des französischen Präsidenten (später Kaiser Napoleon III) wurde Proudhon 1849 ins Gefängnis geworfen; deswegen musste er sein Experiment mit der Volksbank einstellen, ein Experiment, das man verkürzt als eine Art Vorläufer des Bitcoins bezeichnen kann. Im Rückblick sagte er dazu: Seinen Sozialismus unterscheide von den übrigen Schulen des Sozialismus, dass er als die alleinige Bedingung seiner Umsetzung die Freiheit fordere. – In einer Skizze der Geschichte des Sozialismus 1867 erklärte der russische Anarchist sowie Nachfolger Proudhons, Michael Bakunin, Proudhon sei der einzige Sozialist gewesen, der keine Tendenz zur Bevormundung gehabt hätte.[1] Und 1911 nannte Landauer Proudhon den «größten aller Sozialisten».[2]

Zurück zu Marx und dem preußisch-französischen Krieg. An dessen Ende stand 1871 tatsächlich die Niederlage Frankreichs. Inmitten dieser Niederlage kam es in Paris jedoch zu einem Aufstand mit der Gründung der Pariser Kommune. Sie

---

1 Michael Bakunin, *Le Socialisme* (1867), in Œuvres, Bd. 1, hg. v. Max Nettlau, Paris 1895, S. 39. Es war nicht die historisch gescheiteste Entscheidung Bakunins, dennoch am positiven Begriff des Sozialismus festzuhalten.
2 Gustav Landauer, *Aufruf zum Sozialismus* (1911), Köln 1923, S. 43. (In meiner Lieblingsausgabe, herausgegeben durch Heinz-Joachim Heydorn, Frankfurt/M. 1967, S. 93.)

währte wenige Tage, bis der französische Reststaat sie unter
der wohlgefälligen Aufsicht der preußischen Sieger nieder-
schlug; aber in ganz Europa heizte sie die revolutionäre Bewegung an. Die Idee, die die Pariser Kommune inspirierte, war
genau das proudhonistische Programm des Föderalismus: die
Selbstverwaltung vor Ort. Marx kam nun nicht umhin, in einer
Schrift sie ebenfalls zu würdigen (und zu behaupten, sie entspräche genau *seiner* Vorstellung).[1] – Lenin kostete es später
Mühe, den dezentralen Föderalismus, den Marx hier pries,
wegzuinterpretieren, um seinen demokratischen Zentralismus
unbeschadet marxistisch nennen zu können.[2]

Inzwischen rechnet man Proudhon einfach zu den Früh-
oder utopischen Sozialisten: Damit unterschlägt man seine
Sonderstellung innerhalb des Sozialismus, die ihn zum Vater
des Anarchismus werden ließ. Was Landauer im Anschluss an
Proudhon mit Sozialismus meinte, beschrieb er 1911 so:

LANDAUER, 1911: «Der selbstständige Einzelne, dem keiner
in das hineinspricht, was seine Sache allein ist; die Haus-
gemeinschaft der Familie, der Heim und Hof ihre Welt
sind; die Ortsgemeinschaft, die autonom ist; das Amt
oder der Gemeindeverband und so immer mehr ins
Breite mit einer immer kleineren Zahl [von] Aufgaben
die umfassenderen Verbände – so sieht eine Gesellschaft
aus, das allein ist der Sozialismus, für den zu wirken sich
lohnt, der uns aus unserer Not retten kann.»[3]

Danach stellte Landauer zwei Sozialismus-Versionen gegen-
einander. Zunächst das negative Modell:

LANDAUER, 1911: «Vergebens und verfehlt sind die Versuche,
in Staaten und Staatenverbänden das Zwangsregiment

---

1 Akribisch stellte Buber dar, wie Marx zwischen Zentralismus und Dezentralisation hin und her schwankte, *Pfade in Utopia*, a.a.O., S. 147-177
2 In einem bemerkenswerten Kapitel beleuchtete Buber das Hin und Her
Lenins in praktischer Hinsicht, *Pfade in Utopia*, a.a.O., S. 178-226.
3 Gustav Landauer, *Aufruf zum Sozialismus* (1911), 1919, S. 131; Ausgabe
hg. v. Heinz-Joachim Heydorn, Frankfurt/M. 1967, S. 166.

unserer Zeiten [...] noch auszubauen und ihren Bereich
noch weiter auf das Gebiet der Wirtschaft zu erstrecken,
als es bisher schon gesehen ist. Dieser Polizeisozialismus,
der jede Eigenheit und ursprüngliche Regsamkeit erstickt, wäre nur das Siegel auf den völligen Zerfall unsrer
Völker.»[1]

Es sei betont, dass Landauer seine Auffassung des Sozialismus
gegen jegliche Intervention der Staatsgewalt in die Wirtschaft
richtete.[2] – Abschließend bündelte er seine Sichtweise dessen,
was Sozialismus sei, in einem Satz:

LANDAUER, 1911: «Ein Zusammenschluss natürlicher Art
ergibt sich uns Menschen nur [!] da, wo wir in örtlicher
Nähe, in wirklicher Berührung beisammen sind.»[3]

Ein Satz, der genau so von Buber stammen könnte. Örtliche
Nähe, wirkliche Berührung: Das ist der Aufruf zum Kontakt
im Gegensatz zur herrschaftlich formalisierten Organisation
der Gesellschaft. Heute mag ein solches Ideal des Sozialismus
überraschen; damals, kaum mehr als ein halbes Jahrzehnt vor
der Oktoberrevolution 1917, war es das, was Landauer und
Buber unverzagt als *den* Sozialismus deklarieren konnten. In
seiner Betrachtung «Landauer zu dieser Stunde» verdichtete
Buber 1939 ihrer beider Überzeugung so:

BUBER (LANDAUER PARAPHRASIEREND): «Der Sozialismus kann
nur aus dem Geiste der Freiheit und freien Vereinigung
erwachsen, er kann nur inmitten der Einzelnen [*sic*] und
ihrer Gemeinden entstehen.»[4]

1 Ebd., S. 131 resp. 167.
2 In «Pfade in Utopia» zitierte Buber Otto Gierke (1841-1921): «Nur die
freie Assoziation schafft Gemeinheiten, in welchen die wirtschaftliche Freiheit fortbesteht» (a.a.O., S. 66f).
3 *Aufruf zum Sozialismus*, a.a.O., S. 131 resp. S. 167. Vgl. auch Lewin: «Wir
können in jeder Situation nur in Übereinstimmung mit dem von uns wahrgenommenen Feld handeln.» (Siehe weiter vorn S. 88, Fn. 2.)
4 Martin Buber, *Landauer zu dieser Stunde*, zit. nach *Pfade in Utopia*, a.a.O.,
S. 340f.

Nach der Oktoberrevolution 1917 schritt die Identifizierung
des Sozialismus mit dem Bolschewismus dann allerdings
schnell voran; als weitere sozialistische Strömung galt dann nur
noch der gewerkschaftliche Reformismus. Bereits 1921 sagte
der führende Anarchist Italiens, Errico Malatesta, pauschal,
Sozialisten seien autoritär, Anarchisten dagegen libertär.[1] Damit gab er den Begriff des Sozialismus, wie Proudhon ihn ent-
worfen hatte, preis an eine öffentliche Meinung, die das schon
gar nicht mehr verstand. Sozialisten wollten dem Volk, sagte er
weiter, eine Wirtschafts- und Lebensweise aufzwingen, entweder mittels demokratisch gewählter Regierung oder mittels
Diktatur. Mit dem Hinweis auf die demokratisch gewählte
Regierung bezeichnete Malatesta die sozialdemokratisch-
gewerkschaftlichen Reformisten, mit dem auf Diktatur die
Bolschewisten in Russland. Beide, die reformistischen wie die
revolutionären Sozialisten würden derzeit genau das tun, von
dem Anarchisten seit fünfzig Jahren fürchten, dass sie es tun
werden. Hiermit erinnerte Malatesta an die Analysen, die
Bakunin in den 1870er Jahren vorlegte: Bakunin prophezeite,
die Marxisten, egal ob in der reformistischen oder in der revolutionären Variante, würden nach einem Sieg die Gewalt des
Staats festigen und ausbauen; insbesondere sah er voraus, dass
dann die Wissenschaft die Position der Kirche einnehme und
die Verwaltung zur Allmacht aufsteige. – Der reformistische
Sozialismus war in Deutschland unter dem Namen Sozialdemokratie stark und hatte hier einen Bezug zu Marx, obwohl
Marx mit der Sozialdemokratie alles andere als glücklich war.[2]

3

Freilich wird auch diese Aufteilung des Sozialismus in einen
sozialdemokratischen reformistisch-gewerkschaftlichen sowie
einen revolutionären avantgardistischen Flügel der Geschichte
nicht gerecht; denn obgleich den sozialistischen Anarchisten
der Ruf voraneilt, wilde Revolutionäre gewesen zu sein, waren
die meisten Anarchisten eher vorsichtige Reformisten in dem

---

1 Errico Malatesta, *Socialisti e Anarchici: La Differenza essenziale* (1921), in
Scritti, Bd. 1, Genf 1934, S. 209f.
2 Vgl. seine Kritik am Gothaer Programm 1875 (MEW19).

Sinne, dass sie eine langsame, umsichtige Ausweitung der Bereiche freiwilligen Handelns in der Gesellschaft anstrebten, in deren Verlauf die Menschen sich ihre Fähigkeit zur Selbstbestimmung und Selbstorganisation wieder aneignen.[1]

1919 beteiligte Landauer sich an der kurzen Münchner Räterepublik, bevor er nach ein paar Tagen vom Gebaren der Bolschewisten abgestoßen aufgab. Dies hinderte die siegreichen Truppen des sozialdemokratisch geführten Staats freilich nicht, ihn als Rädelsführer sowohl zu verhaften, wie auch zu plündern und in der Haft zu ermorden. Buber erinnerte sich, dass er an einer durch Landauer initiierten Debatte über politischen Terror im Münchner Räte-Landtag teilgenommen habe. Bleich folgte Landauer den Lobgesängen auf den Terror; bloß Buber griff ein und formulierte Gegenargumente, die er mit historischen Beispielen untermauerte.

BUBER, 1929: «Mein [Debatten-] Partner ging [auf meine Beispiele] nicht ein. Aber auch er versuchte, seine Apologie des Terrors mit Beispielen zu belegen. ‹Dscherschinski›,[2] sagte er, ‹der Vorsitzende der Tscheka, konnte hundert Todesurteile an einem Tag unterzeichnen, aber mit ganz reiner Seele.› – ‹Das ist ja das Allerschlimmste›, sagte ich, ‹diese reine Seele, auf die man keinen Blutspritzer fallen lässt! Es kommt nicht auf Seele an, sondern auf Verantwortung.› Mein Partner sah mich mit ahnungsloser Überlegenheit an. Landauer, der neben mir saß, legte seine Hand auf die meine. Sein ganzer Arm zitterte.»[3]

Landauer wusste, dass er sich mit den Falschen eingelassen hatte: Die Bolschewisten waren so wenig Sozialisten in seinem

---

1 Im Einzelnen belegt in meinem Buch *Nur ein altmodisches Liebeslied? Glanz und Elend des klassischen Anarchismus*, Berlin 2023. Der Titel ist eine Anleihe bei Goodman, der so – ohne Fragezeichen – seinen letzten Essay überschrieb. Von ihm her rekonstruiere ich die Geschichte des Anarchismus.
2 Feliks Dzierżyński (1877-1926), Gründer u. Leiter des bolschewistischen Geheimdienstes: erst Tscheka, dann GPU, Vorläuferin von NKWD u. KGB.
3 Martin Buber, *Erinnerungen an einen Tod* (1929), in Buber Werkausgabe Bd. 11.1, Gütersloh 2019, S. 322f.

Sinne wie die Sozialdemokraten, welche die Münchner Räterepublik niederschlugen und den Mörder Landauers mit einer
kleinen Geldstrafe davon kommen ließen. Er habe Landauers
Tod als eigenen erlebt, soll Buber noch kurz vor seinem Tod
1965 beteuert haben.[1] Buber sagte in seinem Gespräch mit
Carl Rogers 1957: «Eben jetzt wieder [werde ich] mit meinem
Körper» an Landauers Ermordung erinnert, daran, «jetzt ist
mir etwas angetan worden.»[2] In dem Essay «Landauer und die
Revolution» entwirft Buber unmittelbar nach Landauers Tod
1919 diese ergreifende Szene:

> **BUBER, 1919:** «In einer Kirche zu Brescia sah ich ein Wand-
> bild, dessen ganze Fläche von Gekreuzigten bedeckt
> war. Das Feld der Kreuze dehnte sich bis an den
> Horizont, und an allen hingen Männer mannigfachen
> Wuchses und Angesichts. Da erschien mir, dieses sei die
> wahre Gestalt Jesu Christi. An einem der Kreuze sehe
> ich Gustav Landauer hängen.»[3]

4

Gemeinschaft ist ein Begriff, bei dem Missbehagen sich mit
dem des Behagens in engster Verbindung befinden. Dies gilt
besonders für Deutschland, wo die Ideologie der Volksgemein-
schaft dem Nationalsozialismus eine Basis gab, sich nicht nur
des Terrors, sondern auch des Verlangens der Menschen nach
Geborgenheit zu bedienen, aufgrund derer er eine breite
Mehrheit hinter sich scharen konnte. Bemerkenswerterweise
wertet es den Begriff des Sozialismus nicht ab, dass auch die
Nationalsozialisten ihn gebrauchten. Sogar der Stalinismus tat
dem Ansehen des Sozialismus keinen Abbruch. Dass man den
Stalinismus nicht einfach mit dem Hinweis vom Sozialismus
trennen kann, Stalin sei ja Kommunist und kein Sozialist gewesen, lässt sich an seinem Slogan ablesen, den Sozialismus in

1 Paul Mendes-Flohr, a. a. O., S. 139 (er verweist auf eine mündliche Überlieferung).
2 Ebd., S. 312.
3 Martin Buber, *Landauer und die Revolution* (1919), zit. n. *Pfade in Utopia*,
a. a. O., S. 330.

einem Land, nämlich der UdSSR, entwickeln zu wollen (statt eine Weltrevolution anzustreben). Während die Erfahrung des Nationalsozialismus im Umgang mit dem Ideal der Gemeinschaft in Deutschland zu einer großen Vorsicht führte, gilt dies für andere Sprachen nicht; das englische *community* ist völlig wertfrei zu gebrauchen – auch im Denglischen. Im Deutschen sind Ersatzvokabeln wie Zugehörigkeit, Verbundenheit, oder das einfache Wir gang und gäbe. Die Problematik ist damit freilich nicht aus der Welt. Sozialpsychologisch steht einerseits fest, dass viele Menschen eine authentische Sehnsucht nach Gemeinschaft haben, und dass es andererseits keinen stärkeren Kitt für Gemeinschaft gibt als die Abgrenzung nach außen sowie den Aufbau eines enormen Konfluenzdrucks nach innen mit rigorosem Ausschluss von Andersheit. Nach innen mag das Gemeinschaftsgefühl sowohl Rücksichtnahme als auch gegenseitige Hilfe steigern, nach außen aber legitimiert es dazu, an den Fremden und Dissidenten die schlimmsten Verbrechen zu begehen. Das Gemeinschaftsgefühl zerteilt uns das Gewissen in innen und außen, es senkt die Verantwortung des Einzelnen: Solange er tut, was alle tun und für richtig halten, ist er geschützt vor Gewissensbissen und Rechenschaft. Die Erfahrung des Nationalsozialismus stellt sozialpsychologisch gesehen eben keine Ausnahmesituation dar, keinen Missbrauch der Gemeinschaft oder der Idee der Gemeinschaft, wirft vielmehr ein schauerliches Bild auf ihr Wesen, wenn sie nicht ergänzt wird durch die individualistischen Betätigungen, Verantwortung zu übernehmen sowie bei einem Konflikt zwischen Gemeinschaft und Moral Widerstand gegen die Gemeinschaft zu leisten.

Im politischen Rahmen und auch im geschichtlichen Kontext wird gern von kollektiver Verantwortung gesprochen. Dass dies ein falscher Gebrauch des Begriffs ist, kann schnell gezeigt werden. Kollektivstrafen und Sippenhaft stellen Unrecht dar. Jemand kann bloß dann zur Rechenschaft gezogen werden, wenn er an einem Verbrechen nachweislich Anteil hat oder ihm wenigstens zustimmte. Sogar wenn in einer Gemeinschaft alle Einzelnen dem Verbrechen beipflichteten oder gar aktiv an ihm beteiligt waren, muss Verursachung jedem nachgewiesen

werden. Ein markantes Beispiel sind Exekutionen, bei denen
mehrere Soldaten auf den Hinzurichtenden schießen, damit
kein Einzelner sein Gewissen mit dessen Tötung zu belasten
braucht, da nicht klar ist, wessen Kugel ihn tödlich getroffen
hat. Dies allein ist Beweis genug, dass solche Exekutionen Unrecht sind. Und sie lassen sich nur in einer unverantwortlichen
Gemeinschaftssituation durchführen, die das individuelle Gewissen ausschaltet.

Wenn der Geist der Konfluenz eine Gemeinschaft, sei sie
klein oder so groß wie ein ganzes Volk, dazu treibt, Verbrechen
zu begehen oder zu dulden, bedeutet die Übernahme von Verantwortung, aus der Konfluenz auszubrechen und Widerstand
zu leisten; Widerstand zumindest durch den Akt, sich einer
Beteiligung an dem Verbrechen zu enthalten. Im besten Falle
veranlasst der Widerstand die Mitmenschen, sich auch zu verweigern; und möglicherweise lässt derart das Verbrechen sich
verhindern. Widerstand bedeutet immer, geltende Normen der
Gemeinschaft zu brechen, seien dies informelle Regeln oder
niedergeschriebene Gesetze. Ein Recht auf Widerstand im
Sinne von Gemeinschaftsnormen oder von staatsrechtlichen
Regelungen kann es grundsätzlich nicht geben: Regeln oder
Gesetze, welche ihre eigene Nichtgeltung einschließen, gelten
nicht. Verfassungsformulierungen, die ein Widerstandsrecht
einräumen, sind leeres Gerede. Dies wird klar, sobald jemand
sich auf ein solches Widerstandsrecht beruft, nachdem er ein
Gesetz missachtet hat. Denn dann heißt es umgehend, genau
dies sei mit Widerstandsrecht nun nicht gemeint und durch es
auch nicht abgedeckt.

5

Widerstand kann freilich eine neue Gemeinschaft begründen,
und auch dies in positiver wie negativer Hinsicht. Erfolgreich
ist Widerstand bloß dann, wenn er dazu führt, dass nicht nur
ein Einzelner allein gegen das Verbrechen aufbegehrt, sondern
wenn so viele sich ihm anschließen, dass sie die Macht haben,
jene daran zu hindern, das Verbrechen zu begehen, die es ausführen wollen. Das ist ein edles und risikoreiches Unterfangen,
denn schließlich ist die Gemeinschaft, die das Verbrechen be-

absichtigt, in der Position und meist auch bereit, ihr Tun mit
Gewalt fortzusetzen. Die Gewalt richtet sie gegen diejenigen,
die Widerstand leisten; sie will den Widerstand brechen. Nun
muss aus denen, die Widerstand leisten, ihrerseits eine ver-
schworene Gemeinschaft werden; sie muss sich nach außen
abschotten und nach innen disziplinieren, muss bereit sein, im
Notfall Verbrechen zu begehen, etwa Verräter zu exekutieren,
um nicht aufzufliegen und um ihr Ziel zu erreichen.
Wir haben es hier mit einem Teufelskreis zu tun. Die Behauptung, all dies sei mit der demokratischen Organisation der
Gesellschaft erledigt, ist, obgleich die herrschende Meinung,
Meinung der Herrschenden, ohne jedes Fundament. Gerade
die Erfahrung des Nationalsozialismus macht deutlich, dass
demokratischen Mehrheiten alle Formen von Verbrechen zugetraut werden können. Die Lösung aus dem Teufelskreis kann
nicht durch eine Erweiterung, vielmehr bloß durch eine Beschränkung der Demokratie im Sinne der Mehrheitsherrschaft
gelingen.[1] Das Prinzip einer Gemeinschaft, die nicht in Unrecht umkippen will, muss das der Freiwilligkeit sein. Dabei ist
für das Prinzip der Freiwilligkeit nicht etwa ein freiwilliger
Eintritt entscheidend, sondern die Möglichkeit des Austritts;
denn schließlich gibt es Gemeinschaften wie zum Beispiel die
Familie, in die man hinein geboren wird. Eine Gemeinschaft,
aus der man austreten kann, mag gut oder schlecht sein, sie vermag aber nicht, Verbrechen zu begehen, es sei denn, sie dehnt
ihr Handeln auf Personen aus, die ihr nicht zustimmen – und
dann wäre sie nicht mehr freiwillig. Die Freiwilligkeit als
Kennzeichen der Gemeinschaft betonte Buber sowohl in dem
Kapitel über Proudhon als auch in dem über Kropotkin: Mit
der Freiwilligkeit sei der Gegensatz von Individualität und Gemeinschaft aufgehoben.

BUBER, 1945, PROUDHON-PARAPHRASE: … im kommunistischen
Zentralismus werde Proudhon zufolge «das Individuum

---

1 Demokratiekritik findet sich in *Pfade in Utopia*, a. a. O., mittels einer Paraphrase Proudhons, S. 63 ff, z. B. «Die Zerstörung der natürlichen Gruppen in
der Wahltätigkeit wäre die moralische Zerstörung der Nationalität selber, die
Verneinung des Gedankens der Revolution» (S. 64).

wesenhaft der Kollektivität untergeordnet; von ihr
allein komme ihm sein Recht und sein Leben zu; der
Bürger gehöre zum Staat wie das Kind zur Familie; er
sei in seiner Gewalt und seinem Besitz [...] und schulde
ihm Unterwerfung und Gehorsam in allen Dingen.»[1]

BUBER, 1945, KROPOTKIN-PARAPHRASE: Kropotkin zufolge wäre
«keine Gleichmachung, [... vielmehr] die vollständigste
Entwicklung der Individualität, verbunden mit der
höchsten Entwicklung der freiwilligen Assoziation» anzustreben.[2]

Der Begriff des Widerstands kommt in «Pfade in Utopia» nur
zwei Mal vor, verteilt auf zwei aufeinanderfolgende Sätze am
Schluss. Diese Sonderstellung macht jene Sätze zu Schlüsselsätzen der Argumentation, zu Schlüsselsätzen für den ganzen
politischen Buber.

BUBER, 1945: Der gegenwärtigen, durch die «brutale Herrschaft des Abstraktums ‹Staat›»[3] gekennzeichneten Ära
ging eine «aus Gesellschaften verschiedener Art auf-
gebaute Gesellschaft» voraus: «sie war ein komplexes
und pluralistisches Gebilde. Das gab ihr die spezifische
soziale Vitalität und befähigte sie, der totalitären
Tendenz des vorrevolutionären zentralistischen Staates
Widerstand zu leisten, auch dann noch, als manche
ihrer Elemente in ihrem autonomen Leben schon sehr
geschwächt waren. Die gegen die Sonderrechte der
Assoziationen gerichtete Politik der französischen Revolution brach diesen Widerstand.»[4]

---

1 *Pfade in Utopia*, a.a.O., S. 67.
2 Ebd., S. 86.
3 Martin Buber, *Landauer zu dieser Stunde* (1939), zit. nach *Pfade in Utopia*,
a.a.O., S. 339.
4 *Pfade in Utopia*, a.a.O., S. 227. Bubers Verweis auf den (Hoch-) Kapitalismus, mit dem er hier die gegenwärtige Ära identifiziert, ist getilgt, um diese
Diskussion nicht aufzumachen, die zu weit führen würde. Aber natürlich ist
das freiwillige Wirtschaften genau das – Kapitalismus. Die Alternative besteht in der brutalen Herrschaft des Abstraktums Staat.

Diese beiden Sätze spiegeln den Moment des Schocks, als der Vater des Anarchismus, Hauptreferenzpunkt sowohl für Buber als auch für Landauer, Pierre-Joseph Proudhon, realisierte, dass die französische Revolution von 1789 den falschen Berg erklommen habe: den des Ausbaus zentralisierter Staatsgewalt und der Vernichtung der vielgestaltigen Gemeinschaften, die ihr Widerstand entgegenzusetzen wussten.

Die Gemeinschaft, die Buber verwirklichen wollte, setzt eine freiwillige Mitgliedschaft voraus und verwirklicht sich im Widerstand gegen die totalitäre Tendenz der Gemeinschaft. Wo Freiheit und Widerstand fehlen, da wird Gemeinschaft zur Qual: wird zur Gewalt. 1917 wiederholte die bolschewistische den Fehler der französischen Revolution:

BUBER, 1945: «Die bolschewistische Revolution [...] hatte für selbstständige kleine Gemeinschaften keine Verwendung. [...] Das Wunschbild, zu dem diese Vorstellung gehört, ist in Wahrheit das Bild einer endgültig und residuenlos destrukturierten Gesellschaft. Mehr noch: es ist das Bild eines Staates, der die Gesellschaft verschlungen hat.»[1]

6

Einen Schritt, den Buber in «Pfade in Utopia» nicht ging, vielleicht eben noch nicht gehen konnte, war eine selbstkritische Reflektion verwirklichter Gemeinschaft. Das Buch enthält eine ausführliche Diskussion von sozialistischen Siedlungsexperimenten, besonders in den USA.[2] Sie alle sind davon gekennzeichnet, dass sie sich sehr schnell wieder auflösten. Da die Mitgliedschaft freiwillig war, lehrte die Erfahrung ihre enthusiastischen Gründer, dass Enge, Gemeineigentum und Gruppendruck eine Situation herbeiführen, die unangenehmer ist als die gesellschaftlichen Missstände, die die Experimente beheben sollten. – Größte Erwartungen knüpfte Buber an die jüdischen Kibbuzim, die sich «in voller Freiheit»[3] entwickeln.

1 Ebd., S. 224
2 Ebd., S. 110-146.
3 Ebd., S. 237.

Aber nicht haben die Kibbuzim die Gesellschaft in Gemeinschaft verwandelt, sondern sie sind bis auf einige wenige Reste
in die sie umgebende Gesellschaft diffundiert. Die Schlussfolgerung, die für mich auf der Hand liegt, lautet, dass eine in
Freiheit lebensfähige Alternative zu den bestehenden Miss-
ständen mehr Freiheit, nicht weniger Freiheit bieten muss. Mit
tiefem Bedauern habe ich festzustellen, dass Bubers Hoffnung,
am Ende von «Pfade in Utopia» formuliert, leider Utopie geblieben ist:

BUBER, 1945: «Solange Russland nicht selber eine wesen-
hafte innere Umgestaltung erfahren hat […] haben wir
den einen der beiden Pole des Sozialismus, zwischen
denen […] die Wahl zu treffen ist, mit dem gewaltigen
Namen Moskaus zu bezeichnen. Den andern Pol wage
ich trotz allem ‹Jerusalem› zu nennen.»[1]

Vor allem Bubers Ringen um eine andere Konstitution Israels
zeichnet ihn als einen anarchistischen Aktivisten aus: Dieses
altmodische Liebeslied blieb bislang ungesungen. Es ist ganz
und gar aus der Zeit gefallen. Man wird es vergessen, so der
Siegeszug der Soziolatrie[2] ungebremst fortschreitet. Oder man
wird ihm, wenn auch verspätet, als einen großen Vorkämpfer
für Menschlichkeit und Freiwilligkeit dereinst Denkmäler auf
allen Plätzen setzen, so der Anarchismus eine Zukunft haben
wird.

BUBER, 1936: «… damit der Mensch nicht verloren gehe, tun
Personen not, die nicht kollektiviert sind, und Wahrheit,
die nicht politisiert ist.»[3]

---

1 Ebd., S. 243.
2 Vergötterung der Gesellschaft; von Goodman in Rückgriff auf Auguste
Comte geprägter Begriff, siehe weiter hinten S. 210, Fn 3.
3 Martin Buber, *Der Einzelne und die dialogische Verantwortung* (1936), zit.
n. *Pfade in Utopia*, Heidelberg 1985, S. 289.

Was ist Wahrheit? Friedlaender & Husserl

1

Über niemanden äußerte Fritz Perls sich so vorbehaltlos und so enthusiastisch wie über Salomo Friedlaender (1871-1946), den er in seinen autobiographischen Stichworten um die Mitte der 1960er Jahre als seinen «Guru» bezeichnete.[1] In diesem Fall fasste er sogar exakt zusammen, was er von Friedlaender mitgenommen habe: Friedlaender sei davon ausgegangen, dass das Leben sich in Gegensätzen – Polaritäten – bewege, denen gegenüber es darauf ankomme, den Nullpunkt zwischen ihnen einzunehmen, um sich entscheiden zu können. Dieser Standpunkt zwischen solchen Gegensätzen, das sei eine *schöpferische Indifferenz*. Für Perls stellte es kein Risiko dar, in jener Weise seinen Guru zu paraphrasieren. Dessen Werk war niemals ins Englische übersetzt worden und auch bei Deutschen der Vergessenheit anheim gefallen, bis erst Anfang der 2000er Jahre die Neuausgaben erschienen. Die Paraphrase nimmt sich dünn aus gegenüber dem Umfang des Hauptwerks mit dem Titel «Schöpferische Indifferenz» (1918) von vielen hundert Seiten. Doch seitdem die Neuausgaben vorliegen,[2] steht die Frage im Raum, ob Fritz Perls ihn denn richtig verstanden habe.[3]

Umgekehrt wäre auch zu fragen, ob Friedlaender zu verstehen sei, ob er überhaupt richtig verstanden werden könne. Es reihen Aussage sich an Aussage, manche trivial, andere erst einmal unverständlich, Anspielungen auf die Geschichte der Philosophie wechseln sich mit lyrischen Wendungen und satirischen Einlagen ab. Gibt es ein richtiges Verständnis von Friedlaender? Und wollte er denn richtig verstanden werden? Obwohl er sich immer wieder zu Immanuel Kant (1724-1804) bekannte, stand seine Haltung des Philosophierens näher bei

1 In Frederick S. Perls, *Was ist Gestalttherapie?*, Kassel 2018, S. 108.
2 Die Edition der nachgelassenen Schriften ist unvollendet. Sie können für das Verständnis Friedlaenders noch Bedeutsames enthalten, allerdings nicht die Erkenntnisse über Fritz Perls' Rezeption aufhellen, weil er jene nicht gekannt haben kann.
3 Siehe zum Beispiel Ludwig Frambach und Detlef Thiel (Hg.), *Friedlaender/Mynona und die Gestalttherapie*, Bergisch Gladbach 2015.

Friedrich Nietzsche (1844-1900). Friedlaenders Stil lädt dazu
ein, im Anschluss an Sätze von ihm frei zu assoziieren. Denn
Begründungen für seine Aussagen lieferte er selten.

Das Leitmotiv von Friedlaenders Skizzen und Gedanken
kreiste meist tatsächlich genau um das, was Fritz Perls knapp
zusammenfasste – eine Erkenntnis der Welt sei nur durch die
Differenz möglich; in der einfachsten Form: Das Helle erkennt
man bloß durch das Dunkle; das Dunkle bloß durch das Helle.
Ohne dass er den Bezug zur Gestaltpsychologie herstellte, war
das einer ihrer Lehrsätze. Und immer wieder bestand er darauf,
dass diese Gegensätze Gegensätze im Außen seien, denen
gegenüber das Subjekt (Ich) sich dann dort konstituiere, wo die
Gegensätze in Indifferenz übergehen.¹ Man könnte hier auch
sagen: ... wo die Gegensätze aufgehoben sind. Aber das Aufheben von Gegensätzen ist Sache der dialektischen Methode
Hegels (1770-1831), an die Fritz Perls sich tatsächlich erinnert
fühlte. Von Hegel aber wollte Friedlaender nichts wissen. – Ein
Beispiel Friedlaenders für seine Vorstellung, wie mit Gegensätzen umzugehen sei, handelte von Krieg und Frieden.

FRIEDLAENDER, 1918: «Der Krieg zum Beispiel enthält in
sich selber einen Gegensatz, etwa zwischen Deutsch
und Englisch. Der Friede aber ist gar kein Gegensatz
zum Kriege, nicht dessen andrer Pol [...]. Der Friede
bedeutet die Überwindung des Krieges.»²

---

1 «Alles Erscheinende ist notwendigerweise different, und seine Differenz
die Offenbarungsform des an sich selbst rein Indifferenten, das natürlich objektiv nichts ist, wohl aber subjektiv alles; weswegen man auch sich hüten
soll, irgend etwas differenziert Objektivem den Titel Subjekt zu verleihen.»
Salomo Friedlaender, *Schöpferische Indifferenz* (1918), in Gesammelte
Schriften, Bd. 10, Herrsching 2009, S. 271. Vgl. dort auch S. 123 ff.
2 Ebd., S. 103. – Mit der Eindampfung habe ich aus Friedlaenders Sätzen
meinen Sinn gemacht. Um Friedlaenders originale Diktion zu illustrieren,
hier ein bisschen mehr Kontext: «Nur das Individuum trifft die restlos reine
Entscheidung, als die spielsicherste Angel aller Alternative – schon allein
dadurch, dass es der so verführerischen Aufstellung falscher Gegensätze ein
siegreiches Ende macht. Der Krieg zum Beispiel enthält in sich selber einen
Gegensatz, etwa zwischen Deutsch und Englisch. Der Friede aber ist gar
kein Gegensatz zum Kriege, nicht dessen andrer Pol, sondern dessen Sinn,
Seele, Individuum; das schöpferische Zentrum aller Diametrik. Der Friede

Der kriegerische Gegensatz von Deutschen und Engländern ist im Frieden aufgehoben; die Engländer und die Deutschen werden vom Frieden (anders als vom Krieg) nicht getötet, vernichtet, sondern verwandelt in (friedliche) Menschen. Es ist keineswegs weit hergeholt, dass Fritz Perls sich hier an Hegels Dialektik erinnert fühlte: Die Antithese ist die bestimmte (nicht eine beliebige) Negation der These; in der Synthese sind beide aufgehoben im Doppelsinne des Wortes: beide gelten nicht mehr, zugleich aber bleiben beide in der Synthese erhalten. Allerdings eignet Friedlaenders Formulierung dieselbe Problematik wie Hegels Dialektik, denn jeweils Friedlaenders Gegensatz oder Pol respektive Hegels bestimmte Negation zu benennen, ist weiterhin doch recht beliebig. In einem Krieg ist der Gegensatz – die Feindschaft – der beteiligten Parteien das vorherrschende Element, richtig, und der Friede ist die Aufhebung dieses Gegensatzes. Unter einem anderen Gesichtspunkt ist es aber nicht abwegig, von Krieg und Frieden als den Gegensätzen zu sprechen: Der Frieden ist das friedliche Zusammenleben von Menschen, der Krieg die kriegerische Auseinandersetzung zwischen ihnen. Frieden ist Nicht-Krieg und Krieg ist Nicht-Frieden. Freilich wäre es enorm ungemütlich, indifferent in dem Nullpunkt zwischen Krieg und Frieden zu stehen. Oder nehmen wir einen anderen Fall: Stellen wir auf den rechten Pol Hitler und auf den linke Pol Stalin, wer stünde gern indifferent in der Mitte zwischen ihnen? Und wollte sie in dem Sinne aufheben, dass beide erhalten bleiben? Sollten sie etwa Frieden schließen, um die Welt ihrem vereinigten Wüten unterwerfen zu können? Wäre das schöpferisch?

Ob der Sinn, den Fritz Perls aus seiner schöpferischen Indifferenz machte, im Sinne Friedlaenders ist, sei dahin gestellt; er macht jedenfalls Sinn: Therapeutisch lässt sich feststellen, dass Menschen (besonders jene, die einen Therapeuten aufsuchen) von inneren Kämpfen geplagt werden. Es komme nun,

bedeutet die Überwindung des Krieges, keineswegs im Sinne von Vernichtung, sondern von gleichsam musikalischer Beherrschung und Besiegung alles Widerstreits. Der echte Polarist wird also Pazifist sein müssen, indem er das *bellum omnium contra omnes* [Krieg aller gegen alle] so scharf und rein entbrennen lässt, dass er zu dessen reimendem Dichter und harmonisierendem Komponisten werden muss.»

so Fritz Perls, nicht darauf an, eine dieser im Inneren wütenden
Parteien zu stärken, ihr zum Sieg zu verhelfen, sondern beide
zu betrachten und aufzuheben, nämlich beiden zu ihrem Recht
zu verhelfen (das entspräche der Verwandlung der Deutschen
und Engländer in Menschen). Einen der Pole ausschalten oder
unterdrücken zu wollen, führt immer nur dazu, dass der unterdrückte Pol sich irgendwie rächen wird. Die Rückkehr des
Verdrängten, da sind wir wieder bei Freud: Echte Bedürfnisse
lassen sich nicht folgenlos unterdrücken oder verdrängen, sie
kehren zurück als Monster – als physische oder als psychische
Symptome.

Letztlich muss zugegeben werden, dass der Enthusiasmus
von Fritz für Friedlaender nichts weiter war wie eine Rückkehr
des Verdrängten bei ihm selbst: Fritz verdrängte Freud – er
wollte dessen Einfluss auf sein Denken kleinreden und baute
einen alternativen Guru auf, der ja so viel mehr zu sagen wisse
als Freud; und dann erwischen wir ihn dabei, dass er in Friedlaender genau das fand, was ihn Freud gelehrt hatte.

2

Philosophiegeschichtlich markierte Friedlaender den Schluss
des Kantianismus, ebenso wie Edmund Husserl, der gleich zu
behandeln sein wird und der einen bedeutsameren Beitrag zur
Theorie der Gestalttherapie leistete als Friedlaender. – Philosophieren legt immer wieder die Frage vor, was wahr sei. Die
aristotelische Philosophie gab auf sie eine klare Antwort, wenn
sie auch hohe Anforderungen an die Erlangung der Wahrheit
stellte: Auf der einen Seite steht sinnliche Beobachtung, auf
der anderen Seite muss Wahrgenommenes einer denkerischen
Prüfung durch die logische Vernunft unterzogen werden. Die
Wahrheit ist nicht da, sondern sie hat gefunden zu werden
durch ein Verfahren. Bereits bei Thomas von Aquin im Hoch-
mittelalter tauchte die Frage auf, woher wir denn wüssten, dass
unsere Vernunft der Wirklichkeit entspreche? Dass eine sinnliche Beobachtung uns täuschen kann, das wissen wir. Warum
nicht auch die Vernunft? Thomas' Antwort als Theologe war
sein Urvertrauen, Gott würde uns schon nicht belügen. Einen
Gott, der uns anlügt, indem er uns mit einer fehlerhaften Ver-

nunft ausstattet, empfand Thomas als denkunmöglich. Sogar noch Albert Einstein (1879-1955) meinte apodiktisch: Gott würfelt nicht. Das sagte er im Zusammenhang einer Debatte unter Physikern, in der er vermutlich unrecht hatte. Dennoch bleibt wahr, dass auch verwegenste physikalische Theorien auf die Annahme der Richtigkeit logischer, etwa mathematischer Schlüsse bauen.

Im Zuge der Aufklärung wurde Thomas' Beruhigung, Gott sorge dafür, dass wir qua Vernunft zu einer Wahrheit gelangen könnten, immer fraglicher, bis David Hume (1711-1776) mit Häme feststellte, Wahrnehmung wie Logik seien alles Schrott und bloße Vorurteile und nichts denn Aberglaube. Kausalität gibt's nicht, nur ein Vorher und Nachher von Ereignissen. Der Unterschied zwischen Traum und Wachen? Wer sagt, was der Realität entspricht? Immanuel Kant, zunächst in einer völlig dogmatisierten Form des Thomismus ausgebildet, rüttelte der Skeptizismus Humes aus seinem dogmatischen Schlafe. Er suchte nach einer *neuen* Formel, denn die Naturwissenschaften machten weiterhin Fortschritte, und die gefundenen Gesetzmäßigkeiten trafen überzeitlich zu. Wie war das möglich? – Wenn Hume sagte, Ereignisse wären durch ein Vorher und Nachher strukturiert, so ging er stillschweigend von Zeit und Raum als gegeben aus. Ob es Zeit und Raum außerhalb unsres Denkens wirklich gibt, wissen wir nicht; wir wissen aber, dass wir ohne die Voraussetzung solcher Anschauungsformen gar nicht denken können. In Kants Begriffen: Zeit und Raum sind *a priori*, also vor der Erfahrung notwendig gegeben.

Dies gilt gleichermaßen von Kausalität: Ohne die Voraussetzung, dass etwas eine Ursache habe, wären wir handlungsunfähig. Wenn eine Krankheit keine Ursache hat, können wir sie nicht bekämpfen. Wenn ein Medikament keine Wirkung hat, ist es einerlei, es zu nehmen oder nicht. Mehr noch: Wenn die Krankheit nicht Ursache von Leid ist, brauchen wir sie nicht zu behandeln. Wenn die Gewehrkugel, die das Herz des Soldaten trifft, nicht dessen Tod bedeutet, ist es egal, ob Krieg oder Frieden herrscht. Warum ernährst du dich gesund, wenn verdorbenes Essen dich nicht schädigt? Warum trinkst du Alk, wenn der dich nicht betrunken macht? Und warum schaust du nach rechts und links, bevor du eine Straße überquerst, wenn der Aufprall eines Fahrzeugs dich nicht verletzen oder töten könnte? Warum bremst der Autofahrer, wenn er einen Fußgänger sieht? Und natürlich muss die Betätigung der Bremse als Ursache für das Halten des Wagens gelten. Wenn die Bremse aber defekt ist, ist der Defekt Ursache des trotz Bremsversuchs sich ereignenden Unfalls. Warum schläfst du, wenn dich das nicht erholt? Der Voraussetzung von Kausalität tut auch keinen Abbruch, dass ein bestimmtes Ereignis mehr als einer Ursache zuzuordnen ist.[1] Ob eine Speise meinen Magen verdirbt, hängt nicht nur von deren Beschaffenheit, sondern auch von meiner körperlichen sowie, eventuell, geistigen Verfasstheit ab. Zweifellos kann die Bezeichnung einer Ursache falsch sein; ich verdächtige die Speise, für mein Unwohlsein die Ursache zu sein, in Wirklichkeit ist es aber mein unterdrückter Ärger auf irgendwen. In Wirklichkeit, das heißt: Es gibt mindestens eine Ursache.

Verweilen wir noch beim Essen, diesem für die Gestalttherapie so grundlegenden und paradigmatischen Handeln. Wenn der Geschmack, der Geruch sowie das Aussehen einer Speise keine Wirkung derselben wären, könnten wir gar nicht zwischen all demjenigen unterscheiden, was uns gut und was uns schlecht schmeckt. Bei der Wahl der Speise (oder deren Ablehnung) können neben Geschmack weitere Faktoren eine Rolle spielen, zum Beispiel das Wissen, ob sie mir bekommt oder nicht. Dies Wissen wiederum kann auf eigener Erfahrung basieren: Diese Speise liegt mir schwer im Magen (ist die Ursache von Magenbeschwerden) und ich esse sie nicht, obwohl sie mir gut schmeckt. Oder auf dem Wissen, welches ich von Anderen übernommen habe: Diese Speise verursacht Krankheiten. Ich habe gelesen, dass dem so sei, und glaube das. Auch hier setze ich ein Prinzip von Ursache und Wirkung voraus. Schließlich kann noch eine Bewertung hinzutreten, zum Beispiel: Es sei moralisch falsch, Tiere zu töten, um sie zu essen. Dies fällt eher in den Bereich von performativen Sprechakten.

---

[1] Als Beispiel für jemanden, der in dem Vorhandensein mehrerer Faktoren einen Widerspruch zur Kausalität sieht, führe ich Gordon Wheeler, *Jenseits des Individualismus* (2001), Wuppertal 2006, S. 187f, an.

Dennoch konstituiert auch die moralische Bewertung einen Kausalzusammenhang: Das Töten eines Tieres ist die Ursache des unmoralischen Verhaltens. Ohne Ursache und Wirkung kommt demnach nicht einmal die Moral aus.

Der Feldbegriff steht der Kausalität nicht entgegen, was sich schon daraus erhellt, dass Lewin seinen Ansatz kausal-dynamische Psychologie nannte.[1] Niemand, kein skeptischer Philosoph, kein Esoteriker, kein Quantenphysiker, kann ohne die Voraussetzung existieren, dass es den Zusammenhang von Ursache und Wirkung, mithin Kausalität, gibt.[2] Kausalität ist nichts, das sich aus der Erfahrung ableiten lässt, sondern wir brauchen sie, um Erfahrung machen zu können. Ich gehe jede Wette ein, dass kein zusammenhängendes Reden möglich ist, ohne hierbei Kausalität vorauszusetzen.

Daraus, dass etwas denknotwendig ist, ergibt sich laut Kant nicht, dass es einer Realität außerhalb des Bereichs unseres Denkens entspricht. Diese Realität außerhalb des Bereichs unseres Denkens nannte Kant das «Ding an sich». Wir setzen voraus, dass es das Ding an sich gibt, aber wissen können wir es nicht. Mehr noch: Wir können über das Ding an sich nichts wissen. Wir wissen bloß, was innerhalb des Bereichs unseres Denkens liegt.

Die Entwicklung der Philosophie nach Kant verschob sich in Deutschland[3] immer mehr in die Richtung der Betrachtung des Ich in der Tätigkeit, die Welt aufzubauen (zu konstruieren). Deutscher Idealismus. Arthur Schopenhauer (1788-1860), an den Friedlaender in «Schöpferische Indifferenz» anknüpfte, fasste dies in der Formel zusammen, welche den Titel seines Hauptwerks ziert: Die Welt als Wille und Vorstellung (1819). Dabei war Schopenhauer ein Pessimist und sah es als Ziel des Willens, sich selber auszulöschen – sein berühmter Wille zum Nichts. Nietzsche – ein Anhänger Schopenhauers – folgte der

---

1 Kurt Lewin, *Vorsatz, Wille und Bedürfnis* (1926), Berlin 1926, S. 18ff, S. 33.
2 Diese Argumentation liegt im Übrigen ganz auf der Linie von Salomo Friedlaender, *Kant gegen Einstein* (1932), in Gesammelte Schriften, Bd. 1, Herrschen 2008.
3 In den angelsächsischen Ländern schwankte die Philosophie weiterhin zwischen naivem Realismus (es wäre einfach, die Realität zu erkennen) und Hume'schem Skeptizismus (Realität? Einfach lächerlich!).

Denkbewegung von Kant zu Schopenhauer, kehrte allerdings dessen Wertung um – sein berühmter Wille zur Macht. Es komme darauf an, den Willen zur Gestaltung (oder zur Beherrschung?) der Welt so weit als möglich auszuagieren. Über Wahrheit und Lüge und vor allem über Moral und deren Begründung oder gar Begründbarkeit solle man sich nur ja nicht den Kopf zerbrechen. Bei einem Mann, welcher von sozialer Phobie und Krankheit gehandikapt und zeitlebens auf die Fürsorge durch Andere angewiesen war, eine sehr verständliche Allmachtsphantasie.[1]

Ein Aphorismus von Friedlaender fasst diese Philosophiegeschichte auf amüsante Weise zusammen:

FRIEDLAENDER, 1918: «Eigne Göttlichkeit ist die lebendige Sonne der ganzen Welt; aber Gott selber ist Atheist.»[2]

Der Mensch wird zu Gott (dem Schöpfer der Welt), aber Gott negiert sich selber. Ein Paradox, über das nachzudenken sich lohnt. Ich fürchte freilich, dass es über Schopenhauer nicht hinaus geht. Da ist mir Nietzsche dann doch lieber.

3

Friedlaenders Nietzsche- und Kant-Anknüpfung wirft mithin die erste philosophische Frage auf: Was ist Wahrheit? Schwer zu sagen. Lässt diese Frage sich überhaupt beantworten? Andersherum: Wenn sie sich nicht beantworten ließe, kann man dann überhaupt noch einen sinnvollen Satz sagen? Sogar der schlichte Satz «Dies ist ein Glas Wasser» enthält einen Wahrheitsanspruch. Nicht nur, es gebe Wasser und Glas, sondern auch, das Glas sei in der Lage, das Wasser zu halten, und das Wasser habe ohne einen Behälter die Tendenz, zu zerfließen, wird in dem Satz als wahr vorausgesetzt.

Einerseits beziehen wir uns notwendig auf eine Wahrheit, nicht bloß im verbalen Ausdruck, vielmehr ebenso bei nonverbalen Zeichen. Wenn ich den fragenden Blick so deute, dass

---

1 Zu Nietzsche legte Friedlaender 1911 eine «Intellektuelle Biographie» vor (in Gesammelte Schriften, Bd. 9, Herrsching 2009).
2 *Schöpferische Indifferenz*, a.a.O., S. 422. Gott ohne Gott. Na, denn.

er um ein Glas Wasser bittet, und zur Antwort deute ich mit
dem Finger auf das Wasserglas, dann bedeutet das Zeichen, ein
Glas Wasser stehe wahrhaft dort. – 2 500 Jahre Philosophiegeschichte haben andererseits deutlich gemacht, dass die Antwort auf die Frage, *Was ist Wahrheit?*, ziemlich herausfordernd
und vor allem nicht abschließend zu beantworten sei.

Wer beispielsweise ein guter Gestalttherapeut werden und
sein will, wird kaum die Zeit finden, die Erkenntnistheorie seit
Platon und Aristoteles aufzuarbeiten. Und doch. Die Gestalttherapie macht Aussagen, die einen Wahrheitsanspruch erheben. Was soll man machen? Glauben? Goodman bemerkte,
man setze einen Fuß vor den anderen und gehe davon aus, dass
der Boden einen tage, ohne Gravitation beweisen zu können.
Wie habe ich das eben formuliert?: dass der Boden einen tage,
wird vorausgesetzt.

GOODMAN, 1972: «Ein Kind rennt los, als gäb's Gravitation
und Grund, obgleich es nicht genügend Erfahrung
besitzt, um sich dessen in der Handlung sicher sein zu
dürfen; der Glaube daran ist ihm immanent.»[1]

Goodman wies auf den heiligen Augustinus (354-430) hin:
«Wir leben durch Glauben.»[2] Säkular ausgedrückt: Wir halten
für wahr. Etwas für wahr zu halten, ist etwas anderes als die
Wahrnehmung; etwas für wahr zu halten, ist etwas anderes als
etwas für wahr zu nehmen; dazu später mehr. Die Rede davon,
etwas sei bewiesen oder man wolle etwas beweisen, macht
genau zwei Voraussetzungen: Die erste Voraussetzung besteht
darin, dass etwas *ist* – dass es dieses Sein gebe. Und die zweite
Voraussetzung besteht darin, es gebe eine Methode, welche das
Sein dieses etwas, dieses Gegenstands, dieses Sachverhalts oder
dieses Tatbestands als *gegeben*, als *verfügbar* belege.

Damit, dass die Gegebenheit oder die Verfügbarkeit und
deren Beweisbarkeit vorausgesetzt wird, ist freilich noch nicht

---

1 Paul Goodman, *Little Prayers and Finite Experience*, New York 1972, S. 93.
Crazy Hope & Finite Experience, San Francisco, CA 1994, S. 85. Dt. *Stoßgebete*, Köln 1992, S. 165.
2 Ebd., S. 93. Der Gedanke geht auf den Apostel Pauls zurück (2. Kor. 5 :7).

bewiesen, dass die Voraussetzung wirklich gegeben ist. Immer haben wir es, sei es im Alltag, sei es in der Wissenschaft, mit unvollständigem Wissen zu tun und müssen dennoch handeln. Wir können mit dem nächsten Schritt nicht warten, bis wir die Gravitation bewiesen haben, wenn das denn überhaupt im Bereich unserer Möglichkeit liegt, geschweige denn, bis wir die Möglichkeit des Seins und dessen Beweis bewiesen haben.

In diesem Sinne lasse ich Sie durchs Folgende daran teilhaben, wie ich mich mit dem Fragmentarischen des Wissens arrangiere, und ich hoffe, dass Sie hierbei die eine oder andere Anregung für sich selber finden. Ich beginne mit einem Selbstexperiment in Sachen Wahrheitssuche. Der Hinweis Goodmans auf das Gehen in Relation zum Vertrauen auf oder zum Glauben an die Gravitation zeigt, dass wir von jeder Menge Sachverhalten überzeugt sind, deren Beweis wir gar nicht erbringen können, geschweige denn, dass wir uns um deren Beweisbarkeit scheren. Wir agieren auf der Voraussetzung, dass Beweisbarkeit möglich ist, verfügen aber über keine Beweise. Verrückte Welt.

Vor einigen Jahren ergriff ich die Chance, einen von mir nie in Zweifel gezogenen Sachverhalt auf den Prüfstand zu erheben. Denn Flatearther überschwemmten meine Facebook-Blase; sie verschwanden so schnell wieder, wie sie gekommen waren; aber ich wollte es hiermit nicht bewenden lassen. Die Erde ist eine Kugel, das weiß doch jeder. Und bewiesen ist es auch. Freilich nicht von mir. Innerhalb der von mir wahrgenommenen Welt spielt es überhaupt keine Rolle, welche Form die Erde hat. Über irgendeine sinnliche Wahrnehmung von ihr als Ganzes verfüge ich nicht. Bei der Behauptung, die Kugelform der Erde wäre bewiesen, verließ ich mich gänzlich auf fremde Autorität.

Nur ein Beispiel greife ich heraus. Es heißt, schon die alten Griechen hätten es bewiesen. Das sei ganz leicht, man müsse nur den Winkel zweier Schatten zur gleichen Zeit an zwei verschiedenen Stellen messen, und *schupps!* habe man den Umfang der Kugel berechnet. Fein. Vermutlich sind alle Griechen damals morgens aufgewacht und haben gedacht: Heute messe ich mal wieder den Winkel zweier Schatten und berechne den

Erdumfang. Nein, es war einer; mit kompliziertem Namen, den ich mir nicht merken kann. Und natürlich hat sich auch schon mal ein Grieche vertan, obgleich äußerst selten; ich erinnere an Aristoteles und seine vierbeinige Eintagsfliege.[1] Das Zählen von Fliegenbeinen ist vielleicht mühsam, den Sinnen freilich näher als die Vermessung des Äquators. Ich jedenfalls weiß nicht, wie man den Winkel eines Schattenwurfes bestimmt; und wie die Griechen die Daten der Messung an zwei weit genug auseinanderliegenden Orten zur exakt gleichen Zeit zusammenführten, weiß ich auch nicht; sie hatten ja noch keine Smartphone. Und wie zum Teufel berechne ich aus den beiden Winkeln den Umfang von irgendetwas? Ich habe einen anderen Weg gefunden und bin für mich persönlich zu einem Ergebnis gekommen, das ich gleich präsentiere.

Die Lösung der Frage, welche Form unsere Erde habe, entspricht für mich persönlich dem Enträtseln eines Sudokus, will sagen: ist spannend, hat jedoch keine tiefergehende Bedeutung für mein Leben. Anders verhält es sich bei gesellschaftlichen und wissenschaftlichen Fragen, die Konsequenzen für das Handeln haben. Konsequenzen für das Handeln, das heißt bei bestimmten Handlungen auch, dass die Konsequenzen nicht nur mich treffen, vielmehr Andere. Wenn ich nun unverrückbar überzeugt bin, ein gewisser Sachverhalt oder ein gewisser Tatbestand sei wahr, macht mich das unduldsam gegenüber solchen, die ihn anders sehen. – Auf dass kein Missverständnis aufkomme: Die folgenden Beispiele stehen stellvertretend für Wahrheitsansprüche, die in repressive Politik umschlagen; sie sind also alle drei *gleichermaßen* kritisch gemeint.

1. Wer nicht genug betet und zudem noch Sünden gegen Gott begeht, ruft dessen Zorn hervor. Dieser Zorn könnte dann auch mich braven Gläubigen treffen.
2. Wer unsere Grenzen gegen Ausländer nicht abdichtet, lässt Kriminelle herein. Sie könnten dann gegebenenfalls meine Tochter ermorden.

---

1 Aristoteles, *Historia Animalium*, I.5 (490a32-490b3). – Genau gelesen schrieb er, ἐφήμερα *bewege* sich auf (nur) vier Beinen, und sah dies als eine Anomalie unter Insekten an.

3. Wer nicht mit hinreichendem Elan den Klimawandel bekämpft, riskiert den Untergang der Menschheit oder sogar
allen Lebens auf dem ganzen Globus.

Eine erkenntnistheoretische Selbstreflektion: Ich bringe drei
Beispiele aus den Bereichen Religion und Politik vor. Sie sollen
illustrieren, wenn nicht beweisen, dass die Gewissheit, selber
im Besitz der Wahrheit zu sein, unduldsam macht. Das ist eine
zwar beliebte und anschauliche Strategie; was die Beweiskraft
betrifft, ist sie aber ziemlich wacklig. Dass die Beispiele *pars pro
toto*, also für die Gesamtheit der zahlreichen Probleme stehen,
die von sozialer Sprengkraft sind, soll sich erst in Ihren Köpfen
ergeben. Kritische Leser haben freilich die Tendenz, sofort
nach Lücken, nach Gegenbeispielen und nach Widersprüchen
zu suchen, sodass der Geltungsanspruch trotz der oder gerade
wegen der Beweisbeispiele in Zweifel gezogen wird. Auch die
Auswahl der Beispiele folgt meiner Einbeziehung von Ihnen
als Lesern: Die Religiösen werden, so hoffe ich, beruhigt, indem sie sehen, dass es nicht um Ablehnung des Glaubens, vielmehr nur um dessen politische Abirrung geht. Die politischen
Beispiele sind so gewählt, dass sie sowohl die gegenwärtig so
bezeichnete Rechte wie die Linke treffen; die Beispiele sollen
mithin politisch ausgewogen, unparteiisch sein. Da ich unter
Ihnen mehr Sympathisanten der Klima- als der Volksschützer
vermute, habe ich das Beispiel, bei dem ich Ihre Zustimmung
erwarte, an die erste Stelle gesetzt, und hoffe, bei Ihnen auf
eine solche Weise für das zweite Beispiel zumindest Nachsicht
erreichen zu können.

An dieser «Innensicht» der Argumentationsstrategie sehen
wir, dass Wahrheit und deren Beweis ein dialogischer Vorgang
ist. Ein Beweis ist nichts ohne denjenigen, der ihn akzeptiert.
Mir selber etwas zu beweisen, ist mithin eine Retroflektion.
Die Unduldsamkeit, wenn die Wahrheit als bereits gefunden
angesehen wird, richtet sich auf den Anderen, dessen Anders-
sein man nicht duldet.

In Zeiten der Inquisition wurde denen, die die Wahrheit
der einzig wahren Religion leugneten, mit einer peinlichen
Befragung nachgeholfen. Heute gibt es an Stelle der gottlosen

Protestanten den Typus wissenschaftsungläubiger Konsens-leugner,[1] welche die Wahrheit, die doch allgemein bekannt ist, böswillig verleugnen. Obwohl Folter hierfür noch nicht wieder eingeführt wurde, glücklicherweise, ist auch der Begriff des Konsensleugners genauso gegen die Wahrheit gerichtet wie der des Leugners der christlichen Offenbarung: Die Wahrheit kann nur im Dialog entstehen, genau wie der Glaube die Freiheit braucht, ihn zurückzuweisen. Unter Zwang oder sozialem Druck gibt's weder Wahrheit noch Glauben, denn Glaube und Wahrheit müssen sich bewähren angesichts des Zweifels, oder schlicht: angesichts des Anderen.

4

Der Beweis der Wahrheit ist schwierig und die Wahrheit entsteht im sozialen Austausch, im Dialog. Es gibt eine aktuelle Erkenntnistheorie, die diese beiden Aspekte aufnimmt: der Konstruktivismus. Geben wir doch den Begriff der Wahrheit preis und gestehen zu, dass die Menschen oder – in der biologischen Variante des Konstruktivismus – alle Lebewesen ihre Wirklichkeit[2] selber kreieren! Wahrheit wird nicht gefunden, sondern gemacht! Derart sind wir sowohl das erkenntnistheoretische Problem der Beweisbarkeit als auch das soziale Problem der Unduldsamkeit los. Wirklich? Nein: denn beide Probleme – das erkenntnistheoretische Problem der Beweisbarkeit und das soziale Problem der Unduldsamkeit – bestehen fort. Ich werde es an je einem Beispiel demonstrieren.

An Paul Watzlawick (1921-2007) zeige ich das erkenntnistheoretische Problem der Beweisbarkeit auf. Er zählte nicht nur zu den Begründern des radikalen Konstruktivismus, sondern auch zu denen der systemischen Therapie. Seine Schriften mit den vielen denkwürdigen Begebenheiten eignen sich hervorragend, um sich selber und anderen – etwa Klienten – zu

1 Carolin Amlinger und Oliver Nachtwey, *Gekränkte Freiheit: Aspekte des libertären Autoritarismus*, Berlin 2022, S. 346ff, mit Bezug auf Alexander Bogner, der den Begriff prägte. Eine kritische Würdigung des Buches legte ich in *Wider den Triumph repressiver Egalität: Zur Anatomie gekränkter Herrschaft*, Berlin 2023, vor.
2 Wahrheit und Wirklichkeit sind nicht dasselbe, haben aber einen großen Bereich der Schnittmenge.

verdeutlichen, wie viel von dem, was man für wahr und wirklich hält, in reiner Einbildung gründet. Gestalttherapeuten verfügen über ein Wort dafür: Viel von dem, was man für wahr und wirklich hält, beruht auf Projektion. – Aus Watzlawicks Buch «Die erfundene Wirklichkeit» von 1976 greife ich die Story der «pockennarbigen Windschutzscheiben» auf.[1]

In der nordamerikanischen Stadt Seattle gab es Ende der 1950er Jahre eine epidemisch zunehmende Zahl von Autobesitzern, die ihre Windschutzscheiben pockennarbig verkratzt sahen. Dieses Phänomen erreichte gar nationale Aufmerksamkeit, sodass der Präsident der USA eine Expertengruppe nach Seattle schickte, um der Sache auf den Grund zu gehen. Unter den Bewohnern der Stadt fanden sie zwei Hypothesen vor. Die eine machte eine Auswirkung der russischen Atomtests verantwortlich und die andere jene der unablässigen Asphaltierungsarbeiten im Auftrag des Gouverneurs. Nun, die Experten fanden heraus, so Watzlawick, dass es gar keine zunehmende Zahl verkratzter Windschutzscheiben gab. Nachdem ein Autobesitzer über die «Pockennaben» geklagt hatte, hatten andere ihren Windschutzscheiben überhaupt erstmalig Aufmerksamkeit geschenkt. Es handelte sich um das normale Aussehen von Windschutzscheiben nach einer gewissen Zeit des gewöhnlichen Gebrauchs. Die Presse ließ die Angelegenheit auf sich beruhen; da dies eine undramatische Erklärung war, wurde die Auflösung kaum publiziert, und beide falschen Hypothesen blieben im Umlauf, wenn sie auch nach und nach immer mehr verblassten.

Übrigens habe ich diese Geschichte nicht überprüft. Auch Watzlawick scheint sie einfach bloß aus einem Zeitschriften-Beitrag übernommen zu haben, den er angab. Von eigener Recherche erwähnte er nichts. Offenbar fand er die Erklärung so plausibel, dass er sie nicht mehr in Zweifel zog. Vor allem jedoch ist in meinem Zusammenhang hier hervorzuheben, dass Watzlawick mit keiner Silbe die Wirklichkeit der Wirklichkeit in Abrede stellte. Vielmehr setzte er voraus, dass es möglich sei, zwischen falschen und richtigen Hypothesen ganz plausibel zu

---

1 Paul Watzlawick, *Wie wirklich ist die Wirklichkeit?*, München 1976, S. 84f. Ein kurzweiliges, aber theoretisch wenig überzeugendes Buch.

unterscheiden. Wenn die Wirklichkeit nur ein Konstrukt wäre, wäre auch die Erklärung, es habe keine Epidemie von Pocken-narben auf den Windschutzscheiben von Seattle gegeben, ein reines Konstrukt der Experten (oder es könnte freilich auch ein politisches Interesse dahinter gestanden haben, die Atomtest-oder die Asphalthypothese aus der Welt zu schaffen). Das soziale Problem des Konstruktivismus zeige ich auf an der Gendertheorie von Judith Butler. – Den metaphorischen Satz Simone de Beauvoirs, als Frau werde man nicht geboren, sondern zur Frau werde man gemacht, legt sie wörtlich aus und meint, die Hebamme, die nach der Geburt sage, «Dies ist ein Mädchen!», würde einen performativen Sprechakt vollziehen: Die Hebamme drückt keinen Sachverhalt aus, vielmehr *macht* sie dies Neugeborene zum Mädchen, zur künftigen, zünftigen Frau.[1] Diese konstruktivistische Theorie der performativen (Sprech-) Akte, angewandt auf die Genderfrage, richtete sich, als Judith Butler sie formulierte, kritisch gegen die herrschende Praxis einer sozial strikt durchgesetzten Zuweisung der Zwei-geschlechtlichkeit. Was passiert jedoch, wenn aus der hetero-doxen Theorie die herrschende Meinung, also die Meinung der Herrschenden wird? Sie übt dann den gleichen dogmatischen Zwang aus wie die ihr voraufgegangene Theorie der sozialen Zuweisung des Geschlechts mitsamt der kulturellen Klischees. Die hergebrachte Praxis wird nun zu der heterodoxen Theorie, während deren Praxis unterbunden wird, sei es durch sozialen Druck, sei es gar durch Zwang der Staatsgewalt.

Auf die beiden Beispiele, auf Paul Watzlawicks Beispiel der Epidemie pockennarbiger Windschutzscheiben und auf Judith Butlers Beispiel der Gendertheorie komme ich im Rahmen der Phänomenologie zurück. – Doch zuerst zu meiner Lösung der Flat-Earth-Frage.

Leihen Sie Ihr Augenmerk diesem «Satellitenbild», das die Scheibenform der Erde vorführt.[2] Interessanterweise befindet sich die Position des «Aufnahmegerätes» oberhalb von Sonne und Mond, das jedoch nur am Rande. Heute, Donnerstag, den 30. Mai 2024, ist die Sonne in Berlin um 04:51 aufgegangen

1 Judith Butler, *Gender Trouble*, New York 1990, S. 8.
2 Siehe S. 128. Wie drollig, dass es SpaceX zugeschrieben wird.

oder in mein Sehfeld gerückt, und ich bin ziemlich sicher, dass sie bis 21:18 Helligkeit spenden wird, das macht 16 ¼ Stunden. Im abgebildeten sowie allen von mir konsultierten Modellen einer flachen Erde läge die Visibilität der Sonne in Berlin dagegen bei bloß rund zehn oder weniger Stunden.[1] Dies entspricht nicht meiner Erfahrung. Das «Foto» zeigt übrigens auf der gesamten Erdscheibe inklusive über dem unendlichen, ewigen Eis hellen, wolkenlosen Tag, das jedoch nur am Rande. Und vom Mond schweige des Sängers Höflichkeit. Wie ist mein Beweis erkenntnistheoretisch gestrickt? Die Zusammenfassung der sinnlichen Erfahrung der Tag- und Nachtzeit mit dem Modell der flachen Erde beweist mir, dass dies Modell die Realität nicht abbildet. Allerdings beweise ich nicht, dass die Erde eine Kugelform hat, sondern nur, dass sie keine Scheibe sein kann. Erkenntnistheoretisch folgt der Beweis dem sogenannten Falsifikationismus. Man könne, so sagt diese Variante der Erkenntnistheorie, keine Theorie beweisen, sondern gegebenenfalls bloß widerlegen. Anders gesagt: Eine Theorie dürfe solange als möglich gelten, bis sie widerlegt sei. Um wirklich als Beweis durchzugehen, müsste ich aufzeigen, dass nur zwei Modelle denkmöglich sind, d.h. Kugelform oder Flachheit.[2] Ich habe keine Ahnung, wie und ob überhaupt ein solcher Beweis sich erbringen lässt. Sonst müsste ich alle denkbaren Alternativen zur Kugelform widerlegen. Ein mühsames Verfahren. Als rhetorisch elegant an meiner Widerlegung des Modells der flachen Erde empfinde ich es, dass die Flatearther genauso vorgehen: Sie meinen, widerlegen zu können, dass die Erde eine Kugel sei, und behaupten dann, damit sei ihre Flachheit eine Gegebenheit.

---

[1] Siehe die Geometrie der Sonnenzeit S. 130. Flatearthern zufolge verläuft die Rotation der Sonne spiralartig, was die Jahreszeiten erklären soll. Am Erdmittelpunkt (Nordpol) sind damit 24-Stunden-Tage (bzw. -Nächte) zu simulieren, jenseits des Polarkreises gibt es aber nur maximal zwölf Stunden an Visibilität. Am Außenrand, dem Südpol des Kugelmodells, ist es ständig finster. Ich muss gestehen, nie am Südpol, sorry Außenrand, gewesen zu sein, *glaube* aber, dass dem so nicht ist. Die auf der Erde durchschnittliche Dauer eines Tages müsste acht – statt zwölf Stunden – betragen.

[2] Es ist z.B. noch die Innenweltkosmos- bzw. Hohlwelttheorie zu erwägen.

«Beweisfoto» aus der Weite des Netzes,
www.dw.com/de/irres-beweisfoto-die-erde-ist-keine-scheibe/a-61998377

Gegenbeweis per Geometrie der Sonnenzeit,
kein Äquinoktium darstellbar

5

Nun komme ich zu dem Denker, dessen Erkenntnistheorie ich überzeugend finde – Edmund Husserl (1859-1938), dem Begründer der Phönomenologie.[1] Die Phänomenologie ist nicht von ungefähr erkenntnistheoretische Grundlage der Gestalttherapie.[2] Jedoch wie bei Martin Buber bleibt im Dunklen, was im Einzelnen Laura Perls (und Paul Goodman) von Husserl aufnahmen. Überdies ist Husserl nicht nur kein leicht zu verstehender Autor, sondern hinterließ auch ein höchst diverses Werk mit vielen Brüchen und kreisenden Denkbewegungen, die kein einheitliches System ergeben. Die Erkenntnistheorie der Gestalttherapie klingt äußerst simpel: Wahrnehmen, was ist. Und obendrein wird unter das zu erkennende Sein auch noch solch feinstoffliches und unfassbares Zeug gefasst wie Gefühle und Körperempfindungen. Im Englischen ist die Rede von *awareness*, deutsch rückübertragen in das etwas altertümlich klingende Gewahrsein oder das Gewahren. In der Tat ist der etymologische Ursprung von *awareness* der gleiche Stamm, der im Deutschen zu *gewahren* führte; gemeint war ein intensives Ausschauhalten. *Awareness*. Das Sehen der Wahrheit. Erkenntnistheoretisch ist das nichts als naiver Realismus, Horror für jeden Erkenntnistheoretiker, dem sich ja bereits das Glas Wasser als ein komplexes und als kaum zu bewältigendes Sein darstellt, und Albtraum für alle Konstruktivisten, für die das Wahrnehmen nichts ist als ein Ausdruck dessen, was man zuvor mental an Wirklichkeit konstruierte. Unser Trumpf-As im Ärmel lautet auf Phänomenologie, wie Husserl sie grundlegte.

Der Begriff, mit dem Husserl jene naive Annahme eines wahrnehmbaren Seins rechtfertigte, ist «Intentionalität».[3] Die

---

1 Mein Husserl-Verständnis ist wesentlich geprägt vom jungen Emmanuel Levinas (1906-1995); vgl. Stefan Blankertz und Cornelia Muth, *Husserls Intuition und Levinas' Beitrag*, Berlin 2018.
2 Laura Perls, *Meine Wildnis ist die Seele des Anderen*, a.a.O., S. 60 (1972) sowie S. 134 (1977). Beide Hinweise sind sehr allgemein gehalten und geben inhaltlich wenig her.
3 Der Begriff und Gedanke der Intentionalität schließt an Husserls Lehrer Franz Brentano (1838-1917) an. Brentano beeinflusste viele weitere Denker seiner Zeit, so auch Sigmund Freud.

Sinne, allen voran das Sehen, gehen auf etwas. Ihr Daseins-
zweck besteht darin, etwas wahrzunehmen, also etwas als wahr
zu nehmen, etwas als wahr zu erweisen, sich etwas Wahrem zu
nähern. Wenn die Wahrnehmung nichts wahrnehmen würde,
gäbe es sie nicht. Voraussetzung dieses Gedankens ist eine gewisse Funktionalität: etwas, das keinen Sinn, keine Funktion
hat, existiert auch nicht, jedenfalls nicht beständig.

Dass unsere Wahrnehmung oft getrübt oder trügerisch ist,
heißt weder, dass sie nicht stattfindet, noch nimmt es ihr die
Intention, auf das Wahre abzuzielen. Unsere Erfahrung, dass
die Wahrnehmung getrübt oder trügerisch sei, ist selbst eine
Wahrnehmung, nämlich die der Enttäuschung. Es wird ein
Etwas als gegeben und erkannt angenommen, jedoch stellt sich
heraus, dass man sich getäuscht hat, dass man sich hat täuschen
lassen oder dass man einer Selbsttäuschung erlegen ist.

Um aus der Wahrnehmung ein Etwas zu machen und Erfahrung zu ermöglichen, benötigen wir freilich nach Husserl
noch eine weitere, außerhalb unserer Wahrnehmung liegende
Zutat, nämlich die Logik, insbesondere die Kausalität, also den
Zusammenhang von Ursache und Wirkung. Ohne die Voraussetzung der Kausalität können wir kaum einen sinnvollen Satz
bilden. Wie in dem Beispiel des Wasserglases zu Anfang dieser
Überlegungen: Das Glas wird als eine Ursache vorausgesetzt,
als die Ursache, durch die das Wasser, das ohne Begrenzung
zerfließen würde, zusammen gehalten wird.

Diese Logik ist konstruktiv, das heißt, wir können sie nicht
als den Sachen zugehörig wahrnehmen, sie ist in uns, wir legen
sie den Sachen bei, wir projizieren sie auf sie: Aber wir können
auf diese Projektion nicht verzichten. Sie können wir nicht im
Sinne Husserls einklammern. Einklammern bedeutet, sich von
Vorannahmen – um nicht zu sagen: von Vorurteilen – beim
Denken so weit wie möglich zu befreien. Gleichwohl ist die
Logik intersubjektiv: Ihre Denkregeln sind uns gemeinsam.
Dass die Denkregeln unserer Logik der Wahrheit im absoluten
Sinne korrespondieren, können wir nicht beweisen; denn ohne
Logik kommt kein Beweis aus. Die Nichtbeweisbarkeit der
logischen Denkregeln ist aber weitaus weniger erheblich als die
Frage, ob die Erde eine Kugel oder eine Scheibe sei. Denn eine

Wirklichkeit außerhalb der Konstruktionsmethode mit Logik, besonders mit Kausalität, vermögen wir uns nicht vorzustellen. Phänomenologie ist derart nicht die Wahrnehmung selber, sondern die kritische Reflektion über das Wahrnehmen. Die Wahrnehmung wird auf Stimmigkeit und Sinnhaftigkeit überprüft. Das Medium phänomenologischer Reflektion ist das der Worte. Die Worte werden daraufhin untersucht, welch ein Sinn sich in ihnen ausdrückt; und in letzter Instanz heißt das: welche Wahrnehmungen in ihnen sich verdichtet haben.

Vor dem Hintergrund der knapp skizzierten phänomenologischen Methode komme ich auf die beiden Beispiele aus dem Dunstkreis des Konstruktivismus zurück. Bei der Untersuchung der Epidemie pockennarbiger Windschutzscheiben, die Paul Watzlawick als kurzweilige Anekdote für die These präsentierte, dass die Wirklichkeit nicht so wirklich sei, wie wir annehmen, mussten die Fahnder zunächst die Vorannahmen einklammern, nicht nur die konkurrierenden Erklärungen für die vermeintliche Epidemie, sondern sogar die Vorannahme, dass es sich um eine Epidemie, also um eine Zunahme der Verbreitung von pockennarbigen Windschutzscheiben handelte. Sodann untersuchten sie die Art und Weise, wie diejenigen, die über pockennarbige Windschutzscheiben klagten, sie wahrnahmen. Sie mussten deren Windschutzscheiben vergleichen mit denen von Autobesitzern, die nicht klagten. Auf diese Weise näherten sie sich der Wahrheit an. Anstatt den Konstruktivismus zu beweisen, ist es ein perfektes Beispiel für die phänomenologische Methode: Zurück zu den Sachen selber!

Was lässt sich von der Phänomenologie her sagen zu Judith Butlers These, die Worte einer Hebamme nach der Geburt, *Dies ist ein Mädchen!*, würden den Sachverhalt, der ausgedrückt werden soll, überhaupt erst schaffen? Die phänomenologische Rückfrage lautet, welches Kriterium[1] die Hebamme hätte, dem Neugeborenen ein Geschlecht zuzuweisen, wenn sie dafür auf

---

1 Frei nach Wilhelm Reich müsste die Hebamme (laut Judith Butler) rufen: «Das Kind ist doch kein Tier. Und es hat gar keine Genitalien!» Wilhelm Reich, *Die Massenpsychologie des Faschismus* (1946), Köln 1971, S. 300: «‹Weg vom Tier; weg von der Sexualität!› – sind die Leitsätze aller menschlichen Ideologiebildung. […] ‹Ich bin ja gar kein Tier. […] Und ich habe gar keine Genitalien wie das Tier!›»

kein Wahrnehmungsdatum zurückgreifen könnte? – Würfelt
sie? Ihre Wahrnehmung geht auf etwas; ohne solch ein Etwas
würde sie keine Entscheidung treffen können. Darüber hinaus
ist die phänomenologische Betrachtung von Kategorien eine
andere als die Butlers. Die Tatsache, dass es Neugeborene gibt,
die nicht eindeutig einem Geschlecht zuzuordnen sind, widerspricht der Bildung der Kategorie Mädchen-Jungen so wenig
wie diejenige, dass manche Menschen sich im weiteren Verlauf
ihres Lebens dem ihnen bei der Geburt zugeordneten Geschlecht entfremden. Die Forderung des logischen Rigorismus,
jede Kategorie habe mit totaler Ausschließlichkeit zu gelten,
ist vermutlich bei keiner Kategorie, die auf komplexes und vor
allem lebendig Wirkliches geht, durchzuhalten, vielleicht sogar
bei keiner Kategorie, die auf Wirkliches geht. An den Rändern
werden alle Kategorien unscharf.[1] Wer Worte phänomenologisch untersucht, stößt schnell darauf. Die Forderung nach
vollständiger Definition würde bedeuten, dass man schweigen
muss. Jede, außer eventuell einer mathematischen Definition
schließt undefinierte Worte ein.

Meines Erachtens könnte man den Unterschied zwischen
Konstruktivismus und Phänomenologie in die folgende Formel
fassen: Der Konstruktivismus behauptet, das Wort macht die
Wirklichkeit. Die Phänomenologie behauptet, die Wirklichkeit drückt sich im Wort aus.

Die Wahrheit ist eine mächtige Droge. Wer meint, sie zu
besitzen, gerät schnell in den Blutrausch und spielt damit der
Unwahrheit in die Hände. Denn die Wahrheit ist in Wahrheit
ein scheues Wesen. Und die kleinste Andeutung von Gewalt,
ja der leiseste Hauch von Unduldsamkeit verscheucht sie auf
nimmer Wiedersehen. Auf die Begriffe der Wahrheit und der
Wirklichkeit als regulative Ideen können wir zwar nicht verzichten, aber auf den Anspruch, sie in Händen zu halten. Das

---

[1] Thomas von Aquin etwa sagte, die Definition des Wesens der Sache richte
sich danach, was üblicherweise der Fall sei, und nicht danach, was nur aus-
nahmsweise vorkomme. «... id quod communiter accidit, et non secundum id
quod in aliquo casu potest accidere» (in *Summa Theologica*, II-II, q154a2r).
«Quia rectitudo naturalis in humanis actibus non est secundum ea quæ per
accidens contingunt in uno individuo, sed secundum ea quæ totam speciem
consequuntur» (in *Summa contra Gentiles*, III, 122).

verlangt auch, gegenüber Abweichlern tolerant zu sein. Wer
nicht zweifelt, dem ist die Wahrheit nichts wert.

6

Die Phänomenologie hat eine überragende Bedeutung für die
Gestalttherapie erhalten, allerdings in einem speziellen Sinne,
der von den erkenntnistheoretischen und den philosophie-
geschichtlichen Aspekten der Husserl'schen Lehre weit weg-
führt. Um zur Erkenntnis zu gelangen und zu den Sachen
selbst zurückzufinden (anstatt immer nur im um sich selber
kreisenden Denken befangen zu bleiben) müsse man, meinte
Husserl, Vorannahmen (Vorurteile) einklammern (von ihnen
absehen). Dies nannte er die phänomenologische Reduktion.
Genau wie bei Friedlaender das Platzhaben im schöpferischen
Nullpunkt zwischen den Polen eines bloßen Entschlusses zu
bedürfen scheint, verhält es sich bei Husserl: Die phänomenologische Reduktion lässt sich, hat man einmal ihre Notwendigkeit erkannt, mit Mühelosigkeit vornehmen. Die Realität sieht
demgegenüber anders aus. Es fällt schwer, sich *nicht* zu einem
Pol zu neigen, und es fällt schwer, von seinen Vorurteilen (Projektionen) *abzusehen*.

Als Therapie kreist die Gestalttherapie um dieses psycho-
logisch-praktische Problem: Erst einmal muss der Therapeut
selber in der Lage sein, seine Wertungen wahrzunehmen, und
um sie dann möglicherweise zurücknehmen (einklammern) zu
können, muss er in der Lage sein, seinen inneren Zwiespalt
auszuhalten, ohne direkt Partei zu ergreifen. Sodann muss er
lernen, die beim Klienten wahrgenommenen Pole nicht sofort
zu werten und den einen Pol für gesund, den anderen für krank
zu halten. Er darf das, was der Klient berichtet oder was er
in der Therapiestunde tut, nicht ungefiltert einer Beurteilung
unterwerfen. Unvoreingenommenheit ist keine einfach zu be-
wältigende Tugend. Niemand sollte meinen, sie leichthändig
und beständig üben zu können. Ganz im Gegenteil, es wird
nur selten gelingen, unvoreingenommen zu bleiben. Aber eben
solche Augenblicke der Unvoreingenommenheit werden diejenigen sein, in denen Heilung geschieht: Das sind Momente
der Begegnung statt Vergegnung.

Vom Regen in die Traufe

LAURA PERLS, 1938: «Die Aggressivität des Kleinkindes beispielsweise verursacht eine Menge Unbequemlichkeit und Ärger für die Erwachsenen. [...] Die vollständige Unterdrückung der Aggressivität verursacht, wenn schon nicht Dummheit, so doch sehr schwerwiegende intellektuelle Beeinträchtigungen, Blockierungen des unabhängigen Denkens und einen Mangel an Kritikfähigkeit. [...] Im übertragenen Sinne könnte man sagen, dass dem Kind eine Menge eingetrichtert wird, ohne dass ihm erlaubt wäre, zu beißen und zu kauen und es ordentlich zu verdauen. Tatsächlich ist dies nicht nur eine passende *ad hoc* erfundene Allegorie, sondern die Möglichkeit, physische Nahrung zu beißen, zu kauen, zu verdauen und zu assimilieren – und auf der anderen Seite die Kraft zu denken, zu kritisieren, zu verstehen, d.h. intellektuelle Nahrung zu assimilieren – sind nur eine Differenzierung ein und desselben aggressiven Instinkts. [...] Natürlich ist die intellektuelle Unreife nicht die einzige Folge der Unterdrückung früher kindlicher Aggression, die für die rasche Verbreitung des Faschismus verantwortlich gemacht werden kann. Gleichbedeutend für die Eigenart faschistischer Einstellung ist beispielsweise die Tatsache, dass die Verdrängung der individuellen Aggression unweigerlich zu einem Anstieg der universellen Aggression führt. In allen hochzivilisierten Ländern können wir sehen, dass – während der Durchschnittsmensch seine aggressiven Möglichkeiten auch nicht annähernd entwickelt hat, sondern im Gegenteil sehr zurückhaltend, artig, sogar scheu vor Komplikationen ist – die Gemeinschaft ihre Aggressionsmittel zu absolut erschreckenden Extremformen entwickelt hat. Die Verbesserung der Kriegsmaschinerie [...] scheint direkt proportional zur Unterdrückung individueller Aggressivität zu sein.»[1]

---

[1] Laura Perls, *Erziehung zum Frieden* (1938), in *Leben an der Grenze*, Köln 1989, S. 12ff.

Oraler Widerstand: Freud 2

1

Bereits vor der Machtergreifung durch die Nationalsozialisten überlegte das Ehepaar Perls – 1930 hatten sie geheiratet und 1931 wurde die Tochter Renate geboren – Deutschland zu verlassen. Fritz sondierte in den Niederlanden die Lage, während Laura zu ihren Eltern in die Provinz ging, wo der Antisemitismus noch nicht so wütete wie in Berlin, um abzuwarten, bis Fritz Unterkunft für die Familie und Arbeit organisiert haben würde. Weil er keine Lehranalyse formell beendet hatte, ergab sich das Problem, dass die Internationale Psychoanalytische Vereinigung ihn nicht als Analytiker anerkannte. Unter den Analytikern fand Fritz sowohl Gegner als auch Förderer. Noch ehe er seine Anerkennung regeln konnte, wurde die Lage für Laura und ihr Baby unerträglich, sodass sie sich Fritz anschloss. Doch die Wohnsituation war katastrophal und für eine Familie ungeeignet. Im Nachhinein muss man bemerken, Fritz habe schnell einen Weg ausfindig gemacht, und im Vergleich mit anderen Flüchtlingen vorm Terror der Nationalsozialisten ging es den Perls nie sehr schlecht; die Monate der Ungewissheit werden für die Familie aber zermürbend gewesen sein. Schließlich erhielt Fritz die Anerkennung, zusammen mit der Empfehlung, in Südafrika das psychoanalytische Ausbildungsinstitut aufzubauen. Laura und Fritz gelang es dort erstaunlich rasch, Fuß zu fassen, und sie begannen eine erfolgreiche Praxis, die ihnen ein gutbürgerliches Leben erlaubte.

Die jungen Eltern beobachteten das Heranwachsen ihrer Tochter unter dem Blickwinkel von Psychoanalytikern. Wenn die ersten Jahre das Leben entscheidend prägen würden, dann durfte man keine Fehler machen. Der Mutter fiel besonders ein Aspekt auf, den Freud und die anderen Analytiker bisher nicht beachtet hatten, nämlich der Übergang von der einfach zu verdauenden Brustmilch zur festen Nahrung, die zerkaut und danach in einem differenzierteren Vorgang assimiliert werden muss. Wie es bei großen Erkenntnissen oft der Fall ist, fasste Laura einen blitzartigen intuitiven Gedanken: Was geschieht, wenn bei diesem Übergang eine Hemmung eintritt (aus welchen Gründen auch immer)? Wenn das ebenso genussvolle wie kräftezehrende Kauen unterbrochen, zurückgehalten wird? In psychoanalytischer Manier nannten Laura und Fritz Perls diese Möglichkeit einer Beißhemmung den oralen Widerstand, also die Zurückhaltung beim Kauen. Der orale Widerstand existiere neben dem von der Psychoanalyse bis dahin ausschließlich betrachteten analen Widerstand, der vorkommt, wenn die anale Phase nicht (gänzlich) überwunden wurde (damals galt eine zu rigorose Sauberkeitserziehung als eine Ursache dafür). Während die anerzogene Angst vor dem Defäkieren zu einem Widerstand gegen das Hergeben führt oder zu einer Tendenz, die eigenen geistigen, emotionalen und physischen Inhalte zurückzuhalten, ist der orale Widerstand bei unzureichender Entwicklung der Beißfunktion von Ekel gekennzeichnet, etwas aufzunehmen, zu zerkleinern und ins Eigene zu verwandeln.[1] Der Keim der gestalttherapeutischen Aggressionstheorie ward gelegt! Sie lässt sich aus der Gestalttherapie nicht entfernen, ohne diese selbst zu beschädigen.

Stolz präsentierte Fritz Perls die neuen Erkenntnisse auf dem 14. Kongress der Internationalen Psychoanalytischen Vereinigung in Marienbad (Tschechoslowakei). Die Reaktion fiel zu seiner Enttäuschung jedoch feindselig bis gleichgültig aus; er stieß auf bloß wenig Interesse, geschweige denn gab es die erhoffte Zustimmung. Von dem Kongress aus reiste Fritz nach Wien, um Freud selber zu sehen. Der schwerkranke und wegen der politischen Entwicklung äußerst angespannte Freud verhielt sich kühl und abweisend. Tief gekränkt kehrte Fritz nach Südafrika zurück. Das von Laura und ihm mitgegründete Institut schloss sie beide aus, aber aufgrund ihrer gutgehenden Praxen stürzte sie das nicht in finanzielle Nöte. Nachdem Südafrika an der Seite des British Empire in den Krieg gegen Deutschland eingetreten war, meldete Fritz sich freiwillig zum Dienst und er wurde als Armeepsychiater eingesetzt. Laut der Aussage von Laura hatte er dort kaum zu tun und fand Zeit, an einem eigenen Buchprojekt zu arbeiten, für das er ihre Unter-

---

[1] Da das ursprüngliche Papier von 1936 nicht überliefert ist, verweise ich auf *Ego, Hunger, and Aggression* (1942), London 1947, S. 113. Dt. S. 134.

stützung brauchte und erhielt.[1] Ego, Hunger, and Aggression. Das Ich, der Hunger und die Aggression. Untertitel: Eine Revision der Freud'schen Theorie. Für die Revision fügten die Perls die Ideen von Wilhelm Reich, die Gestaltpsychologie, Friedlaenders Philosophie der Polaritäten, den Holismus Jan Smuts' und ihre eigene neue Theorie des oralen Widerstandes zusammen, wobei diese neue Theorie nun mit dem Begriff der Aggression belegt wurde. Zu Friedlaender und Wilhelm Reich ist schon ausreichend gesagt worden, zu Freud aber noch nicht. Denn es gibt mehr Anknüpfungspunkte bei Freud, als die Perls je zugegeben haben und als man sie in der Sekundärliteratur aufgearbeitet findet. Auf Smuts gehe ich dann zum Abschluss des Perls-Teils ein.

2

Unter die hartnäckigsten Vorurteile Freud gegenüber gehört nicht bloß in Gestaltkreisen, vielmehr auch in der späteren, dogmatisierten Psychoanalyse selber, dass der Analytiker das durch den Patienten aufgrund freier Assoziation dargebotene Material unabhängig vom Patienten mittels des Wissens um personenunabhängige Symbole des Unbewussten deute.

Eine Lektüre des Freud'schen Originals belehrt uns eines Besseren. In seiner therapeutisch wie theoretisch grundlegenden «Traumdeutung» lesen wir:

FREUD, 1900: «In der Schrift über Traumdeutung [*Oneirocritica*] des Artemidoros aus Daldis [... in der ersten Hälfte des zweiten Jahrhunderts n. Chr. ...] wird nicht nur auf den Trauminhalt, sondern auch auf die Person und die Lebensumstände des Träumers Rücksicht genommen, sodass das nämliche Traumelement für den Reichen, den Verheirateten, den Redner [eine] andere Bedeutung hat als für den Armen, den Ledigen und etwa den Kaufmann. [Zusatz 1914:] Artemidoros aus Daldis [...] legte [...] Wert darauf, die Deutung der Träume auf Beobachtung und Erfahrung zu gründen [...]. Das

---

[1] Laura Perls, *Meine Wildnis ist die Seele des Anderen* (1972), Kassel 2017, S. 82. Original in *Zeitlose Erfahrung*, Gießen 2017, S. 314.

Prinzip seiner Deutungskunst ist [...] identisch mit der
Magie, das Prinzip der Assoziation. Ein Traumding
bedeutet das, woran es erinnert. Wohlverstanden, woran
es den Traumdeuter erinnert! Eine nicht zu beherrschende Quelle der Willkür und Unsicherheit ergibt
sich dann aus dem Umstand, dass das Traumelement
den Deuter an verschiedene Dinge und jeden an etwas
anderes erinnern kann. Die Technik, die ich im Folgenden auseinandersetze, weicht von der antiken in dem
einen wesentlichen Punkte ab, dass sie dem Träumer
selbst die Deutungsarbeit auferlegt. Sie will nicht berücksichtigen, was dem Traumdeuter, sondern was dem
Träumer [!] zu dem betreffenden Element des Traumes
einfällt.»[1]

Diese Stelle lässt an Eindeutigkeit nichts zu wünschen übrig,
zugleich ist sie überraschend, denn sie stellt das Vorurteil vom
Kopf auf die Füße. 1911 fügte Freud die Beschreibung einer
Traumdeutung ein, mit Formulierungen wie: «Die Kranke
findet zuerst [...]. Der nächste Einfall bezieht sich auf den
Satz: [...]. Sie macht der Mutter den Vorwurf [...] und findet
diesen Vorwurf in dem einleitenden Satz des Traumes wieder:
[...].»[2] Hören wir hier nicht bereits, wie Fritz damit protzen
wird, er lasse «die Klientin sich bei der Arbeit die Finger selbst
schmutzig machen»?[3]

FREUD, 1914: «Ich vermied es sorgfältig, [der Patientin] die
Bedeutung der Symbole zu suggerieren.»[4]

In Bemerkungen zur Traumdeutung von 1923 betonte Freud:
«Symbolübersetzungen» ohne Mitwirkung der Träumenden,
also ohne deren Assoziationen, werden den Patienten von den

---

1 Sigmund Freud, *Die Traumdeutung* (1900 bzw.1914), in Studienausgabe,
Bd. 2, S. 119.
2 Ebd. (1911), S. 356f.
3 Workshop-Protokoll, ca. 1968, dokumentiert in *Was ist Gestalttherapie?*,
Kassel 2018, S. 60. (Gegendert hätte Fritz bestimmt nicht. Und er sagte auch
Patient und nicht *Klient*.)
4 *Traumdeutung* (1914), a.a.O., S. 368.

Analytikern allenfalls «vorgeschlagen», sie seien nicht mehr als «wahrscheinlich».[1]

Durch einen literarisch überlieferten Traum[2] fühlte Freud sich 1900 an «Gullivers Reisen» erinnert. Im Traum kamen «riesenhafte Personen» und «furchtbares Geklapper» vor, «das ihre aufeinander schlagenden Kiefer beim Kauen erzeugte». Als der Träumer «erwachte, hörte er den Hufschlag eines vor seinem Fenster vorbeigaloppierenden Pferdes». «Ohne alle Unterstützung von Seiten des Autors» rief «der Lärm der Pferdehufe» bei Freud «Vorstellungen aus dem Erinnerungskreis von ‹Gullivers Reisen, Aufenthalt bei den Riesen [...] und bei den tugendhaften Pferdewesen› wach». Ein Zusatz in der Ausgabe von 1925 ist wichtig:

FREUD, 1925: «Die obige Deutung auf eine Reminiszenz aus ‹Gullivers Reisen› ist übrigens ein gutes Beispiel dafür, wie eine Deutung nicht [sic] sein soll. Der Traumdeuter soll nicht [sic] seinen eigenen Witz spielen lassen und die Anlehnung an die Einfälle des Träumers hintansetzen.»[3]

Die selbstkritische Anmerkung beweist, dass Freud auch 1925 die von den Assoziationen des Träumers unabhängige Deutung verwarf. Zudem offenbart sie einen zur Selbstkritik fähigen Freud, der dabei sich ertappen mochte, nicht den von ihm aufgestellten Prinzipien treu zu sein. Vielleicht durfte eben bloß Freud sich selber kritisieren und niemand anderes.

Aus einer Analyse seines eigenen Traums, des berühmten «Traums von Irmas Injektion»: Freud machte in diesem Traum Irma, einer Freundin und Patientin Freuds, «Vorwürfe», sie habe die von Freud angebotene psychoanalytische «Lösung nicht akzeptiert»; im Traum sagte er zu ihr: «Wenn du noch Schmerzen hast, ist es deine eigene Schuld.» Freud «merkte» an diesem Satz, welchen er im Traum zu Irma sagt, dass er «vor

1 Sigmund Freud, *Bemerkungen zur Theorie und Praxis der Traumdeutung*, in Studienausgabe, Ergänzungsband, S. 260.
2 Von Paul-Max Simon (1837-1889), dem Begründer der Kunsttherapie.
3 *Traumdeutung* (1900 bzw. 1925), a.a.O., S. 55 f.

allem nicht schuld sein will an den Schmerzen».[1] Zwar zeigte
Freud sich wenig erfreut, dass die Patientin seine «Lösung
nicht akzeptiert», zumindest indirekt gestand Freud hier jedoch zu, dass kein anderer als der Patient die Deutungshoheit
habe.

In der Tat, kein sonstiger als der Patient entscheidet nach
Freud über die Richtigkeit der Deutung. Aus einer weiteren
Traumdeutung (1911): Die Patientin träumte von einem Hut,
«dessen Seitenteile nach abwärts hängen (Beschreibung hier
stockend) und zwar so, dass der eine tiefer steht als der andere».
«Da sie zu dem Hut im Traume keinen Einfall produzieren»
konnte, sagte Freud zu ihr: «Der Hut ist wohl ein männliches
Genitale.» Freud schloss an, «absichtlich» habe er sich «der
Deutung» des ungleichen Herabhängens der beiden Seitenteile «enthalten». «Bemerkenswert» sei es gewesen, «wie sich
die Träumerin nach» der «Deutung» des Huts als männliches
Genitale «benimmt»: Erst zieht sie «die Beschreibung des
Huts zurück», «schweigt eine Weile und findet dann den Mut
zu fragen, was es bedeute, dass bei ihrem Manne ein Hoden
tiefer stehe als der andere, und ob es bei allen Männern so sei.
Damit war dies sonderbare Detail des Huts aufgeklärt und die
ganze Deutung von ihr [sic] akzeptiert.»[2]

Dieser Bericht ist auch noch in weiterer Hinsicht interessant: Freud schlug die symbolische Deutung einerseits erst
vor, nachdem die Patientin keine eigene Assoziation zu dem
Element Hut hatte oder preisgab, quasi als Angebot, keineswegs schon als fertige Deutung. Es handelte sich eher um eine
Provokation – aufgehängt möglicherweise an ihrer stockenden
Beschreibung und nicht an dem Wort Hut – als um eine sach-
lich distanzierte, objektivierende Deutung. Andererseits teilte
er der Patientin auch nicht seine vollständige Assoziation zum
Hut mit. Er wartete ab, ob die Provokation ausreichte, damit
ihre eigene Imagination Raum bekam. «Symbolübersetzungen,
die man für wahrscheinlich [sic] hält» seien, wie Freud 1923 in

---

1 Ebd. (1900), S. 128. – Man erwartet als wilder Traumdeuter natürlich ein
sexuelles Motiv: den verdrängten Wunsch des träumenden Therapeuten, es
mit der Patientin zu treiben. Kann mann bei *Injektion* an was andres denken?
2 Ebd. (1911), S. 355.

einer anderen Schrift betonte, dem Patienten allenfalls «vorzu-
schlagen».[1]
     Über einen Patienten sagte Freud, er gehöre einem für die
Therapie ungünstigen Typus von Kranken an, «die bis zu einem
gewissen Punkte der Analyse überhaupt keine Widerstände
machen und sich von da an fast unzugänglich erweisen».[2] Freud
hatte zwar ein «Ideal des braven, gefügigen Patienten»,[3] wie es
sich jedoch herausstellte, ist dieses Ideal für die Therapie un-
günstig. Auch Freud entsprach dem Ideal nicht. Im Anschluss
an die Deutung eines eigenen Traums gab er zu: «Das Weitere
ist mir dunkel, ich habe, offen gesagt, keine Neigung, mich hier
tiefer einzulassen.»[4] Widerstand!
     «Jeder Traum» habe «mindestens eine Stelle, an welcher er
unergründlich ist, gleichsam einen Nabel, durch den er mit dem
Unerkannten zusammenhängt»,[5] überlegte Freud 1900, also
auch «in den bestgedeuteten Träumen» müsse «man oft eine
Stelle im Dunkel lassen, weil man bei der Deutung merkt, dass
dort ein Knäuel von Traumgedanken anhebt, der sich nicht ent-
wirren will, aber auch zum Trauminhalt keine weiteren Beiträge
geliefert hat. Dies ist dann der Nabel des Traums, die Stelle, an
der er dem Unerkannten aufsitzt. Die Traumgedanken, auf die
man bei der Deutung gerät, müssen ja ganz allgemein ohne Abschluss bleiben und nach allen Seiten hin in die netzartige Ver-
strickung unserer Gedankenwelt auslaufen. Auf einer dichteren
Stelle dieses Geflechts erhebt sich dann der Traumwunsch wie
der Pilz aus seinem Mycelium».[6] Ohne Zweifel, Vollständigkeit
der Deutung ist nicht nur nicht erforderlich, sondern auch unmöglich: Er «verhehle» sich «keineswegs», gestand Freud ein,
dass er für eine «Reihe von typischen Träumen eine volle Aufklärung nicht erbringen» könne.[7] Dieses Eingeständnis von
1900 blieb in allen Folgeauflagen unverändert stehen. Für die

1 *Bemerkungen zur Theorie u. Praxis der Traumdeutung* (1923), a.a.O., S. 260.
2 *Traumdeutung* (1911), a.a.O., S. 358.
3 Ebd. (1900), S. 130.
4 Ebd., S. 133.
5 Ebd., S. 130.
6 Ebd., S. 503. «Nabel» und «Pilz» sind übrigens bezeichnende Bilder, die
zu wilder Deutung einladen.
7 Ebd., S. 276.

Psychoanalyse gilt, Freud zufolge, dass der Wunsch, einen Traum möglichst vollständig zu deuten, gegenüber den jeweils aktuellen Themen zurücktreten muss.

In Freuds Anleitung zur Handhabung der Traumdeutung von 1911 ist zu lesen:

FREUD, 1911: «Wer von der Traumdeutung her [eine Ausbildung zum Analytiker macht], der wird sein Interesse für den Inhalt der Träume festhalten und darum jeden Traum, den ihm der Kranke erzählt, zur möglichst vollständigen Deutung bringen wollen. Er wird aber bald merken können, dass er sich nun unter ganz andersartigen Verhältnissen befindet und dass er mit den nächsten Aufgaben der Therapie in Kollision gerät, wenn er seinen Vorsatz ausführen will. [...] Unterdes ist die Kur aber ein ganzes Stück hinter der Gegenwart zurückgeblieben und hat den Kontakt mit der Aktualität eingebüßt [sic]. Einer solchen Technik muss man die Regel entgegenhalten, dass es für die Behandlung von größter Bedeutung ist, die jeweilige psychische Oberfläche [sic] des Kranken zu kennen, darüber orientiert zu sein, welche Komplexe und welche Widerstände derzeit bei ihm rege gemacht sind. [...] [Man] halte es nicht [sic] für einen Verlust, dass man den Inhalt des Traumes nicht vollständig erkannt hat. Am nächsten Tage setze man die Deutungsarbeit nicht [sic] wie selbstverständlich fort, sondern erst dann, wenn man merkt, dass inzwischen [sic] nichts anderes sich beim Kranken in den Vordergrund gedrängt hat.»[1]

Die Originalausgabe der «Traumdeutung» von 1900 enthielt übrigens noch gar keine Symbol-Deutung; diese begann erst 1909; 1911 erweiterte Freud sie zwar, aber immer noch nicht unter der 1914 hinzugefügten Überschrift: «Die Darstellung durch Symbole im Traume»; vielmehr subsumierte er sie lange

---

1 Sigmund Freud, *Die Handhabung der Traumdeutung* (1911), in Studienausgabe, Ergänzungsband, S. 151f. – *Kontakt mit Aktualität, Oberfläche* und *Vordergrund*. Das ist Freud.

schlicht unter «Typische Träume».[1] Nie nahmen Symbole die zentrale Stellung in Freuds Traumdeutung ein. Keineswegs klingt die Diskussion über Symbole in der Rubrik «typische Träume» so, als spreche Freud ihnen eine von der historischen Zeit, dem kulturellen Ort und dem individuellen Lebenszusammenhang des Träumenden unabhängige Bedeutung zu. Die Symbol-Deutung macht das Analysieren eines Traums ein Stück unabhängig vom «Assoziationsmaterial des Träumers»; sie sei eine Art (Not?-) Behelf, eine «auxiliäre Methode der Traumdeutung», wenn der Träumer kein eigenes Assoziationsmaterial zu seinem Traum liefert, wie Freud 1925 formulierte.[2] Ganz im Allgemeinen riet Freud 1914 zu einer «kritischen Vorsicht in der Auflösung der Symbole», um «eine Rückkehr zur Willkür des Traumdeuters» zu vermeiden.[3]

Die symbolische Bedeutung erschießt sich im Zusammenhang der Analyse des individuellen Traums. Der erwähnten Patientin, die von dem Hut mit den ungleich herabhängenden Seitenteilen träumte und stockend von ihm erzählt, schlägt Freud vor, da sie zu ihm «keinen Einfall produzieren kann»: «Der Hut ist wohl ein männliches Genitale.» «Dass der Hut ein Mann sein soll», bemerkte Freud in Richtung Leser, «ist vielleicht sonderbar [*sic*], aber man sagt ja auch: ‹Unter die Haube kommen!›»[4][5] Freud schlug die Deutung des Huts als sexuelles Symbol vor, behauptete nicht eine über-individuell objektive Bedeutung des Huts als Symbol für das männliche Genitale. Der Auslöser für Freuds Deutung war vermutlich weniger seine spontane Assoziation zu Form oder Funktion des Huts (die er ausdrücklich als «sonderbar», demnach ihm wohl *nicht* naheliegend kennzeichnete), vielmehr das Zögern oder das Stocken der Patientin bei der Beschreibung. Die Assoziation mit der Redewendung «unter die Haube kommen»,

---

1 Studienausgabe, Bd. 2, S. 14 und S. 345.
2 *Traumdeutung* (1925), a.a.O., S. 247.
3 Ebd. (1914), S. 348.
4 Eine bemerkenswerte Assoziation von Freud, denn «unter die Haube kommen» leitet sich *nicht* von der Kopfbedeckung des Mannes, sondern dem Brauch ab, dass im Mittelalter Frauen ab ihrer Vermählung das Kopfhaar «unter eine Haube bringen», also verbergen.
5 *Traumdeutung* (1911), a.a.O., S. 355. *Sonderbar* ist hier das Schlüsselwort.

d.h. heiraten, verweist unmissverständlich auf den sprachlich-
kulturell eingegrenzten Kontext. – Demgegenüber behauptete
Umberto Eco, verleitet vielleicht durch Jacques Lacan, Freud
spreche den Symbolen eine «konstante Signifikation» zu und
versuche einen «Code von Symbolen» zu erstellen.[1] Worauf
auch immer diese Feststellung sich gründete, jedenfalls nicht
auf die Lektüre des Freud'schen Textes.

3

Die Arbeit mit Träumen in der Gestalttherapie, wie sie speziell
von Fritz überliefert ist, knüpft, nach dem Vorangegangenen
offensichtlich, eng an Freud an. Sie revidiert Freud weniger, als
dass sie bestimmte Aspekte betont wie etwa (zusammengefasst
in sex Punkten):

1. Nicht der Therapeut, vielmehr der Klient deutet. Fritz: «Bei
der Arbeit mit einem Traum vermeide ich jede Interpretation, ich überlasse das dem Patienten, weil ich der Meinung
bin, dass er mehr über sich selber weiß, als ich irgend wissen
kann.»[2] Das ist eine Freud-Paraphrase.
2. Die in der therapeutischen Situation *aktuelle* emotionale
und kognitive Reaktion des Klienten auf seinen Traum ist
entscheidend.
3. Die Gegenstände und Personen im Traum sind oft Re-
präsentationen (Projektionen) des Träumenden. Es ist eine
Erfahrung, von der Freud keine Ausnahme fand, dass jeder
Traum die eigene Person behandelt. Wo im Trauminhalt
nicht das eigene Ich, sondern nur eine fremde Person vorkommt, da dürfe man ruhig annehmen, dass sein Ich durch
Identifizierung hinter jener Person versteckt sei. Man dürfe
dessen Ich ergänzen. Andere Male, wo das Ich im Traum
erscheint, lehre einen die Situation, in der es sich befindet,
dass hinter dem Ich sich durch Identifizierung eine *andere*

---

1 Umberto Eco, *Semiótica e Filosofía del Linguaggio*, Turin 1984, S. 207.
2 Friedrich S. Perls, *Vier Vorträge* (1966), in *Gestalt – Wachstum – Integration*,
Paderborn 1980, S. 105. Allerdings fährt er fort: «Die erste Aufgabe ist dann
herauszufinden, was der Traum vermeidet. Oft können wir sofort entdecken,
was der Patient vermeidet.» Wenn das keine Interpretation ist …

Person verbirgt. Der Traum soll einen dann mahnen, in der Deutung etwas, was dieser Person anhängt – das verhüllte Gemeinsame – auf die eigene Person zu übertragen. Dass das eigne Ich in einem Traum mehrmals vorkommt oder in verschiedenen Ausprägungen auftritt, ist im Grunde nicht verwunderlicher, als dass es in einem bewussten Gedanken mehrmals und an verschiedenen Stellen oder in anderen Beziehungen enthalten ist, etwa im Satz: Wenn ich daran denke, was für gesundes Kind ich war.[1] Bereits Freud bezeichnete den Traum 1917 als eine Projektion, das heißt als die Veräußerlichung eines inneren Vorgangs.[2]

4. Der Therapeut stellt dem Klienten alle die psychologischen Aufklärungen zu Verfügung, mit deren Hilfe er selbst zum Verständnis seiner Symptome gelangt ist,[3] jener erhebt sich also nicht über diesen und bewahrt sein Herrschaftswissen. Er muss jedoch nicht alles, was ihm an Assoziationen und Gedanken kommen, mitteilen, sondern dem Klienten den Raum zur eigenen Entfaltung lassen.

5. Deutungen wurden von Freud als Angebote formuliert. Im richtigen Augenblick eingesetzt, können sie auch heilsam provozierenden Charakter annehmen.

6. In der Traumdeutung legte Freud den Schwerpunkt darauf, was im Hier und Jetzt anliegt. Für den therapeutischen Prozess mahnte Freud Kontakt mit der Aktualität an. Eine begonnene Arbeit setze man nicht wie selbstverständlich fort, sondern erst dann, wenn man merkt, dass inzwischen nichts anderes sich beim Kranken in den Vordergrund gedrängt hat.[4]

1 *Traumdeutung* (1911 bzw. 1925), a.a.O., S. 320f.
2 Sigmund Freud, *Metapsychologische Ergänzung zur Traumlehre* (1917), in Studienausgabe, Bd. 3, S. 180.
3 *Traumdeutung* (1900), a.a.O., S. 162.
4 *Handhabung der Traumdeutung*, a.a.O., S. 151f.

Smuts und das Problem des Holismus

1

Jan Christiaan Smuts (1870-1950) war ursprünglich Jurist und Staatsanwalt in der Burenrepublik Transvaal. Während des zweiten Burenkriegs 1899 bis 1902 führte er ein Kommando burischer Truppen im Kampf um die Unabhängigkeit gegen die Briten, die in diesem Krieg bekanntlich Kriegsverbrechen begingen (die Briten richteten z.B. Konzentrationslager ein und praktizierten eine Politik der verbrannten Erde). Obwohl Smuts militärische Erfolge erzielte, unterlagen die Buren an anderen Fronten. Da Smuts die Lage der Buren als aussichtslos einschätzte, kapitulierte er mit seinen Einheiten; das besiegelte die Niederlage der Buren, bevor weitere Menschenleben geopfert wurden. Nach der Niederlage der Buren wurde die Südafrikanische Union gegründet, in der britische weiterhin mit burischen Interessen kollidierten. Die Briten waren der indigenen schwarzen sowie der indischstämmigen Bevölkerung keineswegs freundlich gesinnt, agierten jedoch etwas weniger radikal rassistisch wie die burischen Politiker. Smuts stand in den führenden Staatsämtern, die er ausübte, immer zwischen den beiden Lagern. 1908 initiierte er einen Kompromiss mit Mahatma Gandhi, Führer der indischstämmigen Bevölkerung, die Gleichberechtigung für sich forderte (wohlgemerkt zunächst nicht auch für die schwarze Bevölkerung). Im Weltkrieg kämpfte Smuts an der Seite der Briten, 1917 wurde er als Vertreter Südafrikas in das Londoner Kriegskabinett berufen; 1919 gehörte er zu den Unterzeichnern des Friedensvertrags von Versailles. 1919 bis 1924 und 1939 bis 1948 war er südafrikanischer Premierminister, bereits ab 1933 Justizminister. Während seiner Amtsführung wurden Gesetze verabschiedet, die die Apartheid festigten. Als der zweite Weltkrieg ausbrach, stellte er Südafrika wiederum an die Seite des British Empire und wurde erneut ins britische Kriegskabinett berufen. 1941 ernannte Churchill ihn zum Feldmarschall. Nach dem Krieg war Smuts an der Gründung der UNO beteiligt. 1948 unterlag Smuts einem burischen Kandidaten, der eine weiter gehende

Rassentrennung und Entrechtung der schwarzen Bevölkerung
anstrebte.

2

Die Abfassung und Veröffentlichung des Buches «Holism and
Evolution» erfolgte in der Zeit zwischen den beiden höchsten
Staatsämtern. Das Buch ist ein Phänomen eigener Art. Es gilt
als erster südafrikanischer Beitrag zur Psychologie überhaupt.
Den Begriff Holismus prägte Smuts – jedenfalls konnte ich
keine Verwendung von *holism* oder *holistic* vorher feststellen.
Freilich wurde das Wort schon früh abgekoppelt von Smuts
und seinem Buch; es scheint sich rasch umgangssprachlich
etabliert zu haben. Die englische Übersetzung von Kurt Goldsteins Buch «Der Aufbau des Organismus» (1934) erschien
1939. Dort stand das Adjektiv *holistic* teilweise (nicht durchgängig) für *ganzheitlich*;[1] einen Hinweis auf Smuts, der den
Begriff kaum 15 Jahre zuvor aus der Taufe gehoben hatte, sucht
man aber vergebens. Bernd Bocian meint zwar in seiner Studie
zu den Jahren von Fritz Perls in Berlin, «bei den Assistenten
von Goldstein» habe Smuts «als Geheimtipp» gegolten,[2] gibt
jedoch keine Quelle an. Von einer solchen Rezeption konnte
ich keinerlei Spuren finden. In den Übersetzungen von Lewins
Schriften sowie von Willis D. Ellis, der wichtige gestalt-
psychologische Texte für amerikanische Leser paraphrasierte,[3]
wird auf *holism* oder *holistic* nicht zurückgegriffen, sondern auf
wholeness (Ganzheit) oder *unity* (Einheit), sofern nicht einfach
der Begriff *Gestalt* stehen blieb.

Smuts selber formulierte den Ursprung des Holismus-Be-
griffs im Passiv: «Holismus ist der hier geprägte [...] Begriff
zur Bezeichnung des fundamentalen Faktors, der im Universum die Ganzheiten herstellt oder kreiert.»[4] Der Herausgeber

---

1 Das Substantiv *holism* kommt nicht vor.
2 Bernd Bocian, *Fritz Perls in Berlin 1893-1933*, Wuppertal 2007, S. 193.
3 Willis D. Ellis (Hg.), *A Source Book of Gestalt Psychology*, mit einer Einführung von Kurt Koffka (1938), Gouldsboro, ME 1997.
4 Jan Christiaan Smuts, *Holism and Evolution* (1926), London 1927, S. 100:
«Holism is the term here coined (from ὅλος = whole) to designate [the] funda-
mental factor operative towards the making or creation of wholes in the
universe.» Dt. *Die holistische Welt*, hg. v. Adolf Meyer(-Abich), Berlin 1938,

der deutschen Übersetzung 1938, Adolf Meyer,[1] bezog sich in
seinem umfangreichen Geleitwort so auf den Begriff, als ob er
bereits fest in der Philosophie etabliert sei und ordnete ihm
Aristoteles, Leibnitz und Hegel zu.[2]

3

In «Gestalt Therapy» 1951 erwähnten die Autoren weder Jan
Smuts, noch nutzten sie den Begriff *holism* (oder *holistic*).
Wenn Goodman auch nur den Schatten einer Ahnung vom
Kontext des Begriffs oder seines Schöpfers hatte, wird er unter
keinen Umständen bereit gewesen sein, Bezug zu nehmen auf
ihn. Goodman selber hatte im zweiten Weltkrieg den Kriegsdienst verweigert und als revolutionäres Programm gefordert,
sich von allem fernzuhalten, was mit Krieg zu tun habe.[3]

In der späteren Literatur zur Gestalttherapie wird meist
nur Smuts' Buch gelistet, ohne auf den Inhalt oder den Autor
sowie sein Leben als Militär und Politiker einzugehen. Perls
bezeichnete ihn in «Ego, Hunger, and Aggression» (1942) als
«Field Marshall»,[4] in der deutschen Übersetzung wird daraus

S. 100; problematische Übersetzung: «Holismus sei der Ausdruck, der [dem]
auf das Ganze gerichteten Zug der Natur, [den] fundamentalen Wesenszug
der ‹Ganzen› im Universum bezeichne.»
1 Adolf Meyer(-Abich), 1893-1971, ist einer der Unterzeichner des Be-
kenntnisses der Professoren zu Hitler und dem nationalsozialistischen Staat
vom 11. 11 1933. Bei den neuen Machthabern war er dennoch nicht wohl-
gelitten. In den durch das Bundesarchiv zugänglichen Akten des Amtes
Rosenberg (ideologische Überwachung von Kultur und Wissenschaft unter
Alfred Rosenbergs Leitung) finden sich zwei ihn betreffende Notizen. Ein
Vermerk vom 09. 02. 1942 klassifizierte eine von ihm mit herausgegebene
Zeitschrift als «nicht ungefährlich». Der andere Vermerk vom 28. 03. 1942
begründete die Ablehnung eines Beitrags zur Zeitschrift «Deutsche Er-
neuerung», da sein Holismus «der sichere Wegbereiter einer katholischen
Naturwissenschaft» sei. – Immerhin, er hatte dieser Zeitschrift aus dem
Umfeld der völkischen Bewegung einen Artikel angeboten. Adolf Meyer-
Abich war wohl weder ein ausgesprochener Befürworter noch Gegner des
Nationalsozialismus.
2 *Holistische Welt*, a.a.O., S. XXIX-XXXI.
3 Paul Goodman, *Revolution, Sociolatry, and War* (zuerst erschienen in der
Zeitschrift «Politics», Dezember 1945, dann Teil von *The May Pamphlet*,
1946, S. 35, und *Drawing the Line*, 1962, S. 37), in *Drawing the Line once
again*, Oakland, CA 2010, S.44. (In *Drawing the Line*, 1977, S. 33.)
4 Frederick S. Perls, *Ego, Hunger, and Aggression: A Revision of Freud's Theory
and Method* (1942), London 1947, S. 28.

«General».[1] Der Begriff Holismus scheint für selbst-erklärend
angesehen zu werden und sein Inhalt ist über jeden Zweifel
erhaben.[2] Stattdessen begnügt man sich mit Zitaten von Fritz
und Laura Perls, die sich lobend zu Smuts äußerten. Dass in
der deutschen Übersetzung des Buches 1938 das Vorwort von
Smuts sowie Adolf Meyers bereits zitiertes Geleitwort eine
Kompatibilität holistischer Auffassungen mit dem Nationalsozialismus andeuteten, konnten sie vermutlich nicht wissen.
Smuts sagte im Vorwort, «dass der Weg der Neugestaltung, der
Weg zur Lösung und Errettung über die Pflege, die Reinigung
und Bereicherung der menschlichen Persönlichkeit» führe.[3]
Wer konnte hierin in Deutschland 1938 keine Zustimmung
zur Führerpersönlichkeit erblicken? Und wie hätte Smuts als
einem international versierten Politiker dies 1938 unbekannt
gewesen sein können? Der Herausgeber sprach von den aus
Krisen hervorgegangenen «Zeitenwenden», «die sokratisch-
platonische Wende und die Renaissance», und schloss hieran
an: «Die Gegenwart stellt meines Erachtens eine Zeitenwende
von gleicher Größe dar.»[4] Eine falsche Prognose, aber doch ein
unverfänglicher Gedanke? Deutschland? 1938? Wenig wahrscheinlich. Hiermit soll nicht angedeutet werden, dass ein jeder auch noch so weit hergeholter Versuch damaliger Autoren,
Herausgeber oder Verleger, sich bei den neuen Machthabern
einzuschmeicheln, für bare Münze genommen werden sollte.
Jedoch muss es Anlass zu einer kritischen Rückfrage sein, die,

1 Frederick S. Perls, *Das Ich, der Hunger und die Aggression: Die Anfänge der
Gestalttherapie – Sinneswachheit, spontane persönliche Begegnung, Phantasie,
Kontemplation*, Stuttgart 1978 (Übersetzung von 1969), S. 35.
2 Bocian, a.a.O., S. 342f, merkt freilich an «gegen die metaphysischen
Übersteigerungen von Smuts […] hat Perls sich verwehrt». – Diese Ab-
grenzung arbeitet besonders Karin Daecke heraus: *Perls' Bezugnahmen auf
Smuts' Holismus und Friedlaenders Indifferenzbezug: Eine Abgrenzung zur
transpersonalen Rezeption dieser Bezugnahmen*, 2017, S. 10f, siehe ihre Web-
site tradierungsstudie.de im Bereich Aktualisierungsbeiträge. Auch Frank-
M. Staemmler betont Smuts' theoretische Unzulänglichkeit, zieht aber die
Bedeutung von Smuts für Fritz Perls nicht in Zweifel (*Babylonische Sprachverwirrung? Über die vielfältigen Verwendungen und Bedeutungen des Feldbegriffs*, in: Gestalttherapie, 20. Jg. [2006] Nr. 2, S. 50f). Mehr zu Perls' Abgrenzung von Smuts S. 158-161.
3 *Holistische Welt*, a.a.O., S. XV.
4 *Holistische Welt*, a.a.O., S. XXIII.

nach Abwägung der Argumente, möglicherweise ergibt, dass die in Frage stehende Theorie unschuldig sei. Übergehen hingegen legt Vermeidung nahe. Und gewiss gilt zu bedenken, dass Smuts im zweiten Weltkrieg das von ihm regierte Land an die Seite der Alliierten stellte. Freilich wäre er nicht der einzige aus den hohen Rängen damaliger demokratischer Politiker, die erst der durch Hitler entfesselte Weltkrieg dazu brachte, von der Hochachtung vor ihm zu lassen.

4

Um die moralische Dimension mit einem weiteren Aspekt komplizierter zu machen, noch dieser Hinweis: Laura und Fritz Perls hatten zu Anfang der 1930er Jahre erwogen, die Sowjetunion als Exilland zu wählen und begannen sogar, Russisch zu lernen.[1] Dass sie nicht in die UdSSR gingen, hatte auch etwas mit der restriktiven Aufnahme von Flüchtlingen dort zu tun, ist also nicht ganz der hellsichtigen Einschätzung durch die beiden zuzuschreiben. Wie dem auch sei, ihre Überlebenschancen in der UdSSR hätten nahezu null betragen, denn es ist kaum anzunehmen, dass ein Querkopf wie Fritz nicht früher oder später unter die Räder des Stalinismus gekommen wäre; bereits die linientreuen Kommunisten hatten es schwer, in der UdSSR zu überleben. Da war das rassistische und militaristische Südafrika die entschieden bessere Option als das revolutionäre Russland. Als in Südafrika mit der Abwahl von Smuts sich die weitere Verschärfung des Rassismus ankündigte, verließen Fritz und Laura 1946/47 Südafrika. Man darf durchaus annehmen, dass sie den Rassismus ihres Exillandes zunächst sich selber gegenüber heruntergespielt hatten und nun in Smuts einen Saubermann zu sehen gewillt waren. Es gab sogar ein Zusammentreffen zwischen Smuts und Fritz Perls, bei dem Fritz von Smuts' Charisma beeindruckt war. Laura erwähnte zwar, dass Krieg herrschte, nicht aber, dass Smuts Premierminister des Landes und britischer Feldmarschall war. Für sie selber habe Smuts allerdings nicht

1 Laura Perls, aus einem Interview 1972 in *Meine Wildnis ist die Seele des Anderen*, Kassel 2017, S. 70. Original in Nancy Amendt-Lyon (Hg.), *Zeitlose Erfahrung*, Gießen 2017, S. 302.

die gleiche große Bedeutung wie für Fritz, schließlich sei sie
mit dem Ganzheitsgedanken bereits aus der Gestaltpsychologie vertraut gewesen. Bei Fritz dagegen festigte sich erst
durch Smuts das Verständnis.[1] Wenn die Andeutung, Fritz sei
mit der Gestaltpsychologie nicht so vertraut gewesen wie sie,
keine Gehässigkeit, sondern richtige Beobachtung war, legte
sie mit ihr nahe, dass es sich bei der Einschätzung von Bernd
Bocian, Laura *und* Fritz hätten während ihrer Berliner Zeit
Lewin «aufmerksam studiert»[2] um eine nicht zutreffende Ver-
allgemeinerung handelt.

Fritz' Identifikation mit seinem Exilland muss zu der Zeit
der Begegnung mit Smuts groß gewesen sein, denn er meldete
sich freiwillig als Sanitätsoffizier zum Kriegsdienst. Welchen
Einfluss hatte das später auf das Verhältnis zum Kriegsdienst-
verweigerer Paul Goodman?

Milan Sreckovic geht auf Smuts in seiner Geschichte der
Gestalttherapie nicht ein. Wohl aber deutet er an, dass die Entscheidung, wiederum die Sachen zu packen, nicht nur auf dem
herannahenden (verschärften) Rassismus in Südafrika basierte,
sondern auch darauf, dass Fritz die Anerkennung seines deutschen Medizinstudiums versagt blieb und er deshalb nicht als
Psychiater praktizieren durfte.[3] Da beide, er und seine Frau,
eine über zehnjährige gutgehende psychoanalytische Praxis
führten, ist allerdings nicht nachvollziehbar, warum das ein
Drama war. Laura deutete 1972 im Interview mit Dan Rosenblatt an, dass sie Südafrika schon «immer [nur] als Zwischen-
station betrachtet» hatten, und bloß der Krieg habe die Pläne
zum Übersiedeln in die USA verzögert.[4] Damit ist sowohl die
Erklärung hinfällig, es sei die Abwahl von Smuts gewesen, die
zum Weiterziehen veranlasste, als auch diejenige, die Nicht-
anerkennung des Studiums hätte Fritz dazu veranlasst. Zudem

---

1 *Wildnis*, ebd., S. 86. *Erfahrung*, S. 317f.
2 Bocian, a.a.O., S. 246. Petruska Clarkson und Jennifer Mackewn, *Frederick S. Perls und die Gestalttherapie* (1993), Köln 1995, S. 61, schätzen es so
ein, dass der Einfluss Lewins auf Fritz Perls «weniger unmittelbar» als der
anderer Gestaltpsychologen gewesen sei. Sreckovic erwähnt Lewin nicht.
3 Milan Sreckovic, *Geschichte und Entwicklung der Gestalttherapie*, in Reinhard Fuhr u.a. (Hg.), *Handbuch der Gestalttherapie*, Göttingen 1999, S. 110.
4 *Wildnis*, a.a.O., S. 86. *Erfahrung*, S. 318.

zogen Laura und Fritz dorthin, wo in zahlreichen Bundes-
ländern immer noch ein Beziehungs- und Eheverbot zwischen
den Rassen bestand.[1] Vorschnelle moralische Bedenken sollte
man sich heute allerdings verkneifen, denn Hand aufs Herz,
welch ein mögliches Land des Exils hätte eine ethisch saubere
Weste zu bieten gehabt?

5

Was hat es mit dem Holismus auf sich? Perls bettete den Hinweis auf den Begriff Holismus und auf Smuts' Buch in «Ego,
Hunger, and Aggression» (1942, erstmals publiziert 1944) in
eine bündige Darstellung der Gestalttheorie[2] ein, die davon
ausgehe, das Ganze sei mehr als die Summe seiner Teile.[3] Ein
geschriebenes oder gedrucktes Wort besteht aus Buchstaben,
der Sinn des Wortes ist jedoch nicht in den einzelnen Buchstaben enthalten, sondern in ihrer spezifischen Anordnung.
Zugleich gibt es bei der Wahrnehmung eine Tendenz, diese
Anordnung dort zu ergänzen, wo ein Defekt, eine Auslassung
oder gar eine Regelwidrigkeit vorliegt. Ein witziges (und im
Freud'schen Sinne auch verräterisches) Beispiel, das Perls an-
führte, ist So1dat: Keiner würde es als «So-eins-dat» lesen. Er

1 In 14 Bundesstaaten wurden diese Eheverbote zwischen 1948 und 1967
widerrufen, in 16 erst 1967. Die übrigen Bundesstaaten hatten sie bereits im
19. Jahrhundert abgeschafft; bloß in einigen wenigen gab es solche Verbote
zu keiner Zeit.
2 Weder der Ansatz von Smuts noch der von Köhler ist auf Psychologie beschränkt.
3 Die Gestalttheorie besagt, «dass Gebilde des von ihr gemeinten Typus
mehr Eigenschaften haben, als aus artgleichen Eigenschaften sogenannter
Teile als Resultante hervorgehen würde.» Wolfgang Köhler, *Die physischen
Gestalten in Ruhe und im stationären Zustand*, Braunschweig 1920, S. 34; die
Definition von Undverbindungen, die keine Gestalten seien, findet sich auf
S. 42f: «Ein ‹Zusammen› ist dann und nur dann eine reine ‹Summe› von
‹Teilen› oder ‹Stücken›, wenn es aus ihnen [...] hergestellt werden kann,
ohne dass infolge der Zusammensetzung eins der ‹Teile› sich ändert. Um-
gekehrt: Ein ‹Zusammen› ist dann eine reine ‹Summe›, wenn durch Aus-
scheidung von ‹Teilen› oder ‹Stücken› weder das zurückbleibende ‹Rest-
zusammen› (das dann eine Teilsumme darstellt), noch die ausgeschiedenen
‹Teile› geändert werden. [...] Ein ‹Zusammen› besitzt eine summative
Gruppierung, wenn durch Ausscheiden von Teilen oder Stücken weder an
der Verteilung des zurückbleibenden Restes (der dann eine Teilgruppierung
darstellt), noch an den ausgeschiedenen Teilen etwas geändert wird.»

nannte die Gestalttheorie «holistisch» und fügte zu: «Holismus […] ist ein von General [Feldmarschall] Smuts geprägter Ausdruck, der die Auffassung bezeichnet, dass die Welt ‹an sich› nicht aus Atomen besteht, sondern aus Strukturen.»[1] Es ist richtig, dass Smuts in dieser Hinsicht über die Gestalttheorie nicht hinausging, etwa über Wolfgang Köhlers Buch «Die physischen Gestalten in Ruhe und im stationären Zustand», das 1920 erschien. Genau wie Smuts' Buch jonglierte es zwischen Physik, Biologie und Psychologie,[2] war dabei aber um einiges präziser und ergiebiger: Während Smuts nur immer wieder die Tatsache der Ganzheit betonte, arbeitete Köhler Eigenschaften und Tendenzen der Ganzheit heraus. Smuts wird Köhlers Buch nicht gekannt haben, sodass beide wohl unabhängig voneinander zu einem ähnlichen Schluss gekommen sind. Perls reklamierte für Smuts auch weder Originalität noch weitreichende Erkenntnisse; er empfahl dessen Buch aus rein didaktischen Gründen im englischsprachigen Raum – es sei schlicht einfacher zu lesen als die wissenschaftliche Literatur zur Gestaltpsychologie.[3]

Von den Gedanken, die in der Tat über die Gestaltpsychologie hinaus gehen, grenzte Perls sich gleich zwei Mal ab:

PERLS, 1942: «In dem Konzept von Smuts ist jedoch die Gefahr der Vergöttlichung enthalten und ich bin nicht geneigt, ihm darin zu folgen, was ich einen *idealistischen* oder sogar *theologischen* Holismus nennen würde.»[4] «Da es *uns* in diesem Buch *nicht* so sehr um eine universelle ganzheitliche Auffassung geht, sondern [*sic*] um eine spezifisch organische, unterscheidet sich *unser* Ansatz von dem Smuts'.»[5]

---

1 *Ego, Hunger, and Aggression*, a.a.O., dt. S. 35; engl. S. 28.
2 So postulierte Köhler in *Die physikalischen Gestalten*, a.a.O., einen Berührungspunkt zwischen Gestalt- und Relativitätstheorie (S. 157 in der Fußnote, die auf S. 156 beginnt).
3 «Während das Studium der Gestaltpsychologie eingehende wissenschaftliche und experimentelle Arbeit erfordert, ist eine sorgfältige Lektüre des Buches von Smuts wärmstens zu empfehlen, da es für viele verständlich ist.» *Ego, Hunger, and Aggression*, a.a.O., dt. S. 35; engl. S. 29.
4 Ebd., dt. S. 36; engl. S. 29. (Meine Hervorhebungen.)

Zu diesem Aspekt aus Smuts' Buch möchte ich ihn nun selber zu Wort kommen lassen, um einen Eindruck zu geben, von was Perls sich hier abgrenzte. Diese Abgrenzung bezog sich meiner Analyse nach auf zwei Punkte: Erstens bezeichnete Smuts den Holismus als eine eigenständige Kraft oder Energie, als eigentliche Ursache («vera causa») für Entwicklung.

SMUTS, 1926: «Ganze sind nicht rein künstliche Konstruktionen des Denkens; sie bestehen tatsächlich; sie deuten auf etwas in diesem Universum Wirkliches hin, und der Holismus ist ein realer wirkender [sic] Wesenszug, eine *vera causa.* […] Der Holismus als Vorgang ist nicht allein schöpferisch, sondern selbstschöpferisch, und die von ihm zuletzt hervorgebrachten Gefüge sind weit mehr holistisch als es seine ersten anfänglichen Gefüge sind.»[1]

Diese Konzeption des Holismus lässt sich durchaus als «theologisch» bezeichnen, wie Perls das tat: Holismus ist dann ein Ersatzgott, der Schöpfer dieser Welt. Demgegenüber ging die (für die spätere Gestalttherapie wichtigste) Richtung in der Gestaltpsychologe, die (Frankfurt-) Berliner Schule (Wolfgang Köhler, Kurt Lewin, Adhémar Gelb), davon aus, dass die Gestalt eine Qualität des Objekts sei. Die Vertreter der Grazer Schule arbeiteten auf Grundlage von der Annahme, dass die Gestaltqualitäten nicht dem Objekt anhaften, vielmehr ihm vom Wahrnehmenden beigelegt werden. Eine gewisse Ähnlichkeit mit Smuts' Ansatz wies die Leipziger Schule auf, deren wichtigster Vertreter Felix Krueger (1874-1948) war: Er meinte, dass es zur Gestaltbildung eines ordnenden Willens bedürfe, sodass man seinen Ansatz auch «Willenspsychologie»

---

5 Ebd., dt. S. 42; engl. S. 28. (Meine Hervorhebungen.) Falls dies *uns* kein Pluralis Majestatis sein sollte, könnte es darauf hindeuten, dass es sich um *Lauras* Statement handelt.

1 *Holistische Welt*, a.a.O., dt. S. 88f; engl. Orig. S. 88f: «Wholes are not mere artificial constructions of thought; they actually exist; they point to something real in the universe, and Holism is a real operative factor, a *vera causa.* […] Holism is not only creative but self-creative, and its final structures are far more holistic than its initial structures.» Die Ganzheitlichkeit nimmt im Universum stetig zu!?

nannte. Interessanterweise war Krueger einer der wenigen Gestaltpsychologen, der eine Nähe zum Nationalsozialismus suchte. Dieser Einzelfall diente nach dem zweiten Weltkrieg in links-intellektuellen Kreisen als *der* Beleg, um der Gestaltpsychologie insgesamt Faschismusanfälligkeit zu attestieren, was absurd ist angesichts der Tatsache, dass alle Vertreter der Berliner Schule ins Exil gingen, nicht nur die Juden, sondern zudem Wolfgang Köhler.

Zweitens postulierte Smuts ein harmonisches Weltganzes, in dem letztlich alle Gegensätze aufgehoben seien.

> **SMUTS, 1926:** «Das Universum [strebt] auf eine Ganzheit zu.»[1] «Der holistische Befehl [d.h. der Befehl, zu einer Ganzheit zu *streben*], der gleich einer lebenden Quelle aus den tiefsten Tiefen des Universums aufsteigt, ist der Bürge dafür, dass wir kein Misslingen zu erwarten haben, dass die Ideale des Wohlergehens, der Wahrheit, der Schönheit und der Güte sicher im Wesen der Dinge gegründet sind und nicht etwa gefährdet oder verlorengehen werden. Ganzheit, Heilung, Heiligkeit – alles Ausdrücke und Begriffe, die der gleichen Sprach- und Erfahrungswurzel entstammen – liegen auf dem unebenen, aufwärtsführenden Wege des Universums und werden bestimmt erreicht werden – teils hier und jetzt und schließlich in gesteigerter Fülle und Echtheit. Der Durchbruch und die Selbstvervollkommnung der Ganzen in dem Ganzen ist der langsame, niemals irrende Vorgang und das Ziel dieses holistischen Universums.»[2]

---

1 Ebd., dt. S. 335; engl. S. 334: The universe «is a whole-making universe».
2 Ebd., dt. S. 355f; engl. S. 353: «The holistic nisus which rises like a living fountain from the very depths of the universe is the guarantee that failure does not await us, that the ideals of Well-being, of Truth, Beauty and Goodness are firmly grounded in the nature of things, and will not eventually be endangered or lost. Wholeness, healing, holiness all expressions and ideas springing from the same root in language as in experience lie on the rugged upward path of the universe, and are secure of attainment in part here and now, and eventually more fully and truly. The rise and self-perfection of wholes in the Whole is the slow but unerring process and goal of this Holistic universe.» Das Universum hat ein Ziel!?

Auch dieser Aspekt des Smuts'schen Holismus lässt sich als theologische Heilslehre bezeichnen. Sicherlich übersteigt er den wissenschaftlichen Standpunkt der Gestaltpsychologie. Mehr noch: In solch einem harmonischen Holismus ist dann auch kein Platz für Dialog (Martin Buber), für Konflikt (die Perls'sche Aggression) sowie für gegensätzliche Pole (Salomo Friedlaender), genau die Konzepte, die dann für die Gestalttherapie prägend wurden.

6

Es tut sich ein dritter Widerspruch zu den Ideen der späteren Gestalttherapie auf, den Perls in seiner Abgrenzung zu Smuts nicht erwähnte, und das ist die Frage der Persönlichkeit oder des Charakters. Smuts bezeichnete die Persönlichkeit als den höchsten Ausdruck des Holismus und widmete ihr die letzten zwei Kapitel, rund fünfzig Seiten seines Buches.

Die Definition von Persönlichkeit entsprach dabei genau dem, was in «Gestalt Therapy» *kritisch* über sie gesagt werden wird: Persönlichkeit macht das aus, was eine Person (auto-) biographisch ist. Es handelt sich um die Selbsterzählung oder um eine äußere Rekonstruktion der Biographie. In der Analyse der Autoren von «Gestalt Therapy» verwandelte das Ideal sich aber zu einem Problemfall, denn der Selbsterzählung wohnt die Gefahr inne, sich rigide gegen Entwicklung, Wachstum und kreative Anpassung an neue Gegebenheiten abzuschotten. Im Untertitel des Buches «Gestalt und Prozess» (2004) fasste Hans Peter Dreitzel diese Problematik in einem Slogan zusammen: «Der gesunde Mensch hat wenig Charakter.» Tatsächlich benutzte Perls zur Beschreibung dieser Problematik der Rigidität 1942 den Begriff Charakter:

PERLS, 1942: «Für [viele Menschen] ist eine brauchbare Persönlichkeit identisch mit einem ‹starken› Charakter – mit jemand, der fähig ist, das Rauchen, Sexualimpulse, Hunger usw. zu unterdrücken.»[1]

---

1 Ebd., dt. S. 185; engl. S. 154. Ist diese Charakterisierung historisch überholt? Vermutlich nicht. Sie kehrt in anderer Verkleidung zurück.

Charakter statt Persönlichkeit zu sagen, knüpfte an Wilhelm
Reichs Charakteranalyse an, die die Rigidität im gepanzerten
Muskelsystem eines Menschen verortete. Dass Goodman, der
mit Reichs Schriften vertraut war, sich entschied, stattdessen
den Begriff Persönlichkeit zu nutzen,[1] hängt sicherlich mit der
anderen Bedeutung im Englischen zusammen: *character* heißt
in erster Linie Merkmal, dann Buchstabe und schließlich Rolle
im Schauspiel. Smuts verwandte das Wort *character* in seinem
Buch über fünfhundert Mal und zwar ausschließlich im Sinne
von Merkmal. Auf einen problematischen oder gar negativen
Aspekt in der Persönlichkeit ging er nicht ein.

Apropos Bedeutung der Biographie (der Lebenserfahrung)
für die Persönlichkeit. Im manifesten Inhalt des Smuts'schen
Textes findet sich nicht *ein* Hinweis auf die Haupttätigkeit des
Autors als Anwalt, Militär und Politiker. Wo ist seine Er-
fahrungswelt geblieben? Auf was bezogen sich seine Aussagen
über Menschen und über die Gesellschaft? Für jemanden, der
vorgibt, einen ganzheitlichen Ansatz und eine umfassende
Theorie der Persönlichkeit zu entwickeln, ist das Weglassen
des biographischen Kontextes, in dem die Entwicklung steht,
wahrlich eine Aufhebung ihres Anspruchs. Dies kann psychoanalytisch als Abwehr gedeutet werden.

7

1. Smuts war ein Militarist, wenn auch nicht in der extremen
   Form eines totalen Kriegs, der eine Niederlage erst dann
   akzeptiert, wenn Land und Leute völlig ruiniert sind.
2. Smuts war ein Rassist, wenn auch nicht in einer extremen
   Form, wie sie sein Amtsnachfolger umsetzte.
3. Smuts' militärische und politische Karriere stellte gegen-
   über seinen philosophisch-psychologischen Studien keinen
   Ausrutscher dar, sondern umgekehrt verfasste er sein Buch
   «Holism and Evolution» in der kurzen Mußezeit zwischen
   Ämtern und Kriegen.

---

[1] «In ideal circumstances the self does not have much personality.» (A, 427.
B, 206. C, 219. D, 225.) In der deutschen Übersetzung von 2006 wird hier
bezeichnenderweise auf das Wort Charakter umgestiegen: «Unter idealen
Bedingungen hat das Selbst nicht viel Charakter.» (E, 283.) F, 135.

4. Dennoch will ich betonen, dass der biographische Kontext, in welchem «Holism and Evolution» steht, seinen Inhalt nicht völlig zu bestimmen vermag: Der Inhalt könnte den biographischen Kontext übersteigen. Dies ist aber meiner Meinung nach nicht gegeben, wie ich gezeigt habe.

5. Die Hochachtung, die Fritz (und Laura) Perls ihm zollten, ist aus ihrer Lebenssituation heraus verständlich und zu würdigen. Dies bedeutet jedoch nicht, dass man den Inhalt des Begriffs problemlos in die Theorie der Gestalttherapie aufnehmen sollte. Was Smuts Holismus nannte, bietet auf der einen Seite eine eher verwässerte Version des Gestaltbegriffs, geht auf der anderen Seite aber in eine Metaphysik über, die dem Begriff der Gestalt widerspricht.

6. Auch der Begriff Ganzheit ist belastet, aber älter als die Belastung, sodass er sich vor seiner Okkupation durch den Faschismus retten lässt, jedenfalls in der kritischen Form, in der Kurt Lewin ihn nutzte.

8

Nachtrag zu Goldstein. – Bei der Vorbereitung der englischen Übersetzung des vorliegenden Buches bin ich auf eine Stelle bei Goldstein gestoßen, die er in der englischen Fassung von «The Organism» hinzufügte und die unmittelbar zur Kritik des Persönlichkeits-Begriffs führt. In dieser Passage beschreibt er den Drang der Selbsterhaltung[1] als dann ungesund, wenn er zu dem einzigen Bestreben des Organismus werde.

In diesem Zusammenhang relativiert er sogar den Begriff Selbstverwirklichung: Unbeschädigt strebe das Leben nach Aktivität und Fortschritt; der krankhafte Zustand sei darauf fixiert, keine Änderung zuzulassen, weil der Organismus mit ihr überlastet wäre.[2] Auf der anderen Seite braucht auch der gesunde Organismus eine Konstanz, um überhaupt als dieser Organismus identifizierbar zu sein. Hier geht es also offensichtlich darum, eine Balance zu finden; genau der Gedanke,

---

1 «drive for self-preservation». *The Organism*, New York 1939, S. 196. Drive kann hier nicht als Trieb im Sinne von Instinkt gelesen werden, da es auch eine gesonderte Zwischenüberschrift mit dem Titel «über Instinkte» gibt.
2 Ebd., S. 197.

der auch in «Gestalt Therapy» im Hinblick auf die Persönlichkeit entwickelt wird.

Die Anknüpfungspunkte in der deutschen Fassung, die ich feststellen konnte, sind die Beobachtung eines «fanatischen Ordnungstriebs»,[1] den Goldstein bei Kranken fand, und die «abnorme Fixierung einer Figur»,[2] von der er an einer anderen Stelle sprach.

Dieser Fund deutet stark darauf hin, dass der Goldstein-Einfluss eben nicht bloß von Laura und Fritz Perls stammt, sondern auch und gerade über Goodman vermittelt wurde; denn es ist nicht wahrscheinlich, dass die Perls die englische Fassung von Goldsteins Buch derart gründlich studiert haben. Die Veränderungen und Erweiterungen fallen nicht so ohne Weiteres in Auge. Erst bei einem eingehenderen Vergleich der beiden Fassungen treten sie zutage.

---

1 *Der Aufbau des Organismus*, a.a.O., S. 29.
2 Ebd., S. 96.

Empire City

KROPOTKIN, 1899: «In den alten Zeiten verachteten die Männer der Wissenschaft und besonders jene, die am meisten getan haben, um das Wachsen der Naturerkenntnis zu fördern, keineswegs körperliche Arbeit und Handwerk. [...] Der Arbeiter, dessen Tätigkeit durch fortwährende Arbeitsteilung spezialisiert worden ist, hat das Interesse an seiner Arbeit verloren. [...] Früher erfand er sehr viel. Handarbeiter und Nichtwissenschaftler oder geübte Ingenieure haben die Motoren und jene Masse Maschinen erfunden und verbessert, die die Industrie in den letzten hundert Jahren revolutioniert hat. [...] Die Erfindungen der Ingenieure, die für das Entwerfen neuer Maschinen besonders geübt worden sind, sind entweder ideenarm oder nicht praktisch genug. [...] Zeitverschwendung ist der hervorstechendste Zug unserer gegenwärtigen Erziehung. Nicht nur wird uns eine Menge überflüssiges Zeug gelehrt, sondern auch das, was nicht überflüssig ist, wird uns in solcher Weise beigebracht, dass wir möglichst viel Zeit damit verlieren. Die bestehenden Unterrichtsmethoden stammen aus einer Zeit, in der die an gebildete Menschen gestellten Anforderungen außerordentlich begrenzt waren. Und trotz der ungeheuren Vermehrung des Wissens, das dem Schüler gelehrt werden muss, seitdem die Wissenschaft ihre früheren Grenzen so sehr erweitert hat, sind die alten Unterrichtsmethoden beibehalten worden. Daher stammt die Überlastung der Schüler. [...] Auf der andern Seite wissen wir alle, wie sehr Kinder es lieben, ihre Spielzeuge selbst anzufertigen, wie gern sie die Arbeiten der Erwachsenen nachahmen, wenn sie sie in der Werkstätte oder auf dem Bauplatz bei ihrer Tätigkeit beobachten. Aber [viele Eltern] verachten die Handarbeit und senden ihre Kinder lieber, römische Geschichte zu lernen. [...] So tun sie alles, was in ihren Kräften steht, um das spätere Lernen zu erschweren.»[1]

---

[1] Peter Kropotkin, *Landwirtschaft, Industrie und Handwerk* (1899), Berlin 1976, S. 213, S. 214f, S. 219, S. 220. Diese – oder ähnliche Zitate – nutzte Goodman in seinem Gespräch mit Wilhelm Reich 1945, vgl. S. 192.

Der Stammvater: Freud 3

1

Paul Goodman (1911-1972) wuchs in New York, The Empire City, genauer gesagt: Manhattan, auf und lebte dort, nur unterbrochen vom «Exil» des Doktorandenstudiums in Chicago 1936-40. Als er in den 1960er Jahre zu bescheidenem Wohlstand kam, leisteten er und seine Familie es sich, während der heißen und trockenen Monate in ein Sommerdomizil auszuweichen. Als Paul nach seiner Schwester Alice und seinem Bruder Percival geboren wurde, verließ der Vater die Familie, die aus der jüdischen Bourgeoisie, wie er sagte, in die Lumpenbourgeoisie herabsank. Die Mutter, eine fliegende Händlerin, war oft abwesend; um Paul kümmerten sich seine Schwester und seine Tanten. Ansonsten war und blieb er zeitlebens ein New Yorker Straßenjunge.

Vaterlos zu sein, war ein Lebensthema. 1945, also schon lange wieder glücklich zurück aus seinem Exil, schrieb er über Sigmund Freud als dem «Vater der psychoanalytischen Bewegung», ein Text, halb Essay, halb Story. Vatersein ist eine schwere Bürde; Freud beklagte sich über die schwere Bürde als Vater der psychoanalytischen Bewegung. Goodman wusste es inzwischen selbst – als Vater von Susan, 1939 geboren. Auch, nachdem Goodman sich von ihrer Mutter getrennt hatte, lebte Susan beim Vater oder, wenn er unterwegs oder finanziell klamm war, bei der Familie von Percival. 1945 hatte Goodman eine neue Frau gefunden, Sally, mit der er bis zum Lebensende zusammen bleiben sollte. Susan ist eine Tochter, wie ein Vater sie sich nur wünschen kann, ebenso loyal wie kritisch.

Schande über den Vater der psychoanalytischen Bewegung. Der hatte 1934 eine bahnbrechende Studie über den Vatermord an Moses – «Der Mann Moses und die monotheistische Religion» – geschrieben und beschlossen, sie nicht zu veröffentlichen, aus Angst, die katholische Kirche könnte sich provoziert sehen und danach trachten, die Psychoanalyse zu verbieten. Und das sagte der Autor von «Der Witz und seine Beziehung zum Unbewussten» (1905)! Schließlich veröffent-

lichte er sie doch. Freilich, allein der Gedanke, es zu unterlassen, ließ Goodman das Blut in den Kopf schießen. Er wollte
keinen sorgenden Vater, der drohendes Unheil von seiner
Tochter, der psychoanalytischen Bewegung, durch Feigheit
abwendet, er wollte einen Ritter. Und ein Ritter ist Freud für
Goodman geblieben, trotz der scharfen Töne, die in «Gestalt
Therapy» (1951) angeschlagen werden – vermutlich durch-
gedrückt von Fritz Perls, der auf Rache sann und zum Vatermord bereit war. Für Goodman galt die Schande letztlich nicht
Freud, sondern der Welt, die «unseren alten Lehrer so verwirrt
hat».[1]

2

Bei jüdischen Autoren wie Freud oder Perls oder Goodman
oder Kafka bemerkt man gern, sie wären bloß auf dem Hintergrund des Judentums richtig zu begreifen. Meist fehlt freilich
eine Ausführung, inwiefern das Judentum zu ihrem Verständnis beitragen könne. Milan Sreckovic zählt anlässlich der Beschreibung von Goodmans Bildungsreise die Thora am Beginn
und Ende auf, sie habe «ihn von der Thora über den Taoismus,
Humanismus und Marxismus bis zu *Neo-Classicism, Platonism
and Romanticism* [...] und über Existentialismus, Pragmatismus, Transzendentalismus und Aristotelismus zur Thora zurück»[2] geführt; er beleuchtet jedoch sein Verhältnis zu Thora
und jüdischer Religion nicht weiter. «Der Mann Moses und
die monotheistische Religion» sei mir Rahmen, dieser Frage
nachzugehen. Freilich besteht Freuds Text aus einer kritischen
Würdigung des Monotheismus und einer Dekonstruktion des
Gründungsdokuments der jüdischen Religion, dem Massaker
an den Anhängern der Religion des goldenen Kalbs.[3] Kritische
Würdigung des Monotheismus ebenso wie Negierung von
dem Gründungsdokument der jüdischen Religion provozierte

---

1 Paul Goodman, *The Father of the Psychoanalytic Movement* (1945), in *Nature Heals: The Psychological Essays of Paul Goodman*, New York 1977, S. 7, S. 9.
Dt. *Natur heilt*, Köln 1989, S. 32, S. 34.
2 Milan Sreckovic, *Geschichte und Entwicklung der Gestalttherapie*, in Reinhard Fuhr u. a. (Hg.), *Handbuch der Gestalttherapie*, Göttingen 1999, S. 56.
3 Freud hatte die Kalb-Erzählung bereits zwanzig Jahre zuvor negiert: In
dem eingangs erwähnten Essay «Der Moses des Michelangelo» von 1914.

wohlgemerkt nicht nur die jüdische Orthodoxie, vielmehr auch das Christentum; in Österreich herrschte allein die katholische Kirche, die Freud fürchtete, aber die Evangelen sind genauso, wenn nicht stärker noch ans Gründungsdokument gefesselt.

FREUD, 1939: «Ein junger Pharao [...], der zuerst Amenhotep (IV.) hieß wie sein Vater, später aber seinen Namen [in Echnaton] änderte, [...] unternahm es, seinen Ägyptern eine neue Religion aufzudrängen [...]. Es war ein strenger Monotheismus, der erste Versuch dieser Art in der Weltgeschichte, soweit unsere Kenntnis reicht, und mit dem Glauben an einen einzigen Gott wurde wie unvermeidlich die religiöse Intoleranz geboren, die dem Altertum vorher – und noch lange nachher – fremd geblieben.»[1]

Dieser Religion von Echnaton schrieb Freud «Klarheit, Konsequenz, Schroffheit und Unduldsamkeit» zu. Moses nun, so rekonstruierte Freud psychoanalytisch, sei ein Priester dieser neuen Religion gewesen, die von den Nachfolgern Echnatons wenige Jahre später wieder aufgelöst wurde. Er suchte sich «ein neues Volk» für seine Religion und fand es in den Juden.[2]

Wenn Freud den Monotheismus wiederholt als «großen Fortschritt»[3] bezeichnete, den – nicht-jüdischen, römischen – Christen nachsagte, sie huldigten «unter einer dünnen Tünche [...] einem barbarischen Polytheismus»,[4] kann ich das bloß lesen als bittersüße Ironie, wie Freud sie im «Unbehagen in der Kultur» (1930) schon angeschlagen hatte: Zwar ist die Kulturentwicklung eine wunderbare und segensreiche Erhebung aus der Barbarei, aber sie trägt – «unvermeidlich»! – die Züge der neuen Barbarei auf einer höheren Stufe der Organisation und Durchdringung aller Alltagsbereiche in sich. Der Islam, dessen Monotheismus noch konsequenter als der des – trinitarischen

1 Sigmund Freud, *Der Mann Moses und die monotheistische Religion* (1939), Studienausgabe, Bd. 9, S. 471.
2 Ebd., S. 473, S. 478.
3 Ebd., S. 534, S. 536, S. 557ff.
4 Ebd., S. 539.

– Christentums ist und dem des Judentums exakt entspricht, macht in der gegenwärtigen politischen Formierung aus den Spekulationen Freuds blutige Realitäten.

Freud selber meinte mit den «dünn getünchten» Christen allerdings jene, die sich dem nationalsozialistischen Antisemitismus anschlossen. Diese Analogie freilich kann schon darum nicht überzeugen, weil der deutsche Nationalsozialismus – im Gegensatz zu dem italienischen Faschismus – keine Anleihen an der hellenistischen Kultur machte; heute sind es vor allem Islamisten, deren Monotheismus klar, konsequent, schroff und unduldsam ist.

Die Renaissance des Hindu-Radikalismus freilich zeigt: Es ist auch nicht wahr, dass Polytheismus intrinsisch friedfertig sei und gleichsam als eine Art Versicherung gegen die religiöse Gewalt und Intoleranz wirkt. Der Atheismus, wenn man ihn denn nicht auch als Religion einstufen will (er wäre dann so etwas wie eine Spielart des Monotheismus), bietet ebenso wenig Gewähr gegen Gewalt; das beweisen die gewalttätigen Regime des Staatskommunismus.

Das Gründungsdokument der abrahamitischen Religionen aus der «Thora», das Buch «Schemot», griechisch-lateinisch-deutsch «Exodus»; nach Luther das 2. Buch Mose, Kapitel 32, Verse 15-29:

THORA | BIBEL: «Mose wandte sich und stieg vom Berge und hatte die zwei Tafeln des Gesetzes in seiner Hand; die waren beschrieben auf beiden Seiten. [...] Als Mose aber nahe zum Lager kam und das Kalb und das Tanzen sah, entbrannte sein Zorn und er warf die Tafeln aus der Hand und zerbrach sie unten am Berge und nahm das Kalb, das sie gemacht hatten, und [...] zermalmte es zu Pulver. Als nun Mose sah, dass das Volk zuchtlos geworden war [...], trat Mose in das Tor des Lagers und rief: ‹Her zu mir, wer dem HERRN angehört!› Da sammelten sich zu ihm alle Söhne Levi. Und er sprach zu ihnen: ‹So spricht der HERR, der Gott Israels: Ein jeder gürte sein Schwert um die Lenden und gehe durch das Lager hin und her von einem Tor zum andern und erschlage seinen Bruder, Freund und Nächsten.› Die Söhne Levi taten, wie ihnen Mose gesagt hatte; und es fielen an dem Tage vom Volk dreitausend Mann. Da sprach Mose: ‹Füllt heute eure Hände zum Dienst für den HERRN – denn ein jeder ist wider seinen Sohn und seinen Bruder gewesen –, damit euch heute Segen gegeben werde.›»¹

Das ist ein widerwärtiges Zeugnis der Geschichte religiösen Terrors. Soziologisch bemerkenswert an dieser Erzählung über das goldene Kalb sind zwei Punkte. Erstens: Es sei erlaubt und sogar geboten, Andersgläubige zu töten. Sowie zweitens: Die religiös=politische Loyalität stehe weit höher als familiäre oder freundschaftliche Verbundenheit.

Ich sage hier ausdrücklich «religiös=politische» Loyalität. Denn mit der Erzählung über das goldene Kalb beginnt der Kampf um ideologische Gefolgschaft, für den Religion sich von Anbeginn nur allzu bereitwillig zur Verfügung gestellt hat. Die weitere Geschichte der Verbrechen, die im Namen des Herrn begangen worden sind, setze ich als zumindest in Umrissen bekannt voraus. Worauf mich Richard Dawkins aufmerksam machte, ist, dass es sich dabei nicht etwa um einen Missbrauch von ansonsten unschuldiger und womöglich gar menschenfreundlicher Religion handelt, vielmehr um eine wörtliche Exekution derselben. Ich selbst hatte das verdrängt, obwohl ich mich als kritischen Kopf einschätze. Das Friedfertige, Nachsichtige, Verzeihende, welches von Gutmenschen heute gerne als ein gemeinsames Anliegen womöglich aller Religionen deklariert wird, kommt nicht anders als durch ein selektives Lesen zustande. Die schwerbewaffnete Intoleranz

¹ Nach der revidierten Luther-Fassung von 2017. Keine christliche Verfälschung. Bei Buber-Rosenzweig lautet die entscheidende Passage: «So hat ER, der Gott Jißraels, gesprochen: ‹Leget jeder sein Schwert an seine Hüfte, schreitet und kehret von Tor zu Tor durchs Lager und bringet um, jeder seinen Bruder, jeder den Genossen, jeder den ihm Nahen!› Die Söhne Lewis taten nach Mosches Rede. Jenes Tages fiel vom Volk an dreitausend Mann.» (Heidelberg 1976, S. 245.) Dass einem Gläubigen hier nicht die Stimme versagt, der Stift aus der Hand gleitet, die Tinte versiegt. Einen solchen Gott, nein, den darf es nicht geben. Basta. Geschenkt, Luther war ein Tunichtgut; aber Buber, mein Gott, Buber, auch Du! Ich fasse es nicht.

kann sich mit gleichem Recht auf die sakralen Texte berufen.
Das Kriterium, nach dem wir das eine als gut und das andere
als böse einstufen, findet sich nicht in den Texten, sondern für
das Kriterium haben wir uns außerhalb des Textes entschieden.
Solchermaßen wird der Text zu einer Ideologie: Wir suchen in
ihm nach den Belegstellen, die die vorab gebildete Meinung
untermauern, blenden hingegen jene Stellen aus, die unserer
Meinung widersprechen.[1]

Manchmal verschlägt es mir schier die Sprache, wenn ich
die Interpretationsgeschichte zu Rate ziehe. Die rabbinische
Auslegung hebt die Größe der Gnade Gottes neben der
Schwere der Verfehlung hervor. Sie drücke sich darin aus, dass
Aaron trotz seiner Sünde dann zum Hohen Priester erwählt
wurde. Typisch: Da werden 3 000 Leute niedergemetzelt, der
Anführer jedoch nicht nur geschont, sondern auch mit einem
Führungsposten belohnt. Das ist Blasphemie.

Nach Auslegung des christlichen Kirchenvaters Tertullian
zeigt die Erzählung, dass Gold und Reichtum ebenso wie das
Tanzen zur Sünde verführen und aus dem Grunde abzulehnen
seien.[2] Typisch: Da werden summarisch *die* Reichen zum Ab-
schuss – Neudeutsch «Eat the Rich» oder «Tax the Rich»[3] –
freigegeben. Und dann ist die Auslegung angesichts des Textes
absurd: Das Gold spendeten die Schmuckbesitzer[innen?]; sie
trennten sich mithin freiwillig vom Reichtum, um die gemeinsame Sache, den Kult des goldenen Kalbs, zu unterstützen. Ist
das nicht geradezu eine vorbildliche Sozialorientierung des
Eigentums? Altruismus?

Bezogen auf die Toleranzfrage ist mit Freuds Negierung
des Gründungsdokuments allerdings kaum etwas gewonnen:
Die Erzählung wirkte ihrem Wortlaut nach. Doch es wird erneut sichtbar: Für Freud stellte die Erzählung über das goldene
Kalb ein Problem dar. Zu Recht.

1 Richard Dawkins, *Der Gotteswahn*, Berlin 2008. – Er wolle nachweisen,
«dass wir [...] unsere Moral [...] nicht aus der Bibel beziehen» (S. 346).
2 Tertullian (160-225), *De Cultu feminarum*, II, 13:16.
3 Legendär die sozialistische Kongressabgeordnete, die mit diesem Spruch
auf ihrem weißen Ballkleid eine Met-Gala besuchte, deren Eintrittsticket
dem Wert des Jahreseinkommens eines durchschnittlichen amerikanischen
Arbeiters entspricht. Sie sind es nicht, die sie repräsentiert.

Dass Moses ein Ägypter war, wird heute genauso wie zu Freuds Zeiten durchaus noch diskutiert und für wahrscheinlich gehalten. Diese Vermutung klang damals provozierender, als sie es heute ist. Freuds Aussage, um die man wie eh und je einen weiten Bogen macht, ist die Umdeutung, das Massaker um das goldene Kalb habe gar nicht stattgefunden, sondern an Stelle dessen der Vatermord an Moses. Zu kühn, zu spekulativ scheint die psychoanalytische Rekonstruktion. Freilich unterzieht man heute bei Figuren wie Caligula und Nero das Dämonisch-Böse oder Konstantin dem Großen das Gute einer Dekonstruktion, für die die Beweise kaum solider sind, aber eben auf der Annahme von bewusster, rationaler Entscheidung der Handelnden basieren. Derart schlägt die Nemesis zurück, dass Geschichts- und Bibelwissenschaft sich resistent gegen jede psychologische Aufklärung zeigen.

Was ist mit Freuds Moses, wenn man, wie manche heute, davon überzeugt ist, dass Moses keine geschichtliche, sondern ausschließlich eine literarische Existenz hat? – Unzweifelhaft ging Freud selber von der geschichtlichen Existenz des Mann Moses aus. Ist, wenn diese hinfällig wäre, die Interpretation Freuds hiermit nicht auch hinfällig? Im Gegenteil. Sie müsste dann bloß als die psychoanalytische Deutung eines Mythos gelesen werden, und die schwierig zu beantwortende Frage danach entfiele, ob sie wohl mit der geschichtlichen Wirklichkeit übereinstimme.

Die nach wie vor brisante Botschaft sowohl in «Der Mann Moses» als auch «Der Moses des Michelangelo» liegt darin, dass Freud das Massaker im Gründungsdokument des Monotheismus negierte. Dass es nicht Recht sei, Andersgläubige im Namen des eigenen Gottes zu töten, ist zwar Bestandteil der durch die Aufklärung gegangenen modernen Ethik. Mit ihr wurde die Erzählung über das goldene Kalb moralisch unerträglich. Freuds Provokation geht allerdings tiefer. Denn die Erzählung über das goldene Kalb ist nicht nur ein religiöses Gründungsdokument. Mit der Setzung, dass die ideologische Loyalität höher stünde als verwandtschaftliche Solidarität und dass im Namen der ideologischen Loyalität Mutter und Vater, Sohn und Tochter sowie Geschwister getötet werden dürften

und müssten, beginnt der tausende an Jahren währende Kampf
des Staatsprinzips gegen die verwandtschaftliche Solidarität.
Nicht allein moderne Ethik steht hinter Freuds Negierung des
Massakers im Gründungsdokument des Monotheismus, vielmehr auch ein Rückgriff auf die Ethik der Ur-Anarchie.[1] In
der Art bedrohte Freuds Aufklärung nicht mehr die Religion
allein, vielmehr zudem den mordenden Staat.

Auch Fritz (oder Laura?) Perls setzte sich kritisch mit dem
Gründungsdokument des Judentums auseinander:

> **PERLS, 1942:** «Unsere Zwangslage hat mit Moses angefan-
> gen. […] Einmal geriet [Moses] in Wut, als die Juden
> sich in seiner Abwesenheit einen ‹Rivalengott› gemacht
> hatten, das Goldene Kalb. […] Um seine Führungs-
> position zu sichern, wandte Moses den Trick an, die
> Aggression auf die Aggressoren zurückfallen zu lassen.
> […] Jetzt verstehen wir, was Moses erreichte, indem er
> die Aggressionen seiner Anhängerschaft auf sie selbst
> zurücklenkte. Der religiöse Jude gibt nicht Jahwe die
> Schuld für irgendeinen Misserfolg oder ein Unglück. Er
> reißt nicht Ihm die Haare aus, schlägt nicht Ihm an die
> Brust – er wendet seinen Ärger gegen sich selbst. [In
> der Fußnote dazu:] Wenn die Juden dieser Retroflexion
> Einhalt gebieten und ihre Aggression gegen ihr ur-
> sprüngliches Ziel wenden würden, würden sie Moses-
> Jahwe angreifen; damit würde ihre Religion zerfallen,
> aber auch ihre Melancholie.»[2]

Verallgemeinert: Niemand kann gegenüber dem Gründungs-
dokument des Monotheismus etwas anderes empfinden als
Abscheu. Es steht Pate für die Stalins, Hitlers und Maos dieser
Welt. Das ist die schwere Bürde, die der Vater uns aufsattelte.

1 Vgl. Stefan Blankertz, *Einladung zur Freiheit: Werkbuch libertäre Theorie
und Praxis*, Berlin 2020, S. 131-186.
2 Frederick S. Perls, *Ego, Hunger, and Aggression* (1942), London 1947,
S. 119f. Dt. S. 141f. Die Selbstbestrafungsrituale der Juden (und Christen)
als Retroflexion zu beschreiben, ist naheliegend. Die Interpretation passt jedoch nicht zur Erzählung: Moses dirigierte die Aggression seiner Anhänger
gegen die Anhänger des goldenen Kalbs, nicht gegen sich selbst.

3

Wollte Goodman einen Ritter zu seinem Stammvater? Die Bindung Isaaks – die von Gott geforderte und dann im letzten Augenblick erst zurückgezogene Opferung des Sohnes[1] – wird in Goodmans «The Father of the Psychoanalytic Movement» ebenfalls verhandelt. Nun, Abraham war ein ritterlicher Vater. Goodman meinte, Isaak sei keine schwere Bürde für den Vater gewesen und der Vater habe *keine* unbewusste Mordphantasie ihm gegenüber gehegt. – Dem Vater der psychoanalytischen Bewegung wollte er die Geschichte erzählen, um zu beweisen, dass es nicht schwer falle, sein Kind zu ermorden. Wie stellte Abraham es an, den unglaublichen Befehl Gottes auszuführen? Da stand Abraham des Morgens früh auf.

Abraham dachte nicht an den Befehl, sondern er stand auf. Er richtete alles her, um mit seinen Knechten und mit seinem Sohn loszuziehen. – Und so geht es Schritt für Schritt, einer nach dem anderen: Man tut das Nächstliegende, ohne an das Fernliegende zu denken. Das war bloß möglich, weil Abraham als ritterlicher Vater sich nicht schuldig fühlte, denn es entsprach nicht seinem geheimen Wunsch, seinen Sohn zu ermorden. Bei Luther heißt's blutrünstig: schlachten. Jetzt muss die Lösung von außen kommen – und Abraham kann sie zulassen, weil er keine Schuldgefühle hat.

Was wollte Goodman dem Vater der psychoanalytischen Bewegung mit dieser Geschichte sagen? – Wenn du keine Schuldgefühle gehabt hättest, deiner psychoanalytischen Bewegung, eine tatsächlich schwere Bürde, Schaden zuzufügen, um die Bürde los zu werden, hättest du nicht gezögert, deinen bahnbrechenden Essay zu veröffentlichen, hättest du ihn der

---

1 Die neuere philologische Auslegung, dass zu Beginn der Geschichte ein anderer Name für Gott stehe als am Schluss für den, der den Befehl widerruft, sodass die Geschichte eigentlich (hier lugt der «Jargon der Eigentlichkeit» als Zaungast hervor) ein Verbot des Menschenopfers ausdrücke, ist bezaubernd und in zweierlei Hinsicht für zweieinhalb tausend Jahre der Religion entlarvend: Die Geschichte musste *erstens* immer dazu herhalten, den unbedingten Gehorsam Gott gegenüber zu fordern, auch wenn er Gräueltaten anweise, und *zweitens* ist ein Gott, der sich derart missverständlicher – erst nach zweieinhalb tausend blutiger Jahre verständlicher – Geschichten bedient, schlicht unfähig, weder allwissend, noch allmächtig und schon gar nicht irgendwie gütig.

Menschheit nicht so lange vorenthalten. (Historisch gesehen war eine bloß kurze Zeit.) Die Bürde lag laut Goodman darin, dass Freud als der erste Psychoanalytiker sich selbst analysieren musste, sich ein Leben lang selbst beäugte. Nun war er müde und erfand (er fand) den Todestrieb, da er müde war *und selbst sterben wollte*, wie tausende und abertausende Menschen, die sich organisierten, um im Krieg ihren Todeswunsch nicht einsam, sondern *gemeinsam und ohne Schuldgefühle* zelebrieren zu können. – In «Gestalt Therapy» wird es dann heißen: Krieg sei Massenselbstmord ohne Schuldgefühle. Im Rahmen der Frage nach dem Äquivalent des Kriegs werden wir erneut diesem beunruhigenden Gedanken begegnen.

In seiner unendlichen Kreativität machte Goodman aus Freud seinen ihm fehlenden Vater. Nicht perfekt, aber immerhin da.

Goodmans Interpretation der Bindung Isaaks hat mich seit langem einerseits fasziniert, andererseits jedoch nie ganz überzeugt. Zunächst gibt es gute Gründe dafür, psychoanalytisch anzunehmen, dass Abraham Isaak gegenüber ambivalente Gefühle hegte. Immerhin musste er für ihn seinen erstgeborenen Sohn und dessen Mutter verstoßen. Dann war Abraham tatsächlich sehr alt, und die erneute Vaterschaft kann doch eine schwere Bürde für ihn gewesen sein. Vor allem aber frage ich mich, ob nicht alle großen Verbrecher so vorgehen, wie es von Abraham beschrieben wird: Sie treffen Vorbereitungen Schritt für Schritt, ohne einen Gedanken an das zu verschwenden, was am Ende herauskommen wird.

4

In der Kurzgeschichte «Terry Fleming, or Are You Planning a Universe?» (1947) berichtete Goodman,[1] wie Terry verarbeitet, dass die Mutter ihm gesagt hatte, sein Vater sei tot. Doch dann wurde er alt genug, und er kriegte heraus, dass sein Vater nicht tot war, sondern im Gefängnis saß. Dass sein Vater lebt, erregte den Jungen. Wenn er seinen Kameraden oder seiner Lehrerin die wundervolle Neuigkeit überbrachte, begegnete er freilich

1 Paul Goodman, *Terry Fleming, or Are You Planning a Universe?* (1947), in Collected Stories, Bd. 3, Santa Barbara, CA 1979, S. 252-255.

Reaktionen zwischen Abscheu und Mitleid, und das war das
Letzte, wonach ihm dürstete. Im Laufe der Zeit entwickelte Terry die Phantasie, dass
sein Vater ein König sei, von den Feinden ins Gefängnis ge-
worfen. Die Frau, mit der er wohnte, war nicht seine Mutter,
sondern eine Zigeunerin, aus Not bei ihr untergebracht. Auch
gäbe es noch eine ältere Schwester. Dies alles durfte er natürlich niemandem sagen; niemandem zeigen, dass er um die
Wahrheit wusste, denn Feinde lauerten überall. Terry wurde
immer überheblicher und immer einsamer. Seine Hoffnung
sank. Die Feinde würden die Welt beherrschen, und seine
Schwester würde er niemals treffen. Die Geschichte schließt
mit einer Handvoll an Regeln für den Fall, dass man ein Universum plane:

GOODMAN, 1947: «Vermeide, ‹Auserwählte› [*chosen people*]
zu haben. [...] Sorge dafür, dass Vieles zur Hand ist, so
dass man nicht im letzten Moment auf weite Bereiche
des Seins verzichten muss. Vermeide, alles vorher fest-
zulegen; sorge vielmehr dafür, dass unvorhergesehene
Veränderungen Platz haben, damit man am Ende nicht
an ein unbefriedigendes Schema gebunden ist, das man
hasst. Sorge für ein bisschen Mitleid.»[1]

Die Regeln folgen unmittelbar aus der Geschichte. Terry plant
sein Universum, um den abwesenden Vater zu sich zu holen,
indem er es so einrichtet, dass er zu einer Gruppe von Auserwählten gehört. Dies isoliert ihn von den Klassenkameraden,
der Lehrerin, gar der eigenen Mutter. Er phantasiert sich eine
Schwester herbei, die aber unerreichbar ist. Was erreichbar ist,
darauf muss er verzichten, weil die Feinde es kontaminiert
haben. Alles ist festgelegt, jedes neue Ereignis lässt sich in das
vorgegebene Interpretationsraster einordnen. Es gibt keine
Veränderungen, keine Überraschungen. Und natürlich lässt er
in seinem Universum kein Mitleid zu. Denn jeder ist entweder
auf der guten oder der bösen Seite.

1 Ebd., S. 254f. Da *people* im Englischen sowohl *Leute* wie *Volk* bedeutet, ist
der Bezug zum *auserwählten Volk* im Deutschen schwer nachzubilden.

Der biographische Anknüpfungspunkt liegt auf der Hand: Der Junge, der sich nach einem Vater sehnt. Doch Goodman hatte eine ebenso reale wie sorgende Schwester. Seine Mutter wurde zwar als Zigeunerin – bürgerliche Zigeunerin[1] – bezeichnet, aber sie bleibt doch *seine* Mutter.[2] Die Regel, keine «Auserwählten» zu haben, wiederholte Goodman noch zwei Mal. Man müsste blind sein, wenn man sie nicht als gegen das Herzstück der elterlichen Religion gerichtet ansehen würde. Ein auserwähltes Volk zu haben, macht einsam und paranoid. Auch auf den Stammvater Freud lässt sich das beziehen. Stets hatte er Auserwählte um sich, Kronprinzen, aber das Schema war so festgelegt, dass sie ihn stets enttäuschten und er sie ausschließen musste wie zum Beispiel Reich. Am Ende stand er da mit einer psychoanalytischen Bewegung, die eine schwere Bürde für ihn ist und die er hasst.

Die Regel, nicht alles vorab festgelegt zu haben, wird in den Kapiteln über Thomas Jefferson sowie über den Anarchismus noch lebendiger werden.

1 Taylor Stoehr, *Here Now Next: Paul Goodman and the Origins of Gestalt Therapy*, San Francisco, CA 1994, S. 25.
2 Die Kurzgeschichten-Sammlung *The Facts of Life* (1945) ist ihr gewidmet.

Gesellschaft contra Faschismus: Reich 2

1

Wir haben Wilhelm Reich kennen gelernt als Dissidenten von Freud, als Analytiker von Fritz Perls und als Kommunisten, den seine Genossen 1933 freilich aus der Partei schmissen. Bis heute wird Reichs politische Entwicklung im amerikanischen Exil eher vernebelt als aufgeklärt. Wenn Fritz Perls den Reich vor 1933 mit in die Waagschale der Gestalttherapie warf, so Goodman den Reich nach 1933, genauer gesagt, den Reich von Mitte der 1940er Jahre. Goodmans Deutsch war vermutlich zu schlecht, um Reich in Original zu lesen. Im Übrigen waren Reichs deutsche Publikationen in den USA nicht ohne weiteres erhältlich. Um Reichs politische Entwicklung nachvollziehen zu können, eignet sich nichts besser als eine vergleichende Lektüre der Fassungen seiner «Massenpsychologie des Faschismus» von 1933 und 1946.

Die ursprüngliche Überlegung von allen – marxistischen – (Staats-) Kommunisten lautete: Die unweigerlich ihrer Verelendung entgegensehenden Arbeiter – «Proletarier» – haben notwendig ein Interesse an einer Umgestaltung der gesellschaftlichen Verhältnisse. Die Umgestaltung muss in Richtung einer Aufhebung des Monopols an Produktionsmitteln gehen, auf dass die Begrenzungen überwunden werden, mit denen die kapitalistische Wirtschaft die Produktion behindert; dergestalt sorge man dafür, dass niemand anderer als die Produzenten selber die Früchte ihrer Arbeit genießen.

Man sollte realisieren, dass die Erwartung der Kommunisten hierin bestand: die Produktionsmittel zu vergesellschaften, würde die Produktion deutlich steigern sowie die Fortschritts- und Innovationsrate erhöhen. Die ganze Aufregung seit den 1960er Jahren, der Kapitalismus produziere zu viel und schüre die falschen Bedürfnisse, ist nachgerade anti-marxistisch. Die Kommunisten, sagte die ursprüngliche Strategie, würden dem Proletariat aufzeigen, dass jenes Ziel einer gesellschaftlichen Umgestaltung nicht durch sozialdemokratische oder gewerkschaftliche («trade-unionistische») Reformen zu erreichen sei,

vielmehr bloß mit einer Revolution gelinge. Heute wissen wir,
dass nicht der Kapitalismus die Produktion und die Innovation
hemmt, vielmehr der (Staats-) Sozialismus; dies bewirkte ja
schließlich auch den Zusammenbruch des so genannten realen
Sozialismus in der Sowjetunion und in ihren Satellitenstaaten.
Das wusste Reich freilich noch nicht; auch nicht, dass weite
Teile der Arbeiterschaft mittels Kapitalismus zu ungeahntem
Wohlstand gelangen. Die Problematik von Armut verlagerte
sich aus der Mehrheit der Gesellschaft in ihre Randgruppen.
Und dies war etwas, das Reich bereits analysierte. Denn er beobachtete, dass die Gesellschaft eben nicht in eine Hauptmasse
an verarmten Proletariern und eine kleine Gruppe wohlleben-
der Bourgeois zerfiel, sondern dass eine starke Mittelschicht
sich bildete, die ganz andere Interessen verfolgte, als für die
(kommunistische) Revolution nötig gewesen wären. Hierüber
hinaus erkannten, analysierte Reich, die Arbeiter ihre angeblich objektiven ökonomischen Interessen (die zur Revolution
treiben) nicht, sondern verfielen in den Glauben an den Heils-
bringer in der Form eines autoritären Staats, sei es Faschismus,
sei es (Staats-) Kommunismus: Die Revolution hatte also kein
Subjekt (mehr).

Bereits in der Fassung der «Massenpsychologie des Faschismus» von 1933 kritisierte Reich:

REICH, 1933: «Der vulgäre Marxismus, dessen wesentlich-
stes Kennzeichen es ist, die dialektisch-materialistische
Methode praktisch durch Nichtanwendung zu negieren,
musste [...] zur Auffassung gelangen, dass eine wirtschaftliche Krise solchen Ausmaßes wie die 1929-
1933 notwendigerweise zu einer ideologischen Linksentwicklung der betroffenen Massen führen müsse.
Während sogar noch nach der Niederlage [deutscher
Kommunisten] im Januar 1933 [d.h. Machtübergabe an
die Nationalsozialisten] von einem ‹revolutionären Auf-
schwung› in Deutschland gesprochen wurde, zeigte die
Wirklichkeit, dass die wirtschaftliche Krise, die der
Erwartung nach eine Linksentwicklung der Ideologie
der Massen hätte mit sich bringen müssen, zu einer

extremen Rechtsentwicklung in der Ideologie der pro-
letarisierten Schichten [...] geführt hatte. [...] Man
übersah, dass der Faschismus in seinem Ansatz und im
Beginne seiner Entwicklung zur Massenbewegung
sich zunächst gegen die Großbourgeoisie richtet und
als ‹nur eine Garde des Finanzkapitals› nicht erledigt
werden kann, schon deshalb nicht, weil er eine Massenbewegung ist.»[1]

Dies Zitat trifft Reich *at his best* an: Es drückt die Einsicht aus,
die objektive wirtschaftliche Lage erzwinge keine subjektive
Entwicklung, sondern würde eventuell die gegenteilige Entwicklung auslösen; «eine scharfe ökonomische Krise» kann
also «ebensogut zum Sozialismus wie in die Barbarei führen».[2]
Reich gestand zu, dass Antikapitalismus ein zentrales Anliegen
der Nationalsozialisten war.

Vulgär erkor schon Marx zum beliebten Schimpfwort. Als
Vulgärökonom galt ihm der, der eine von ihm abweichende
Meinung vertrat. Bei Reich scheint «vulgär», so wir darin mehr
lesen wollen als ein gedankenloses Pejorativ, zu bedeuten, dass
eine marxistische Theorie das gesellschaftliche Geschehen auf
die reine Ökonomie reduziere, d.h. sie ist eine materialistische
Theorie, welche vergisst, dass die Dialektik erfordert, auch den
Überbau (die Ideologie etc.) ernst zu nehmen.

Eine völlige Umkehr erfuhr Reichs Einschätzung der «unpolitischen» Menschen. 1946 lautete seine Analyse:

REICH, 1946: Wer «im lebendigen Leben der Menschen
stand und wirkte, wer Menschen jeden Berufs in verschiedenen Nationen ärztlich und erzieherisch genau
kennengelernt hatte, der geriet nicht leicht in die Fänge
politischer Schlagworte. Besonders gut waren diejenigen dran, die von jeher ‹unpolitisch› gewesen waren

---

1 Wilhelm. Reich, *Die Massenpsychologie des Faschismus*, Kopenhagen 1933,
S. 19f. Fast identisch in der Fassung von 1946, Köln 1971, S. 30f. Hier wird
zwar 1942 als Jahr der Revision angegeben; doch die englische Übersetzung
erschien 1946 und enthält Bezugnahmen auf Ereignisse bis 1945.
2 Ebd., 1933, S. 28f. 1946, S. 37. «Ebensogut» tönt nicht vielversprechend.

und nur nach Erfüllung ihres Arbeitslebens [!] gestrebt hatten. Gerade diese ‹unpolitischen› und nur von Arbeit erfüllten Kreise in Europa waren den so entscheidenden sozialen Einsichten zugänglich. Wer dagegen einmal mit irgendeinem Parteiapparat wirtschaftlich und ideologisch verschmolzen war, der wehrte sich in der Regel mit irrationalem Hass gegen jeden Versuch, die grundsätzlich neue Erscheinung des autoritären, ‹totalitären›, diktatorischen Regimes begreiflich zu machen.»[1]

1933 hatte Reich dies noch genau umgekehrt gesehen und die «unpolitischen» Menschen zu Faschisten *par excellence* erklärt:

REICH, 1933: Hitler begründete «seine Macht nicht nur von vornherein mit bis dahin wesentlich weniger politisierten Massen [...], sondern [führte] auch seinen letzten Schritt zum Siege im März 1933 durch Mobilisierung von nicht weniger als fünf Millionen bisheriger Nichtwähler, also Unpolitischer, legal durch. [...] Je unpolitischer ein Mensch aus der großen Masse der Werktätigen ist, desto leichter wird er der Ideologie der politischen Reaktion zugänglich sein. [...] [Bei der Mehrzahl] beruht das Unpolitischsein auf völligem Eingefangensein in persönlichen Konflikten und Sorgen, unter denen die sexuellen Sorgen die der Existenz nicht zu politischer Konsequenz ausreifen lassen. [...] Der Kommunismus missverstand bisher diese Situation und versuchte den unpolitischen Menschen dadurch zu politisieren, dass er ihm nur seine wirtschaftlichen Interessen, die unerfüllt bleiben, zum Bewusstsein zu bringen suchte. Die Praxis lehrte, dass die Masse dieser Unpolitischen kaum zum Hinhören zu bringen ist, sich aber leicht den mystischen Phrasen eines Nationalsozialisten zuzuwenden vermag, ohne dass dieser allzu viel über die wirtschaftlichen Interessen spricht. Wie erklärt sich das? Daraus, dass die schweren sexuellen

---

1 Ebd., 1946, S. 196. Die inhaltlich ganz entgegengesetzt argumentierende Passage im nächsten Zitat strich Reich 1946 jedoch nicht.

Konflikte (im weitesten Sinne), gleichgültig ob bewusst
oder unbewusst, das rationale Denken in der Richtung
des durchaus rationalen Marxismus hemmen, den Betreffenden unfähig und ängstlich machen, ihn in seine
seelischen Eingeweide verstricken. Begegnet er nun
einem mit den Mitteln der Gläubigkeit und Mystik,
also mit sexuellen, libidinösen Mitteln arbeitenden
Faschisten, so wendet er ihm seine Interessen restlos zu,
nicht weil ihm das nationalsozialistische Programm
mehr imponiert als das kommunistische, sondern weil
er in der Hingabe an den Führer und seine Ideologie
eine momentane Entlastung seiner ständigen inneren
Spannung erfährt, weil er seinen Konflikt dadurch unbewusst in eine andere Form bringen und dadurch lösen
kann; ja, das befähigt ihn, gelegentlich im Faschisten
den Kommunisten, in Hitler den deutschen Lenin zu
sehen.»[1]

Diese Passage von 1933 ist noch in anderer Hinsicht erhellend.
Heute gilt als ausgemacht, die Begeisterung von Bürgertum
und Arbeiterschaft für den Nationalsozialismus erkläre sich
aus der Angst vorm Bolschewismus (Kommunismus) heraus.
Reich als Zeitzeuge berichtet hier, es habe eine Identifizierung
von Lenin mit Hitler vorgelegen. – Eine überarbeitete Passage
macht Reichs gewandelte Vorstellung bezüglich der Klassen-
struktur deutlich. Die Fassung von 1933 schwelgt noch voll im
proletarischen Pathos des Bolschewismus:

REICH, 1933: «Der klassenbewusste Arbeiter [ist] mit seiner
Klasse statt mit dem Führer, mit der internationalen
werktätigen Masse statt mit der nationalen Heimat
identifiziert. Er fühlt sich selbst als Führer, nicht aufgrund einer Identifizierung, sondern aufgrund dieses
Bewusstseins, der notwendigerweise [sic] aufsteigenden
Klasse anzugehören.»[2]

[1] Ebd., 1933, S. 271ff. Nur leicht verändert auch 1946, S. 186f.
[2] Ebd., 1933, S. 99. Das Bewusstsein von Klassenzugehörigkeit ist mithin
keine Identifizierung?

In der Fassung von 1946 wird der Sinn durch die Veränderung
einiger Worte geradezu erfrischt:

REICH, 1946: «Der fachbewusst Arbeitende [ist] mit seiner
Arbeit statt mit dem Führer, mit der internationalen
werktätigen Menschenmasse statt mit der nationalen
Heimat identifiziert. Er fühlt sich selbst als Führer,
nicht aufgrund einer Identifizierung, sondern aufgrund
des Bewusstseins, lebensnotwendige Arbeit zu leisten.»[1]

Aus dem «klassenbewussten Arbeiter» ist indessen der «fachbewusst Arbeitende» geworden; er identifiziert sich nicht mehr
mit der kommenden herrschenden Klasse, sondern mit seiner
eigenen Arbeit. – Zwei Hinzufügungen 1946 in den weiteren
Text lassen das ganze Ausmaß der Änderung des Fokus hervor-
treten:

REICH, 1946: «Das Selbstgefühl des Arbeiters leitet sich aus
Facharbeiterbewusstsein ab.»[2]

Das Facharbeiterbewusstsein lenkt nicht mehr weg von der
Identifizierung mit der homogenen Arbeiterklasse, sondern ist
Bewusstsein, aufgrund eigener Kompetenz wichtige Arbeit zu
leisten; es stärkt das Gefühl der Autonomie, das keine Unter-
und Einordnung in die von einer Partei hierarchisch geführten
Massen erfordert.

REICH, 1946: «Wir unterscheiden den fachbewussten, ver-
antwortungsvollen Arbeiter vom mystisch-nationalis-
tisch reaktionären Untertan. Wir treffen beide Typen
in jeder sozialen und fachlichen Schicht an. Es gibt
Millionen reaktionär gesinnter Industriearbeiter, und es
gibt ebenso viele arbeitsbewusste, freiheitlich gesinnte
Lehrer und Ärzte.»[3]

1 Ebd., 1946, S. 76.
2 Ebd., 1946, S. 76.
3 Ebd., 1946, S. 76f.

Eine Nebenbemerkung: Es ist zu unterstreichen, dass Reich hier die Eigenschaft *arbeitsbewusst* positiv verwandte und mit *freiheitlich* in einer Linie sah. Er gehörte nicht zu den Pseudo-Marxisten, die Arbeit *per se* für schlecht und schädlich erklären und sie «überwinden» wollen. Das war auch Goodmans Auffassung, der sich in dieser Hinsicht sogar als calvinistisch beschrieb.[1] Arbeit im Sinne der Aneignung der Umgebung, als Anpassung der Umgebung an die eigenen Bedürfnisse, überwinden zu wollen, stellt die eigentliche Entfremdung dar. Und es ist auch nicht wahr, dass die Arbeit in solchem Sinne durch den technischen Fortschritt weniger werden würde.

2

Ohne revolutionäres Subjekt, was wird aus der revolutionären Partei? Sie müsste sich um ein neues revolutionäres Subjekt kümmern, fragen, wer der Träger einer Revolution sein könnte, die Freiheit, Frieden und Frohsinn bringt. Das aber taten die kommunistischen Parteien gerade nicht. Sie hielten an ihren Machtergreifungsfantasien fest und wurden damit zu genuin faschistischen Parteien. Die Analyse dieser Transformation ist ein Meisterwerk von Reich, aber sicherlich auch der Aspekt, der seine Verfolgung durch die (bolschewistischen) (Staats-) Kommunisten befeuerte. 1946 wandte Reich sich scharf gegen alle Erklärungen des Siegs der Nationalsozialisten durch die schlichte Manipulations-These:

REICH, 1946: «Unkenntnis der charakterlichen Struktur der Menschenmassen ergibt immer wieder unproduktive Fragestellungen. Die Kommunisten erklärten z.B. die Machtergreifung durch den Faschismus aus der irreführenden Politik der Sozialdemokraten. Diese Erklärung

---

[1] Paul Goodman, *Compulsory Mis-education* (1964), New York 1966, S. 38f; aus einem Schulbesuch: «Erfreulicher war, dass [...] eine außercurriculare Aktivität, gemeinsames Tanzen [...], stattfand. [...] Calvinistisch dachte ich, es sei schade, dass sie es nicht auch schriftlich darstellen konnten und als nächsten einen Aufsatz schrieben – aber zweifellos hätte das alles wieder zerstört.» Goodmans Arbeitsethik findet sich entfaltet in Teil 1 («Sciences and Professions») von *New Reformation: Notes of a Neolithic Conservative*, New York 1970, S. 3-63.

führte im Grunde in eine Sackgasse, denn es war ja eben
ein Wesenszug der Sozialdemokratie, Illusionen zu ver-
breiten. Diese Erklärung ergibt also keine neue Praxis.
Ebenso unproduktiv ist die Erklärung, die politische Reaktion hätte in Gestalt des Faschismus die Massen ‹vernebelt›, ‹verführt› und ‹hypnotisiert›. Das ist und bleibt
die Funktion des Faschismus, solange er existiert. Solche
Erklärungen sind unproduktiv, weil sie keinen Ausweg
ergeben. Die Erfahrung lehrt, dass die tausendfältige
Enthüllung solcher Art die Massen nicht überzeugt,
dass also die sozial-ökonomische Fragestellung allein
nicht genügt.»[1]

1933 klang das zwar etwas anders, aber doch schon so, dass die
getroffenen Hunde jaulten. Sie rotteten sich zusammen, um in
ihrer Niederlage wenigstens den Renegaten zu zerfleischen:

REICH, 1933: «Die Ablehnung der psychologischen Beobachtung und Praxis in der proletarischen Politik ergab
bisher in den Diskussionen eine unproduktive politische Fragestellung. Die Kommunisten erklärten z. B. die
Machtergreifung durch den Faschismus aus der illusio-
nären, irreführenden Politik der Sozialdemokratie. Diese Erklärung führt im Grunde in eine Sackgasse, denn
es ist ja eben die Funktion der Sozialdemokratie, als objektive Stütze des Kapitalismus, Illusionen zu verbrei-
ten. Das wird sie immer tun, solange sie besteht. Diese
Erklärung ergibt keine neue Praxis. Ebenso unproduktiv ist die Erklärung, die politische Reaktion hätte in
Gestalt des Faschismus die Massen ‹vernebelt›, ‹verführt› und ‹hypnotisiert›. Das ist und bleibt die Funktion des Faschismus, solange er existiert. Es ist unproduktiv, weil es keinen Ausweg zeigt, die Politik nur auf
die objektive Funktion einer kapitalistischen Partei,
nämlich Stütze der kapitalistischen Herrschaft zu sein,
zu begründen. Man muss natürlich die objektive Funk-

1 *Massenpsychologie*, a. a. O., 1946, S. 41.

tion der Sozialdemokratie und des Faschismus enthüllen. Die Erfahrung lehrt, ...»[1]

Vernebeln, verführen, hypnotisieren – das sind die Vokabeln,
welche auch die bürgerliche Geschichtsschreibung nach dem
zweiten Weltkrieg vor allem in Westdeutschland einsetzte, um
den Erfolg des Nationalsozialismus zu beschreiben. Ihr zufolge
sollte das Volk drei Reduktionen schlucken: 1. Es war Hitler
allein. 2. Es war nur Verführung. 3. Es gab weder ökonomische
noch psychologische Gründe dafür, dass der Nationalsozialismus gesiegt hatte – kein Versagen der Demokratie und kein
Versagen des Staats, der mit seinen Interventionen in das freie
Handeln die Probleme schuf, aus denen die Menschen heraus
sich einen Führer wünschten, der Licht ins Dunkel bringen
möge (und noch tiefer ins Dunkel führte). Dagegen analysierte
Reich bereits 1933:

REICH, 1933: «Nur dann, wenn die Struktur einer Führerpersönlichkeit mit den massenindividuellen Strukturen
breiter Kreise zusammenklingt, kann ein ‹Führer› Geschichte machen. [...] Es ist daher nicht nur verfehlt,
sondern auch politisch irreführend, wenn man den
Hitlerischen Erfolg allein aus der Demagogie der
Nationalsozialisten [...] zu erklären versucht, wie sogar
Kommunisten es vielfach taten. Kommt es doch gerade
darauf an zu begreifen, warum sich die Massen der (objektiv gesehen) tatsächlichen Irreführung, Vernebelung
und psychotischen Situation zugänglich erwiesen. Das
heißt, ohne die genaue Analyse dessen, was in den
Massen vorgeht, kann man das Problem nicht lösen.
Auch nicht mit der Angabe der objektiven Rolle der
Hitler-Bewegung im historischen Prozess. Denn wie
gesagt, der Erfolg der NSDAP widerspricht dieser ihrer
Rolle, ein Widerspruch, der nur massenpsychologisch
zu lösen ist.»[2]

[1] Ebd., 1933, S. 35 f.
[2] Ebd., 1933, S. 57 f.

Hitler ist nicht die Ursache des Nationalsozialismus und nicht
der Autor seines Sieges, sondern nur dessen Ausdruck. Ist das
so schwer zu verstehen? Nein. Aber diejenigen, die das System
bewahren wollen, das den Nationalsozialismus hervorbrachte,
wollen es nicht hören, nicht wahrhaben.

Doch auch Reichs Worten eignet eine Verwirrung. Denn
es bleibt eine Fixierung auf die erfolgreiche Praxis bestehen.
Gemessen an dieser Fixierung müssten wir seine Theorie ebenfalls ablehnen, denn auch sie hat keinen Ausweg gefunden und
zu keiner neuen Praxis geführt, die tatsächlich die Freiheit
brachte. In den USA wurde er verfemt, sein Labor durch die
Staatsterroristen der FDA zerschlagen, sein Andenken, abgesehen von dem kurzen Aufglimmen in den 1960er Jahren,
ist vergessen, Esoterikern und Okkultisten überantwortet, die
den Naturwissenschaftler verhöhnen. Und keine neue Praxis,
nirgends. Stattdessen neuer Faschismus, welcher sich als Frei-
heitskampf aufspielen kann, weil die herrschende linke Praxis
die Worte *Emanzipation* und *sexuelle Befreiung* okkupiert hat,
um sie in ihr Gegenteil zu verkehren. Das Prinzip der FDA ist
heute in aller Munde: Das behauptete Recht der Staatsgewalt,
die Bürger zu ihrem eigenen Besten zu bevormunden.

Vorsichtig und tastend arbeitete Reich sich hinaus aus dem
parteikommunistischen Paradigma. Denn wenn die Parteikommunisten einerseits drauf bestehen, alle gesellschaftlichen
Entwicklungen ausschließlich mit ökonomischen Interessen
zu erklären, andererseits aber für die Erklärung solcher Entwicklungen, die ihren Voraussagen entgegenlaufen, auf Irreführung und Vernebelung zurückgreifen, klafft hier ein Widerspruch. Wie wenig Irreführung und Vernebelung auch erklären
mögen, sie sind auf jeden Fall psychologische und eben keine
ökonomischen Kategorien. Was Reich nicht realisierte, weil er
seinen herkömmlichen Antikapitalismus kaum zu überwinden
wusste, ist, dass die Massen ein durchaus ökonomisches Interesse an staatliche Herrschaft bindet: Sie hängen der Illusion
an, dass der Staat ihnen helfen kann, den Unwägbarkeiten des
Marktes zu entkommen; Unwägbarkeiten, die zumindest teilweise ihrerseits Folgen staatlicher Interventionen sind. Und
selbst Reich konnte sich dieser Illusion nicht völlig entziehen,

wie seine Huldigung an Otto Strasser (1897-1974) als klugen, ehrlichen und denkenden Revolutionär zeigt.[1]

REICH, 1933: «Warum lassen sich die Massen politisch beschwindeln? Sie hatten alle Möglichkeiten, die Propaganda der verschiedenen Parteien zu beurteilen. Warum entdeckten sie nicht etwa, dass Hitler den Arbeitern Enteignung des Besitzes an Produktionsmitteln und den Kapitalisten Schutz vor Streiks gleichzeitig versprach?»[2]

Darum, weil es die Struktur der staatlichen Politik ausmacht zu behaupten, im Schnittpunkt der widerstreitenden Interessen das Optimum des Allgemeinwohls realisieren zu können, und zwar dieses Allgemeinwohl mit Gewalt herzustellen, was den freiwilligen Interaktionen zwischen Menschen nicht gelingen sollte. Reich war dabei, es zu realisieren, wie sein Begriff der «Arbeitsdemokratie» zeigt, mit dessen Darstellung er die Neubearbeitung der «Massenpsychologie» beschloss. Dennoch drang das Bewusstsein über diese Erkenntnis nicht so weit, dass er Stellen mit antikapitalistischen Plattitüden[3] zu überarbeiten verstand. Vielmehr mühte er sich ab, die Ursachen für die Katastrophe der Massenpsychologie tausende von Jahren in die graue Vorzeit der Menschheit zu datieren und damit kaum fassbar und noch weniger änderbar erscheinen zu lassen. Ich kann mir gut vorstellen, dass der Wahn einen ergreift, falls man versucht, die ganze Geschichte zu korrigieren, um nicht einfach mal einen anderen Ansatz zu erproben, als er in den letzten Jahrzehnten vorherrschte: Freiwilligkeit statt Staatsgewalt. – Die Umformulierung eines Konditionalsatzes drückt Reichs sich verändernde Sichtweise aus:

---

1 Ebd., 1933, S. 15. 1946, S. 28. Strasser gehörte dem sozialistischen Flügel der NSDAP an, die er Mitte 1930 verließ, und emigrierte Anfang 1933. Sein Bruder Gregor, der Mitglied der Partei blieb, wurde im Rahmen des vermeintlichen Röhm-Putsches 1934 von der SS ermordet.

2 Ebd., 1933, S. 59. Fast identisch 1946, S. 54 («Schutz vor Enteignung»).

3 Ebd., 1933, S. 83; identisch 1946, S. 67, führte Reich Betrug auf einem bäuerlichen Pferdemarkt (der in Wirklichkeit selten stattfindet) *pars pro toto* als Beispiel für die moralische Verwerflichkeit des Kapitalismus an.

REICH, 1933: «Enttäuschung an der Sozialdemokratie bei
gleichzeitig wirkendem Widerspruch zwischen Verelendung und bürgerlichem Denken muss in das Lager
des Faschismus führen, wenn die revolutionäre Partei
schwere Fehler begeht.»[1]

Den Vorwurf, schwere Fehler begangen zu haben, hörten die
Genossen gar nicht gern; aber immerhin bezeichnete Reich sie
weiter als Revolutionäre. In der Fassung 1946 änderte er den
Satz dahingehend, «wenn es keine revolutionäre Organisation
gibt».[2] Also kritisierte Reich 1933 an der Partei noch schwere
Fehler, 1946 gab es sie – rückwirkend betrachtet – überhaupt
nicht. Das ist der Bankrott des Staatskommunismus als der
revolutionären Partei. Es gibt sie ... die revolutionäre Partei ...
nicht. Es hat sie auch niemals gegeben. Was Reich nun, 1946,
gegen die Strategie der Parteikommunisten setzte, kleidete er
in eine Metapher:

REICH, 1946: «Ein guter Arzt ‹führt› nicht irgendeine ‹neue
Gesundheit› in einen todkranken Organismus ein. Er
findet heraus, welche Elemente der Gesundheit im
kranken Organismus spontan vorhanden sind. Hat er
sie gefunden, dann spielt er sie gegen den Krankheits-
prozess aus. [...] Dasselbe gilt für den kranken sozialen
Organismus, wenn man an ihn sozialwissenschaftlich
und nicht mit politischen Programmen und Ideen
herantritt. Man kann nur real vorhandene Freiheits-
umstände organisch entwickeln und ihre Hindernisse
beseitigen. Man kann nicht gesetzlich garantierte Freiheiten einem kranken sozialen Organismus aufsetzen.»[3]

Mit diesen schlichten und fast unscheinbaren Worten stellte
Reich die Vorstellungen der bolschewistischen Revolutionäre
insgesamt in Frage. Die gewaltsame Einführung einer «neuen

1 Ebd., 1933, S. 113.
2 Ebd., 1946, S. 84.
3 Ebd., 1946, S. 191f.

Gesellschaft» und die Schaffung eines «neuen Menschen» durch die revolutionäre Staatsmacht ist schlechterdings falsch und führt ins Gegenteil. Die Revolution muss, paradoxerweise, *minimalinvasiv* sein, wie ich es nenne. Sie muss befreien, nicht umkrempeln. Befreien die heilenden Kräfte, die sich entfalten wollen. Den Raum schaffen für zusätzliche und neue Kräfte, die sich möglicherweise herausbilden. Nichts jedoch forcieren. Nichts erzwingen. An der Welt will nichts verplant, vielmehr in Ruhe gelassen sein. Oder anders gesagt: Das fundamentale Recht besteht in der Privatheit. Politik ist Kolonialismus. Der herrschende Trend zur Aufhebung aller Privatheit markiert das Ende des Subjekts.

REICH, 1946: «Ein Arzt oder ein Techniker, Erzieher oder Bauer in Amerika, Indien, Deutschland oder wo auch immer sonst er sein möge» hat mit der «lebensnotwendigen Arbeit [...] für den Gang des Lebensprozesses unendlich mehr» geleistet, «als die gesamte Komintern seit 1923 auch nur annähernd geleistet hat. Mit der Auflösung der Komintern 1943 hat sich am Leben der Menschen nichts geändert. Man stelle sich nun vor, dass in China oder Amerika alle Lehrer oder alle Ärzte an einem bestimmten Tage aus dem sozialen Prozess ausscheiden.»[1]

3

Politik, politische Organisationen, den Staat – sie können wir entbehren. – Goodman erklärte Reich kurzerhand zu einem Anarchisten, was dieser sich freilich verbat.

GOODMAN, 1958: «1945 rief Reich mich an und bat mich zu sich. Erfreut und aufgeregt hoffte ich, der bemerkenswerte Mann könne mich für irgendetwas gebrauchen. (Mein Bedürfnis nach solcher Orientierung und Zuwendung ist mein Problem.) Aber er wollte von mir, dass ich ‹aufhöre, ihn mit Anarchisten oder Libertären

[1] Ebd., 1946, S. 340.

in Verbindung zu bringen› – vielleicht hatte er meine
lobende Erwähnung vom Juli 1945 in der Zeitschrift
‹Politics› gelesen.¹ Seine Aufforderung erstaunte mich;
schließlich, sagte ich, seien seine zentralen Ideen anarchistische Ideen und wir bräuchten ihn. Er habe nie
etwas gesagt, zu dem wir in starkem Gegensatz stünden,
auch wenn er manches schlampig formuliere. Er widersprach meiner Einschätzung – es wurde klar, dass er
niemals Kropotkin gelesen hatte. Sein Gesicht nahm
den Charme kindlicher Überraschung an, als ich einige
pädagogische Allgemeinplätze aus [Kropotkins] ‹Landwirtschaft, Industrie und Handwerk› [1899] zitierte² –
seine Offenheit, das schlichte Gefühl einer Überraschung preiszugeben, beeindruckte mich. ‹Ganz ehrlich, Dr Reich›, sagte ich daraufhin, ‹was macht's Ihnen
aus, ob wir Jüngeren Sie einen Anarchisten nennen oder
nicht?› Er erklärte mir, dieses Mal zu meinem Abscheu,
dass es für Neill doppelt schwer wäre mit den Kindern
aus der Oberschicht in seiner progressiven englischen
Schule Summerhill, falls er auch noch als anarchistisch
gelten würde. Meine Vermutung war, dass der Arzt als
Flüchtling vor Hitler an einer verständlichen Paranoia
litt.»³

In welchem Kontext beschäftigte Goodman sich mit Reich?
Goodman gehörte zu denen, die eine Beteiligung der USA an
einem weiteren Weltkrieg ablehnten. Sie werden heute ab-
schätzig als Isolationisten bezeichnet, ein Begriff, der nicht
sinnentstellender sein könnte. Denn das Ziel der Isolationisten
bestand und besteht in der friedlichen Zusammenarbeit unter
Einbeziehung möglichst aller Völker. Der abschätzige Begriff

---

1 Paul Goodman, *The Political Meaning of Some Recent Revisions of Freud*, in
Politics, Juli 1945, S. 197-203. In *Nature Heals*, S. 38-60. Dt. in *Natur heilt*,
S. 71-89. Einer der Essays, die Laura und Fritz Perls in Südafrika lasen und
die sie veranlassten, mit Goodman in Kontakt treten zu wollen.
2 Mögliche Zitate vgl. weiter vorn auf S. 166.
3 Paul Goodman, *Great Pioneer But No Libertarian* (1958), in *Nature Heals:
The Psychological Writings of Paul Goodman*, New York 1977, S. 85. Dt. *Natur
heilt*, Köln 1989, S. 115.

Isolationisten legt nahe, dass es Aufgabe der USA sei, überall
auf der Erde durch militärische Präsenz für Ruhe & Ordnung
zu sorgen; und es sei dementsprechend eine Form von Selbst-
isolation, falls sie sich vor dieser Rolle als Weltpolizist drücken
würden. Bisweilen können die gleichen Leute, die negativ über
die Isolationisten reden, ebenso empört den US-Imperialismus
anklagen, dem die Isolationisten sich entgegen gesetzt haben.
In den 1930er Jahren sympathisierte unzweifelhaft die große
Mehrheit der US-Bürger mit der isolationistischen Haltung.
Neben Anarchisten, Pazifisten, Stalinisten und Trotzkisten gehörten zur isolationistischen Koalition gegen erneute Kriegs-
beteiligung auch konservative Patrioten, die an den liberalen
Idealen der Gründungsväter der USA stur festhielten. Nach
dem Überfall des Dritten Reichs auf die UdSSR Mitte 1941
scherten die Stalinisten aus der isolationistischen Koalition
gegen den Krieg aus, ebenso die Trotzkisten, die die Seite der
alliierten Kräfte zu einem kleineren Übel erklärten – obwohl
Leo Trotzki am 20. August 1940 von einem Auftragsmörder
Stalins in seinem mexikanischen Exil tödlich verletzt worden
war. Mit dem Angriff des japanischen Kaiserreichs gegen Pearl
Harbor Ende 1941 schwenkten viele der Konservativen und
mit ihnen die meisten US-Bürger um. Es blieb ein nur kleiner
Haufen, dem Paul Goodman angehörte.

Das war die Situation, als Paul Goodman 1944 das Los traf
und man ihn aufforderte, sich mustern zu lassen. Er überlegte,
wie er sich nun verhalten solle: Mitmachen oder Widerstand
leisten? Dazu schrieb er eine Serie von Essays, die er in kleinen
Avantgarde-Blättern veröffentlichte. 1946 fasste er sie unter
dem Titel «The May Pamphlet» zusammen; *May Pamphlet*,
weil er die Texte im Mai 1945 fertig gestellt hatte, im Monat
der Kapitulation des Dritten Reiches und eine viertel Jahr vor
dem Sieg über Japan.[1] 1962 überarbeitete er die Essays und
publizierte sie erneut unterm Titel «Drawing the Line» (die
Grenze ziehen). Weswegen «Drawing the Line» wird gleich

---

1 In *Art and Social Nature*, 1946. *Drawing the Line*, 1962. *Drawing the Line*,
hg. v. Taylor Stoehr, 1977 (in der Originalfassung von 1946). *Drawing the
Line once again*, hg. v. Taylor Stoehr, 2010 (in der überarbeiteten Fassung
von 1962).

nachvollziehbar werden. – Übrigens musterte man Goodman aus, sodass es zu keinem Konflikt kam.

Den Hintergrund dieser Essays bildete das anarchistische Ideal einer freiwilligen Gemeinschaft; Goodman bezeichnete es synonym auch als libertär. Er verwies darauf, dass freiwillige Gemeinschaften nicht konfliktfrei seien. Einer seiner Essays trägt die Headline «Natürliche Gewalt»,[1] diese sei konfliktbereinigend, im Gegensatz zur «unnatürlichen Gewalt» des Kriegs. Später wird Goodman Mahatma Gandhi und dessen Konzept der Gewaltlosigkeit vorwerfen, «Schuldgefühle zu intensivieren»:[2] Da der Lebensvollzug notwendig aggressive Elemente beinhalte, könne man dem Ziel der «dogmatischen Gewaltlosigkeit», wie Goodman es nannte, nicht genügen. Goodman verwarf das Ziel Gandhis, als Einübung in die Gewaltlosigkeit sich jeglicher aggressiver Impulse auch im Alltag zu enthalten; er hielt ein solches Ziel ganz im Gegenteil dafür geeignet, die natürliche Aggressivität zu steigern, bis sie in die Bereitschaft mündet, einen Krieg zu führen. Aber er lehnte auch nicht jede Form des bewaffneten Widerstands ab; vielmehr hatte er eine romantisch-idealisierte Vorstellung vom Partisanen- oder Guerilla-Kampf[3] – romantisch-idealisiert nenne ich sie, da spätestens ab der zweiten Hälfte des 20. Jahrhunderts ein Guerilla-Kampf nirgendwo erfolgreich sein kann, wenn er nicht massiv von einer der Supermächte unterstützt wird. Wogegen Goodman sich vor allem wandte, war die großangelegte, militärische Kriegsführung mit einer disziplinierten Armee und mit Massenvernichtungswaffen. Quantität, die in Qualität umschlägt.

Einen wichtigen Aspekt seiner Essays bildete die Frage, warum die Menschen als Kanonenfutter in den Krieg ziehen. Mag ja sein, präzisierte er, dass die Herrschenden ökonomische oder sonstige Interessen am Krieg haben, aber warum um alles in der Welt machen diejenigen mit, deren Leben, deren Wohl-

1 Paul Goodman, *The May Pamphlet*, in *Art and Social Nature*, New York 1946, S. 22-25. Dt. im Goodman-Reader, 2011, S. 11-15.
2 Paul Goodman, *Drawing the Line*, New York 1962, S. 26f. Vgl. auch *Designing Pacifist Films*, in *Nature Heals*, New York 1977 S. 109-117.
3 Paul Goodman, *Five Years: Thoughts During a Useless Time* (Notizen aus den 1950er Jahren), New York 1969, S. 41.

stand, deren Glück der Krieg zerstört? Hier griff Goodman Wilhelm Reichs Theorie auf. Die Menschen sind wegen der herrschenden Verhältnisse dermaßen freudlos, lautete seine an Reich angelehnte Auskunft, dass sie ihren Wunsch nach Veränderung als Destruktion erleben. Wie kommt das zustande? Jeder Mensch sei, sagte Goodman, so mit den herrschenden Verhältnissen verwoben, dass kein Unterschied mehr zwischen «wir» und «sie», zwischen den Unterdrückten und den Unterdrückern, zwischen den Menschen und dem System gemacht werden könne. An dieser Stelle kam die Formulierung *drawing the line* ins Spiel: die Grenze der Kooperation mit dem System ziehen. Immer das «kleinere Übel» zu wählen, bedeutet letztlich, das Übel zu stabilisieren. Aufgrund der eigenen Verwobenheit mit den herrschenden Verhältnissen wäre jede Grenze der Kooperation, die man zieht, freilich stets willkürlich. Sie kann nicht konsistent, nicht konsequent sein. Jeder fängt irgendwo an. Aber eine Grenze stand für Goodman fest: Sich so weit wie möglich von allem fernhalten, was mit Krieg zu tun hat. Beim Krieg mitzumachen, wie moralisch er auch begründet sein mag, verewigt den Krieg. Der Krieg lässt sich nicht durch Krieg beenden. Es ist leicht nachzuvollziehen, dass dies Argument in den 1960er Jahren bei denen, die gegen den Vietnamkrieg protestierten und sich zu jener Zeit dem Kriegsdienst verweigerten, auf einen fruchtbaren Boden fiel und dass Goodman zu ihrem Helden wurde.

Ich komme noch einmal auf Gandhi zurück, den Goodman einerseits zwar kritisierte, andererseits jedoch auch für seinen gewaltlosen Widerstand bewunderte. Nun wird behauptet, Gandhis gewaltloser Widerstand hätte nur bestehen können, da die britische Kolonialmacht doch gewisse Zivilisiertheit an den Tag gelegt hätte, wäre aber unwirksam bei Unterdrückern, die wie Stalin, Hitler oder Mao zu allem bereit sind. Ich will die Frage außen vor lassen, ob diese Einschätzung britischer Kolonialmacht zutrifft, was man sicherlich bezweifeln kann. Denn die eigentliche Frage lautet: Was bringt der bewaffnete Kampf? Hat er mehr Erfolgsaussichten? Stalin hat der Suff erledigt und Mao ist friedlich im Bett entschlafen. Gut, Hitler wurde militärisch besiegt – jedoch Hand aufs Herz, keiner der

Alliierten führte Krieg gegen Hitler, weil Hitler Unterdrücker und Antisemit war; man führte Krieg um Territorien. Auch wenn wir sogar das unter den Tisch fallen lassen, ist die Bilanz des bewaffneten Kampfes, was diese drei Menschenschlächter betrifft, aber nicht so gut, als dass man ihm den Vorzug geben sollte.

Ein weiterer Einwand gegen die Strategie des gewaltlosen Widerstands oder zivilen Ungehorsams lautet, er sei nur möglich, wenn eine große Masse sich ihm anschließe. Aber gilt das nicht auch für den bewaffneten Kampf? Auch der bewaffnete Kampf verspricht nicht als Aktion einzelner Partisanen Erfolg. Ein Einzelner kann ein Attentat verüben, das ist richtig. Doch wie viele Attentate haben Potentaten überlebt? Und wenn nach dem Attentat nicht eine große Masse aufsteht, geht es anschließend genauso weiter wie zuvor, oder noch schlimmer. Attentate hatten oftmals den Effekt, dass die große Masse sich in Abscheu abwendet und dem Regime, das bekämpft werden sollte, zuwendet. Der Einzelne, der sich verweigert, wie Goodman es tat, mag erfolglos bleiben, zumindest trägt er nicht dazu bei, dass die Repression in Reaktion auf den gescheiterten Versuch eines Umsturzes verschärft wird.

Goodman sagte in einem Interview, er sei nicht Pazifist aus moralischen Gründen, sondern allein aus Gründen der Logik.[1] Die Logik des Kriegs ist unerbittlich und wir sehen sie heute in dieser Unerbittlichkeit am Werk; dazu verweise ich auf die derzeit laufende Neubewertung der Kriegsdienstverweigerung durch führende Politiker und Literaten, die *früher* meinten, einem Pazifismus das Wort reden zu sollen: Wenn der Krieg da ist, der unerbittlich einfordert, dass man für die moralisch richtige Seite Partei ergreift, ist es viel zu spät, um eine Armee aufzustellen, zu trainieren und mit Waffen auszustatten. Man muss lange vorher in Friedenszeiten eine Armee bereit halten, man muss Verweigerer verfolgen, man muss militärischen Drill ausüben, man muss Militärgerät produzieren und die Militärtechnik weiterentwickeln. Mehr noch: Man muss Verbündete

---

[1] Ausschnitte dokumentiert in *Paul Goodman Changed My Life*, 2011. Das Datum des Interviews ist mir nicht bekannt. Ende der 1950er, Anfang der 1960er Jahre.

mit Militärgerät ausstatten. Die Logik von Verbündung und Ausstattung der Verbündeten mit Militärgerät dreht dann auch schnell die moralische Begründung für den Krieg um. Wenn bei dem Verbündeten ein politischer Wandel eintritt, kann das Militärgerät an den Feind fallen; so geschehen etwa, als 1979/1980 die iranische Revolution stattfand und dem neuen Regime all das Militärgerät in die Hand spielte, mit dem die USA das verbündete Regime des Schahs von Persien ausgestattet hatte. Übrigens war es ein Regime, das Folter einsetzte. Feiner Verbündeter, moralisch sauber. Kurz drauf kam es zu dem Überfall des Irak auf den Iran, und die USA unterstützten den Irak, also zweifellos einen Aggressor, und zudem ein Regime, das nicht davor zurückschreckte, Giftgas gegen unliebsame eigene Bevölkerungsteile anzuwenden. Feiner Verbündeter, moralisch sauber.

Wer sich auf ein moralisch hohes Ross setzt und behauptet, es sei tatsächlich möglich, moralisch ganz saubere militärische Bündnisse zu schmieden, verkennt die Logik des Kriegs. Der Feind meines Feindes muss mein Freund sein, zumindest vorübergehend. Um auf den zweiten Weltkrieg zurückzukommen: Egal ob man die Moral auf der Seite der UdSSR oder auf der der Westalliierten sieht, aufgrund der Logik des Kriegs hatten sich zwei Seiten verbündet, die einander spinnefeind waren. Am Ende des Kriegs gegen den Krieg stand ein fortgesetzter Krieg. Was das moralisch saubere Bündnis der Westalliierten angeht, ich muss es hier hinzufügen: Zwei der drei Beteiligten waren Kolonialmächte, die in ihren Kolonien schlimmste Verbrechen gegen die Menschlichkeit begingen.

Dies alles ist zwar bekannt, wird aber in Zeiten des Kriegs verdrängt. Es erneut aufzuzählen, führt nicht zu einer Antwort auf die Frage, wie anders als durch Krieg man sich gegen einen kriegerischen Angriff und ein verbrecherisches Regime zur Wehr setzen kann. Die Antwort auf diese Frage blieb Gandhi schuldig, Goodman blieb sie schuldig, und auch ich kann sie nicht präsentieren. Doch es ist eine Aufgabe, sie zu finden. Nicht nach einer Antwort zu suchen und sich der Logik des Kriegs zu unterwerfen, bedeutet, den Krieg zu verewigen. Wir sollten lernen, «Frieden zu führen» anstatt Krieg zu führen, so lautete Goodmans Überlegung.[1] Zur literarischen Fortsetzung treffen wir uns nachher im Bombenkrater.

4

Seit Wilhelm Reich im August 1939 aus dem skandinavischen Exil in die USA übersiedelte, stand er unter der Aufsicht des US-Geheimdienstes «Federal Bureau of Investigation» (FBI). Zur Vernebelung der politischen Entwicklung Reichs und der Position von Goodman gehören Fehlannahmen, was Reichs Verfolgung in den USA betrifft. Zunächst einmal konnte er nämlich unbehelligt ein Labor aufbauen und seine Forschung weiterführen.

Er hatte damit begonnen, nach einer von ihm postulierten biologischen Energie zu suchen und sie zu akkumulieren, um sie für die Therapie (besonders von Krebs), aber darüber hinaus auch noch für mechanische Anwendungen (er arbeitete daran, einen Motor zu konstruieren) nutzbar zu machen. Die Energie nannte er Orgon. Nun gewann er Mitarbeiter und Ärzte, die seine Erkenntnisse einem Praxistest unterziehen wollten. Bei Anwendungen an Kranken wurden diese informiert, dass es sich um die Erprobungsphase handele: Man könne weder eine Heilung garantieren noch die Verschlechterung ihres Leidens ausschließen.

Mitte der 1940er Jahre erschienen verleumderische Artikel in Zeitungen (wie im skandinavischen Exil Reichs eine Presse-kampagne das Nichtverlängern der Aufenthaltsgenehmigung vorbereitet hatte). Schließlich untersagte ihm die «Food and Drug Administration» (FDA) jedweden Einsatz des Orgon-Akkumulators. Nach der Missachtung dieses Verbots wurde Reich 1957 verhaftet; er starb in Haft 1957, offiziell an Herz-versagen. Die Angaben zu seinem Gesundheitszustand zuvor sind widersprüchlich, und es bestand die Aussicht, begnadigt zu werden; das lädt also zu allerlei Spekulationen ein.[2]

1 Paul Goodman, *Designing Pacifist Films* (1961), in *Nature Heals*, New York 1977, S. 115: *waging war* versus *waging peace*. Dt. in *Natur heilt*, Köln 1989, S. 151. Im Goodman-Reader, Bergisch Gladbach 2011, S. 23.
2 James DeMeo führt in der erweiterten Fassung seines *Orgone Accumulator Handbook*, Ashland, OR 2010, S. 10-28, einige Fakten und Namen an.

Unterdessen hatten Beamte von der FDA Reich, seine An-
gehörigen sowie Mitarbeiter gezwungen, das eigene Labor zu
zerschlagen, darunter auch Geräte im Versuchsstadium, von
denen keine weiteren Konstruktionszeichnungen überliefert
sind. Tonnenweise wurden Reichs Schriften verbrannt. Der
Besitz von Schriften Reichs blieb bis in die 1960er Jahre hinein verboten. Von allen jenen Ärzten, die ebenfalls den Orgon-
Akkumulator anwandten, wurde ferner ein Mitarbeiter Reichs
verurteilt, die übrigen blieben unbehelligt; damit ist deutlich,
dass die Maßnahmen der FDA sich gegen Reichs Existenz
richteten und keineswegs einem Schutz der Kranken vor einer
falschen Behandlung dienten.

In den 1960er Jahren, als die rebellierenden Jugendlichen
der Neuen Linken Wilhelm Reich entdeckten, fanden sie es
naheliegend, in den Aktionen der FDA ein Komplott des FBI
zu sehen. Reich selber jedoch machte eine Verschwörung von
Sowjet-Kommunisten für das Kesseltreiben gegen ihn haftbar.
Eine Verschwörung von Kommunisten in den kapitalistischen
USA? Das leuchtete den Neuen Linken nicht ein und sie erklärten Reichs Vermutungen zu Auswüchsen seines Irrsinns.
Heute wissen wir freilich, dass die FDA, eine unter Präsident
Franklin D. Roosevelt im Zuge seines New Deal stark aus-
gebaute Behörde, Zuflucht für viele Kommunisten wurde, als
die Stimmung in den USA umkippte und eine Kommunisten-
verfolgung begann. Hatten die Kommunisten in der FDA
nichts Besseres zu tun, als den Renegaten aus Deutschland zu
drangsalieren? Nun, möglicherweise überschätzte Reich seine
Wichtigkeit. Die Akten des FBI, die sich auf Reich beziehen,
sind inzwischen als pdf zugänglich. Soweit ich es recherchieren
konnte, bin ich der einzige, der sie durchgearbeitet hat. Sie ergeben folgendes Bild:

Nachdem der Report von einem US-Diplomaten aus Oslo
Wilhelm Reich als «Kommunisten» bezeichnet, leitet das FBI
im März 1941 eine Untersuchung ein, ob er ein «gefährlicher
Ausländer» sei. Mitte Dezember 1941 wird er als Deutscher
interniert, Anfang Januar 1942 entlassen. Eine Klassifizierung
vom 31. Januar 1942 stuft ihn zuerst als im mittleren Bereich
gefährlich ein, Stufe B – zwischen A, sehr gefährlich, und C,

ungefährlich. Bemerkenswerterweise geben spätere Akten, etwa am 15. Mai 1943, für ihn die Klassifizierung C an.

In einer Dienstanweisung vom 21. Juli 1943 fordert J. Edgar Hoover einen Spezialagenten in Newark auf, Reich aus der Liste der gefährlichen Zielpersonen zu streichen und verweist auf einen – in den Akten nicht aufzufindenden – Report vom 7. Februar 1942. Am 10. August 1943 wird festgestellt, dass in Newark eine Verwechslung mit William Robert Reich, einem kommunistischen Aktivisten, stattgefunden habe.

Ein «Office Memorandum» wiederholt am 2. Januar 1945, dass keine Erkenntnisse über kommunistische Aktivitäten von Reich vorlägen. Es bleibt allerdings im Dunklen, wodurch das Memorandum ausgelöst bzw. von wem es angefordert wurde.

Am 25. Oktober 1947 wird ein Vertreter der FDA beim FBI vorstellig und begehrt Einsicht in die Akten Wilhelm Reichs, gegen den ein Verfahren wegen betrügerischer Heilbehandlung laufe. Doch erst fünf (!) Jahre später liegt ein auf den 20. August 1952 datierter Begleitbrief vor, der Unterlagen an die FDA avisiert. Die Unterlagen sind aus den FBI-Akten entfernt worden. Nicht-staatlichen Organisationen, die sich über Reich hatten informieren wollen, hatte das FBI vorher Auskünfte stets verweigert, so zum Beispiel am 3. Mai 1949; in diesem Fall eine christliche Organisation, die sich von einer Anhängerin Reichs kritisiert sah.

Reich und seine Mitarbeiter informieren das FBI mehrfach, FDA-Beamte hätten sich als vom FBI kommend ausgegeben und dann widerrechtlich das Grundstück des Orgone Institute betreten. Der Direktor des FBI benachrichtigt am 6. Dezember 1950 einen Agenten über die Anschuldigungen, bittet zwar um Auskunft, aber untersagt gleichzeitig bis auf Weiteres Untersuchungen des Falles. Die FDA sieht sich am 10. September 1952 schließlich jedoch genötigt, eine Rechtfertigung an das FBI zu senden. In einem späteren Fall wird am 30. September 1955 FBI-intern eine Untersuchung angeregt; ob dies geschehen ist, bleibt unklar.

Mehrfach drängt Reich dem FBI eine Unterstützung beim Kampf gegen den Kommunismus auf, und ab Anfang 1957 bittet er in persönlichen Briefen an J. Edgar Hoover teils handschriftlich um Hilfe, während die FDA das FBI bezüglich der Ermittlungen gegen Reich auf dem Laufenden hält. Wenige Tage vor Reichs Tod stellt Hoovers Büro am 17. Oktober 1957 sämtliche Briefe, die Reich und seine Mitarbeiter dem FBI gesandt hatten, der FDA zur Verfügung. – Reichs zunehmender Wahnsinn ist persönlicher und damit lächerlicher Natur, derjenige, der sich in den bürokratischen Abläufen sinnentleerter Memoranden des FBI und den bösartigen Angriffen der FDA Bahn bricht, ist ebenso mehrheitsfähig wie etabliert; deshalb scheinbar rational und gesund.

Am 26. November 1955 legt Reich Dokumente vor, durch die er beweisen will, dass Kommunisten ihn verfolgen, darunter eine Konkordanz zwischen von Kommunisten verfassten Abhandlungen und der Klageschrift der FDA.

Noch zwei Mal betont das FBI Mitte der 1950er Jahre ausdrücklich, dass unabhängig davon, welche Anschuldigungen gegen Reich sonst vorliegen mögen, unter dem Blickwinkel der nationalen Sicherheit keine Gefahr von ihm ausgehe. 1955 verweist eine Notiz auf einen Report von 1950 (während am 21. Juli 1943 einer vom 7. Februar 1942 angeführt wurde).

Die Durchsicht der FBI-Akten ergibt, dass das FBI kein besonderes Interesse an Reichs Fall hatte. Die Verfolgung war das Werk allein der FDA. Die Akten bieten keine Lösung aller Aspekte des Falles, schließen jedoch eine vom FBI veranlasste politische Verschwörung gegen Reich aus.

Wie tief der Glaube daran verwurzelt ist, dass bloß Nazis oder Antikommunisten jemanden mobben können, zeigt die Kurzdarstellung des Medizinhistorikers Wolfgang Eckart:

ECKART. 1990: «Aus beiden Vereinigungen[1] wurde er [also Reich] 1934[2] ausgeschlossen, nachdem ihn 1933 die Machtübernahme der Nationalsozialisten zunächst in die dänische und dann[3] in die nordamerikanische Emigration getrieben hatte. Nach einem fruchtbaren Neu-

---

[1] Die Kommunistische Partei Deutschlands, KPD, und die Internationale Psychoanalytische Vereinigung, IPV.
[2] Richtig wäre: 1933 Ausschluss aus der KPD, 1934 aus der IPV.
[3] Richtig wäre: … dann in die norwegische und schließlich in die …

beginn in den USA in den Jahren zwischen 1937[1] und
1947 setzte in den frühen Fünfzigerjahren[2] auch dort
eine Phase der Diffamierung und Verfolgung Reichs
ein, die zudem vor dem Hintergrund des zügellosen
Antikommunismus der McCarthy-Ära interpretiert
werden muss [!]. Die amerikanische ‹Food and Drug
Administration› konzentrierte sich insbesondere auf
Reichs ‹Orgon-Akkumulator›. Die Kampagne gegen
den Psychoanalytiker bediente sich des Vorwurfs der
‹Scharlatanerie›. Auf dem Höhepunkt der Kampagne
wurde Reich 1957 inhaftiert.»[3]

Dies ist schwammig formuliert, unterschlägt freilich, dass es
im skandinavischen Exil Kommunisten gewesen waren, die
Reich diffamiert und so seine Ausweisung betrieben hatten.
Was allerdings der Wikipedia-Autor, Stand 24. Juli 2024 um
14:23 Uhr, mit Hinweis auf diese Stelle in dem Buch macht, ist
eindeutig falsch:

WIKIPEDIA, 2024: «Der Antikommunismus [...] trug zum
Vorwurf der ‹Scharlatanerie› in der gegen den Psychoanalytiker betriebenen Kampagne bei.»

Es handelt sich hierbei nicht um einen Einzelfall. Um dies zu
illustrieren, sei aus einer Doktorarbeit über die politische Dimension der Gestalttherapie zitiert:

MANDL, 2018: Reich emigrierte «zunächst nach Kopenhagen und dann weiter in die USA. Politisch enttäuscht
und gebrochen, wandte er sich [von] den Strömungen
innerhalb der Arbeiter:innenbewegung ab und fokus-
sierte seine Forschung auf die Entdeckung von ‹Orgon›.
Nichtsdestotrotz begriff sich Reich als Linker und vor
allem als Friedensforscher. Dies reichte der konservati-

---

1 Richtig wäre: 1939. (Möglicherweise Druckfehler.)
2 Richtig wäre: ab Mitte der 1940er Jahre.
3 Wolfgang Eckart, *Geschichte, Theorie und Ethik der Medizin* (1990), Berlin
2017, S. 294.

ven US-Regierung, um gegen Reich vorzugehen. 1955
wurde gegen ihn Anzeige erstattet, in Folge dessen
er 1956 auch zu einer zweijährigen Haftstrafe[1] wegen
‹Missachtung des Gerichts› verurteilt wurde.»[2]

Egal, ob man in der FDA hintergründig Kommunisten als die
Drahtzieher annimmt (wie Reich selber es tat) oder nicht, der
Vorwurf, dass Reich ein Kommunist (oder einfach «Linker»
oder «Friedensforscher») sei, spielte nachweislich bei Anklage
und Verurteilung Reichs keine Rolle. FDA und Gerichte sind
zwar staatliche Organe, aber kein Teil der Regierung. Ja, sie
unterstehen nicht einmal regierungsamtlicher Weisung.

5

Es gibt einen direkten Weg von Reichs Position, die er in den
USA entwickelte, sowohl zu Goodmans Jefferson-, als auch
Anarchismus-Referenz. Reich nannte sie (in meinen Augen
etwas ungeschickt) Arbeitsdemokratie. Ungeschickt, denn mit
formalisierten Wahlen auf einem herrschaftlich organisierten
Gebiet hat sie nichts zu tun.

REICH, 1946: «Verloren sich Ansiedlergruppen in den amerikanischen Urwäldern, so versuchten sie, den Weg, auf
dem sie gekommen waren, wiederzufinden, um von be-
kanntem Terrain neu ins Unbekannte vorzustoßen. Sie
bildeten hierzu keine politischen Parteien; sie führten
keine endlosen Debatten über die Gegenden, die sie
nicht kannten; sie schlugen einander nicht die Köpfe ein
und sie forderten einander nicht unausgesetzt auf, Pro-
gramme über Ansiedlungen zu entwerfen. Sie handelten
aufgrund der gegebenen Situation natürlicherweise ar-
beitsdemokratisch.»[3]

---

[1] Verbot der Orgon-Experimente per (durch die FDA veranlasstem) Ge-
richtsbeschluss am 19. März 1954. Verurteilung wegen Missachtung dieses
Gerichtsbeschlusses am 07. Mai 1956. Haftantritt 1957.
[2] Elisabeth Mandl, *Revolution auf Krankenschein: Das politische Erbe der Gestalttherapie*, Dissertation, Wien 2018, S. 30.
[3] *Die Massenpsychologie des Faschismus*, a.a.O., 1946, S. 190.

Ob (sozial-) historisch zutreffend oder nicht,[1] in diesen Worten ist Reichs Utopie ausgedrückt: Man streitet, einigt sich jedoch auch konkret und vor Ort, *face to face*, über konkrete Probleme und Richtungen. Dies wurde, via Paul Goodman, zum Credo der Eltern der Gestalttherapie. Und wenn es vergessen wurde, sogar leider auch von gewissen Gestalttherapeuten, zeigt das den Sieg der Staatsgewalt, der politischen Ideologie an. Für die Herrschenden könnte nichts einen größeren Wert haben.

---

1 Zumindest sei dem immer noch weit verbreiteten Vorurteil vom wilden Westen widersprochen; vgl. Terry Anderson und Peter Hill, *The Not So Wild Wild West*, Stanford, CA 2004. Bemerkenswert, dass Reich ihm bereits 1946 nicht mehr erlegen ist.

Kritischer Pragmatismus: Aristoteles

1

Amerikanern wird Philosophie nicht zugetraut. Hierin drückt sich die Arroganz des alten Europas aus. Umgangssprachlich findet Pragmatismus Verwendung als Synonym für prinzipienloses Kompromisslertum und für Opportunismus. Dabei stellt der philosophische Pragmatismus ein ebenso vernünftiges wie unhintergehbares Prinzip auf: Das jeweils zu lösende Problem steht im Vordergrund, und es bildet den Ausgangspunkt aller Überlegungen. Es ist sinnvoll, der Ursache des Problems auf den Grund zu gehen, jedoch nur bis zu jenem Punkt, an dem man eine Lösung finden kann. Dies gebietet die Ökonomie des Denkens und Verhaltens: Wenn ein Problem gelöst wurde, wird es uninteressant und die betreffende Sache tritt in den Hintergrund. Um an die Ursache eines Problems zu kommen, brauchen wir Wahrnehmung und Logik als Instrumente.

Die europäische Tradition ging umgekehrt vor. Stets war ihr Bestreben, bis zu den ersten Ursachen, zu der *einen* ersten Ursache vorzudringen. Zunächst muss man das Sein als Basis etabliert haben, um von da aus aufsteigend zu den profaneren Dingen herabsteigen zu können. – Nur leider stellte sich die Rekonstruktion der ersten Ursachen stets als so verzwickt dar, dass dann kaum Zeit und Energie verblieben, um sich mit dem schnöden Alltag und dessen Problemen zu beschäftigen. Überdies fand man sich vor der Hürde, dass Ableitungen aus dem ersten Sein nicht so bruchlos erfolgten wie gedacht. Thomas von Aquin etwa bedauerte, dass die Menschen sich zwar über die obersten Prinzipien der Moral weitgehend einig seien, aber bei Deduktionen aus ihnen komme es zu mancherlei Fehlern.[1] Dennoch beschäftigten ihn die obersten Prinzipien, während er bei den Deduktionen selber oft schlampig und inkonsistent vorging. Noch Husserl war so sehr damit beschäftigt, heraus-

---

1 Siehe Thomas von Aquin, *Summa Theologica*, I-II, q 94 a 4 r: «Je mehr an Einzelbedingungen hinzugefügt wird, desto vielfältiger kann man abirren.» «Quanto enim plures conditiones particulares apponuntur, tanto pluribus modis poterit deficere.»

zufinden, was die Basis der Erkenntnis sei, dass er selten bis zu den Sachen gelangte, obwohl der Schlachtruf der Phänomenologie erklang: Zurück zu den Sachen selbst! In dem besten, was er je schrieb, seinen «Cartesianischen Meditationen» (1930), ging es ihm um die «absolute Begründung der Wissenschaft». Sein Hauptproblem war, das Ich (Ego) zu konstituieren, als vorhanden auszuweisen. Die Selbstvergewisserung, als ein Ich zu sein, sollte die Basis für alles Weitere werden. Etwas Buber war zu ihm bereits herüber geschwappt, und er fragte sich auch nach der Konstitution der Intersubjektivität und der Fremderfahrung. Heikle Angelegenheit, wenn man noch gar nicht weiß, ob man selber wirklich ist. Bubers Formel, das Ich werde am Du, greift hier nicht, denn sie setzt voraus, dass sowohl ein Ich als auch ein Du *da* sei. Entgegen aller Harmonisierungssucht in heutigen Gestaltkreisen, die meinen, Bubers Formel wäre kompatibel mit Holismus oder Konstruktivismus, bleibt festzuhalten, dass sie es nicht ist: Von ihr wird ein Ich und ein Du als 1. gegeben und 2. als *getrennt* implizit angenommen. In einem Einheitsbrei gibt es nicht nur keinen Konflikt (keine Aggression), sondern findet auch kein Kontakt und kein Dialog statt.

Ein Schüler von Husserl, Martin Heidegger (1889-1976), meditierte über «Sein und Zeit» (1927), aber als die Zeit der Bewährung gekommen war, versagte er kläglich: Er erlag der Versuchung, seine Philosophie qua Gewalt zur Staatsreligion machen zu wollen; was natürlich missgelang, da die Nationalsozialisten das nicht im Geringsten interessierte. Es war eine grandiose Selbstüberschätzung des Philosophen, der, obgleich er sich von Platon distanzierte,[1] genau das platonische Ideal des totalitären Philosophen-Herrschers im Kopf hatte.

Freuds Methode folgte, jedenfalls in ihrer popularisierten Form, der europäischen philosophischen Linie: Wir suchen für die Erklärung der gegenwärtigen (psychischen, auch gesellschaftlichen) Probleme des Patienten ihren ersten Ursprung auf, indem wir so weit wie möglich in seine Kindheit zurück-

---

1 Heidegger bezog sich auf die sogenannten Vorsokratiker vor Platon und Aristoteles, über die man freilich kaum etwas weiß und die sich deswegen hervorragend dazu eignen, Beliebiges in sie hineinzuprojizieren.

gehen. Die Psychoanalyse geht historisch, biographisch vor. In «Jenseits des Lustprinzips» (1920) bemühte der vom ersten Weltkrieg völlig derangierte Freud sich, die Quelle allen Übels im Einzeller zu suchen, der durch die Naturgewalten gegen seinen Willen zum Leben gezwungen worden sei. Als Antwort darauf wird in «Gestalt Therapy» (1951) in verdichteter Form das Prinzip des Pragmatismus dargestellt:

> **PHG, 1951:** «Freud scheint die Natur einer ‹Ursache› missverstanden zu haben. Eine ‹Ursache› hat kein eigenes Dasein, sondern ist das Prinzip einer Erklärung für ein gegenwärtiges Problem. Darum wird eine Verkettung von Ursachen – egal in welche Richtung, ob vorwärts zum End-Ziel oder rückwärts zum Ur-Anfang – mit zunehmender Länge schließlich völlig bedeutungslos, denn wir suchen nach einer Ursache, um uns in einem besonderen Einzelproblem zurechtzufinden, um die Situation zu ändern oder hinzunehmen. Eine gute Ursache löst das Problem (uns im Einzelfall zurechtzufinden) und beschäftigt uns dann nicht weiter.»[1]

Die Suche nach einer Ursache für ein Problem dient dazu, sich zurechtzufinden und zu einer Lösung zu gelangen. Ketten von Ursachen werden bedeutungsloser mit zunehmender Länge der Ketten in die Vergangenheit oder Zukunft, ganz einfach, weil wir über Vergangenes oder Zukünftiges keine Kontrolle

---

1 A, 350f. B, 130. C, 138f. D, 142f. E, 182f. F, 103-105. Noch etwas vom biologischen Kontext der Argumentation: «Wie Freud an eine *Kette* von Ursachen zu denken, die aus bis in den Anfang zurück reichenden Elementargliedern besteht, ist eine Fehldeutung der Entwicklungsgeschichte. [...] Freud spricht grad' so, [...] als sei einem Einzeller die Seele eines Vielzellers hinzugefügt worden, usw.; oder umgekehrt, als stecke in einem Wirbeltier ein introjizierter Gliederwurm, usw. – auf dass ein Lebewesen zunächst als Wirbeltier entschlafe, sich sodann daran mache, als Glieder- dann als Plattwurm zu entschlafen, um derart schließlich unbelebt zu werden. Tatsächlich aber bildet jedes Lebewesen auf seiner Entwicklungsstufe eine neue Ganzheit, wird in der Ganzheit auf eigene Weise tätig; es will *seine* Weise, in einer gegenständlichen Ganzheit zu leben, vervollkommnen und beschäftigt sich nicht damit, ein ‹allumfassendes Gleichgewicht› anzustreben. [...] Nichts wäre gelöst für einen Organismus, wenn er das Problem von anders gearteten Organen löst.» (Dies ist Pragmatismus mit einem Schuss Goldstein.)

haben. Die Vergangenheit liegt fest und die Zukunft ist offen: Das Handeln findet in der Gegenwart statt, und es kann zu keinem andern Zeitpunkt stattfinden. Hier-und-Jetzt-Prinzip. Wenn wir für die heutigen Probleme die Sesshaftwerdung des Menschen vor ein paar tausend Jahren verantwortlich machen, wie einige es aus dem Ansatz Wilhelm Reichs herleiten,[1] kann man nur hilflos mit den Achseln zucken und sagen: Dumm gelaufen, aber was hilft's? Und wenn Freud für den Krieg die unglückliche Fügung verantwortlich macht, dass vor einer noch viel längeren Zeit der Einzeller zum Leben gezwungen wurde, bleibt uns auch nicht viel Spielraum, um etwas gegen den Krieg zu tun.

Zu den für die Gestalttherapie wichtigsten Pragmatikern rechne ich William James (1842-1910), den Begründer der amerikanischen Psychologie, und John Dewey (1859-1952), den Begründer der amerikanischen Erziehungswissenschaft. Bei Dewey hat Goodman selber noch gehört. William James kommt mit dem «moralischen Äquivalent des Kriegs» weiter hinten zu Ehren.[2] – Andere Autoren heben George Herbert Mead (1863-1931) hervor.[3]

2

Goodmans Verhältnis zu dem Pragmatismus im Allgemeinen und John Dewey im Besonderen war durchaus zwiespältig. In der landläufigen Verwendung des Wortes Pragmatismus als Opportunismus steckt nämlich auch ein Korn Wahrheit. Denn die Suche nach der unmittelbaren Lösung kann durchaus dazu führen, bestehende Verhältnisse unhinterfragt zu akzeptieren und bloß hier und da etwas zu tun, das die schlimmsten Auswüchse besänftigt, und ansonsten ihr Fortbestehen zu unterstützen.

Goodmans Analyse in «Gestalt Therapy» (1951) ging davon aus, dass die Überreste einer offenen Gesellschaft abgelöst

---

1 Zum Beispiel: James DeMeo, *Saharasia: The 4000 BCE Origins of Child Abuse, Sex-Repression, Warfare, and Social Violence in the Deserts of the Old World*, Ashland, OR 1998.
2 S. 265-268.
3 So im «Handbuch der Gestalttherapie» (1999) Milan Sreckovic (S. 66f) und Hilarion Petzold (S. 315).

werden von zentraler sozialtechnischer Regelung menschlicher Reaktionen. Strittig sind in diesem universellen Konsens nur die Methoden, Ziele, Organisationsformen, Verfahrensfragen, die personellen und sozialen Strukturen des Zentralismus. Es gelingt aber, die gesamte Opposition in den Konformismus einzugliedern. Die Opposition hatte die nie recht verwirklichte Liberalität mit dem verwechselt, was als Kapitalismus zur historischen Realität geworden ist. Für die Herrschaft der Interessengruppen, d.h. Verwandlung in den korporatistischen politischen Kapitalismus, fehlte ihr nun jedes Instrumentarium der Kritik: Das Ende der Konkurrenz müsste doch, dachte die Opposition, zugleich das Ende des Elends einläuten, ökonomisch und psychologisch gesehen. Wenn die Herrschenden an einer Gesellschaft ohne Konkurrenz mitbauen, werden in der «Schönen Neuen Welt» aus Gegnern derart Verbündete der Opposition. Eine Utopie vom Ende der Konkurrenz, die kritisch sich zwar dünkte, jedoch bereits Konformität ausdrückte, war beispielsweise das durch Dewey bereits am Ende des 19. Jahrhunderts umrissene Ideal des Progressivismus, nämlich alle Menschen «zu verbinden zu einem harmonischen Ganzen von Mitgefühl und Handeln».[1]

Wieviel Gewalt hinter dem progressiven Ideal steht, kann man an folgender Abschätzung des positiven *(sic)* Effekts vom ersten Weltkrieg ermessen:

DEWEY, 1917: «[Ein europäischer Unternehmer] muss [im Kriegszustand] herstellen, was die Regierung von ihm verlangt; muss seine Produkte zu Preisen verkaufen, die die Regierung festlegt; muss Arbeitern zahlen, was die Regierung vorschreibt, und wenn dann ein Gewinn übrig bleibt, kann die Regierung sich ihn aneignen, um die Kosten des Kriegs zu decken. [...] Es gibt keinen Grund zu glauben, dass das alte Prinzip [freien Unternehmertums] jemals wieder aufgenommen werden wird. [...] Ich erwarte nicht, dass der Wandel [in den

1 John Dewey, *Reconstruction*, in The Early Works, Bd. 4: 1893-1894, Carbondale, IL 1971, S. 100. Progressivismus war Ende des 19. und Anfang des 20. Jahrhunderts übrigens das Programm der Republikanischen Partei.

USA] so plötzlich eintritt; die industrielle Demokratie
ist aber auf dem Weg. Die Herrschaft der Arbeiter und
Soldaten wird nicht auf Russland beschränkt bleiben.»[1]

Das muss man sich mal auf der Zunge zergehen lassen: Kriegs-
wirtschaft bedeutet industrielle Demokratie, deren Ideal die
zentralstaatliche Organisation der Wirtschaft darstellt. Für das
Staatswachstum kannte Dewey keine prinzipielle Grenze:

DEWEY, 1927: «Es gibt keinen feststehenden und universell
gültigen Satz, aufgrund dessen die Funktionen eines
Staats eingeschränkt oder erweitert werden sollten. [...]
Ihr Umfang ist etwas, das kritisch und experimentell bestimmt werden muss.»[2]

Dieser Satz formuliert genau das Problem des Pragmatismus:
Er fügt sich rückgratlos in die herrschende Maschinerie ein,
weil er von ökonomischen, gesellschaftlichen und moralischen
Prinzipien absieht. Die globale Sozialtechnik hat aber einen
Fehler: Sie produziert gemütskranke Menschen und verstopft
alle Aussichten auf eine Zuflucht. Goodman sprach bereits
Mitte der 1940er Jahre von einer drohenden «Soziolatrie», das
heißt «Vergötterung der Gesellschaft».[3] Damit meinte er eben
die Dewey'sche Utopie des Progressivismus: Eine aller inneren
Konflikte sowie Leidenschaften enthobene, befriedete Welt-

1 John Dewey, *War's Social Results* (1917), in Later Works, Bd. 17, Carbondale, IL 1990, S. 22f.
2 John Dewey, *The Public and Its Problems: An Essay in Political Inquiry*,
Chicago, IL 1946, S. 74. (1927; 1946 mit erweiterter Einleitung.)
3 Paul Goodman, *Revolution, Sociolatry, and War*, in Politics (Dez. 1945),
später Kapitel von *The May Pamphlet* (1946) bzw. *Drawing the Line* (1962).
Sociolatry nach dem Begriff des französischen Begründers der Soziologie
Auguste Comte (1798-1857). Comte gebrauchte den Begriff allerdings
positiv. – Goodman: «*Soziolatrie* ist die Sorge der von ihrer tieferen Natur
entfremdeten Massen um das reibungslose Funktionieren der industriellen
Maschinerie, von der sie sich einen höheren Lebensstandard erhoffen. [...]
Auf der Seite der politischen Elite: *Soziolatrie* ist das Übereinkommen der
Mehrheit der Bourgeoisie, Rentiers des industriellen Korporatismus zu
werden, in dessen Arbeit sie nicht eingreifen. [...] *Soziolatrie* ist darum die
Psychologie des Staatskapitalismus und des Staatssozialismus.» (In 1946,
S. 30f. In 1962, S. 33. In 1977, S. 29. In 2010, S. 41.)

gesellschaft mit unvorstellbar zerstörerischen Energien gegen alles, was als Außen interpretiert wird. Ich habe bereits gezeigt, dass Laura und Fritz Perls sich in diesem Punkt, den sie unabhängig von Goodman entwickelten, mit ihm einig waren: Gesellschaftlich sei nicht eine Zunahme, stattdessen eine Abnahme an Aggression zu verzeichnen. An Aggression jedenfalls, welche zielgerichtet Konflikte zwischen Individuen oder Gruppen zu der Gestaltung der Umgebung und Befriedigung ihrer Bedürfnisse meint. Die organisierte,[1] zentralisierte und befriedete Gesellschaft entfremdet die Menschen der sozialen Konflikte, unterbindet Aggression und schneidet sie so von der Fähigkeit zur Kontrolle über das eigene Leben ab.

Mit dem Verlust von Konflikten und von konfliktklärenden Verhaltensweisen verschwindet der Gedanke an alternative Möglichkeiten und der Wille zur Veränderung, denn beides schließt Aggressivität ein: Zerstörung eines Zustandes, um Platz zu machen für einen anderen Zustand. In jener Art der Befriedung ist unausweichlich eingeschrieben, dass Bedürfnisbefriedigung abnimmt. Immer weiter entfernt sich der soziale Zustand von den Wünschen, Vorstellungen, kreativen Ideen der Menschen: sie haben keine Mittel mehr, um korrigierend einzugreifen. Die Unzufriedenheit kann sich nicht vernünftig politisch äußern, sondern staut sich auf bis zur Bereitschaft, das bedrückende Ganze einschließlich der eigenen Person zu zerstören. Oder, psychoanalytisch gesagt: Das Ich interpretiert die unterdrückten, aber unabweisbaren Forderungen des Es als Aufforderung zur Selbstzerstörung.

3

Eine kritische Frage nach Erziehung erhob sich für Dewey, weil in der gesellschaftlichen Wirklichkeit die amerikanischen Werte – vor allem: soziale Selbstorganisation, ökonomische Selbstständigkeit, politische Selbstverwaltung – zunehmend an Bedeutung verloren. Dewey fiel es nicht schwer, diese ur-

[1] *Organized Society* oder *Organized System* wird der Begriff sein, mit dem Goodman in den 1960er Jahren das Problem beschreiben wird – und damit den Nerv der Zeit so trifft, dass ihn dies zu dem Helden der rebellierenden Jugendlichen, zu dem Helden der Neuen Linken in Amerika machte.

sprünglichen amerikanischen mit den Werten europäischer
Bildungsphilosophie – etwa dem der Mündigkeit – zu ver-
knüpfen. Von diesen Werten her bestimmten sich die beiden
zentralen Merkmale der Dewey'schen Erziehungskonzeption:
Erziehung hat – erstens – Gesellschaft als Mikrokosmos nachzubilden, d.h. die ideale Gesellschaft vorwegzunehmen, und
sie hat – zweitens – eine neue, d.h. bessere Gesellschaft vorzubereiten. Dewey meinte nicht, dass dieser Prozess der aus-
differenzierten Erziehung wieder in eine Identität von Gesellschaft und Erziehung einmünden werde oder solle. Er glaubte
nicht an die Vollendung der idealen Gesellschaft, sondern an
eine unendliche Aufgabe.

Der Gedanke, Erziehung habe eine unendliche Aufgabe,
schloss ein, dass der Erziehungsprozess selbst nicht in festen
dogmatischen Bahnen verlaufen dürfe. Auch die Gestaltung
der Erziehung ist eine unendliche Aufgabe, die offen für Veränderung und Verbesserung bleiben muss, gerade von Seiten
der dem Erziehungsprozess Unterworfenen. Dieser Gedanke
macht verständlich, dass und warum Dewey Sympathie für
anarchistische Ideen aufbrachte. Belegt sind seine Freundschaft zu Emma Goldman und sein waches Interesse für anarchistische Siedlungs- und Schulexperimente.[1] Später griff
Goodman Deweys Gedanken der notwendigen Offenheit aller
gesellschaftlichen, vor allem erzieherischen Institutionen auf
und radikalisierte ihn.

Auf der anderen Seite kann festgestellt werden, bedauerte
Goodman 1970, dass Deweys Konzept in der Realität gerade-
zu das Gegenteil des Intendierten bewirkt habe.[2] Unter Ver-
nachlässigung des Offenheits-Gebotes wurde Erziehung nach
Dewey als Instrument missverstanden, entweder um die ideale
Gesellschaft durchzusetzen, nämlich indem die Kinder dem
Ideal angeglichen werden, oder um die Kinder in die bereits für
ideal gehaltene bestehende Gesellschaft einzupassen. Deweys
Erziehungskonzeption hat die Entstehung und Entwicklung

1 Paul Avrich, *The Modern School Movement: Education and Anarchism in the
United States*, Princeton, NJ 1980, S. 244 bzw. S. 38.
2 Paul Goodman, *New Reformation: Notes of a Neolithic Conservative*, New
York 1970, S. 84.

des liberal-korporatistischen Staats wenn schon nicht gewollt, so doch nahegelegt und institutionell vorbereitet. Unter einem liberal-korporatistischem Staat ist zu verstehen, dass der vorgeblich demokratische und liberale Staat durch politische und ökonomische Maßnahmen eine fast vollständige Kontrolle und Steuerung der Gesellschaft erreichte; insbesondere durch die Maßnahme, die gesellschaftlichen Organisationen mittels ihrer Finanzierung aufzukaufen und mittels Gesetzen, die die Organisierten – etwa Berufsverbände – «selber» forderten, zu reglementieren. Wichtige Pfeiler des liberal-korporatistischen Staats sind die Gewerkschaften, Berufs- und Unternehmerverbände, das von Patriotismus getragene Militär, der militärindustrielle Komplex, sowie Schulen und Universitäten.

Der Erziehung fällt im liberalen Korporatismus die Aufgabe zu, den Kindern das rechte Gemeinschaftsgefühl einzubläuen: stets sozial zu handeln, sich stets zu organisieren, ihre Interessen als stets gesellschaftliche anzusehen. Dies aber entspricht exakt Deweys konkreten Erziehungszielen.

DEWEY, 1938: «Kinder versenken sich in ihren Ferien oder nach dem Unterricht in verschiedene Spiele. [...] Diese Spiele setzen Regeln voraus. [...] Einige ziemlich offensichtliche Kontrollmechanismen kennzeichnen solche Spiele. [...][1] Aus ihnen leite ich her, dass die Kontrolle individueller Handlungen immer durch die Gesamtsituation bewirkt wird, an welcher die Individuen teilnehmen, die dadurch in kooperativer Wechselwirkung stehen. [...] Die Teilnehmer am Spiel fühlen sich nicht von einem Einzelnen gegängelt oder dem Willen eines außerstehenden, überlegenen Bosses unterworfen. [...] In derartigen Fällen begründet nicht der Wille eines Einzelnen die Ordnung, sondern der Geist der ganzen Gruppe. [...] Die Folgerung daraus ist, dass in der neuen

---

1 ... Regeln sind Teil des Spiels; die Teilnehmer empfinden sie nicht als von außen aufgenötigt. Die Konflikte drehen sich niemals um die Regeln selber, vielmehr um den Bruch der Regeln. Regeln gelten durch Überlieferung ... Ähnlich, aber differenzierter dargestellt bei Jean Piaget, *Das moralische Urteil beim Kinde* (1932), Stuttgart 1986, S. 26-134.

Schule die Hauptquelle sozialer Kontrolle im Wesen der
verrichteten Arbeit als einem gemeinsamen Unterfangen gesehen wird, an welchem mitzumachen alle
Schüler Gelegenheit haben, so dass sich alle gleichermaßen für sie verantwortlich fühlen. [...] Somit verliert
der Lehrer die Rolle des externen Bosses oder Diktators,
stattdessen übernimmt er die eines Führers in Gruppenveranstaltungen.»[1]

Deweys Intention liegt auf der Hand: Er argumentierte mit
anti-autoritärem und basis-demokratischem Impuls gegen
überkommene Hierarchien und für eine Ordnung, die von den
um eines Ziels willen kooperierenden Menschen selber entwickelt und überwacht wird. Das ist eine soziale Kontrolle, die
Dewey nicht zu Unrecht für kompatibel mit anarchistischen
Auffassungen hielt, obwohl er diese als zu extrem ablehnte.[2]
   Womit ist es zu erklären, dass diese Intention mündet, wie
Goodman 1970 schrieb, in Massenuniversitäten, Technokratie,
Wohlfahrtsbürokratie und Vorstadt-Idylle, in ein sozialisieren-
des Klassenzimmer, wo das Kind lernt, dass Freiheit bedeutet,
gesellschaftliche und institutionelle Ziele zu verwirklichen?[3]
Dewey habe, antwortete Goodman, nicht realisiert, dass seine
Ideen im Rahmen einer öffentlichen und einheitlichen Pflicht-
schule degenerieren müssen zu einem Instrument, welches die
Identität eines Menschen aufgehen lässt in seiner Rolle bei den
Gruppenveranstaltungen. Um im Duktus von Deweys zitierter
Passage zu bleiben: Im Unterschied zu dem Kinderspiel und
den in ihm generierten Regeln ist die Pflichtschule eben keine
spontane und freiwillige Gruppierung, zusammengehalten von
Interesse an der Sache und von Sympathie der Mitglieder für
einander, vielmehr eine Zwangsvereinigung. Es ist etwas völlig
anderes, sich den Regeln einer Gruppierung zu unterwerfen,
die man zur Not wieder verlassen kann, als den Regeln einer
Gruppierung unterworfen zu sein, aus der es kein Entrinnen
gibt. Zur Teilnahme der Pflichtschule haben nicht nur alle Ge-

1 John Dewey, *Experience and Education* (1938), New York 1963, S. 52-59.
2 Ebd., S. 52. Entspricht Reichs «Arbeitsdemokratie».
3 Paul Goodman, *New Reformation*, New York 1970, S. 28.

legenheit, sondern alle sind zur Teilnahme angehalten. Innerhalb der Schule als Zwangsvereinigung bedeutet der Übergang vom autoritären Lernen akademischer Fächer zur progressiven und demokratischen Schule eine Ausweitung, nicht eine Begrenzung der sozialen Kontrollmöglichkeiten. Die Ausweitung der Schule zu einer Instanz, die das ganze Leben der Heranwachsenden und die gesamte heranwachsende Generation umfasst, führt zu einer von Dewey (eventuell) nicht gewollten zunehmenden Zentralisierung und Bürokratisierung, zu einer Erosion der lokalen Kontrolle über die Schulen. Mindestens leistete er der Entwicklung dahin Vorschub, indem er mit den Architekten des Korporatismus die Vorstellung propagierte, individuelle Gefühle und Handlungsweisen unter soziale Kontrolle zu bringen, und es unterließ, den Zwangscharakter der Schulgemeinschaft als Teil der gesamten Situation zu sehen.

Der Kampf der diesen Korporatismus formierenden Kräfte richtet sich gegen die asoziale Seite der amerikanischen Werte: gegen Eigensinn, Individualismus, Konkurrenzgeist, Selbstgenügsamkeit, Selbstjustiz, Regionalismus. Von Goodman her gedacht ist Dewey als Fehler anzukreiden, die amerikanischen Werte unkritisch als sozial und harmonisch gedeutet und so ihre Funktion im individuellen Widerstand gegen kollektive Überwältigung verfehlt zu haben. Indem Dewey die asoziale Funktion der amerikanischen Werte leugnete, arbeitete er nach Goodman (unbewusst?) dem Korporatismus in die Hände, dessen Ziel eine reibungslos funktionierende und zentral zu steuernde Gesellschaft ist – mithin das Gegenteil von Deweys Offenheits-Gebot.

4

Philosophieren lernte Goodman bei Richard McKeon (1900-1985), Deweys Schüler. In den 1930er und 1940er Jahren war er Amerikas öffentliches Gewissen. Anthropologen, Literaturwissenschaftler, Philosophen, Schriftsteller, Theologen zählten zu den Bewunderern. Nachdem Goodman die Highschool abgeschlossen hatte, entdeckte er den kaum mehr als zehn Jahre älteren Denker und beschloss, bei ihm zu studieren. Er konnte die Studiengebühren nicht zahlen; aber McKeon akzeptierte ihn dennoch. Dies ist ein Beispiel dafür, dass in Amerika, obwohl auf dem Weg in eine organisierte Gesellschaft, es von den Institutionen dennoch akzeptiert wurde, wenn Repräsentanten des Systems gegen die Regeln verstießen. Aus europäischer – und asiatischer – Sicht ist das ein unglaublicher Umstand, der weiterhin die kulturelle Differenz markiert. Nach wie vor ist der genuin amerikanische Anarchismus nicht ganz tot.

Als McKeon 1934 nach Chicago berufen wurde, lud er Goodman ein, ihm als Doktorand zu folgen; dieser nahm an. Er promovierte mit einer Arbeit über die formale Struktur von Literatur. Sein Exil, wie er es nannte, zwang ihn, gegenüber seiner Schwester unabhängig zu werden. Zwar war Goodman erfolgreich, glücklich fühlte er sich in Chicago aber nie. Seine Heimat blieben die Straßen von Manhattan, New York. – Die eine Hälfte seiner Studenten beschrieb McKeon als Albtraum, die andere Hälfte als unterstützend.[1] Goodman gehörte zu der zweiten Gruppe.

Vom Ende der 1940er Jahre an engagierte McKeon sich in verschiedenen Zusammenhängen der UNO und gilt als einer der wesentlichen Ideengeber der Charta der UN-Menschenrechte. Erst ab dieser Zeit begann er, einen eigenständigen Beitrag zur Philosophie zu entwickeln, der um den Themenkreis von Kultur und Kommunikation kreiste.[2] Doch während der Zeit, in der Goodman bei ihm studierte, war er fast ausschließlich mit Aristoteles beschäftigt. Damit protestierte McKeon, der in den 1920er Jahren in Paris studiert hatte, gegen die zeitgenössische Philosophie, weil sie ihm eine Zerfalls- und Auflösungsform zu sein schien. Viel später erst entdeckte er die römische Philosophie (z.B. Cicero) sowie die mittelalterlichen Scholastiker (z. B. Abaelard) als ebenbürtige Denker.

Wie geht Aristoteles mit dem Pragmatismus einher? In der Metaphysik stellte Aristoteles zwar die Frage nach der ersten Ursache aller Ursachen – eine logisch zwingende Frage, wenn man in einer Kette von Ursache-Wirkungs-Zusammenhängen

---

1 Vgl. Tim A. Obermiller, *Will the real Richard McKeon please stand up?*, in The University of Chicago Magazine, Dezember 1994.
2 Vgl. Peter Simonson, *McKeon in the Pragmatist Tradition*, in Robert Danisch (Hg.), *Recovering Overlooked Pragmatists*, New York 2019, S. 23-51.

denkt – und die europäische Philosophiegeschichte rezipierte ihn vor allem in dieser Hinsicht. Wenn Aristoteles aber über die Ethik schrieb – über das, was das gute Leben ausmacht –, dann ging er nicht von ersten oder obersten Prinzipien aus wie Platon, sondern sammelte zunächst einmal, was alles unter einem guten Leben verstanden werde. In dieser Sammlung suchte er nach einem gemeinsamen Nenner dessen, was er da ausfindig gemacht hatte. Eine fast schon phänomenologische Herangehensweise. Oder wenn er sich dafür interessierte, wie das sinnliche Wahrnehmen vor sich gehe, untersuchte er genau das, was bei der sinnlichen Wahrnehmung tatsächlich vor sich geht. Es findet keine Deduktion aus obersten Prinzipien oder Ideen statt. Auch das eine Herangehensweise, die von Gestalt-psychologie und Phänomenologie aufgenommen wurde. Und vom Pragmatismus: Der Ausgangspunkt ist ein gegenwärtiges Problem, von dem aus die Untersuchung in die verschiedenen Richtungen voranschreitet, durch Beobachtung und durch die Analyse des Beobachteten mittels vernünftiger Erwägungen.
Richard McKeon

GOODMAN, 1954: «lehrte mich, die aktuelle Erfahrung in Betracht zu ziehen, als er zeigte, dass Aristoteles mit ‹gesehenem Objekt› das Oval des Sichtfelds meinte.»[1]

Bei ihm trainierte Goodman, einen Text zu verstehen. Nicht Textschnipsel. Nicht alles einmal umrühren und in einen un-unterscheidbaren Einheitsbrei mantschen. In den Jahren, die Goodman bei ihm studierte, ließ McKeon für die Literatur-wissenschaft nur einen Text zu: Die Poetik des Aristoteles. Eine Einschränkung, gewiss. Aber auch die harte Schule der Aus-legung. Verstehen. Verstehen. Verstehen. Darin sehe ich einen Unterschied zwischen dem Eklektizismus von Perls und dem von Goodman. Perls griff opportunistisch (manche würden sagen: pragmatisch) das auf, was ihm über den Weg lief und in

---

[1] Paul Goodman, *The Structure of Literature*, Chicago, IL 1954, in der Wid-mung des Buches (einer überarbeiteten Fassung seiner Dissertation) an vier Lehrer. Die weiteren Lehrer sind Rudolf Carnap, Morris Cohen und einer seiner Highschool-Dozenten.

den Kram passte und kochte daraus sein Potpourri, seien es nun
Psychoanalyse, Gestaltpsychologie, Holismus, Behaviorismus,
Kybernetik oder Friedlaender'scher Polarismus. Auch Good-
man war Eklektiker; seine Anleihen waren allerdings weitaus
weniger zufällig, und er bestand stets darauf, dass man einen
Autor in dessen eigenen Begriffen rekonstruieren müsse.

5

In «Gestalt Therapy» zitierte Goodman zweimal die Äußerung
von Aristoteles, durch Nahrungsaufnahme werde Unähnliches
ähnlich gemacht.[1] Nahrungsaufnahme ist das Modell allen
Kontakts (laut Thomas von Aquin: aller Liebe). Etwas, das mit
dem Organismus nicht identisch ist, wird 1. als zuträglich erkannt, 2. in seiner Gestalt zerstört, 3. angepasst (verdaut), sowie 4. in Wachstum und Zeugung umgesetzt.

Freilich findet sich die entsprechende Wendung erst aus-
formuliert im Kommentar, den Thomas von Aquin verfasste:
Bei der Ernährung handelt es sich Thomas von Aquin zufolge
um die Grundgestalt der Seele – oder, was in aristotelischer
Psychologie das gleiche bedeutet: des Lebens. Das Feld des
Lebens ist gekennzeichnet von der Spannung – in der Aus-
drucksweise mittelalterlicher Scholastik – zwischen Gleichem
und Ungleichem oder – in der gestalttherapeutischen Aus-
drucksweise – zwischen Konservativem (Hintergrund) und
Neuem (Vordergrund oder Figur). Die Funktion der Seele
bzw. des Selbst[2] ist es, Ungleiches oder Neues zu verdauen und
sich anzupassen, um den Organismus zu erhalten, wachsen
zu lassen und fortzupflanzen. Alle Fähigkeiten sind auf das so
definierte körperliche Wohl des Organismus gerichtet.[3]

Der Inhalt der aristotelischen Psychologie bezieht sich auf
die korrekte Beschreibung des gelungenen Lebensprozesses.
Thomas fragte im Kommentar, ob Aristoteles die Nahrung
richtig charakterisiert habe und wies die Einwände zurück. Er

---

1 A, 230/421. B, 6/200. C, 12/218. D, 24/275. E, 25/275. F, 15.
2 A, 376. B, 155. C, 165. D, 171. E, 216. Hier findet sich die Wendung
«self or soul» – Goodmans Begriff des Selbst entspricht dem aristotelischen
Begriff der Seele.
3 Sogar die Liebe zu Gott ordnete Thomas als Form der Lustbefriedigung
ein, aber das ist eine andere Geschichte.

stellte nicht in Frage, dass der Organismus das ihm Gemäße anpasst. In «Gestalt Therapy» wurde darauf Bezug genommen als organismische Selbstregulation: Der Prozess, in welchem der Organismus sich ernährt und im Feld behauptet, erreicht das Ziel. Die Gestalttherapie behandelt *Störungen* des natürlichen, gesunden Prozesses. Es wird etwas nicht Nahrhaftes – nicht Assimilierbares – als Nahrung ausgewählt, die Nahrung wird nicht genügend zerkleinert (assimilierbar gemacht), die Verdauung klappt nicht, die Assimilierung scheitert. Bereits Thomas sprach die Möglichkeit des Scheiterns an: als Sünde. Unter Sünde verstand er den Verstoß gegen das, was natürlich oder vernünftig ist. Aber es gab bei Thomas keine Theorie, wie es zur Sünde kommt, obgleich der Organismus mit seinem Streben nach Befriedigung und das Denken mit seinem Streben nach Wahrheit doch immer auf das Gute hin zielen. Goodman verstand das im Sinne seiner historischen Anthropologie als Hinweis, dass die Selbstregulierung für Aristoteles und Thomas noch relativ intakt war. Es gab Fehlentscheidungen (Sünden) und es gab Unterdrückung (etwa die Lustfeindlichkeit der Religion), jedoch verdichtete sich beides nicht zu einem System, in welchem es so erscheint, als ob der Organismus eher das Falsche für sich tut als das Richtige. Die Fehlentscheidungen waren vereinzelt, und die Unterdrückung war eine Einwirkung von außen. Heute hingegen haben wir uns, trotz Überfluss, gewöhnt an Mangel und Hunger.[1] Den Entscheidungen des Organismus ist nicht mehr zu trauen. Goodman versuchte mit «Gestalt Therapy», dies zu erklären, ohne die aristotelische Psychologie pessimistisch umdeuten zu müssen; z. B.: Entscheidungen der Selbstregulation seien vom Grundsatz her mehr zum Falschen als zum Richtigen geneigt. Der entscheidende Satz in «Gestalt Therapy» lautet:

PHG, 1951: «Mal angenommen, weder würde das Gleichgewicht zwischen dem Organismus und seiner Umgebung wieder hergestellt noch ein zeitweiliger Notfall der übermäßigen Gefahr bzw. übermäßigen Frustration

---

1 A, 342. B, 122. C, 130. D, S. 134. E, 172. F, 71.

ausgeblendet und wegfantasiert, wie es natürlich wäre, sondern es existierte ein chronisches Ungleichgewicht mit geringer Spannung:[1] ein fortwährender Stachel von Gefahr und Frustration, durchsetzt mit gelegentlichen akuten Krisen, ohne sich je ganz zu entspannen. Dies ist eine trübe Annahme, aber unglücklicherweise ist sie für die meisten von uns eine historische Tatsache.»[2]

Der erste Teil bezeichnet eine natürliche Reaktion auf Gefahr, Frustration oder Notfall. Das ist nicht die heute beobachtbare normale Reaktion, aber es ist nötig, festzustellen, was natürlich im Unterschied zu normal ist, denn sonst könnte Normalität nicht kritisiert werden. Der Begriff Notfall bedeutet, dass es ein Problem oder einen Konflikt zwischen dem Organismus und dem ihn umgebenden Feld gibt; dies kann zum Beispiel Hunger sein, wenn keine angemessenen Nahrungsmittel zur Hand sind, oder ein Streit unter Nachbarn. Zwei Formen von natürlichen Reaktionen werden unterschieden. Die erste Form solch einer natürlichen Reaktion ist die Wiederherstellung des Gleichgewichts. Nahrung kann schließlich beschafft werden, die Auseinandersetzung mit dem Nachbarn lässt sich regeln. Die zweite Form einer natürlichen Reaktion ist Ausblendung und Halluzination. Hunger wird mit Nikotin oder Kokain ausgeblendet, betäubt, unterdrückt; den hartnäckigen Nachbarn ignoriert man. Es liegt aber in der Natur derartiger Probleme zwischen dem Organismus und seiner Umgebung, dass sie nur *vorübergehend* auftreten. Sie mögen zwar zu einem «zeitweisen Übermaß» führen, aber indem der Organismus überlebt, löst er die Probleme, entspannt sich und macht sich bereit für das nächste Problem.

Anstelle solcher zeitweisen Ungleichgewichte gibt es heute ein *chronisches* Ungleichgewicht auf niedrigem Niveau, das nie ganz entspannt wird. Das *chronische* Ungleichgewicht muss von einem niedrigen Niveau sein, denn der Organismus könnte auf

---

1 Dies entspricht Goldsteins «kleinen Katastrophenreaktionen», denen der Organismus ausgesetzt ist» (*Organismus*, a.a.O., S. 355).
2 A, 263 f. B, 39 f. C, 46. D, 48. E, 68. F, 27. – Eine *historische* Tatsache, keine anthropologische oder existenzielle Konstante.

dem Niveau eines höheren Ungleichgewichts nicht überleben. Jenes Ungleichgewicht auf niedrigem Niveau kennzeichnet jedoch, dass es chronisch ist. Angenommen, jemand sei hungrig und infolge staatlicher Bestimmungen kann er die Nahrungsmittel nicht bekommen, welche er für sich am geeignetsten empfindet. Er wird zwar nicht verhungern. Aber unbefriedigt bleiben. Nichtmal wird er gegen die organisierte Gesellschaft kämpfen, weil er weiß, dass sie allemal stärker ist als er; außerdem, nun denn, man verhungert ja nicht grade und warum sich einen Kopf machen?

Auf diese Weise produziert die organisierte Gesellschaft, diese wohlmeinende demokratische Wohlfahrtsgesellschaft, nichts als Unglück. Indem sie den Glauben an den Staat und seine altruistischen Motive stärkt, beraubt sie die Menschen ihrer Fähigkeit, auf der Grundlage von Eigenwilligkeit und Selbstverantwortung zu handeln. Indem sie die Probleme für ihre Mitglieder zu lösen versucht, handelt die organisierte Gesellschaft gegen das wirkliche Interesse ihres Lebens.

Jene «trübe Annahme» wäre zu präzisieren. Wenn die erreichbare Nahrung zwar den Organismus irgendwie erhalten kann, aber wichtige Merkmale wie Geschmack, natürliche Zusammensetzung, ausgeglichene Wirkung auf den Stoffwechsel usw. nicht aufweist, tritt weder der Notfall des Hungers ein noch wird der Hunger befriedigt. Das ist der Vorgang, der Körper und Geist trennt: Der Geist behauptet, für ausreichend Nahrung gesorgt zu haben, während der Körper einen Mangel meldet. Da der Geist diese Meldung als falsch ansieht, muss er das Gefühl für den Körper reduzieren. Der Geist verlässt sich nicht mehr auf die Meldungen seines Körpers, er entfremdet sich dem Körper und verliert die Basis der eigenen Funktion.

Nähren als Zerkleinerung und als Verdauung des Neuen ist der grundlegende Prozess des Lebens: Das Ungleiche wird verwandelt und als Gleiches assimiliert, damit der Organismus wachsen kann. Liebe, das Streben nach dem Gut des Nahrhaften, ist der Motor dieses Prozesses. Der Ort der Ernährung ist der Kontakt: Der Organismus berührt das Feld, wählt das ihm Gemäße aus und verleibt es sich ein. In dieser Weise verstanden Aristoteles und Thomas alle Sinnesorgane als «taktil».

Sehen, Hören und Riechen sind Spezialformen des Tastens:[1]
Von dem jeweiligen Gegenstand wird die mediale Luft in Bewegung gesetzt, und es ist diese Bewegung, die das Sinnes-
organ als Farbe, Ton oder Geruch spürt. Gestalttherapeutisch
besonders hervorzuheben ist die Beziehung, die Thomas herstellte zwischen der Güte des Kontakts – wenn sich keine
mediale Luft zwischen Organ und Gegenstand befinde, sei die
taktile Wahrnehmung unmittelbarer – und der Güte der Ernährung. Das Tasten kann nun freilich beschädigt werden. Es
gibt eine Gesamtsituation, in der das Tasten misslingt. Die Gesamtsituation ist die neurotische Gesellschaft,[2] in welcher das
Überleben davon abhängt, unbefriedigende Gegenstände, z.B.
Nahrung minderer Qualität, hinzunehmen. Alles Tastbare ist
auf Dauer – uninteressant: Die neurotische Gesellschaft hat
die akute Gefahr oder die echte Frustration in eine verwaltete
Langeweile von Sicherheit und Ordnung verwandelt, welche
jeden Impuls der Lebendigkeit bedroht, da er bedrohlich wirkt,
mit Unordnung droht, Gefahren in sich birgt, unkalkulierbare
Risiken mit sich bringt.

　　Diese These ist wichtigster Aspekt von «Gestalt Therapy».
Erst eine genaue Analyse der beschädigten Wahrnehmung der
Organismen – der «Neurosen» eben – kann aufdecken, welche
gesellschaftlichen Bedingungen durch welche Mechanismen
eine Beschädigung hervorrufen. Die Beschädigung ist keine
anthropologische Konstante und keine zufällige geschichtliche
Erscheinung, sondern Resultat einer gesellschaftlichen Fehlentwicklung. – Um die gesellschaftliche Fehlentwicklung, die
das gesamte Feld für den menschlichen Organismus zu einer
ebenso gefährlichen wie unbefriedigenden Umgebung macht,
verstehen zu können, müssen wir uns der Aggression im Kontakt zuwenden. Denn die Aggression richtet sich ursprünglich
nicht auf das Schlechte, vielmehr darauf, die Umgebung des
Organismus diesem anzupassen. Aber auch die gute und zumindest lebensnotwendige Aggression ist nicht ohne Konflikt-
potenzial, und sie muss durch ein Denken kanalisiert werden,
das nach allgemeingültigen Gründen abwägt. Dieses Abwägen

---

1 Das Schmecken ist dem Tasten am nächsten, kommt ohne Medium aus.
2 A, 276. B, 53. C, 58. D, 61. E, 84. F, 41.

wird gleichermaßen wie der Konflikt zwischen Organismen ausgetragen, es ist Teil des Dialogs und der dialogischen Ethik. Andernfalls verhungern der Körper und der Geist.

6

Auch bei der (von Laura und Fritz Perls stammenden) Einsicht, Ernähren und Wachstum schlössen aggressive Anteile ein, konnte Goodman sich auf die aristotelische Psychologie berufen. Ein Organismus, erfüllt mit der Liebe zu seinem Gut, ausgestattet mit dem Tastsinn, um das Gut zu erkennen, und mit Aggression, um es assimilieren zu können, trifft nun auf eine historisch einmalige Situation: Alles, was er je begehren könnte – Nahrung, Sicherheit, Unterkunft, ja sogar Sinnlichkeit, Luxus und Bildung –, hat die Gesellschaft uns bereits zur Verfügung gestellt. Als Gegenleistung verlangt sie einen vollständigen Verzicht auf Konflikt und Aggressivität, denn dies würde die Ordnung durcheinanderbringen, die für alle sorgt.

Der Geist vermag sich solcher Vernunft nicht zu entziehen: Er will die Ordnung und die Ruhe, aber um sie durchzusetzen, bedarf es der Aggression. Die Aggression richtet er gegen den eigenen Körper. Denn der rebelliert. Er muss rebellieren, denn ohne Aggressivität – Begehren, Zerstören und Neugestalten – kann er Gegenstände der Umgebung sich nicht so anpassen, dass sie ihm gleich werden. Sie bleiben fremd, unbefriedigend. Schließlich kann der Körper nicht einmal mehr ordnungsgemäß verdauen. Sogar die Nahrung ist entfremdet. Wer nicht zubeißt, kann nicht schmecken. Es findet keine Umgestaltung statt. Die unzerkleinerten Introjekte liegen schwer im Magen. Wenn der Organismus auf diese Weise erkrankt, bleibt das nicht ohne Folgen für den Geist. Denn die verminderte Wahrnehmungsfähigkeit mündet auch in schlechterem Denken. Goodman sprach in diesem Zusammenhang von *self-conquest*. Statt der alten deutschen Übersetzung Selbstvergewaltigung hatte ich aufgrund der missglückten sexuellen Konnotation Selbstkolonisation vorgeschlagen. Die Übersetzung von 2006 sagt Selbstunterdrückung.[1]

---

1 A, 353 ff. B, 133 ff. C, 141 ff. D, 145 ff. E, 186 ff. F, 115. Achtung: Bei der Übersetzung von 1979 (C, D) steht fälschlich auch für *mind* (Geist) Seele.

Wir haben nun einen kranken Körper und einen kranken
Geist, zwischen der Überwindung der Krankheit beider steht
aber die Gesellschaft. Die Gesellschaft «verbietet, was für sie
zerstörerisch ist», die aggressiven Ansprüche des Einzelnen.
Sie zerstört dadurch die Lebensgrundlage für die Menschen,
deren Bedürfnisse eben nun mal nicht stets sozial harmonisch
sind; sabotiert aber derart sich selber. Das ist kein Widerspruch
dem Wortsinne nach, «sondern ein grundlegender Konflikt».[1]
Was wir brauchen würden, um wieder gesund zu werden, das
ist eine vegetative Anarchie: «ein bisschen mehr Unordnung,
Schmutz, Impulsivität und ein bisschen weniger Staat».[2]

7

Mit diesen Funktionen Nähren, Wachsen, Zeugen, sowie dem
Kontakt-Instrument Tasten ist erst die vegetative = pflanzliche
Ebene der Seele beschrieben. Zweifellos beinhaltet das «erst»
bei Thomas eine Wertung. So Bewegung auf der animalischen,
d.h. tierischen, und Denken auf der humanen, d.h. menschlichen, Ebene hinzukommen, stehen sie über den vegetativen
Lebensformen. Doch dies ist keine Abwertung der vegetativen
Gestalt. Sie bleibt das Grundlegende. Bewegen und Denken
differenzieren die Seele; die Art, in der die Seele tätig wird,
bleibt jedoch auf allen Ebenen gleich.
    Insofern kann es nicht verwundern, dass sich die Wertung
in der Gestalttherapie geradezu umkehrt. Denn der Angriff
der Gesellschaft auf den Menschen bringt dessen vegetative
Grundlage in Unordnung (paradoxerweise durch ein Übermaß
an Ordnung – auch die Einsicht in dieses Paradox entspringt
der aristotelischen Psychologie, derzufolge jedes Übermaß in
das Gegenteil umschlägt). Aufgrund jenes Angriffs bekommt
die Sicherung der vegetativen Grundlage auch des humanen
Lebens höchsten Vorrang in der Gestalttherapie. Das bedeutet
aber keine Abwertung des Denkens, wie manche die Gestalttherapie missdeuten. Vielmehr geht es in der Gestalttherapie
ausdrücklich um die Sicherung eines humanen Daseins, das
Denken und Kultur notwendig in sich einschließt.

1 A, 336. B, 116. C, 123. D, 127. E, 164. F, 51.
2 A, 301. B, 78. C, 85. D, 89. E, 116. Ein bisschen, kein bisschen radikal.

Die Analyse der vegetativen Ebene hat eine wichtige Erkenntnis für die Therapie erbracht. Die Selbstfindung der Seele geschieht nicht, indem sie sich mit sich selbst beschäftigt, sich verhärtet (Thomas: *congelatio*) auf sich selbst einschränkt. Sie findet sich nur, indem sie einen Kontakt herstellt. Ihre gesunde Funktion ist es, zu schmelzen (Thomas: *liquefactio*), also in die Umgebung auszugreifen und sich mit assimilierbaren Teilen der Umgebung zu vermischen, um sie in das eigene Wachstum zu integrieren. Selbstfindung im Sinne einer kontaktlosen Beschäftigung mit dem Selbst ist Ausdruck der Krankheit und kann keine heilende Wirkung in einer Therapie hervorrufen.

Die Bewegung bringt dem Organismus zwar mehr Möglichkeiten, sich in einem schwierigen Feld zu behaupten, allerdings keine neue Qualität. Einerseits greift bereits die Ernährung in die Umgebung aus und nimmt damit Bewegung vorweg, andererseits ist das Prinzip der Bewegung, das Thomas in seiner Deutung aus einem verschlungenen Gedankengang des Aristoteles herausarbeitet, das Bedürfnis – *appetitus* als Grundgestalt des Bedürfnisses verweist die Bewegung zurück zur Ernährung. Die Beschreibung von Bewegen und Handeln folgt ganz dem Schema, das wir bereits kennen: Der Hunger, der Appetit, das Bedürfnis setzen als Ziel ein Gut; die Erkenntnis soll unsere Bewegung als Handeln zu diesem Ziel hin führen und prüft, ob das Ziel erreicht worden ist.

In diesem Zusammenhang erfährt der Begriff «Gut» eine maßgebliche Präzisierung durch Thomas. Mit Gut ist nicht ein universelles Gut-an-sich und kein allgemeingültiges Gut-für-jeden gemeint. Vielmehr ist es ein Gut für den Organismus zu einer bestimmten Zeit. Es ist das, für das wir uns bewegen. Dieser Individualismus im Begriff des Guten ist ein weiteres Kennzeichen des thomistischen Anarchismus, das in der Gestalttherapie als das Recht auf Konflikt erscheint: Mein Gut ist nicht notwendigerweise dein Gut. Niemand kann vorab ein harmonisches Allgemeingut annehmen. Wird eine solche bewusstseinsunabhängige, prästabilierte Harmonie zwischen den Gütern der Menschen verschleiernd unterstellt, obsiegt letztlich immer ein einseitiges Gut. Das wahre Allgemeingut ergibt sich bloß aus dem Konflikt zwischen individuellen Gütern.

Um hier kein Missverständnis aufkommen zu lassen: Die Gestalteltern nahmen Kurt Lewins Formel, Verhalten sei die Funktion von Person und Umgebung, sehr ernst. Insofern ist es wichtig, im Sinn zu behalten, dass das Bedürfnis *(appetitus)* nicht etwas ausschließlich Individuelles ist, sich vielmehr seinerseits aus der Interaktion von individuellen (Person) und sozialen (Umgebung) Quellen speist. Jedoch tritt es als Gestalt eines individuellen Bedürfnisses in sozialen Kontakt, und es ergibt sich eventuell ein Konflikt zwischen Individuum (das den sozialen Aspekt verkörpert) und Gesellschaft (die durch die Art des Kontakts der Individuen bestimmt wird).[1]

8

THOMAS VON AQUIN: «Lieben bedeutet, sich ein Gut mit der Kraft des Hungers anzupassen. Keiner, der sich etwas Ihmgemäßes anpasst, wird dadurch beschädigt. Vielmehr wächst er und wird besser. Wer sich allerdings etwas ihm nicht Gemäßes anpasst, wird beschädigt und kommt vom Weg ab. [...] Vier ganz unmittelbare Wirkungen können der Liebe zugeordnet werden: das sind Schmelzen und Behagen, Mattheit und Feurigkeit. Das Schmelzen, das der Verhärtung widerstreitet, ist die erste Wirkung. Der Verhärtete, der sich auf sich selber beschränkt, kann nichts in sich hineinlassen. Zur Liebe jedoch gehört, dass mit Hunger das geliebte Gut aufgenommen und angepasst wird, damit das Geliebte im Geliebten ist. Deshalb ist das harte oder verhärmte Herz eine Verfassung, die dem Lieben entgegensteht. Mit Schmelzen dagegen wird die Erweichung des Herzens beschrieben, die das Herz bereit macht, um das Geliebte in sich hineinzulassen. Ist das Geliebte im gegenwärtigen Besitz, löst das Befriedigung oder Behagen aus. Ist es dagegen abwesend, folgen zwei Leiden: Trauer über das Abwesen, die sich in Mattheit zeigt [...] und intensives Verlangen, das Geliebte zu erreichen, welches sich im Feuereifer zeigt.»[2]

---

1 Eine graphische Darstellungsform und ein erweitertes Formelsystem dafür findet sich in Stefan Blankertz, *Kurt Lewins Kritik der Ganzheit* (2017), Berlin 2020, S. 24-28.

2 Thomas von Aquin, *Summa Theologica*, I-II, q28a5r. (1270 oder 1271.)

Je weniger Staat, um so besser: Jefferson

1

Noch bevor ich auf Goodmans Anarchismus näher eingehe, stelle ich seinen Jeffersonianismus dar. Jeffersons klassisch-liberale Formel, je weniger Staat, um so besser, ist einerseits ein Vorgriff auf den Pragmatismus – es geht nicht darum, ein absolutes Prinzip aufzustellen (in diesem Fall: kein Staat) – und andererseits fast radikaler als ein unbestimmter, romantischer Anarchismus-Begriff, welcher um das Freiheitsstreben herumkreist. Autonomie, Freiheit, Mündigkeit, Selbstbestimmung, das sind hehre Ziele, die heute niemand in Frage stellt. Aber im konkreten politischen Alltag wird gefordert, dass der Staat mit seiner Gewalt bezahlbare Mieten erzwingt, dass er uns ökologisch in die Schranken weist, dass er die Reichen einen Kopf kürzer macht, dass er diejenigen einknastet, die gegen die Wissenschaft aufbegehren, dass er es durchsetzt, die Minderheiten so zu achten, wie man es für richtig hält, und so weiter und so fort. Für alles ist die Staatsgewalt gut, bis die Menschen dann handeln und denken, wie es der herrschenden Meinung, der Meinung der Herrschenden gerade genehm ist.

Dies war jedoch nicht der Standpunkt von Goodman. Er strebte es nicht an, schlechte durch gute Gesetze zu ersetzen. In diesem Sinne wandte er sich sogar kritisch gegen Wilhelm Reich:

GOODMAN, 1958: «In Reichs Schriften finden sich Stellen, wo er sagt: ‹Da sollte es ein solches oder solches Gesetz geben› – statt dieses Anti-Sex-Gesetzes ein anderes Anti-Anti-Sex-Gesetz. Das sind vielleicht triviale Ausrutscher, die in Unwissenheit gründen; ärgerlich daran ist, dass diese spezielle Art seiner Unwissenheit zum Dogma erhoben wird. […] Er und seine Mitstreiter verursachten Magenschmerzen, wenn sie wie ein autoritäres zentrales Planungsbüro eine ideale Gesellschaft verordneten und wenn sie sich einer nervigen Wissenschaftlichkeit befleißigten. So gerieten sie in die Fänge

der gleichen Zwanghaftigkeit, aus der der Orgasmus sie
hätte befreien sollen.»[1]

Ein Anti-Anti-Sex-Gesetz ist eben kein Fortschritt gegenüber
einem Anti-Sex-Gesetz. Goodman war hier so deutlich wie
nur möglich: Staatsgewalt ist falsch, ganz egal was ihr Inhalt
ist. Es ist Unrecht, etwas zu erzwingen, selbst wenn es unseren
eigenen moralischen Vorstellungen entspricht. Ja, er ging sogar
so weit, dass er eine zwangsweise Integration verneinte. In der
Diskussion seiner Vorstellung von Dezentralisation referierte
er das Argument, wenn Gemeinden sich selber bestimmten
könnten, dann würden von (rassistischen) Weißen dominierte
Gemeinden z. B. Schwarze diskriminieren können. Goodmans
Replik:

GOODMAN, 1967: «Immer mal wieder wendet ein Student
[gegen meine Vorschläge zur Dezentralisation] ein, dass
die Schwarzen im Süden ohne Eingreifen der Bundes-
regierung nicht zu ihren Bürgerrechten kämen. Das
mag so sein oder nicht, doch sicherlich haben sie die
größten Fortschritte in Richtung auf Bürgerrechte
durch lokale Aktionen erreicht, die Washington unter
Druck setzten. In gleicher Weise werden die Organisationen der Schwarzen selber dezentral koordiniert. [...]
Wenn jeder Ort sein eigenes Recht hätte, würden die
Gemeinden, in welchen die Schwarzen die Mehrheit
bilden, ganz andere Regeln haben. Und sie würden eine
sinnvolle Option für andere Schwarze bieten, dorthin
zu übersiedeln.»[2]

Was Goodman bekämpfte, war die Vorstellung einer fertigen
und idealen Gesellschaft, in der es keinen Grund mehr gibt,

---

1 Paul Goodman, *Great Pioneer But No Libertarian* (1958), in *Nature Heals*,
New York 1977, S. 85f. Dt. in *Natur heilt*, Köln 1989, S. 115.
2 Paul Goodman, *People or Personnel* (1966), New York 1968, S. 13. – Im
Original steht *negros*, damals das neutrale Wort, das auch Schwarze für sich
gebrauchten. *Blacks* war der diskriminierende Ausdruck. Aber Etymologie
ist der heutigen Woke-Unkultur bekanntlich ein Buch mit mehr als sieben
Siegeln.

sich für etwas zu engagieren und sich für etwas einzusetzen. Sein Gegenentwurf war die Gründerzeit der Republik. Für Goodman war die Gründerzeit der amerikanischen Republik kein historisch überholter Zeitpunkt, der heute nicht mehr möglich ist, sondern eine andere Auffassung von Gesellschaft:

GOODMAN, 1963: «Madison[1] und Jefferson waren keine Mitglieder der Gesellschaft, sie machten Gesellschaft. Es war ihre. Sie hatten eine Revolution veranstaltet und nun bauten sie eine Welt auf. Dafür trommelten sie ihre Freunde zusammen und begannen. Das ist es, worum es in der Unabhängigkeitserklärung ging: Wir tun's – jetzt! Und es ist nur recht und billig, jedem unsere Gründe darzulegen.»[2]

Damals war Gesellschaft etwas von Einzelnen und Gruppen Gemachtes. Heute hingegen herrscht *Organized Society*. Für alles ist gesorgt, nichts ist mehr zu tun. Die Initiative, gehe sie nun von einem Einzelnen oder einer (freiwilligen) Gruppe aus, stört den reibungslosen Ablauf der Maschinerie, die zum Wohle aller funktioniert. Initiative (die Urform der positiven Aggression) ist nicht nur unnötig, sie ist asozial und muss unterbunden werden. Wer sich an der (vermeintlichen) Verherrlichung von Konflikt und Aggression bei Goodman stört, dem sei die folgende konservative Bemerkung aus Goodmans letztem Buch entgegen gehalten:

GOODMAN, 1972: «Sogar der blödsinnige Patriotismus des Nationalismus ist für ein Kind besser als nichts. Meine kleine Tochter [Daisy], jetzt neun, geht derzeit zu einer öffentlichen Schule auf Hawaii,[3] wo man unsere Kinder

1 James Madison (1751-1836), 1809-1817 nach Jefferson vierter Präsident der USA. In gewisser Weise war Madison ein politischer Gegenspieler von Jefferson in der Zeit der Verfassungsgebung, weil er anders als Jefferson eine stärkere Zentralisierung befürwortete. Später sah er ein, dass das ein Fehler war und arbeitete mit Jefferson zusammen.
2 Paul Goodman, *Making Do*, New York 1963, S. 61. Es handelt sich bei «Making Do» um einen Roman.
3 Auf Hawaii hatte Goodman einen Lehrauftrag.

mit Zeugs wie *Columbia the Gem of the Ocean*[1] und der
Pledge of Allegiance[2] plus hawaiianischer Heimatliebe
überschwemmt – 95 Prozent dieser Kinder haben zu
einem Viertel polynesisches Blut. Aber in New York besuchte sie eine ‹progressive› Privatschule, wo man statt
America the Beautiful[3] sang: ‹O wie hässlich und ver-
schmutzt der Himmel, das Korn wächst auf mit Pesti-
ziden …› und ich bin froh, dass sie (einige Monate lang)
vom ‹Schuss, der um die Welt ging›[4] und von Thomas
Jefferson hören kann, ohne gleich dazu gesagt zu bekommen, dass er ein Sklavenhalter war. Ich sehe, dass es
sie glücklicher macht, an das Gute statt an das Böse zu
glauben. Das ist bewegend.»[5]

Das Heimischfühlen in einer Gemeinschaft Gleichgesinnter
blieb für Goodman das Ideal. Ihm ging es nicht darum, Jefferson als einen Überhelden ohne Fehl und Tadel zu idealisieren.
Er war Kind seiner Zeit. Zwar hielt er Sklaverei für einen Verstoß gegen die Menschenrechte, als Farmer jedoch besaß er
Sklaven. Schon in der Unabhängigkeitserklärung und dann in
der Verfassung wollte er einen Passus gegen die Sklaverei ver-
ankert sehen, setzte sich aber nicht durch und ließ es auf sich
beruhen. Für die Nachgeborenen ein unverzeihlicher Frevel.
Für Goodman nicht unverzeihlich. Trotz allem verkörperte
Jefferson, dass man die Gesellschaft, in die man hineingeboren
wird, nicht einfach so hinnehmen muss, sondern Initiative ergreifen kann, um sie in eine bessere Richtung zu bewegen. In
dieser Hinsicht ist er ein ein Vorbild. Wenn er auch den einen
oder anderen Drachen bezwungen hat, er ließ noch genügend
andere Drachen übrig, die wir erledigen müssen. Was für ein

1 Patriotisches Lied, um 1843.
2 Treueschwur gegenüber Nation und Flagge der USA, erstmals 1892.
3 Patriotisches Lied, 1895.
4 «The shot heard 'round the world», eine zur Redewendung gewordene
Zeile aus einem Gedicht des Philosophen Ralph Waldo Emerson (1803-
1882), das eine Schlacht in der amerikanischen Revolution besingt.
5 Paul Goodman, *Little Prayers and Finite Experience*, New York 1972,
S. 61/63. *Crazy Hope & Finite Experience*, San Francisco, CA 1994, S. 64f.
Dt. *Stoßgebete*, Köln 1992, S. 111/113.

Geschenk. Andernfalls hätten wir keine Aufgaben mehr und könnten dann nichts anderes tun, als die Hände in den Schoß zu legen und zu sterben.

2

Viele der frühen – und manche der späteren – nachdenklichen Verfechter der Demokratie waren sich durchaus einiger Gefahren bewusst, die in der schlichten Form einer Befragung der Mehrheit lauern. Dass die Mehrheit der Bevölkerung – oder emphatisch: des Volks – nicht *per se* über die Weisheit und die Expertise verfüge, in politisch schwierigen Fragen die richtige oder die optimale Antwort zu finden, hatten sie durchaus im Blick. Sie hofften darauf, der Prozess einer öffentlichen, von gegenseitiger Toleranz und Achtung getragenen Diskussion würde die Wähler informieren und läutern.

Allerdings orientierte man das Ideal der Diskussion, das als Modell galt, an einem Austausch in philosophischen, wissenschaftlichen und politischen Zirkeln. Diese Zirkel zeichneten sich durch drei Charakteristika aus: Sie konnten *erstens* nichts entscheiden, was einem Vertreter der jeweils unterliegenden Partei schadet; sie blieben *zweitens* klein und überschaubar; schließlich war die Mitgliedschaft in ihnen *drittens* freiwillig. Alle drei Charakteristika trafen von Anfang an auf politische Wahlen nicht zu: Als sich zum Beginn der amerikanischen Republik Alexander Hamilton 1791 etwa gegen Thomas Jefferson durchsetzte mit seinem Bemühen, eine Zentralbank zu gründen, fiel es Jefferson schwer, an sich zu halten und dies zu akzeptieren, denn Hamilton hatte ja nicht seine private Institution gegründet, sondern eine, die für die ganze Republik stand. Sogar in jener Zeit, zu der nur ein geringer Prozentsatz der Bevölkerung überhaupt stimmberechtigt war, gestalteten die politischen Kampagnen sich nicht als Diskussionen im vertrauten Kreise, vielmehr als eine Propaganda vor anonymen Massen. Und die Entscheidungen, die getroffen wurden, erstreckten sich definitiv auch auf Personen, die ihnen nicht zustimmten und denen sie schadeten (zum Beispiel klarerweise bezogen auf Sklaven).

Mit steigender Einwohnerzahl der Republik sowie mit der

Ausweitung der Stimmberechtigung entwickelte die Politik in den USA sich immer mehr zur Massendemokratie, wobei die Wahlkämpfe zu regelrechten Volksfesten ausarteten, Kirmesveranstaltungen ganz ähnlich. Der erste, mit dem man den Begriff Massendemokratie verband, war Andrew Jackson (1767-1845), Präsident von 1829 bis 1837. Es war zu dieser Zeit, dass der konservative Franzose Alexis de Tocqueville die USA bereiste und 1835 das berühmte Buch «Demokratie in Amerika» schrieb. Seitdem ist es der Klassiker, der die Auswüchse der Demokratie angreifbar macht. Auf der einen Seite lobte de Tocqueville den Bürgersinn in der jungen Republik, die Begeisterung der Bürger, sich für das Gemeinwesen einzusetzen; andererseits führe dies zu einem sich stetig zentralisierenden politische Gebilde, in welchem der Einzelne schließlich keine Bedeutung und Stimme mehr habe: Dies ist das Paradox der «Demokratie in Amerika».

Inhaltlich allerdings war Jackson ein treuer Anhänger der Ideen Jeffersons. Mit seinen Massenkampagnen bemühte er sich, gegen das gerade neu entstandene politisch-ökonomische Establishment mobil zu machen; vor allem ging es ihm um die Abschaffung der gegen den Willen Jeffersons eingerichteten Zentralbank. Der Ökonom und Mitstreiter Goodmans in Sachen Emanzipation von staatlicher Bevormundung, Murray Rothbard (1926-1995), bejubelte die *Democratic Party* von Andrew Jackson als eine «libertäre Partei». Allerdings hatte deren libertäres Profil einen «Schönheitsfehler»: Sie trat ein für die Erhaltung der Sklaverei. Über diese Frage spaltete sie sich und verlor aufgrund der Spaltung 1861 die Macht. Rothbard suggeriert, sie hätte sich durchsetzen können, wäre sie in diesem Punkt konsequent libertär gewesen. Dies ist in mehrfacher Hinsicht zweifelhaft. Zum einen basierten ihre Wahlerfolge bei einer bestimmten Wählerklientel offenbar tatsächlich auf dem Programmpunkt pro Sklaverei. Hätte sie die Mehrheit auch ohne diese Klientel erringen und halten können? Zudem ist die Demokratie immer durch eine Pendelbewegung von rechts nach links und zurück gekennzeichnet, da der Staat die Aufgaben nicht löst. Rothbard wusste das natürlich. Aber er glaubte, die *Democrats* hätten den Staat so weit reduziert, dass die Aufgaben durch den Markt hätten gelöst werden können. Rothbard blendete jedoch aus, dass neben der Sklaverei noch weitere Widerhaken im Programm der *Democrats* und in der Regierungstätigkeit von Jackson lauerten. – So schlug er etwa die Weigerung von South California, eine 1828 eingeführte Zollbestimmung umzusetzen, mit der Drohung nieder, Militär zu entsenden. Hier sind gleich zwei anti-libertäre Probleme zu verzeichnen, nämlich erstens die Einführung eines Zolls sowie zweitens der militärische Zwang der Zentralregierung gegenüber einem Bundesstaat. Damit wurde kein anderes Prinzip als Abraham Lincolns später wirklich erfolgte militärische Verhinderung der Sezession der Südstaaten exekutiert. Als wenn das nicht genug wäre, etablierte Jackson das heute völlig aus dem Ruder gelaufene *Spoils System*, demzufolge Unterstützer des Siegers einer Wahl mit Ämtern belohnt werden. Das ist ein Motor des Staatswachstums *par excellence*. Und schließlich war Jackson (ganz im Gegensatz zu Jefferson) ein Indianerhasser und unter seiner Präsidentschaft wurde 1830 mit dem Indian Removal Act ein brutales staatliches Umsiedlungsprogramm verabschiedet.

Rothbard entgegen schätzte Goodman Jacksons Massendemokratie als Niedergang des Jefferson'schen Ideals ein (obgleich Jefferson selbst es war, der nach seinem Ausscheiden aus der aktiven Politik die Gründung der *Democratic Party* für die Verwaltung seines Erbes angeregt hatte). So hielt er an der ursprünglichen Idee fest, dass Demokratie sich im emphatischen Sinne bloß dezentral in selbstverwalteten Gemeinschaften und *face-to-face-communities* verwirklichen lasse.

GOODMAN, 1962: «Demokratische Macht entspringt einer aufgeklärten Wählerschaft. […] Für Jefferson bestand der Hauptnutzen der Demokratie darin, die Wählerschaft (und damit sich selber) zu verbessern; die Leute lernen, indem sie Entscheidungen treffen – Fehlermachen inklusive. Er bevorzugte die Dezentralisation, da die Leute sinnvoll nur über das entscheiden können, was sie aus der nächsten Nähe kennen. […] Mit der Jackson'schen Revolution wurde die demokratische Idee aufgegeben, wie de Tocqueville rasch herausfand, denn die Macht residierte ab jetzt in der Mehrheit der Leute, so wie sie waren, mit ihren Leidenschaften und ihren Vorurteilen, ohne durch das verantwortliche Geben und Nehmen in der Begegnung von Angesicht zu Angesicht dazu erzogen zu werden, pragmatische Entscheidungen zu treffen und die Steuergelder sinnvoll zu verwenden. Stattdessen entscheiden die Leute nun nur noch über Standpunkte und Parteiprogramme. Dies war das Einfallstor für Demagogen und Parteiführer, um an die Macht zu gelangen, und Lobbyisten, die Stimmen und Geld einsetzen konnten, um die Politiker im eigenen Sinne zu beeinflussen. [...] Der Zusammenbruch des Systems 1929 brachte den Stachel der öffentlichen Beteiligung zurück, in mancherlei Hinsicht dem Zeitalter Jacksons nicht unähnlich. Aber der Stachel wurde rasch wieder integriert in die bürokratische Zentralregierung mittels des Paternalismus von [Franklin D.] Roosevelt und seinen Behörden.»[1]

Obwohl ich inzwischen in etlichen Fragen der ökonomischen und politischen Analyse mehr zu Rothbards als zu Goodmans Position neige, bin ich in Punkto Jackson der Überzeugung, dass Rothbard einer politischen Illusion erlegen ist, seinem Wunsch, es möge möglich sein, den Staat durch Wahlen und Politiker zu Fall zu bringen, während der sonst so emotionale Goodman die kühlere Analyse lieferte.

Sogar die gegenüber der ursprünglichen Idee verstümmelte Massendemokratie in westlich parlamentarisch-pluralistischer Form bedarf für ihre Existenz des Burgfriedens der herrschenden Klasse: Jede Fraktion muss bereit sein, die Möglichkeit des Unterliegens in einer Wahl hinzunehmen. Dies gewährt den Mitgliedern der herrschenden Klasse einen Vorteil gegenüber diktatorischen Systemen, in denen solche Machtkämpfe blutig ausgetragen werden. Der Vorteil erstreckt sich sogar auf die Klassen der Beherrschten, denn auch sie haben unter blutig

---

1 Paul Goodman, *The Devolution of Democracy*, in *Drawing the Line*, New York 1962, S. 55, S. 69f.

ausgetragenen Machtkämpfen zu leiden. Dieser Burgfrieden beinhaltet allerdings die Zementierung des Systems, an der nun nicht nur die gerade an der Macht befindliche Fraktion der herrschenden Klasse mitwirkt, sondern zudem die jeweils unterlegenen Fraktionen. Das System wird damit hermetisch abgeriegelt.

Doch der Burgfrieden gerät mitunter in Gefahr, nämlich immer dann, wenn es für eine der an einem Machtkampf befindlichen Fraktionen um eine Frage auf Leben und Tod geht. So ist der Burgfrieden im Vorfeld des amerikanischen Bürgerkriegs in die Binsen gegangen. Wir wissen zwar, dass Sklaverei nicht die tiefere Ursache des Bürgerkriegs war: Lincoln und die Nordstaaten boten an, den Fortbestand der Sklaverei zu tolerieren, wenn die Union erhalten bleibe; an der Seite der Südstaaten kämpften auch entschiedene Gegner der Sklaverei. Die tiefere Ursache des Bürgerkriegs hatte eine ökonomische Natur: Der Süden erwirtschaftete den Staatshaushalt, in den Norden aber flossen die meisten Mittel. Zudem bedrohte die Schutzzollpolitik für die im Norden keimende Industrie die Baumwollexporte des Südens und damit dessen wirtschaftliches Rückgrat. Zweifellos lief die Mobilisierung der Massen für den Krieg allerdings gerade nicht über diese wirklichen Kriegsursachen, sondern über die Sklavenfrage. Die Masse der Weißen im Süden war der Meinung, ohne die Sklaverei nicht leben zu können. Die Sklaven aber übten keinen (politischen) Einfluss aus.

Wie konsequent anti-etatistisch Jeffersons Denken geprägt war, zeigt sein leider nicht umgesetzter Plan zur Abschaffung der Sklaverei: Er bestand darin, die befreiten Sklaven mit Boden, Gerät und Waffen auszustatten. Dies sollte zum einen ein Ausgleich für die zugefügten Leiden darstellen; zum anderen aber wollte Jefferson, dass die befreiten Sklaven, die bei der Konstitution der USA keine Mitsprache hatten, selber entscheiden können: Welche Art der Regierung wollen wir? Und: Wollen wir uns als ein Land innerhalb der USA betrachten oder einen ganz von diesen getrennten Staat bilden?[1]

---

1 «They should be colonized to such a place as the circumstances of the time should render most proper, sending them out with arms, implements of

Es ist ein Fehler, die Grundlage der USA im Liberalismus sowie im Eintreten für bürgerliche und wirtschaftliche Freiheiten allein zu sehen. Besonders der Puritanismus tendierte dazu, sowohl die Freiheit in der individuellen Lebensführung als auch die im Wirtschaften zu negieren und an deren Stelle örtliche Theokratien zu setzen. Bis heute ist das Leben und die Politik in den USA vom Widerspruch zwischen Freiheit und Tyrannei gekennzeichnet. Wie bereits Alexis de Tocqueville beobachtete, erlaubte die Mehrheit in der jungen Republik sich vielerorts Eingriffe in die private Lebensführung, die in den damals noch nicht-demokratischen europäischen Ländern undenkbar gewesen wären. Die wirtschaftliche Freiheit hat teilweise sich gegen den erbitterten Widerstand der Puritaner durchgesetzt einfach dadurch, dass die liberaleren Regionen sich ökonomisch besser entwickelten. Die politische Freiheit war ein bloß zähneknirschend akzeptierter Minimalkonsens unterschiedlicher religiöser Gruppierungen, sich gegenseitig gewähren zu lassen. Führende liberale Denker, Politiker und Revolutionäre wie Jefferson und James Madison formulierten es als das besondere Problem der amerikanischen Demokratie, die Entstehung lokaler Tyranneien zu verhindern.

Nach der Revolution verfiel der liberale Nachtwächterstaat der USA einem zunächst schleichenden Ausbau. Ein erster Schritt war überhaupt die Formierung einer politischen Zentrale mit Verfassung anstelle eines losen Staatenbundes, den die liberalen *Antifederalists* (zu denen Jefferson neigte, ohne ihnen anzugehören) bevorzugt hätten. Die große Katastrophe war dann der Bürgerkrieg ab 1861. Auf der einen Seite muss unumwunden zugegeben werden, dass die Sklaverei von Anfang an ein eklatanter Verstoß gegen die liberalen Grundsätze und gegen die Menschenrechte bedeutet hatte, ein Verstoß, welcher von Anfang an die Errichtung eines hochrepressiven Staatsapparats notwendig gemacht hatte. Jefferson selber war

household and of the handicraft arts, feed, pairs of the useful domestic-animals, &c. to declare them a free and independent people. [...] Why not retain and incorporate the blacks into the state [...]? Deep rooted prejudice entertained by the whites; ten thousand recollections, by the blacks, of the injuries they have sustained [...] divide us into parties.» Thomas Jefferson, *Notes on the State of Virginia* (1787), in Writings, New York 1984, S. 264.

Eigentümer von Sklaven, aber auch Gegner der Sklaverei. Doch er unternahm nur halbherzige Versuche, die menschenverachtende Institution abzuschaffen. Auf der anderen Seite hatten die Südstaaten das fundamentale Recht, aus der Union auszutreten. Die USA waren ein Staatenbund und weder in der Verfassung noch in einem anderen rechtsgültigen Dokument findet man einen Hinweis darauf, dass der Austritt verboten sei. Erst der Krieg macht klar, dass es *de facto* kein Sezessionsrecht gibt.

Die Partei, die 1854 antrat, die Sklaverei abzuschaffen, war zugleich jene, die Zentralismus und wirtschaftlichen Interventionismus forcierte: Die Republikaner. Sie positionierten sich ausdrücklich nicht als konservative, sondern als die progressive Kraft, und aus diesem Grund wollten sie keine weitere Immigration. Die konservativen Demokraten dagegen hielten an dem ursprünglichen liberalen Ideal der Republik fest und blieben die Partei der Immigranten, die sowohl die wirtschaftlichen wie die sozialen Freiheiten brauchten, um sich im Land zu entwickeln und wohlzufühlen. Parallel dazu allerdings hing den Demokraten weiterhin der üble Geruch an, die Partei der (Ex-) Sklavenhalter zu sein. Erst 1933 mit der Präsidentschaft des Demokraten Franklin D. Roosevelt verkehrte sich die Zuweisung der Begriffe konservativ und progressiv; dennoch behielten die Demokraten aber ihren Titel bei, als die *Liberals* zu fungieren.

Auch über die Sklaverei hinaus verstießen die Demokraten schon immer gegen einen liberalen Grundsatz. Sie waren die außenpolitisch Aggressiveren (ein Aspekt, den Murray Rothbard anders als die Frage der Sklaverei eher herunterspielte), sodass Ronald Reagan tatsächlich der erste republikanische Präsident war, der eine Invasion durch die USA veranlasste, nämlich 1983 des Inselstaats Grenada. Zwar verkündete der Republikaner Theodore Roosevelt 1805 die Doktrin der USA als Weltpolizist, führte aber selber keinen zwischenstaatlichen Krieg. Richard Nixon setzte den Vietnamkrieg, den ihm 1969 John F. Kennedy und Lyndon B. Johnson, beides Demokraten, hinterließen, fort und weitete ihn kurzzeitig sogar aus, beendet ihn 1975 jedoch.

3

Die Geschichte der amerikanischen Demokratie zeigt, wie die beiden Hoffnungen, welche die ursprünglichen Liberalen auf die Demokratie setzten, getrogen haben. 1. Die erste Hoffnung drückte aus, die Freiheit lasse sich mit Konstitutionen sowie formal-demokratischen Verfahren schützen. Der Gedanke lautete, die Bürger/Wähler verbinde das vitale Interesse, die Freiheit aufrecht zu erhalten; deshalb seien die widerstreitenden politischen Parteien drum bemüht, gegenseitige Kontrolle auszuüben. Jede politische Partei wetteifere, die konstitutionsgemäßen Rechte zu verteidigen. Das Gegenteil allerdings ist eingetreten. Die vitalen Interessen entsprießen der Begierde, die Macht des Staats einzusetzen, um dasjenige zu erzwingen und zu finanzieren, was man selber für richtig, gut und allem voran gewinnbringend hält. Dazu sind alle Mittel recht, sodass konstitutionsgemäße Beschränkungen umschifft werden können. Die Opposition wird per Tagesordnungstrick ausgebootet, oft aber auch per Angebot zum Stillhalten, wenn nicht sogar zum Mitmachen verlockt: Derart vervielfachen sich die aufzuwendenden Mittel sowie die Eingriffe in den Alltag.

2. Diese Zusammenarbeit der widerstreitenden politischen Parteien macht uns deutlich, dass die zweite Hoffnung der ursprünglichen Liberalen sich dann auch zerschlug. Sie hofften, dank der den Wahlen voraufgehenden Diskussionen und Auseinandersetzungen würden die Bürger/Wähler informierte Entscheidungen darüber treffen, welche Politik für das Land am besten sei. Um eine solche informierte Entscheidung vorzubereiten, wäre es jedoch nötig, dass die politischen Parteien abweichende Visionen über die Gesellschaft vorlegen, die – unter progressiver Perspektive – erreicht oder die – unter konservativer Perspektive – bewahrt werden solle. In Wirklichkeit geht es freilich um die Frage, welcher Wählergruppe welche Politik nützt. Der gegenseitige Deal, den politische Parteien miteinander schließen, um die jeweils andere Seite zum Mitmachen oder wenigstens zum Stillhalten zu veranlassen, führt unweigerlich dazu, dass die Politik der Parteien sich faktisch stetig einander annähert: Die unterschiedlichen Visionen sind

bloß noch der Klamauk am Rande, der notwendig ist, um die Massen zu mobilisieren. Sie haben kaum mehr mit dem zu tun, was an Politik dann umgesetzt wird.

3. Der Umkehrschluss, es würde die Demokratie in ihrem Ideal früher Liberaler wiederbeleben, falls echte Alternativen mit unterschiedlichen Lebens- und Politikentwürfen vorgelegt werden, ist unzulässig. Denn sobald es um etwas geht, setzt ein weiterer schmerzhafter Mechanismus der Demokratie sich in Gang: Weil es in der Luft liegt, dass ein Anderer mit seiner Vorstellung, die mir zuwider ist, sich politisch durchsetzt, und weil er sie mir aufzwingen kann, werde ich immer weniger gesprächs- und diskussionsbereit sein. Die zunehmende Gefahr, dass er mit seinem Netzwerk die Mehrheit erreicht, steigert meine Angst; möglicherweise triggert sie die Tendenz, mich nicht mehr mit den Mitteln der Diskussion und dem Versuch zur Wehr zu setzen, ihn doch noch zu überzeugen. Mit der zunehmenden Nähe meines Widersachers zur Mehrheit nimmt seine Bereitschaft ab, mir zuzuhören und meine Interessen vielleicht doch noch zu berücksichtigen. Meine Verzweiflung läuft zur Höchstform auf. Denn er braucht auf mich nicht einzugehen, sondern kann mir drohen: Warte nur, bis ich die Mehrheit hab'! Die Zwickmühle ist, dass die Demokratie sich in dem Maße, wie sie Demokratie im Sinne des alten Ideals wird, um so ungemütlicher und gewalttätiger gibt, während es im Umgang demokratischer zugeht, solange man weiter miteinander kungelt – eben *dealt*.

Die Ehe zwischen Liberalismus und Demokratie ist historisch gescheitert. In der Folge hat man sich zu entscheiden zwischen totalitärer Demokratie und anarchistischer Freiheit. Weiter geht's mit Voltairine de Cleyre.

Anarchismus 2: Voltairine de Cleyre

1

Der Anarchismus in den USA ist von Beginn an sehr eng mit der Enttäuschung über die Entwicklung des minimalen Nachtwächterstaats zur imperialistischen und militaristischen Supermacht verbunden. – Unter den amerikanischen Anarchisten wähle ich Voltairine de Cleyre (1866-1912) aus, weil sie wie Goodman die Wurzeln des Anarchismus in Amerika mit denen in Europa verband, weil sie sich wie Goodman weigerte, in den Grabenkämpfen verschiedener anarchistischer Fraktionen Stellung zu beziehen und weil es auch eine biographische Verbindung gibt, die an Voltais Einsatz zur Befreiung der Schulen hängt. Zuerst aber ein Statement von ihr, in welchem sie auf die spezifische amerikanische Erfahrung eingeht, und das so ähnlich auch von Goodman stammen könnte.

DE CLEYRE, 1909: «Und nun, was hat der Anarchismus zu all dem zu sagen, zu diesem Bankrott des Republikanismus, zu diesem modernen Imperium, errichtet auf Ruinen unserer frühen Freiheit? Wir sagen, die Sünde unserer Väter habe darin bestanden, dass sie der Freiheit nicht voll und ganz vertrauten. Sie hielten einen Kompromiss zwischen Freiheit und Regierung für möglich, weil sie letztere als ein ‹notwendiges Übel› ansahen; aber in dem Augenblick, in dem der Kompromiss geschlossen ward, begann das ganze missratene Ungeheuer der heutigen Tyrannei heranzuwachsen. Die Instrumente, die man zum Schutz der Rechte schuf, werden zur Peitsche, mit der die Freien gezüchtigt werden.»[1]

Ihren ungewöhnlichen, auffälligen Namen erhielt Voltairine de Cleyre, weil ihr Vater, Schneider und Bauer im Nebenerwerb, 1854 von Frankreich in die USA emigriert, bei ihrer Geburt glühender Anhänger des französischen Aufklärungs-

---

1 Voltairine de Cleyre, *Anarchism a. American Traditions* (1909), in Selected Works, New York 1914, S. 131f.

philosophen und Atheisten Voltaire gewesen war. Bis zu ihrer
Einschulung allerdings änderte er seine Auffassung und fand
zurück in den Schoß der Kirche, sodass sie in einen Nonnen-
stift gegeben wurde; vermutlich war für diesen Akt jedoch der
Hauptgrund ein ökonomischer, weil die Familie derart einen
Esser weniger zu versorgen hatte. Voltai revanchierte sich, indem sie zur Anarchistin wurde.

Als Jugendliche engagierte Voltai sich zunächst in der Frei-
denkerbewegung. Über einen ostjüdischen Emigranten bekam
sie ersten Kontakt zu anarchistischen Ideen. Atheismus und
Anarchismus waren in jener Zeit enge Verbündete. Der Auslöser für ihre Hinwendung zum Anarchismus war der Hay-
market-Vorfall im Mai 1886. Die Chicagoer Polizei schoss in
eine Demonstration streikender Arbeiter, und es gab mehrere
Tote. Am nächsten Tag explodierte nach einer anarchistischen
Protestkundgebung eine Bombe, die einen Polizisten tötete
und etliche teilweise so schwer verletzte, dass einige kurz darauf ihren Wunden erlagen. Anschließend eröffnete die Polizei
erneut das Feuer auf die Menge. Acht Männer nahm man fest
und klagte sie der Tat an, wobei sechs von ihnen sich zu dem
fraglichen Zeitpunkt gar nicht am Ort des Geschehens befunden hatten. Fünf wurden zum Tode verurteilt. Paul Avrich
schrieb noch 1978, dass es niemals sichergestellt wurde, wer
nun verantwortlich für den Bombenwurf war[1] (es gab Vermutungen, die auf einen *Agent Provocateur* tippten). Doch Max
Nettlau gab im dritten Band seiner «Geschichte der Anarchie»
1931 eine Erklärung, die zwar vom Hörensagen stammt, seiner
Meinung nach jedoch glaubwürdig klinge:[2] Die Gruppe der
(kommunistischen) Anarchisten in Chicago habe zunächst
zwar eine militante Aktion erwogen, dann aber sich gegen sie
entschieden; einer aus der Gruppe allerdings sei bei dem Be-
schluss nicht anwesend gewesen und nicht informiert worden,
und der habe die Tat ausgeführt. Dann wäre es also wirklich
ein Anarchist gewesen …

Das Image des Anarchisten als finsterer Bombenwerfer ist

1 Paul Avrich, *The Making of an Anarchist: The Life of Voltairine de Cleyre*,
Princeton, NJ 1978, S. 48.
2 Max Nettlau, *Geschichte der Anarchie*, Bd. 3, Berlin 1931, S. 387.

historisch falsch. Es gab bloß eine Übergangshase, in der die kommunistischen Anarchisten sich fatalerweise individuellen Terrors bedienten, aber in weit geringerem Ausmaß als andere politische und religiöse Gruppierungen. Die meisten der Anarchisten waren nicht nur dem Terror, vielmehr jeder Gewalt abgeneigt, manche verstanden sich gar nicht als Revolutionäre, sondern eher als konservative Bewahrer von Selbstverwaltung gegen eine zunehmende Verstaatlichung, wie Martin Buber und Paul Goodman. Bereits Michael Bakunin, der angeblich so wilde Revolutionär, kritisierte die Anwendung von Gewalt außerhalb einer echten revolutionären Situation und zwar anhand des Republikaners Giuseppe Mazzini (1805-1872), der für ein republikanisch geeinigtes und zentralisiertes Italien stritt. Unmittelbar nach Mazzinis Tod schrieb Bakunin an einen italienischen Gefolgsmann und warnte ihn davor, mit den Anhängern Mazzinis gemeinsame Sache zu machen:

BAKUNIN, 1872: «Die Anhänger Mazzinis, beherrscht von ihren Ideen außerhalb des Volkslebens und dessen wirklichen Bestrebungen, stellen es sich vor, dass es ihnen reiche, sich bloß zu kleinen Zentren der Verschwörung in den wichtigsten Städten von Italien zu formieren, die jeweils ein paar Dutzend Leute umfassen und höchstens ein paar hundert Arbeiter einbeziehen und die sich unerwartet in einem koordinierten Aufstand erheben, damit die Massen ihnen folgen können. Vor allem jedoch wussten sie nicht einmal, wie man einen koordinierten Aufstand organisiert; und zudem blieben die Massen immer taub und gleichgültig gegenüber ihren Appellen, so dass alle Unternehmen Mazzinis immer zu blutigen und manchmal sogar lächerlichen Fiaskos führten.»[1]

Zu dem Zeitpunkt des Haymarket-Vorfalls war Voltai gerade 19 Jahre alt. Anfangs voller Empörung über die Anarchisten, wandte sie sich aber im Laufe der Beobachtung des unfairen Prozesses ihnen immer mehr zu. Freilich muss man zugeben,

[1] Michael Bakunin, *Unterschied ist Leben, Harmonie der Tod: Brief 1872*, ediert von Stefan Blankertz, Berlin 2020, S. 32.

dass sie in dieser Hinsicht eine Ausnahme darstellte. Es kam nicht zu der erwarteten und erhofften Solidarisierung seitens der Arbeiterbewegung. «Die sozialrevolutionäre Bewegung in New York und Chicago […] war durch die Maiereignisse 1886 abgeschlossen und die achtzehn Monate bis [zur Hinrichtung der Anarchisten] brachten noch furchtbare Enttäuschungen über die Haltung der organisierten amerikanischen Arbeiter», fasste Max Nettlau zusammen.[1]

Die Ideen für ihren Anarchismus bezog Voltai nicht bloß aus dem europäischen Anarchismus, griff vielmehr auch auf die Ideen der Gründungsväter der USA zurück. Dies ist für den US-amerikanischen Anarchismus nichts Aufsehenerregendes, wohl allerdings bezogen auf den aus Europa in die USA eingewanderten klassischen Anarchismus, der zunächst Voltais Hintergrund bildete. Vom amerikanisierten europäischen Anarchismus herkommend verband sie ihn mit Jeffersons liberaler Tradition: Genau dies entspricht Goodmans Denkweise.

2

Voltais stärkste Hingabe galt den ostjüdischen Immigranten. Einer ihrer Schüler, psychisch beeinträchtigt, verletzte sie bei einem Angriff in geistiger Umnachtung 1902 schwer. Sie überlebte, starb jedoch an der Nachwirkung der Verletzung zehn Jahre später. Weit über anarchistische Kreise hinaus erreichte es eine große Aufmerksamkeit, dass sie sich weigerte, gegen den Attentäter auszusagen. Aus diesem Grund wurde er sogar mangels Beweisen freigesprochen. Sie tat dies, weil sie nicht an das System der Bestrafung glaubte, vor allem in diesem Fall, wo die Tat einer Gehirnkrankheit zuzuschreiben war; ein fest im klassischen Anarchismus verwurzeltes Prinzip. Es wurde von der US-amerikanischen Öffentlichkeit jedoch vor allem wertschätzend als ein Ausdruck des Prinzips christlichen Verzeihens interpretiert. Da ist sicherlich etwas dran und zeigt, dass in ihr trotz all ihrer Ablehnung des Christentums ein christliches Herz schlug. Sie hatte, obzwar sie hierbei selber betroffen war, das theoretische Prinzip in alltägliche Praxis der

---

1 Nettlau, a. a. O., S. 387. – Die selbstkritische Frage, ob die militanten Anarchisten etwas falsch gemacht hätten, stellte Nettlau sich nicht.

Barmherzigkeit umgesetzt. Vermutlich nicht etwas, zu dem ein Durchschnittsmensch fähig wäre.

3

Neben ihrem aufopferungsvollen Eintreten für die jüdischen Immigranten in den Armenvierteln von New York widmete Voltai sich der Modern-School-Bewegung. Diese knüpfte an den katalanischen Pädagogen und anarchistischen Märtyrer Francisco Ferrer (1859-1909) an. Auf Basis der Prinzipien des unbedingten Säkularismus für die Unterrichtsinhalte und der Freiwilligkeit als der pädagogischen Methode ist Ferrers anarchistische Pädagogik unmittelbar ein Vorläufer der – missverständlich und ungeschickt – so genannten anti-autoritären Erziehung der 1960er Jahre. Die von Voltai in New York gegründete Modern School Society ging in den 1960er Jahren nahtlos in die Summerhill Society über; Summerhill nach dem durch den Wilhelm-Reich-Anhänger A.S. Neill in England 1921 aufgebauten anti-autoritären Internat. Neill selber benutzte den Begriff *anti-autoritär* übrigens nicht und lehnte ihn als Etikett für seine Methode ab. Denn natürlich war Neill in seinem Internat eine Autorität. Aber eben kein Herrscher.

Als Voltai tragischerweise starb, war Paul Goodman ein Jahr alt. Doch war es ihr Esprit, auf den er in der Modern-School-Bewegung stieß, und der so indirekt in die neue Ära des sozialen Protests Eingang fand, die Ära, in der die Jugendlichen sich gegen staatliche Bevormundung zur Wehr setzten, die die Bildungsinstitutionen ausübten.

4

Um den Ursprung von Goodmans Anarchismus legt sich ein mythischer Nebel. Sein Freund und Nachlassverwalter Taylor Stoehr berichtete in einem Dokumentarfilm über Goodman 2011 – mithin nahezu 50 Jahre nach seinem Tod –, dass er als Jugendlicher darauf angesprochen worden sei, zu klingen wie Peter Kropotkin. War das Ende der 1920er Jahre? Anfang der 1930er Jahre? Daraufhin sei Goodman in eine Bibliothek gerannt, habe Peter Kropotkins Artikel über Anarchismus in der «Encyclopædia Britannica» von 1910 gelesen und sich ab so-

fort als Anarchist bezeichnet. Eine andere Version gibt Paul
Goodmans älterer Bruder Percival, ein erfolgreicher Architekt;
zusammen arbeiteten sie Mitte der 1940er Jahre ein Buch über
Stadtplanung aus.[1] Percival Goodman sagte, er selber sei zu der
Zeit Stalinist, sein Bruder Paul Trotzkist gewesen, und ge-
meinsam hätten sie sich in Richtung Anarchismus entwickelt.[2]
Allerdings erschien das Buch 1947, und Paul Goodman muss
spätestens 1944 Anarchist gewesen sein. Aber zuvor?

Paul Goodman war Dichter. Er verfasste Romane, Lyrik
und Short Stories. Die Theorien Sigmund Freuds beflügelten
ihn, freilich nicht in therapeutischer, vielmehr in literarischer
Hinsicht. So begann er, einige Texte zu schreiben, die eine Art
Mischung aus literarischem und theoretischem Zwiegespräch
mit den *facts of life* darstellten. Irgendwie links, das geht aus
den frühen Werken hervor, aber ansonsten: genaues weiß man
nicht. Vor allem gegen den Krieg. Das war eine Position, die
«Isolationismus» genannt wird, widersinnig: denn die Kriegs-
gegner wollten die USA nicht isolieren, sondern strebten eine
friedliche internationale Gemeinschaft an.

1944/45, also ganz am Ende des zweiten Weltkriegs, sollte
Goodman zum Kriegsdienst eingezogen werden, und er fragte
sich, ob er als Revolutionär diesen verweigern oder wie die
meisten seiner Genossen das gegenüber dem japanischen und
dem deutschen Faschismus kleinere Übel wählen, das hieß die
Alliierten − also das britische Weltreich, die Kolonialmacht
Frankreich, die stalinistische UdSSR, die imperialistischen
USA − unterstützen solle. Seine Überlegungen fasste er in
einer Serie von Essays zusammen. In diesen Essays gibt es, obgleich er sich in ihnen als Libertärer (mitunter als Anarchist)
bezeichnete, keine manifesten Anleihen bei dem klassischen
Anarchismus. Anarchisten, selbst Kropotkin, werden nicht −
oder nur implizit − erwähnt. Vielmehr nutzte er die psychoanalytischen Einsichten von Sigmund Freud und deren Fort-

---

1 *Communitas.* 1947/60. Deutsche Ausgabe unter dem gleichen Titel mit
einer Einleitung von Hartmut von Hentig und einem Geleitwort von Ivan
Illich, Köln 1994.
2 Dennis Dolens, Interview with Percival Goodman, in Peter Parisi (Hg.),
Artist of the Actual: Essays on Paul Goodman, Metuchen, NJ 1986, S. 138. Etwas mehr als zehn Jahre nach Pauls Tod.

führung durch Wilhelm Reich, um zu erklären, warum die Menschen bereit sind, einen Krieg mitzumachen. Faschismus, Kriegsinteressen und Geostrategie sucht man in seinen Essays vergeblich. Nicht einmal die am Krieg beteiligten Parteien werden benannt. Die Herrschenden mögen Gründe haben, Krieg führen zu wollen; aber weshalb folgen ihnen die Massen, deren Lebensglück und deren Wohlstand durch den Krieg zerstört werden? Sie müssen, so lautete Goodmans Antwort, dermaßen unglücklich sein mit ihrem Leben, dass sie den Krieg illusorisch als Mittel der Befreiung wahrnehmen.

5

Für Voltai war der Mutualismus Proudhons und die freiwillige genossenschaftliche Kooperation der Ausdruck anarchistischer Ökonomie. Sie gehörte in den USA zu der Gruppe von den Anarchisten, die wie etwa der Italiener Errico Malatesta in Europa darauf bestanden, dass man keine Vorschriften hinsichtlich dessen machen dürfe, wie Menschen sich nach der Befreiung ökonomisch organisieren. Ihre Position nannte sie Anarchismus ohne Adjektive, das heißt, sie verzichtete auf die Adjektive, mit denen sich die (europäischen) Anarchisten aufspalteten – kollektivistisch, kommunistisch, individualistisch. Trotz ihrer Bewunderung für Kropotkin wahrte Voltai Distanz zum Kommunismus. Nachdem sie 1894 das erste Mal den deutsch-amerikanischen kommunistischen Anarchisten und Verfechter individualistischer Propaganda der Tat John Most hatte reden hören, schrieb sie, sogar Staatssozialismus wäre ihr lieber als Mosts (anarchistischer?) Kommunismus.[1] Und 1907 stellte sie der kommunistischen Anarchistin Emma Goldman, die auf einem Kongress in Amsterdam erklärt hatte, Voltairine de Cleyre sei nun zu einer Kämpferin für den anarchistischen Kommunismus geworden, gegenüber klar heraus, sie sei keine Kommunistin, weder jetzt noch jemals.[2]

Der von Voltai vertretene «Anarchismus ohne Adjektive» lässt sich in einem Satz präzise definieren:

1 Paul Avrich, *The Making of an Anarchist: The Life of Voltairine de Cleyre*, Princeton, NJ 1978, S. 95.
2 Ebd., S. 147. Ein wertvoller Fingerzeig.

DE CLEYRE, 1901: «An [Vorschlägen ökonomischer und sozialer Organisation] ist solange nichts un-anarchistisch,
wie kein Element eines Zwangs in ihnen enthalten ist
und wie niemand verpflichtet wird, einer Gemeinschaft
weiterhin anzugehören, deren Form er ablehnt.»[1]

Dieses definitorische Gerippe reicherte Goodman mit etwas
geschichtlichem Fleisch an und malte uns ein farbenprächtiges
Bild:

GOODMAN, 1968: «Anarchismus ist tatsächlich nicht notwendig sozialistisch im Sinne der Forderung nach Gemeineigentum. Das kommt drauf an. Korporatistischer
Kapitalismus, Staatskapitalismus und Staatskommunismus sind alle inakzeptabel, weil sie die Leute knebeln,
ausbeuten und herumschubsen. Reiner Kommunismus,
der freiwillige Arbeit und freie Verteilung meint, sagt
vielen Anarchisten zu. Aber auch Adam Smiths Ökonomie ist, in ihrer reinen Form, anarchistisch und wurde
zu seiner Zeit so genannt.[2] Und ebenso klingt Jeffersons
agrarische Auffassung anarchistisch,[3] dass ein Mensch
die Mittel seiner Bedürfnisbefriedigung kontrollieren
können muss, um frei von überwältigendem Druck zu

1 Voltairine de Cleyre, *Anarchism* (1901), in Selected Works, hg. v. Alexander Berkman, New York 1914, S. 102.
2 Paul Goodman, *People or Personnel* (1966), New York 1968, S. 8: «Es sei daran erinnert, dass das System freien Unternehmertums von Gesellschaftern
und aufmerksamen Aktionären, wie es von Adam Smith gepriesen wurde, in
seiner Blütezeit der Theorie nach ein Modell dezentraler Koordination war
und dem zentralisierten System von Merkantilismus, königlichen Patenten
und Monopolen entgegen stand, das es ersetzte.»
3 Thomas Jefferson, *Notes on the State of Virginia* (1783), in Writings, New
York 1984, S. 290f: «Diejenigen, die auf dem Feld arbeiten, sind das auserwählte Volk Gottes, falls Er denn ein ausgewähltes Volk hat, dessen Brust
er besonders empfänglich macht für wahre und echte Tugend. [...] Dieses
Brandmal sei denen aufgedrückt, die nicht wie der Bauer auf den Himmel,
den eigenen Boden und Fleiß setzen, um ihren Lebensunterhalt zu sichern,
sondern von den Zufällen und Einfällen der Kunden abhängig sind. Ab-
hängigkeit ruft Unterwürfigkeit und Käuflichkeit hervor, erstickt die Keime
der Tugend und begünstigt das Entstehen von Ehrgeiz.»

sein. Anarchistischen Gedanken unterliegt immer ein
Verlangen nach der bäuerlichen Unabhängigkeit, nach
der Selbstverwaltung der Handwerkergilden und nach
der Demokratie mittelalterlicher freier Städte. Natürlich ist es eine Frage, wie dies unter den Bedingungen
der modernen Technik und Urbanität erreicht werden
kann. Meiner Meinung nach könnten wir viel weiter
gehen, als es uns scheint, wenn wir den Blick auf Bescheidenheit und Freiheit richten statt auf täuschende
‹Größe› und suburbanen ‹Überfluss›.»[1]

Um gar nicht erst den Eindruck aufkommen zu lassen, dieser
amerikanische würde dem europäischen Anarchismus grundsätzlich widerstreiten, gebe ich noch einmal Gustav Landauer
das Wort, Ideengeber Martin Bubers, mit der Erläuterung, was
er sich unter Sozialismus vorstellte:

LANDAUER, 1911: «Die Grundform sozialistischer Kultur ist
der Bund der selbstständig wirtschaftenden und untereinander tauschenden Gemeinden [...,] das allein ist
der Sozialismus, für den zu wirken sich lohnt, der uns
aus unserer Not retten kann. Vergebens und verfehlt
sind die Versuche, in Staaten und Staatenverbänden das
Zwangsregiment unserer Zeiten noch auszubauen und
ihren Bereich noch weiter auf das Gebiet der Wirtschaft zu erstrecken, als es bisher schon [*sic*] gesehen ist.
Dieser Polizeisozialismus, der jede Eigenheit und ursprüngliche Regsamkeit erstickt, wäre nur das Siegel auf
den völligen Zerfall unsrer Völker. Ein Zusammenschluss natürlicher Art ergibt sich uns Menschen nur
da, wo wir in örtlicher Nähe, in wirklicher Berührung
beisammen sind.»[2]

---

1 Paul Goodman, *The Black Flag of Anarchism* (1968), in *Drawing the Line
once again*, Oakland, CA 2010, S. 90. Dt. in *Einmischung*, Bergisch Gladbach
2011, S. 98.
2 Gustav Landauer, *Aufruf zum Sozialismus* (1911), Revolutionsausgabe
1919, S. 131; Ausgabe hg. v. Heinz-Joachim Heydorn (Frankfurt/M. 1967),
S. 166f.

Das, was Landauer als Sozialismus bezeichnete, war nicht die
zentralstaatliche Regelung wirtschaftlicher Aktivitäten der
Menschen. Der italienische Anarchist Errico Malatesta (1853-
1932), einer der wenigen klassischen Anarchisten, die Goodman neben Kropotkin erwähnte,[1] bekräftigte die Position von
Landauer fünfzehn Jahre später:

> **MALATESTA, 1926:** «Es schadet einer Verbreitung und einer
> Verwirklichung anarchistischer Ideen, wenn man den
> Kommunismus als allein mögliche, allein akzeptable
> Lebensform in einem nicht-autoritären System dar-
> stellt, denn […] eine einzige und gleichförmige Lösung
> der ökonomischen Probleme, die sich auf jeden und in
> jedem Bereich anwenden ließe, wäre nur schlecht zu
> vereinbaren mit dem Prinzip der Freiheit, das dem
> Anarchismus zugrundeliegt. […] Die ausschließliche
> Sorge um die Gleichheit verletzt das Gefühl und die
> Praxis der Freiheit und erzeugt einen neuartigen, über-
> steigerten Despotismus. […] Die Erfahrung in Russ-
> land beweist, dass man den Kommunismus nicht mit
> Gewalt verwirklichen kann und dass alle Versuche des
> Zwangs unweigerlich zur Reaktion führen.»[2]

---

1 Paul Goodman, *Little Prayers and Finite Experience*, New York 1972, S. 45.
Crazy Hope & Finite Experience, San Francisco, CA 1994, S. 55. Dt. *Stoßgebete*, Köln 1992, S. 81: «Man versucht, wie Malatesta sagte, ein anständiges
Leben zu führen, doch die Herrschenden mischen sich ein, und dann behaupten sie, man selber sei an dem Kampf schuld, der sich daraus ergibt.»
(Eine mögliche Quelle wäre: Errico Malatesta, *Ancora sulla Rivoluzione in
Pratica* [1922], in Scritti, Bd. 2, Genf 1935, S. 182-184: «Anarchie entsteht
nicht durch Gewalt. […] Gewalt, die leider notwendig ist, um der Gewalt zu
widerstehen, dient nicht dazu, etwas Gutes aufzubauen, da sie der natürliche
Feind der Freiheit, die Mutter der Tyrannei ist. […] Die Revolution ist notwendig, um die Gewalt der Regierungen und der Privilegierten zu stürzen;
aber die Konstituierung einer Gesellschaft der Freien kann nur das Ergebnis
von freier Evolution sein.» Eine Zusammenstellung von Malatesta-Artikeln
in Englisch, die Goodman gekannt haben könnte, ist: *Errico Malatesta: His
Life and Ideas*, hg. von Vernon Richards, London 1965; siehe dort vor allem
die Seiten 53-61.)
2 Errico Malatesta, *Internazionale collettivista e Comunismo anarchico* (1926),
in Scritti, Bd. 3, Genf 1936, S. 259-265; vgl. auch die Artikel S. 83-87 (1924)
sowie S. 222-227 (1926).

Ein zweites Malatesta-Zitat verdeutlicht, in welch rascher Zeit russische Kommunisten es verstanden hatten, den Sozialismus-Begriff gegenüber dem, was Landauer (und Buber) noch umstandslos als geläufig annahmen, umzukrempeln:

MALATESTA, 1921: «Sozialisten sind autoritär. Anarchisten dagegen sind libertär. Sozialisten wollen die Macht erobern, egal ob friedlich oder gewaltsam, und, wenn sie an der Regierung sind, den Massen ihr Programm verordnen, entweder in Form von Demokratie oder in Form von Diktatur. Anarchisten sind der Auffassung, eine Regierung sei an sich schädlich und könne naturgemäß bloß eine schon bestehende privilegierte Klasse schützen oder eine neue schaffen. [...] Sicherlich ist Lenin ein ungeduldiger Revolutionär; ein autoritärer, ein Fanatiker allerdings, den die Geschichte an die Seite der Torquemadas und Robespierres stellen wird; obwohl Lenin mit den offiziellen Sozialisten[1] zum Teil nicht übereinstimmt, ist er ganz klar ein Sozialist, der genau das tut, was die Anarchisten seit fünfzig Jahren sagen, dass Sozialisten es tun werden, falls es ihnen je gelingen sollte, an die Macht zu kommen.»[2]

Ein paar Worte noch zum von Kropotkin ins Leben gerufenen kommunistischen Anarchismus, weil Goodman sich gern auf Kropotkin bezog. Schon Landauer und Buber sahen in ihm *keinen* Kommunisten, sondern einen *Kommunalisten*.[3] Und das war auch Goodmans Sichtweise. – Untersuchen wir zum Beispiel Kropotkins folgendes Statement:

KROPOTKIN, 1892: «Man denke sich eine Assoziation, die mit jedem Mitglied den folgenden Vertrag schlösse: Wir sind einverstanden, dir die Benutzung der uns ge-

---

1 Damit bezeichnete er vermutlich die Sozialdemokraten.
2 Errico Malatesta, *Socialisti e Anarchici: La Differenza essenziale* (1921), in Scritti, Bd. 1, Genf 1934, S. 209f.
3 Gustav Landauer, *Ein Brief über die anarchistischen Kommunisten* (1910), in *Beginnen*, hg. v. Martin Buber, Köln 1924, S. 146. Martin Buber, *Pfade in Utopia* (1945), Heidelberg 1985, S. 86.

hörenden Häuser, Straßen, Transportmittel, Schulen,
Museen etc. unter der Bedingung zuzusichern, dass du
zwischen dem 20. und 45. oder 50. Lebensjahr täglich
vier oder fünf Stunden lang eine Arbeit verrichtest, die
wir für lebensnotwendig halten.»[1]

Hier ist so gar nichts davon zu finden, dass die Infrastrukturen,
geschweige denn Produktionsmittel oder etwa Konsumartikel
jedem ohne Weiteres zur freien Verfügung stünden. Vielmehr
sind sie Eigentum der «Assoziation» und diese stellt sie ihren
Mitgliedern unter bestimmten, von ihr gesetzten Bedingungen
zur Verfügung. Diese Bedingungen werden vertraglich festgelegt. Der Vater des Anarchismus, Proudhon (1809-1864),
stellte (wiederum einer verbreiteten Fehlinterpretation zum
Trotz) fest, dass das Eigentum die einzige revolutionäre Kraft
sei, die der Gewalt des Staats die Waage halten könne.[2]

In «Communitas» (1947/60) nahm Goodman Kropotkins
Idee auf und formulierte ein bedingtes Grundeinkommen.
Durch die Verpflichtung zu gewissen grundlegenden Arbeiten
für einen Zeitraum – Goodmans Kalkulation war ein Jahr in
sieben Jahren – erwirbt man sich für den Rest der Zeit einen
bescheidenen Unterhalt. Wohlgemerkt handelt es sich hier um
kein bedingungsloses Grundeinkommen, vielmehr ist es wie
bei Kropotkin an die Bedingung der Gegenleistung gekoppelt.
Als ich die deutsche Ausgabe von «Communitas» vorbereitete,
stellte mir der Erziehungswissenschaftler und Bewunderer
Goodmans Hartmut von Hentig freundlicherweise eine Einleitung zur Verfügung. Er ging davon aus, dass Goodman diese
Vision des Grundeinkommens als durchzusetzendes Ideal darstellte (und zog deren Umsetzbarkeit in Zweifel). Er war sehr
verwundert, als ich ihn darauf aufmerksam machte, dass der
ganze Kontext des Buches sie nur als eine von anderen möglichen vernünftigen Gemeindeplanungen vorstelle. Goodman
war kein Gegner des Eigentums.

1 Peter Kropotkin, *La Conquête du Pain* (1892), zweite Ausgabe hg. v. Élisée
Reclus, Paris 1892, S. 203 f.
2 Pierre-Joseph Proudhon, *Théorie de la Propriété* (vor 1865; 1866 posthum
veröffentlicht), Brüssel 1871, S. 136-147.

GOODMAN, 1972: «Mir gefällt Hegels Formulierung, Eigentum stelle eine Erweiterung der Persönlichkeit dar.»[1]

6

In seinem letzten Essay «Nur ein altmodisches Liebeslied» schrieb Goodman 1972, das Hauptprinzip des Anarchismus sei für ihn nicht Freiheit, vielmehr Autonomie.[2] Damit wertete er Freiheit nicht ab, sondern sprach das seiner Meinung nach wichtigste Problem der Freiheit an: Menschen, die keine Erfahrung mit Autonomie haben, wissen nicht, was sie mit der Freiheit, wenn sie sie erlangen, anfangen sollen, und wenden sich Führern der Staatsgewalt zu.

Etwas mit der Freiheit anzufangen wissen, ist Inhalt des Goodman'schen Autonomie-Begriffs. Etwas mit der Freiheit anzufangen wissen, das bedeutet, etwas Sinnvolles, etwas Befriedigendes zu tun. Damit meinte Goodman selbstbestimmte Arbeit. Autonomie in seinem Sinne ist nicht Isolation und die Negierung des Sozialen; ganz im Gegenteil: Autonomie wäre das Verbunden-Sein mit der greifbaren Materie und mit den Menschen, die um einen herum sind. Im Englischen gibt es den Begriff *professional*, den Goodman schätzte; der Begriff *professional* ist darum nur so schwer übertragbar, weil er vom Bauern bis zum Privatgelehrten Tätigkeiten umfasst, die sehr unterschiedlich sind, als ihr gemeinsames Kennzeichen aber das haben, was Goodman «Autonomie» nannte: *Professionals* eignen Kenntnisse des Stoffs, mit welchem sie umgehen, sie wissen, wie sie mit ihm umgehen, sie arbeiten auf der Grundlage gegenseitigen Respekts mit Anderen zusammen, das Ergebnis ihrer Arbeit ist für sie selber sowie für Andere sinnvoll,

1 Paul Goodman, *Little Prayers and Finite Experience*, New York 1972, S. 63. *Crazy Hope & Finite Experience*, San Francisco, CA 1994, S. 65. Dt. *Stoßgebete*, Köln 1992, S. 113. Referenz auf Hegels «Grundlinien der Philosophie des Rechts» (1821): «Eigentum als Dasein der Persönlichkeit» (§ 51).

2 Paul Goodman, *Just an Old-fashioned Love Song* (1972), unter dem von Taylor Stoehr geänderten Titel *Freedom and Autonomy* in *Drawing the Line once again*, Oakland, CA 2020, S. 58. Dt. *Nur ein altmodisches Liebeslied*, in Hans Peter Duerr (Hg.), *Unter dem Pflaster liegt der Strand*, 1, Berlin 1974, S. 136.

der Prozess der Arbeit befriedigt in sich, wie schwer die Arbeit auch fällt. Die Entsprechung für *professional* im Deutschen ist am ehesten der Beruf im Sinne von Berufung, ein Ausdruck, welchen Goodman mit explizitem Hinweis auf Martin Luther ebenfalls liebte. Die englische Übertragung von Beruf ist allerdings *vocation*, und nicht *professionalism*. In *vocation* steckt das lateinische *vocare*, berufen, einladen, aber auch herausfordern. Goodman bedauerte, dass das Wort *vocation* heute völlig von dem Wort *job* verdrängt worden sei, wie inzwischen auch im Deutschen. *Job* hat eine unklare Etymologie; eine Herkunft von Hiob ist wenig wahrscheinlich, doch trifft die Assoziation die Sache: Es handelt sich um eine Tätigkeit, die keine Freude bereitet, keine Befriedigung gibt, mit keinem Sinn einhergeht, stattdessen aber eher Beklemmung und Unbehagen verbreitet.

Die enge Verbindung, die Goodman zwischen Autonomie und Arbeit sah, zeigt, welche Stellung er zum Entfremdungsdiskurs einnahm, der damals vorherrschte und untergründig heute immer noch wirksam ist: Dieser Entfremdungsdiskurs ist Ausfluss einer kryptischen Passage von Karl Marx, in der er sagt, die zukünftige kommunistische Gesellschaft macht es möglich, «heute dies, morgen jenes zu tun, morgens zu jagen, nachmittags zu fischen, abends Viehzucht zu treiben, nach dem Essen zu kritisieren, wie ich gerade Lust habe, ohne je Jäger, Fischer, Hirt oder Kritiker zu werden».[1] Es ist zu fragen, ob Marx das je selber ernst genommen habe, ob er je davon träumte, auch mal Schafe zu hüten, anstatt kritische Texte zu verfassen. In den 1960er Jahren führte dieser Entfremdungsdiskurs zu der Utopie der Hippies eines von Erwerbsarbeit befreiten Lebens. Heute wirkt er untergründig nach, z.B. in der Kennzeichnung engagierten, an dem Ergebnis interessierten Arbeitens als Selbstausbeutung, z.B. in der Rede, der Arbeitsgesellschaft gehe die Arbeit aus, sowie z.B. im Konzept eines bedingungslosen Grundeinkommens.

Goodman dagegen sah Entfremdung umgekehrt dann gegeben, wenn der Einzelne keinen Einfluss auf seine Umgebung durch gezieltes, professionelles Handeln haben kann, sondern

---

1 Karl Marx und Friedrich Engels, *Deutsche Ideologie* (1846), MEW 3, S. 33. Der schlechte Inhalt des Statements desavouiert seinen guten Ruf.

den Entscheidungen der Gesellschaft im Ganzen und Großen unterworfen ist, den Regelungen der Technokraten oder auch durchautomatisierten industriellen Prozessen. Erst während der Aneignung der Umgebung zeigt sich nach Goodman die Autonomie. Und in dem Sinne bedeutungsvoller Aneignung der Umgebung nimmt die Notwendigkeit der Arbeit nicht ab, vielmehr zu. Dies war vermutlich auch die bessere Einsicht von Marx, wenn er nicht gerade üble Laune hatte und gegen einen Konkurrenten wettern musste.

Aus dem Konzept der Autonomie folgt der zweite wesentliche Aspekt von Goodmans Anarchismus – Dezentralisation. Autonomie im Sinne Goodmans setzt voraus, die Gesellschaft nicht als großes Ganzes zu organisieren. Nach der Ansicht von Goodman sollte man sie so gestalten, dass sie für die vor Ort Handelnden handhabbar bleibt. In einer zentralistischen Organisation werden die Angelegenheiten nach Akten- oder heute: Datenlage entschieden ohne Kenntnis der Verhältnisse vor Ort, ohne Kontakt mit den Menschen vor Ort. Dabei ist es völlig ohne Belang, ob diese zentralistischen Entscheidungen auf demokratischer oder bürokratischer Grundlage gefällt werden: Der Wähler, der in Berlin darüber befindet, wie der Bäcker in München sein Brot zu backen habe, ist genauso ratlos wie der Bürokrat, der mit einer solchen Entscheidung beauftragt wird.

Goodman war, was das betraf, kein radikaler Umstürzler. Er sagte, er wisse gar nicht, ob in allen Bereichen des modernen Lebens Dezentralisation möglich sei und in welchem Umfang, aber meinte, man könne durchaus dort beginnen, wo die Dezentralisation leicht umzusetzen wäre. Und das macht es dann möglich, von diesem erreichten Punkt aus weiter zu sehen. Goodman selber engagierte sich beispielsweise aktiv in der Bewegung gegen die staatliche, zentral verwaltete Zwangsschule. Alternativen vor Ort zu erlauben, wäre verwaltungstechnisch ganz ohne Schwierigkeit durchzuführen. Wenn Alternativen weiterhin verboten bleiben, dann liegt es nicht daran, dass sie technisch unmöglich sind, sondern dass die Herrschenden sich vor ihnen fürchten.

Allerdings widersprach Goodman vehement der These, die

Zentralisation sei das unausweichliche und nicht mehr rück-
gängig zu machende Schicksal unserer Gesellschaft und der
technischen Entwicklung. Zentralisierung wird angestrebt
oder ist eine Nebenwirkung anderer Maßnahmen, aber stets
hat die Staatsgewalt ihre Finger im Spiel. Das Ergebnis ist das,
was Goodman das «Ohnmachtsgefühl» nannte: Indem die
gesellschaftlich-staatlichen Strukturen so stark verschaltet, so
zentralisiert, so weit entfernt von den tatsächlich Handelnden
sind, kriegen diese Handelnden vor Ort das Gefühl, keinen
Einfluss auf den Gang der Ereignisse nehmen zu können. Dies
Gefühl der Ohnmacht ergreift, wie Goodman in einem bemerkenswert prophetischen Essay bereits in der Mitte der
1960er Jahre analysierte, schließlich die Herrschenden selber.
Sie verkünden, dass sie machtlos seien, nichts machen könnten,
denn bei jeder Entscheidung sind zu viele Interessen zu berücksichtigen, zu viele Regelungen stehen im Weg, zu unwäg-
bar sind die Konsequenzen, wenn man einen Schritt macht.
Herr der Lage kann man nur sein im einheimischen Bereich,
Probleme lösen nur vor Ort.[1]

Autonomie und Dezentralisation stehen gemäß der Sicht
Goodmans im Dienste der Erfahrung. Erfahrung wird ausschließlich im Kontakt gemacht. Den herrschenden gesellschaftlich-staatlichen Institutionen warf Goodman vor, Erfahrung zu verhindern. Er nannte sie intermediär, denn sie
schieben sich zwischen die Menschen und stören auf diese
Weise den Kontakt; die Erfahrung wird flach und verfälscht.

GOODMAN, 1972: «Man könnte von einer ‹klinischen Soziologie› sprechen: Das wäre eine Politik, um Institutionen
zu heilen, die verhindern, dass Erfahrung gemacht wird,
wie etwa: seine Rolle zu spielen anstatt einen Beruf auszuüben, sich als Individuen oder Kollektive anstatt als
Menschen in Gemeinschaften zu verhalten; es gilt, die
Hemmnisse für die Bürger abzubauen, Initiative zu ergreifen und zu entscheiden, sowie die Schwierigkeiten

---

1 Paul Goodman, *The Psychology of Powerlessness* (1966), in *Nature Heals*,
New York 1977, S. 134-147. Dt. in *Natur heilt*, Köln 1989, S. 173-187, sowie
Einmischung: Ein Reader, Bergisch Gladbach 2011, S. 79-96.

für Handwerker und *Professionals*, ihrer Praxis nachzugehen. [...] [Das Ziel sollte darin bestehen], Vermitt-
lungen zu reduzieren, die nicht unmittelbar produktiv
sind oder die nicht unmittelbar zum Wohlbefinden beitragen, wie: Pendelverkehr, Verpackungen, Abwasser-
kanäle und Schulprüfungen. Diese Dinge zahlen sich
nicht als Erfahrung aus, vielmehr verstopfen sie und
machen starre Vorgaben – man geht dort lang, wo die
Straße einen hinführt.»[1]

Natürlich macht man auch in der Schule, in der Amtsstube, im
Hauptquartier Erfahrungen, aber es sind Erfahrungen, um die
es nicht geht, sondern es geht um etwas Anderes, Entferntes,
nicht Greifbares. – Ein Lehrer Horatios, dem Protagonisten
in Goodmans erstem Roman von 1942, verlässt den Klassenraum und streift mit seinen Schützlingen durch New York:
«Die Stadt als Klassenraum. Zurück zu Sokrates.»[2] In einem
autobiografischen Roman Goodmans von 1963 erleidet ein
Bürgermeister einen Nervenzusammenbruch, als er realisiert,
dass Goodmans Freunde, die bei dem Bürgermeister vorstellig
werden, um ihm einen Vorschlag zu unterbreiten, genau das
meinen, was sie sagen; dass sie kein politisches Spiel spielen
und nicht «eigentlich» etwas anderes erreichen wollen – dass
sie das Spiel, das er kennt, nicht spielen, zieht ihm ganz wörtlich den Boden unter den Füßen weg: Er erbleicht und fällt in
Ohnmacht.[3]

1 Paul Goodman, *Little Prayers and Finite Experience*, New York 1972, S. 41,
S. 55. *Crazy Hope & Finite Experience*, San Francisco, CA 1994, S. 52, S. 60.
Dt. *Stoßgebete*, Köln 1992, S 77, S. 101.
2 Paul Goodman, *The Grand Piano*, New York 1942, S. 177. (In *The Empire
City*, New York 1959, S. 120f.)
3 Paul Goodman, *Making Do*, New York 1963, Kapitel 12. Der Roman gibt
ein schönes Sittengemälde der amerikanischen Subkultur im Anfange der
1960er Jahre.

Das Äquivalent des Kriegs: James

1

In einem Bombenkrater treffen die Rebellen zusammen.[1] Vor dem Krieg waren sie in einer Organisation aktiv gewesen, die meinte, mit der Propagierung des Lasters die Welt verbessern zu können. Das Vergnügen wäre die Waffe der Natur gegen die Krallen des Systems. Aber jetzt fragen sie sich, was wäre, wenn es allen furchtbar gut ginge, und man führe trotzdem Krieg? Also konzentrieren sie sich nun statt auf das Vergnügen auf die Not, die Grundbedürfnisse. Einer von ihnen sitzt gerade im Gefängnis, weil er den Kriegsdienst verweigerte. Einer anderer hatte sich zum Militär gemeldet und ist verwundet worden. Sie sinnen nach über das «moralische Äquivalent des Kriegs» – Goodman würde es lieber ein *praktisches* Äquivalent des Kriegs nennen; die Rede vom *moralischen* Äquivalent des Kriegs hatte sich aber eingebürgert und man bleibt dabei: Ist es möglich, die hinter dem Krieg stehende tödliche Begierde (deren einziges Ziel es zu sein scheint, uns zu zerstören) zu bändigen und uns von einer Selbstzerstörung abzuhalten? Der Verwundete, der so etwas wie der informelle Leiter der Gruppe ist, hält eine kleine Ansprache: «Gewalt hat uns den Verstand geraubt. An diese Gewalt sind wir jedoch gewöhnt. Wir sind daran gewöhnt, Gründe zu finden, Gewalt auszuüben. Die Idee vom Äquivalent des Kriegs besteht darin, sich in Gesellschaft der Gefahr auszusetzen. Warum in Gesellschaft? Um uns selber gegenüber schuldlos dazustehen, denn der größere Teil des Selbst ist sozial. Wenn wir's miteinander tun, schämen wir uns nicht. Warum sich der Gefahr aussetzen? Damit wir uns dem Punkt nähern, an dem die Flut der Urgewalt am Selbst rüttelt; wird es hierbei nicht draufgehen? Aber das Selbst will sterben, so lange es kann.»

KLEINE UNTERBRECHUNG. Hier haben wir nun Freuds Todestrieb-These in Reinkultur. Die Gewaltausübung ist erstens auch ein

---

[1] Das Folgende ist eine Paraphrase einiger Aspekte des Kapitels 10 von Paul Goodmans Roman *The State of Nature*, New York 1946, S. 116-127. (In *The Empire City*, New York 1959, S. 214-220.)

primäres Bedürfnis (steht nicht nur als Aggression im Dienst,
ein Bedürfnis gegen den Widerstand der Umgebung durchzusetzen) und hat zweitens den eigenen Tod zum Ziel. Gibt es
dennoch eine Chance auf Frieden? (Ist Frieden überhaupt gewollt?)

Von den Freunden waren Arbeitskreise gebildet worden, um
Ideen anhand folgender Leitlinien zu schmieden: Fälschlich
hatte man sich vorgemacht, der Krieg sei ein Konflikt zwischen
Zielen, die Befriedigung versprechen, und diesen Konflikt
brauche man bloß zu lösen, um Frieden herzustellen. Vielmehr
stellte man neben dem Konflikt ein Übermaß an Leidenschaft
und Gewaltbereitschaft fest, sodass ein Frieden ohne Konflikt
unbeständig ist. Ein Frieden muss demzufolge geführt werden
wie ein Krieg. Wenn man annimmt, dass es unter den starken
Leidenschaften eine nicht-reduzierbare Aggression gibt, wäre
es gleichwohl möglich, sie in einen dynamischen Frieden zu
kanalisieren? Denn es gibt eine Menge, was zerstört gehört.
Schließlich ist es vielen oder gar allen Menschen ein Bedürfnis,
von Zeit zu Zeit Gewalt auszuüben. Also – bringen wir uns
selber in Gefahr, um nicht den allgemeinen Frieden zu stören.

KLEINE UNTERBRECHUNG. Mit diesen Leitlinien sprach Goodman
drei Ursachen von Krieg an, nämlich erstens einen Konflikt
zwischen Interessengruppen (etwa zwischen Nationen oder
verschiedenen verfeindeten Lagern innerhalb einer Nation),
zweitens eine aggressive Wendung gegen unerträgliche Zustände – zu gut deutsch: macht kaputt, was euch kaputt macht
– und drittens Gewaltausübung als eigenständiges primäres
Bedürfnis. Eine Strategie, Frieden herzustellen und zu halten,
muss alle drei Ursachen in den Blick nehmen, sonst ist sie zum
Scheitern verurteilt.

2

Der Sprecher der ersten Arbeitsgruppe ist Physiker: Er schlägt
vor, die gefährlichen Sportarten wie Autorennen, Bergsteigen,
Abseilen in einen aktiven Vulkan, Extremschwimmen, Fall-
schirmübungen oder Skispringen in einem gesamtgesellschaft-
lichen Maßstab zu organisieren. Etwa «Schwimmen in Panik»:
Ein Schiff verfrachtet die Schwimmer auf hohe See, und dann

wird es versenkt. Um das Abseilen in einen aktiven Vulkan zu simulieren, steckt man ein Feld mit vielen errichteten Hindernissen in Brand und hetzt die Menge darüber. Dies seien die friedlichen Panikspiele zu Lande, zu Wasser und in der Luft.

KLEINE UNTERBRECHUNG. Schon dieser erste Vorschlag adressiert bloß die dritte Ursache – setzt weder bei dem rationalen Interessenausgleich an noch bei einer sinnvollen Veränderung unerträglicher gesellschaftlicher Zustände. Das tut er jedoch in einer Weise, die nicht von der Täterseite her, vielmehr von der Opferseite her gedacht wird. Sich mit Gewalt – oder besser: Gefahr – konfrontiert zu sehen, würde das durch Krieg ausagierte Bedürfnis befriedigen.

Der Sprecher der zweiten Arbeitsgruppe, ein Psychologe, erklärt, der Vorschlag seines Vorredners sei im Grundzug zwar ganz in Ordnung, aber nicht psychologisch genug. Man müsse ihm das Element der Überraschung hinzufügen. Andernfalls würden schwierige Bedingungen nicht zwangsläufig zu einem panischen Schrecken führen, immerhin zeigten die Menschen eine wunderbare Anpassungsfähigkeit. Diese Überraschungen stellen sich als die bekannten Streiche heraus – eine Zigarre, die zwischen den Zähnen explodiert; die Türklinke, die einen Stromschlag austeilt; eine Mine vor dem Heimathafen; ein Kuchen, in dem sich eine Kreuzotter verbirgt; eine Hure mit Rasiermesser zum Kastrieren; ein Geburtstagstelegramm, das sich als Todesnachricht entpuppt; ein als Fliederstrauch getarnter Scharfschütze. Derart werden die Nerven strapaziert, wenn die Seele in Erwartung eines Vergnügens schwelgt.

KLEINE UNTERBRECHUNG. Der zweite Vorschlag ist nur eine Verschärfung des ersten. Das spielerische Element könnte bei den Panikspielen die Überhand gewinnen, sodass der gewünschte Effekt, den Todestrieb zu neutralisieren, verloren ginge.

«Sehr gut!», ruft der nächste Redner, ein Soziologe. «Aber vergessen wir nicht die Soziologie! Solange diese überraschten Menschen *ein* Team sind, werden sie sich gegenseitig stützen. Der Korpsgeist federt die private Anspannung ab. Teilen wir die Leute in zwei konkurrierende Teams auf, wird das Ergebnis genau das Gegenteil sein! Denn nun lässt jeder Streich sich auf die bösen Absichten der jeweils anderen Seite zurückführen;

das Überraschtwerden beweist die Schwäche der eigenen Seite.
Die Solidarität kriegt Risse. Das summiert sich ... Aber noch
wichtiger ist die Tatsache, dass Wettbewerb bis zum Äußersten
treibt.» In Anlehnung an einen Text von Clausewitz führt er
aus, beim Gebrauch der physischen Gewalt müsse der, der sich
dieser Gewalt rücksichtslos, ohne Schonung des Blutes bedient, das Übergewicht erhalten, falls der Gegner es unterlässt.
Dadurch gibt er der jeweils anderen Seite das Gesetz, und es
steigern sich beide über alle Maßen hinaus. Krieg ist ein Akt
der Gewalt, und es gibt in ihrer Anwendung keine Grenzen; so
entsteht eine Wechselwirkung, die sich aufschaukelt.[1] «Was
wir brauchen», sagt der Soziologe, «ist ein langwieriger Kampf
auf verlorenem Posten.» Während er dies sagt, steigen ihm
plötzlich die Tränen in die Augen, und er steht da, zur Ver-
legenheit aller, schluchzend und würgend.

KLEINE UNTERBRECHUNG. Jetzt wird es ernst. Die beiden anderen
Redner blieben noch im Bereich der Spiele und der Streiche,
obzwar sie bereits recht makaber anmuten. – Bei dem dritten
Redner geht es nun ans Eingemachte. Er reagiert bewegt auf
seinen Vorschlag. Spricht das gegen oder für ihn? Jedenfalls
nähern wir uns der authentischen kriegerischen Gefahr.

Endlich kommt der Theologe zur Wort. «Hofft ihr etwa»,
fragt er, «mit solch materiellen Mitteln die Lust am Tod stillen
und den Frieden erhalten zu können? Wie wenig begreift ihr
von der Stärke des Volkes! Ihr werdet es zu Heldentaten verführen; weder unterdessen noch danach wird es Frieden geben.
Ich sehe hier nirgends den Schatten des Ersten Engels, der das
Sein in Nichtsein wandelt. Deshalb lade ich euch ein, in euren
Spielen die kleinen Kinder nachzuahmen. Weil bloß Knaben
und Mädels *echt* höllische Gedanken hegen. Es gibt Momente,
während derer das kindliche Ego in seinem Stolz so rein ist,
dass es, ohne Beimischung irgendeines Lasters, seinen Bruder
aus dem Dasein fegt. Aber es ist doch bloß ein vergessliches
Kind, das vor sich hin plappert. Alles kehrt zurück. Plappert ...
alles ... kehrt ...», sagt er, denn jedes zweite seiner Worte versiegt.

1 Paraphrase. Carl v. Clausewitz, *Vom Kriege*, in Hinterlassene Werke, Bd. 1,
Berlin 1832, S. 4-7.

KLEINE UNTERBRECHUNG. Dem Theologen verschlägt der eigene Gedanke die Sprache. So bleibt es in der Schwebe, ob nun die höllischen Gedanken Gedanken bleiben, oder ob sie realisiert werden sollen. In der Fassung von 1959 präzisierte Goodman, «die Welt kehrt zurück». Damit wäre auf kindliche Phantasie angespielt, die nach einer imaginierten Zerstörung der Welt in die Welt zurückkehrt, der sie in Wirklichkeit nichts angetan hatte. Freilich wird es im vierten Teil des Romans tatsächlich zu einem Vatermord kommen, sodass wir uns an dieser Stelle nicht damit beruhigen sollten, es sei eine bloße Kopfgeburt gemeint.

3

Der Verletzte erhebt sich, dankt für die kostbaren Anregungen, lobt die Kooperation und fasst die Diskussion zusammen: «Für ein Äquivalent des Kriegs ist es notwendig, gefährliche soziale Spiele zu veranstalten. Damit diese nicht in die Bahnen des Erwartbaren geraten, sollten sie ein Momentum von Überraschung enthalten. Wettbewerb würde solche Spiele über die Regeln hinaus auf die Spitze treiben. Und all das, um die Hölle heraufzubeschwören, indem man die Siebenjährigen imitiert. – Nun, Freunde?», fragt er. Es entsteht eine Pause. Dann brechen sie in Gelächter aus, alle, außer dem Verletzten. Zusammengefasst, stellen sie fest, dass ihr friedliches Äquivalent zum Krieg praktisch genau das ist: Krieg.

SCHLUSSBETRACHTUNG. Aus dem Spiel des gefährlichen Friedens ist kriegerischer Ernst geworden. Die Freunde sind damit gescheitert, ein moralisches – oder: praktisches – Äquivalent zum Krieg zu erdenken. Heißt dies, dass wir Krieg als unausweichliches Element der menschlichen Gesellschaft hinnehmen müssen? Goodman sah es nicht so. Aber er war tatsächlich der Auffassung, dass es dem Frieden mehr schade als nütze, ständig Einfachheit und Leichtigkeit des Friedens zu beteuern. Krieg wäre nicht der beherrschende Faktor in der gesamten menschlichen Geschichte, wenn Frieden ohne Anstrengung erreicht werden könnte.

4

State of Nature, Naturzustand. Goodman zitierte ausgerechnet Thomas Hobbes (1588-1679), in der Geschichte politischen Denkens als der Schrecken bekannt, der glaubte, jeder Widerstand gegen den Staat – «Leviathan» – würde in den Naturzustand des Kriegs aller gegen alle oder jeder gegen jeden zurückführen, den keiner vernünftigerweise wollen kann. Doch halt!, das Versprechen des Staats lautet, Leben, Freiheit und Eigentum der Bürger zu schützen. Sobald der Staat das Leben, die Freiheit oder das Eigentum eines Bürgers gefährdet, bricht er das Versprechen, auf dessen Grundlage er besteht. Falls der Staat beispielsweise einen Bürger seiner Freiheit beraubt, ist der Bürger nicht mehr zum Gehorsam verpflichtet, fällt in den Naturzustand zurück und darf sich beliebiger Mittel bedienen, um seine Freiheit wiederzuerlangen.

HOBBES, 1651: «Wenn ein Mensch ins Gefängnis geworfen oder in Fesseln geschlagen oder ihm die Freiheit seines Leibes vorenthalten wird, ist er nicht mehr durch den Bund zur Unterwerfung verpflichtet, und darf folglich, je nach seinen Möglichkeiten, mit allen Mitteln zu entkommen trachten.»[1]

Denn um Leben, Freiheit oder Eigentum zu riskieren, braucht niemand einen Staat: Das kann man auch im Naturzustand haben. Schon Hegel merkte trocken an, mit Hobbes sei kein Staat zu machen; denn natürlich würde der Staat nicht den Zweck haben, das Leben (bedingungslos) zu schützen. Vielmehr fordert er es etwa im Kriegsfall.[2] – Goodman nahm das Zitat umgekehrt zum Anlass, den Krieg (oder den Zwang zum Militärdienst) als bereits vollzogenen Rückfall in den «Naturzustand» zu charakterisieren.

---

1 «If a man be held in prison, or bonds, or is not trusted with the liberty of his body, he cannot be understood to be bound by covenant to subjection, and therefore may, if he can, make his escape by any means whatsoever.» Thomas Hobbes, *Leviathan*, gegen Ende des Kapitels 21. Zitat bei Goodman: *State of Nature*, a.a.O., S. 98. *Empire City*, a.a.O., S. 203.
2 G. W. F. Hegel, *Grundlinien der Philosophie des Rechts* (1821), § 100.

5

Die Forderung nach einem moralischen Äquivalent des Kriegs
stellte der Pragmatist und Psychologe William James (1841-
1910) in einer Rede vor Studenten 1906 auf; sie wurde in
James' Todesjahr das erste Mal schriftlich publiziert.[1] In dieser
Rede positionierte James sich als Pazifist[2] und ging offenbar
davon aus, dass die Menschheit einer sozialistischen Zukunft
entgegensehe (ohne genauer darauf einzugehen, was er unter
Sozialismus verstanden wissen wollte).[3] – Um einen Frieden
vorzubereiten und möglich zu machen, müsse man aber zunächst den Krieg verstehen.[4] James nannte vier Motivgruppen
für das Kriegführen:

1. Verteidigung gegen Angriff. Doch was ist das Motiv eines
   Angriffs? Ganz generell sah James es im Plündern (d.h. die
   Aneignung fremder Arbeitsleistungen); hier führte er vor
   allem frühe, barbarische Gesellschaften an. Darüber hinaus
   sei es aber ein spannender Weg, seinen Lebensunterhalt zu
   verdienen.[5] – Diese Bemerkung führte ihn zu einer zweiten
   Motivgruppe.
2. Krieg um des Kriegs willen; hier griff James vor allem auf
   antike griechische und römische Geschichte zurück. Krieg
   sei eine Art Sport und in der Hinsicht zutiefst irrational.[6]
   (Das ist, wie wir sahen, der wesentliche Anknüpfungspunkt
   für Goodman.)
3. Krieg ist eine Schule für Tugenden wie etwa Tapferkeit und
   Loyalität.[7] (Mit dieser Charakterisierung des Kriegs konnte
   Goodman am wenigsten anfangen.)

1 Als Pamphlet der American Association for International Conciliation,
Februar 1910. Im Folgenden zit. n. William James, *Memories and Studies*,
posthum 1911 erschienen, New York 1917, S. 267-296.
2 Ebd., S. 275.
3 Ebd., S. 286.
4 Dies war auch Proudhons Ansicht: *La Guerre et la Paix*, 1861 (ein Werk,
das ihm bis heute den Vorwurf einhandelte, den Krieg gerechtfertigt zu
haben). Aber es gibt meiner Recherche nach keinen Hinweis, dass William
James dieses Werk von Proudhon gelesen hat.
5 James, a.a.O., S. 268. Über Barbaren war Kropotkin anderer Auffassung.
6 Ebd., S. 269-272.
7 Ebd., S. 272.

4. Und schließlich gibt es auch Kriege um Ideale, wobei James vor allem die amerikanische Revolution ab 1776 sowie den amerikanischen Bürgerkrieg ab 1861 nannte.[1]

Die psychische Disposition, zum Kriegführen bereit zu sein, bezeichnete James 1906 als ungebrochen.[2] Vor ein paar Jahren noch hätte ich angemerkt, dass dies nicht mehr durchgängig der Fall sei. Die Antikriegs-Bewegungen in den westlichen Ländern hätten hieran schon einiges geändert. Doch mit dem Überfall von Russland auf die Ukraine 2022 zeigte sich, wie oberflächlich die Änderung in Wirklichkeit war. Die grüne deutsche Außenministerin, die im Laufe ihres Wahlkampfs im Jahr zuvor noch Plakate mit der Parole, keine Waffen in Kriegs- und Krisengebiete zu liefern, geklebt hatte, inszenierte sich auch ikonographisch als Kriegsherrin in Kampfanzug. Ich muss beschämt zugestehen, dass ich diese Bilder mit einer irrationalen Ehrfurcht ansehe und dabei Gänsehaut kriege. Reihenweise erklärten ehemalige Wehrdienstverweigerer aus Gewissensgründen, nun würde ihr Gewissen anders ticken und ihnen heute anweisen, den Dienst nicht mehr zu verweigern. Aber sie sind mittlerweile zu alt, um noch dienen zu können. Feministinnen jubeln den Befehlshabern zu, fleischgewordene Symbole des Männlichkeitswahns, sei es nun die eine oder die andere Seite (je nach der, auf der sie die absolute moralische Berechtigung erblicken).

Aus dem Motivmix, der für den Krieg spricht, zog James den Schluss, dass es zwar einerseits notwendig und auch möglich sei, unter zivilisierten Nationen einen rationalen, nicht-kriegerischen Interessenausgleich zu finden[3] (eine Illusion, wie sich leider herausstellte), dies jedoch nicht hinreiche, um einen dauerhaften Frieden zu gewährleisten. Auf den Horror und auf die Irrationalität des Kriegs hinzuweisen, sei völlig nutzlos und ein Fehler von Pazifisten,[4] weil sie nicht mit einrechnen, dass gerade dieser Horror sowie diese Irrationalität die Faszination

---

1 Ebd., S. 267f.
2 Ebd., S. 273.
3 Ebd., S. 286f.
4 Ebd., S. 269.

des Kriegs ausmachen. Solange es kein Äquivalent zum Krieg gebe, würde der Krieg nicht zu vermeiden sein. Genau diese Überlegung war es, auf die Goodman immer wieder pochte. Pazifistische Filme, die den Schrecken des Kriegs veranschaulichen, hielt Goodman für obszön, denn sie würden die Lust am Krieg anheizen.[1] Gandhi, der die persönliche Friedfertigkeit und Duldsamkeit als Voraussetzung von internationalem Frieden predigte, warf er sogar bösartige Verschärfung der Schuldgefühle vor, was letztendlich zum Kriegführen geneigt mache.[2]

Was James selber als das Äquivalent zum Krieg vorschlug, passte freilich ganz und gar nicht in Goodmans anarchistisches Konzept. James schlug vor, an Stelle des Kriegsdiensts einen zwangsweisen Sozialdienst staatlich einzurichten. Auf solche Weise würden die Tugenden des Kriegs in friedliche Bahnen umzulenken sein. Es liegt auf der Hand, was Goodman von diesem Vorschlag hielt: Er ordnete ihn als einen Baustein ein, der die Menschen in ein System zwänge, aus dem sie mit Hilfe von (kriegerischer) Gewalt zu entfliehen suchen werden, wenn es zu lange andauert und zu hermetisch abgeriegelt ist.

Nun leuchtet uns ein, weswegen Goodman das *moralisch* im Äquivalent zum Krieg nicht mochte und er das Adjektiv durch *praktisch* ersetzt sehen wollte: Während James dem Krieg zuordnete, dass er die Moral befördere und es hierfür einen Ersatz geben müsse, eben eine friedliche Form von disziplinierter Organisation, sah Goodman Krieg als Ausgeburt höllischer Gedanken der Selbstzerstörung: Es muss ein Äquivalent her, dass dieser Funktion in praktischer – nicht moralischer – Hinsicht gerecht wird.

Hervorzuheben ist die Radikalität, mit der Goodman in der paraphrasierten Szene des Romans die schlichte Antwort verweigerte. Auch die Freunde in «The Empire City» gehen ganz unterschiedlich mit dem Kriegsausbruch um. Der Ver-

[1] Paul Goodman, *Designing Pacifist Films*, in *Nature Heals*, New York 1977, S. 109-117. Dt. in *Natur heilt*, Köln 1989, S. 145-153. Im Goodman-Reader, Bergisch Gladbach 2011, S. 17-26.
[2] Paul Goodman, *Drawing the Line*, New York 1962, S. 26. 2010, S. 37. Im Goodman-Reader, S. 15.

letzte in der beschriebenen Szene, Arthur, hatte sich freiwillig gemeldet und kommt dann im Krieg auch um. Lothair verweigerte den Dienst und sitzt im Gefängnis; später wird ihn der eigene Sohn ermorden. Goodman behauptete nicht, im Besitz der Lösung zu sein. Stattdessen stellte er die Herausforderung: Das Äquivalent zum Krieg ist die Aufgabe, nach Wegen zu suchen, um Frieden zu führen. 1946. Incipit Fritz Perls.

PHG, 1951: «Grundsätzlich gilt, dass kein Konflikt durch Psychotherapie gelöst werden sollte. […] Die Auffassung, dass ein Konflikt […] Energievergeudung darstelle, ist nachvollziehbar, aber oberflächlich. Ihre Nachvollziehbarkeit gründet in der Voraussetzung, dass die zu tuende Arbeit unmittelbar angegangen werden könnte; dann wäre es für den Beteiligten, der die Arbeit zu tun hat, Vergeudung, erst den Widerstand eines Gegners bekämpfen und überwinden zu müssen […]. Dies ist jedoch oberflächlich betrachtet, denn es setzt voraus, dass man bereits wisse, was zu tun sei, wo und wie die Energie eingesetzt werden solle. Die Voraussetzung lautet, wir wüssten […] schon, welches Gut angestrebt werden solle; in einem solchen Fall ist Widerstand irreführend oder pervers. Wo aber ein Konflikt in einem tiefen Sinne darum geführt wird, *was* zu tun sei, wird noch nach dem einem selbst und nicht einer stereotypen Norm zugehörigem Tun geforscht. Darüber hinaus entdeckt man die eigentliche Arbeit […] erst durch den Konflikt; vorher wusste niemand von ihr, und sicher wurde sie nicht angemessen in den widerstreitenden Behauptungen ausgedrückt. Der Konflikt ist eine Zusammenarbeit, die über das, was beabsichtigt wurde, hinausläuft auf eine ganz neue Figur. […] Die höchste Wirkung erzielt man nicht, indem man *vor* der Erfahrung eine Übereinstimmung der Interessen herstellt oder einzelne Interessen durch Kompromiss auf ein festgelegtes Ziel verpflichtet. Je schärfer sie sich unterscheiden und diese Unterschiede austragen, um so wahrscheinlicher bringen sie vielmehr kollektiv eine Idee hervor, die besser ist als jede, die sie einzeln hatten, sofern sie in Kontakt bleiben und ernsthaft auf das beste kreative Ergebnis abzielen.»[1]

1 A, 356-358. B, 136-138. C, 144-146. D, 148-150. E, 189-193. F, 110-115.
Der letzte Satz erinnert stark an Friedlaender, vgl. das Zitat S. 114 f, Fn. 2, dort vor allem auch den Abschluss auf S. 115.

Anarchismus 3: Gestalt Therapy

1

1946. Die Perls beschlossen, aus ihrem Übergangsexil in Süd-afrika nach Amerika weiterzuziehen. Wie schon bei ihrem Weggang aus Deutschland bildete Fritz die Vorhut. Denn es galt, überhaupt erst einmal die Genehmigung zur Immigration zu erlangen. Dazu war ein Bürge notwendig. Über Kanada schleuste er sich ein, fand eine Bürgin, legte einen Fehlstart in der Provinz bei Lauras Bruder hin und zog dann nach New York, wo er auf Anhieb eine gutgehende psychoanalytische Praxis eröffnen konnte. Bereits in Südafrika hatten Laura und Fritz Artikel des querköpfigen Freud-und-Reich-Anhängers Goodman gelesen, der zu ähnlichen Schlüssen gekommen zu sein schien wie sie selber, und sich vorgenommen, ihn, wenn sie es je nach Amerika schaffen würden, zu kontaktieren. Als Laura im nächsten Jahr mit ihren beiden Kindern nachkam, hatte Fritz nicht nur seine Praxis aufgebaut, sondern überdies auch schon Goodman ausfindig gemacht.

Im Gepäck trug Fritz Notizen zu einem weiteren Buch, das nun endlich seine eigene Therapierichtung begründen sollte. Offenbar war Laura es leid, seine Texte zu redigieren, und Fritz fragte Paul Goodman, ob er das nicht übernehmen wolle. Denn er fand heraus, dass Goodman ein armer Poet war. Er bot ihm 500 Dollar an. Das war für Goodman sehr viel Geld. Um einen Eindruck davon zu vermitteln, wie viel, ein Hinweis zur Kaufkraft: Mit dem Geld konnte Goodman zwei Jahre lang seine Miete bezahlen. Er nahm den Auftrag an, machte sich an die Arbeit und wandelte, erst zum Erstaunen und dann zur zunehmenden Verärgerung von Fritz das Projekt ins eigene um.

Wenn es Fritz wirklich darum gegangen wäre, ein Buch zu veröffentlichen, mit dem er eine angesehene und anerkannte Therapierichtung begründet, hätte er keine schlechtere Wahl als Goodman treffen können. Auch nicht, wenn es ihm nur darum gegangen wäre, einen Lektor für seinen Text zu finden. Goodman hatte viel von Freud gelesen, einiges von Reich. Das war ihnen gemeinsam. An die Freud-Lektüren anschließend versuchte Goodman sich in Eigentherapie. Weil der Kontakt mit Wilhelm Reich gescheitert war, wandte er sich an dessen Schüler Alexander Lowen und ging ein halbes Jahr zu ihm in die bioenergetische Praxis. Als Akademiker und als Lehrer war Goodman gescheitert, als Poet mangelte es ihm an Publikum. Unter der Avantgarde genoss er ein gewisses Renommee, für das er sich nichts kaufen konnte; ebensowenig dafür, dass er in einem kleinen Kreis von Gleichgesinnten eine führende Rolle spielte. Mehr hatte er nicht zu bieten. Nach Lauras Ankunft ging Goodman zu ihr in Therapie und die beiden kamen gut miteinander aus. Dies gab Goodman einen gewissen Einblick in eine gelingende Therapie und in die Arbeitsweise der beiden Perls.

Zu der Gruppe, die während des Entstehungsprozesses von *Gestalt Therapy* regelmäßig miteinander diskutierte, gehörten neben Laura und Fritz Perls und Paul Goodman noch der behavioristische Psychologe Ralph Hefferline, ein Klient von Fritz, sowie Isadore From, ein weiterer Klient, schließlich Paul Weisz und seine Frau Lotti. Aus Goodmans Freundeskreis ist besonders Elliott Shapiro hervorzuheben.[1]

Das Buch, das dabei herauskam, ist nicht nur ein Werk der Dichtkunst, obwohl es lyrische Passagen gibt. Aber es finden sich dort auch Passagen, die schwerfällig und substantivistisch sind wie das Deutsche. Andere Passagen versuchen zu klingen, als sei es doch ein systematisches und wissenschaftliches Werk. Dass es, wie Taylor Stoehr meinte, darüber hinaus inhaltliche Widersprüche enthält,[2] um die Goodman sich kaum scherte, kann ich nicht bestätigen. Aber sicherlich sind einige Passagen nachlässig argumentiert. Das Buch ist über weite Strecken eher ein Protokoll der Diskussionen in der Ursprungsgruppe aus der parteiischen Sicht von deren Sekretär Paul Goodman als ein ausgearbeiteter Text.

---

[1] Interviews mit Elliott Shapiro und Isadore From über ihre Erinnerungen an die Gründerzeit in Anke u. Erhard Doubrawa (Hg.), *Erzählte Geschichte der Gestalttherapie*, Wuppertal 2003, S. 115-140 resp. S. 89-111.
[2] Taylor Stoehr, *Here Now Next: Goodman and the Origins of Gestalt Therapy*, San Francisco, CA 1994, S. 93.

2

In dem Buch drückt Paul Goodmans auch seinen ganzen Frust
darüber aus, dass die Gesellschaft sich nach der Katastrophe
zweier Weltkriege nicht zu irgendwelchen Änderungen offen
zeigte, sondern die Zustände zementierte, die unweigerlich zu
weiteren Kriegen führen mussten. Es gab nicht nur kein friedliches Äquivalent zum Krieg, sondern darüber hinaus wurde die
Suche nach ihm stigmatisiert. Was wir brauchen, um wieder
gesund werden zu können, ist keine politische, sondern eine
vegetative Anarchie: «ein bisschen mehr Unordnung, Schmutz,
Impulsivität und ein bisschen weniger Staat».[1]

3

Obwohl der theoretische Teil von «Gestalt Therapy» über eine
Einleitung verfügt, wird nirgendwo die innere Logik erläutert,
mit welcher die Themen behandelt und die Kapitel angeordnet
worden sind. Diese innere Logik erschließt sich erst, wenn
man den Bezug auf die aristotelisch-thomistische Psychologie
hergestellt hat.

«Gestalt Therapy» setzt an dem Punkt an, an dem zwar niemand mehr die Ansicht philosophisch verteidigt, die Trennung
von Körper und Geist liege vor, aber gleichwohl die konkreten
Handlungen und das innere Gefühl die Trennung ständig vollziehen. Das Kapitel nach der Einleitung – «Mind, Body, and
External World» – befasst sich mit dieser Trennung oder
Spaltung. Nicht jedoch, indem die philosophische Diskussion
aufgenommen, sondern indem erklärt wird, warum der Körper
sich vom Geist abgespalten fühlt sowie warum der Geist den
Körper abspaltet.

Die Erklärung lautet, die «Nahrung» – das heißt alles, was
die Seele aus der Umgebung assimilieren kann – sei verdorben.
Die Verderbung führt dazu, dass das Überleben vordergründig
gesichert ist, allerdings um den Preis der Befriedigung. Derart
wird der Geist verführt, einer Situation beizupflichten, die unbefriedigend für den Körper ist. Er straft den Körper dafür ab,
dass dieser seinem Unbefriedigt-Sein Ausdruck verleiht; hin-

---

1 A, 301. B, 78. C, 85. D, 89. E, 116. Wie gesagt, «ein bisschen», minimalinvasiv, kein bisschen radikal.

Gestalt Therapy, volume two

gegen versucht er nicht, die Umgebung so zu gestalten, dass Befriedigung wieder möglich wird.

Die Einführung des Faktors der «Verderbung» bringt die Diskussion schnell zu einem Thema, das in den Texten von Aristoteles und Thomas nicht zu finden ist: Die Konditionen der sozialen Verfasstheit, in der die Menschen sich befinden, wirken zurück auf die Theorie der Seele.

Das vierte Kapitel, «Reality, Emergency, and Evaluation», kann nun nicht, wie im klassischen Aufbau der Aristoteles-Schrift «Von der Seele», nach der Definition der Seele von den einfachen zu den komplexen Wahrnehmungen fortschreiten. Vielmehr muss man die sozialen Mechanismen untersuchen, welche die Wirklichkeit *(reality)* als einen fortdauernden Notfall *(emergency)* herstellen und eine Überprüfung *(evaluation)* der Bedürfnisbefriedigung unterlaufen.

Die Kapitel «Maturing, and the Recollection of Childhood», «Human Nature and the Anthropology of Neurosis» und «Verbalizing and Poetry» organisieren die Diskussion der Seele um. Wenn davon ausgegangen wird, dass die zu untersuchende Seele nicht gelungenes, sondern missglücktes Leben spiegelt, muss die Genese dieses Missglückens nachverfolgt werden. Im dritten Kapitel – «Maturing, and the Recollection of Childhood» – geschieht das auf der Ebene der Biographie, im vierten Kapitel – «Human Nature and the Anthropology of Neurosis» – auf der Ebene der Gattung. Schließlich wird im fünften Kapitel – «Verbalizing and Poetry» – noch der Gesichtspunkt der Sprachpersönlichkeit und deren Beschädigung eingeführt.

Diesen ersten Teil des theoretischen Bandes von «Gestalt Therapy» – «Reality, Human Nature, and Society» – schloss Goodman mit den beiden Kapiteln «The Anti-Social and Aggression» und «Conflict and Self-Conquest» ab; sie bringen die soziale Theorie des beschädigten Lebens auf den Punkt: Die Unterdrückung der aggressiven Lebensäußerungen des Organismus und ihre Rückwendung auf den Organismus selbst in Form von Selbstkolonisation verursacht das Gefühl, ein unbefriedigendes Dasein zu fristen. Dieses Gefühl schlägt um in kollektive Destruktivität; also in: Intoleranz, Verfolgung,

Krieg, Folter, Mord, Vernichtung. Der Begriff der Aggression
und die These von der Wichtigkeit der Aggression für ein befriedigendes Leben, wie sie in «Gestalt Therapy» entwickelt
werden, können nur auf dem Hintergrund der aristotelisch-
thomistischen Psychologie verstanden werden: Die Tätigkeit
der Seele besteht darin, Nahrung aus der Umgebung aufzunehmen, indem deren Gestalt zerstört und dem eigenen
Organismus assimiliert wird. Wird diese Tätigkeit verhindert,
unterbrochen oder reduziert, findet Leben nicht statt. Von
vorgekauter Nahrung kann der Organismus auf Dauer ebenso
wenig leben wie von keiner Nahrung.

Erst im zweiten Teil des theoretischen Bandes von «Gestalt
Therapy» spann Goodman den ursprünglich aristotelischen
Faden weiter und entwickelte eine «Theory of the Self». Good-
man verwandte Selbst und Seele austauschbar.

Eine wichtige und konsequente Modifikation der Theorie
der Seele nahm Goodman mit dem Kontakt-Begriff vor. Statt
die Wahrnehmung anhand der einzelnen Sinne abzuhandeln,
werden alle Sinne zusammengefasst und ihrer Funktion nach
als Kontaktorgane bezeichnet. Dies ist bei Thomas mehr als bei
Aristoteles schon angelegt, aber noch nicht ausgeführt worden.
Die Analyse der Wahrnehmung muss heute die beschädigte
Wahrnehmung in Betracht ziehen: Sie wird zu therapeutischer
Theorie. Denn unter den herrschenden Bedingungen nimmt
die Wahrnehmung nicht Wahres, sondern Falsches wahr. Die
therapeutische Intervention muss dort ansetzen, wo der Kontakt mit der Realität misslingt, um den Kontakt mit ihr wieder
herzustellen. Solange aber die sozialen Bedingungen sich nicht
ändern, misslingt auch die Therapie.

4

Ein wichtiges Anliegen des theoretischen Bandes von «Gestalt
Therapy» war nicht bloß psychotherapeutisch, sondern mehr
noch philosophisch motiviert: Goodman zielte darauf ab, das
philosophische Denken als handlungsleitendes Lebensprinzip
zu retten, also Sozialphilosophie wie sie durch Aristoteles und
Thomas, Kant sowie die amerikanischen Pragmatisten William
James und John Dewey gedacht wurde. Die Besonderheit von

Goodmans Vorgehen ist, dass er eine Zusammenfassung dieser Philosophen vorlegte und sie gleichzeitig zur therapeutischen Psychologie, eben Gestalttherapie, umformulierte. Am Ende steht keine Ethik, die sich aus unbegründet-unbegründbaren Normen speist, stattdessen eine Vergewisserung darüber, wie die Verbindung von Emotionen mit Vernunft eine spontane Bewältigung existenzieller Probleme möglich macht.

Sozialphilosophie hat die Lehre vom individuellen guten Leben und gesellschaftlichen glücklichen Zusammenleben zum Inhalt. Die Geschichte der Philosophie durchziehen Auseinandersetzungen über diese Lehre. Als Hedonisten bezeichnet man die, die das gute Leben darin erblicken, den Gefühlen, Wünschen und Impulsen zu folgen. Dagegen bestehen Stoiker oder Asketen darauf, in der Unterdrückung dieser Neigungen liege das menschliche Glück und Heil. Für Formalisten sind sowohl Hedonisten als auch Stoiker Vertreter unbegründeter materialer Wert- und Normsetzungen, denen gegenüber nur Maximen (Grundsätze) des Handelns und nicht irgendwelche Ziele des Handelns die Qualität der Vernunft aufweisen.

In die traditionellen Auseinandersetzungen um die Sozialphilosophie griff Goodman nicht unmittelbar ein, sondern er formulierte ihre Frage um. Er fragte nämlich, welches denn die Bedingungen seien, die *verhindern*, dass die Menschen ein gutes Leben und glückliches Zusammenleben führen, fragte nach den Ursachen individueller Unzufriedenheit und sozialer Missstände.

Die von Goodman vorgenommene Umformulierung der sozialphilosophischen Frage basiert auf folgender Überlegung: Nach Thomas (und Aristoteles in Übereinstimmung mit der griechischen Auffassung seit Sokrates) zielt jede Handlung auf ein Gut, so dass jede Handlung als auf das Gute hingeordnet gedeutet wird. Warum ist das Gute dann nicht allgegenwärtig? Kant zufolge gibt es eine «absolute Spontaneität» in der vernünftigen Gewissensentscheidung. Konsequent befand Kant, der Hang zum Bösen im Menschen sei schlechterdings nicht zu ergründen. Dass die Philosophen bei der Kennzeichnung dessen, was das Gute sei, differieren, beunruhigte Goodman weniger als die Tatsache, dass das Gute, zu dem doch alle angeblich spontan hinstreben, gleichwohl keine Realität hat. Es scheint umgekehrt fast so, als strebten sie zum Schlechten.

Vor dem Hintergrund seiner Neuinterpretation des Grundgedankens der aristotelisch-thomistischen Sozialphilosophie, jede Handlung ziele auf ein Gut, meinte Goodman zeigen zu können, welche Bedingungen der Verwirklichung der Aufklärung im Wege stehen. Das Gute, auf das jede Handlung Thomas zufolge zielt, fasste Goodman pragmatistisch als die Lösung eines konkreten Problemdrucks im Hier-und-Jetzt. Den Handelnden nannte er Organismus. Die Problemlösung bezeichnete er als kreative (schöpferische) Anpassung oder Assimilation. Um zu unterstreichen, dass der Organismus sich nicht einseitig der Umgebung anpasst – eine solche Anpassung wäre weder schöpferisch noch enthielte sie eine Lösung –, es sich bei Assimilation vielmehr um den beiderseitigen Prozess zwischen dem Organismus und seiner problematischen Umgebung handelt, sprach Goodman vom notwendigen Anteil der Aggression des Organismus in jenem Prozess.

Das jeweilige Problem, das es zu lösen gilt, entsteht aus dem Konflikt eines Ziels im Organismus mit Bedingungen der Umgebung, die der Verwirklichung des Zieles entgegenwirken. Das Ziel besteht laut Goodman ausdrücklich nicht in Glück, Befriedigung oder Lust. Vielmehr liegt es darin, eine konkrete Handlung, oder emphatisch gesagt, ein «Werk» zu vollbringen.

Was Goodman Ziele nannte, entspricht Thomas' Begriff Appetit und Kants Begriff Neigungen. Die Ziele haben keinen rationalen Grund. Sie entstammen den nicht-bewussten oder kaum-bewussten, jedenfalls nicht-rationalen Bereichen des handelnden menschlichen Organismus. Vage sprach Goodman von drei nicht-rationalen Bereichen: erstens Triebe, Sinnlichkeit, Animalität und Es (Goodman nutzte diese vier Begriffe); zweitens die Welt (damit bezeichnete er soziale Einflüsse wie Erziehung und Anpassung); drittens Ideale wie etwa Liebe, Treue, Loyalität, Größe und Wahrheit (in anderen Schriften nannte er dies auch «die Seele»).

Diese drei zielsetzenden Instanzen (Animalität, Welt und Ideale) melden ein Problem, das heißt einen Konflikt zwischen Organismus und Umgebung, durch Gefühle; allgemein: durch

Unzufriedenheit. Der Adressat ist das Ich, welches durch diese Meldung aktiviert oder aktualisiert wird. Das als Selbst Bezeichnete ist auch Sitz von Kants Ich, dem Denkvermögen. Die zielsetzenden Instanzen sind nicht selber in der Lage, ein Problem zu lösen, da es ihnen an der Fähigkeit, zu erkennen und zu organisieren, fehlt. Das Ich ist, wie Goodman sagte, der Interpret und der Lieferant, das heißt, es deutet das Problem, indem die Gefühle analysiert und in Beziehung zur erkannten Umgebung gebracht werden, und liefert dann Lösungen. Das Gelingen einer Lösung melden die zielsetzenden Instanzen wieder durch Gefühle an das Ich, das durch diese Meldung inaktiviert wird. Als Oberbegriff der Meldungen von gelungenen Lösungen dient Befriedigung. – Insofern konnte Goodman thomistisch sagen, Befriedigung sei nicht *Ziel* der Handlung, sondern *begleite* die gute Handlung, das heißt die gelungene Lösung. In diesem Zusammenhang ist Goodmans Aussage zu sehen, Gefühle seien nicht subjektiv-zufällige Impulse ohne objektive Qualitäten, sondern Gefühle seien strukturierte Hinweise auf die Realität, wobei er unter Realität die Interaktion zwischen Organismus und Umgebung fasste, auf die es keine anderen direkten Hinweise außer den Gefühlen gebe.[1]

Der Ausdruck «das Gute» in der aristotelisch-thomistisch-pragmatistischen Handlungstheorie ist nicht so zu verstehen, als gebe es eine konkrete Einheit; vielmehr umfasst er die Vielfalt der Ziele bzw. der gelungenen Problemlösungen. Ein jedes Ding, ein jeder Organismus, eine jede Handlung verfügt über jeweils ein *eigenes* Gut, ein *eigenes* Wesen, eine *eigene* Natur.

Wenn nun jede Handlung auf ein Gut aus ist, warum ist das Gute nicht allgegenwärtig? Die Antwort, die Aristoteles und Thomas gaben, lautete: Weil die Handlung das Gut erstrebt, aber verfehlen kann. Diese Antwort erklärt nicht viel, es sei denn, wir wollten davon ausgehen, dass das menschliche Handeln prinzipiell scheitert. Dennoch hilft die Antwort erst einmal weiter. Die Verfehlung des Handlungsziels nun kann entweder objektive, nicht in den Handlungsmöglichkeiten des jeweils handelnden Menschen liegende Ursachen haben, oder

1 A, 332. B, 111. C, S. 123. D, 158. E, 158. – Hieraus ließe sich eine wahrhaft phänomenlogische Erkenntnistheorie entwickeln.

Kernfusion

auf fehlerhafte menschliche Entscheidungen zurückzuführen
sein. Hier kommt die Vernunft zum Zug. Ihre Leistung hat es
zu sein, das Problem zu deuten, um es zu lösen. Dies ist, so
Goodman, die Funktion des Ich. Dabei ist die Vernunft- (bzw.
Bewusstseins-) Funktion des Ich strikt formal. Es setzt nicht
selber Ziele oder Handlungsrichtungen. Denn Ziele lassen
sich laut Goodman eben nicht rational durchdringen, erklären
und festlegen.

Dieses Stadium der Überlegungen hat den Begriff der Vernunft individuell als instrumentelle Klugheit ergeben. Jedoch
geht die Vernunft über diese Klugheit hinaus, indem sie sich
verallgemeinert und den sozialen Zusammenhang mitdenkt.
Bei Aristoteles war das die Frage nach dem Ziel des Handelns,
das wir um seiner selber willen wollen und das andere um
seinetwillen, also nach der Einheit im angestrebten Guten, und
bei Kant die Frage nach dem unbedingten, einem *kategorischen*
Imperativ des Handelns.

Die Antwort Goodmans steht der Genussorientierung des
aristotelisch-thomistischen Hedonismus zunächst näher als
Kants Formalismus. Pflicht sei es, so sagte Goodman wieder
und wieder, die eigene Befriedigung sicherzustellen. Widerspricht das jedoch nicht der erwähnten Auffassung von der
Befriedigung als Zeichen anstatt als Ziel? Goodman sah es
anders: Befriedigung sei nicht sinnwidrig der Gegenstand des
pflichtbewussten, das heißt vernünftigen Handelns, vielmehr
die Sicherstellung der allgemeinen Bedingungen, dass eine Befriedigung *möglich* sei.

Die Bedingung, unter der Befriedigung unmöglich ist, bezeichnete Goodman als *self-conquest*, in meiner Übersetzung:
Selbstkolonisation. Selbstkolonisation ist eine Ausdehnung
des Bereichs der Bewusstseinssteuerung auf Gebiete, die recht-
mäßig dem Es angehören. Die Folge dieser Ausdehnung ist
Goodman zufolge eine Situation, in der das Bewusstsein behauptet, mit Nichts als der Befriedigung der vernünftigen, von
Gott, der Gesellschaft, der Natur oder dem Selbst gesetzten
Ziele beschäftigt zu sein, während diese Ziele immer weiter
aus den Augen verloren werden und die Befriedigung auf sich
warten lässt.

Doch auch diese Überlegung scheint noch dem Bereich der bloßen Klugheit zu entstammen. Warum ist es eine *Pflicht*, die Bedingung des eigenen Glücks festzuhalten? Der Grund, den Goodman für diese Pflicht angab, ist sozial: Die Menschen der Selbstkolonisation formen eine Gesellschaft, in der sie gegenseitig sich die Möglichkeitsbedingung des Glücks verstellen. Das drückt sich in der politischen Verfassung des Gemeinwesens, in den Institutionen aus. Die kritische Analyse der institutionellen Verhärtung von Selbstkolonisation bildet das Zentrum von Goodmans Schriften.

Wenn jede Handlung ein Gut erstrebt, eine Problemlösung will, dann können die Handlungen der Selbstkolonisation nicht selber Ziele sein. Sie sind Irrtümer, die sich allerdings zu Systemen zusammenballen. Vernunft muss, gerade wenn sie im Sinne von Thomas und Kant eine exakte Eigenbegrenzung ihres Bereichs vornimmt und nicht selber Ziele setzt, die Klugheit entwickeln, welche in der Lage ist, das gewollte Gute zu realisieren. Diese Klugheit aber muss über sich hinausweisen – sie ist gehalten, auch nach der Möglichkeitsbedingung der Befriedigung für die Mitmenschen zu fragen. Denn wenn die Handlungen eines Individuums die Möglichkeitsbedingungen für die Anderen einschränken, trifft es auch seine eigenen.

5

Eine philosophische Vergewisserung über Handlungsmaximen und Lebensformen findet in der Öffentlichkeit nicht statt. Dagegen herrschen entweder religiöser Dogmatismus oder kulturtheoretischer Relativismus. Religiöser Dogmatismus stellt ein System von Verboten und Geboten, von Sollenssätzen, von normativen Forderungen auf, das unbegründet bleibt und sich der Begründbarkeit ausdrücklich entzieht. Das System liegt außerhalb des Denkens. So drückt ein Satz wie: «Du sollst nicht töten!» zwar eine ethische Forderung aus, aber die Frage, *warum* ich mich an diese Forderung zu halten habe, wird nicht beantwortet. Wir finden den religiösen Dogmatismus verbreitet auch in weltlicher Form, etwa in täglich gedankenlos wiederholten Appellen an Gleichheit, Solidarität und Humanität, was immer das sein mag.

Der kulturtheoretische Relativismus besagt, alle Systeme
des Zusammenlebens seien gleichwertig. Es werde von der jeweiligen Kultur bestimmt, welche ethischen Prinzipien jemand
übernehme. Dem Satz: «Du sollst nicht töten!» spricht er eine
universelle Gültigkeit ab, indem man auf Gesellschaften hinweist, die ihn angeblich nicht anerkennen. Praktisch gesehen
wird der Relativismus hauptsächlich als ein politisches Kampf-
instrument eingesetzt, um rechtfertigen zu können, dass das,
was der Gegner macht, schlecht sei, während es gut würde, sobald man selbst das Gleiche tut.

Um der Zwickmühle zu entgehen, in die Dogmatiker und
Relativisten die Vernunft gebracht haben, versuchen manche
modernen Denker, die Sozialphilosophie zu ersetzen. Von den
zahlreichen Versuchen greife ich zwei vorherrschende heraus,
um die Tragfähigkeit von Goodmans Ansatz aufzuzeigen.

Der erste zu behandelnde Versuch, die Sozialphilosophie
zu ersetzen, besteht in einer Bezugnahme auf Natürlichkeit.
Die Biopsychologie Wilhelm Reichs oder die Theorien von
einigen heutigen Ökologen verlangen anstelle von Gehorsam
gegenüber Menschen, Gott oder Vernunft das Aufdecken des
angeblich Natürlichen. Jedoch entkommen sie, wie Goodman
feststellte, dem Anspruch der Vernunft nicht. Das Natürliche
ist für den Menschen nun gerade nicht natürlich; es kann in
seine Handlung nur durch die Verwandlung in Künstliches –
(d.h. Deutung von Natur) – eingehen. Die Natur kennt keine
Wahl. Sogar wenn ein Mensch sich für etwas Natürliches entscheidet, bleibt das Faktum, dass er sich entscheidet und zwar
mit Gründen. Das Umdenken, das Reich oder die Ökologen
fordern, ist überhaupt nur möglich, weil der Mensch im Sinne
des von den Anhängern der Natürlichkeit gebrauchten Natur-
Begriffs nicht-natürlich ist, sondern seine Natur darin besteht,
entscheidungs- und vernunftfähig zu sein. Jede Bezugnahme
auf Natürlichkeit, die die Natur zum Maßstab nimmt, aber den
Maßstab nicht im Zusammenhang einer Sozialphilosophie
rational begründet, verkommt zu verschleierndem Dogmatismus.

Ein anderer Ausweg aus der Zwickmühle der Sozialphilosophie ist der philosophische Egoismus, Individualismus oder

Utilitarismus. Durch nichts bräuchte ich meine Handlungen leiten zu lassen, behauptet der Egoist, als durch die Frage, was mir am nützlichsten für die Erreichung selbstgesetzter Ziele erscheine. Der Egoismus entgeht der Falle, in die der Rückgriff auf Natürlichkeit gerät, weil nicht mit einem «Du sollst!» verlangt wird, egoistisch zu handeln; vielmehr ist die Behauptung aufgestellt, es gebe keinen Grund, es sein zu lassen. Was der Einzelne aus dieser Behauptung mache, das wäre seine Sache. Der Egoismus hat jedoch eine andere interessante Eigenschaft. Er muss – sofern er vernünftig angewandt wird – sich selbst aufheben und zu einem Vernunftrecht finden. Gehen wir von einem klugen Egoisten aus, der seine eigenen Bedürfnisse kennt und in ein harmonisches Verhältnis untereinander gebracht hat. Er trifft auf eine soziale Umgebung, in der, wie er fühlen wird, keine bewusstseinsunabhängige («prästabilierte») Harmonie der einzelnen Individuen oder Egoisten untereinander vorhanden ist. Die Befriedigung von Bedürfnissen und die Erreichung von Zielen ist nicht immer konfliktfrei. Die Situation, in der der Versuch zweier Menschen, ihr jeweiliges Bedürfnis zu befriedigen, zum Konflikt führt, also die Befriedigung des einen Bedürfnisses diejenige des anderen Bedürfnisses ausschließt, stellt den Egoisten vor eine klare Alternative: Entweder macht er Bedürfnisbefriedigung abhängig von der Frage der Gewalt und riskiert, sowohl aktuell zu unterliegen als auch, so viel Widerstand gegen sich zu mobilisieren, bis er mittelfristig unterliegt bzw. getötet wird, oder aber er entwickelt eine soziale Theorie der Gerechtigkeit, eine Sozialphilosophie, die sagt, was der Einzelne zur Beförderung seiner Ziele tun darf und was nicht.

Überwindung der Gewalt erreicht dabei nur eine rationale Argumentation, nicht eine dogmatische Normierung. Dies ist leicht einzusehen, denn die dogmatische Normierung stellt im Endeffekt allein solche Sollens-Sätze auf, die nicht besser begründet sind als die Forderung, die eigenen Bedürfnisse seien denen der Mitmenschen überzuordnen. Insofern basiert auch die dogmatische Ethik letztlich auf bloßer Gewalt.

Ohne für einen Moment die Grundlage dieses sich nichtsozial begründet dünkenden Egoismus zu verlassen, nur unter

Zuhilfenahme der Vernunft, gelangen wir zur Notwendigkeit
der Sozialphilosophie. Sie gilt für alle Menschen, welche ihre
Handlungen der Vernunft unterstellen und nicht der Gewalt.
Die Sozialphilosophie schützt selbstverständlich nicht vor Ge-
walt. Aber sie gibt die Bedingung an, unter der Friede möglich
ist. Einzig, wer seine Gegenwehr gegen die Gewalt unter diese
Bedingung stellt, kann Gewalt dem Prinzip nach überwinden.
Bloßes Zurückschlagen führt ebenso wie die unqualifizierte
Bedürfnisbefriedigung oder das Aufstellen von unbegründeten
Normen zur Fortsetzung der Gewalt.

Um aufzuzeigen, wie Goodman die sozialphilosophischen
Überlegungen psychotherapeutisch umdeutete, betrachte ich
eine zentrale Passage zum Begriff Selbstregulation:

> **PHG, 1951:** «Spontane Prioritäten drücken die Weisheit
> aus, mit der der Organismus seine eigenen Bedürfnisse
> ins Verhältnis setzt zu dem in der Umwelt, das diese Be-
> dürfnisse zu befriedigen in der Lage ist. Diese Weisheit
> hat Bestand, selbst wenn die Selbstregulation im Inter-
> esse des Selbst begrenzt wird, z. B. wenn ein Kind davon
> abgehalten wird, auf der Straße in ein Auto zu laufen.
> Auf Selbstregulation des Kindes ist in dieser Situation
> nicht zu vertrauen. Unsere gesamte Gesellschaft scheint
> auf solchen Situationen zu basieren. Die Begrenzung
> der Selbstregulation ist dann notwendig. Wir müssen
> aber im Sinn behalten, dass wir in dem Maße, in dem
> wir uns Situationen aussetzen, die nur ein Minimum an
> Selbstregulation zulassen, auch Energie und Lebenslust
> verringern. Die Frage, die jeder normale Mensch sich
> stellen sollte, lautet, wie viel Selbstregulation unter den
> gegenwärtigen Bedingungen von Gesellschaft, Technik
> und sogar Zustand der Natur möglich oder erlaubt und
> zu riskieren wäre. Wir glauben, die Selbstregulation ist
> viel tragfähiger, als gegenwärtig zugegeben wird.»[1]

---

[1] A, 275. B, 51. C, 56. D, 60. E, 83. F, 37f. – Das «sollte» bei der «Frage, die
jeder normale Mensch sich stellen …» habe ich eingeschmuggelt, denn die
Annahme, jeder «normale» Mensch *tue* es, erscheint mir doch als allzu kühn.

Die verwirrende Komplexität dieser Argumentation rührt daher, dass Goodman drei Ebenen anschnitt:

1. Die systematisch erste, aber verborgene Ebene enthält die traditionelle Aussage der Sozialphilosophie in der Linie von Aristoteles, Thomas von Aquin und Kant: Die natürlichen Impulse des Menschen sind fehlbar. Die Vernunft – das Selbst – muss also ebenso spontan wie die Impulse entscheiden, welche von ihnen zu verwirklichen im eigenen Interesse erlaubt sein kann. Denn sonst überfährt uns ein Auto.

2. Die zweite, offen ausgesprochene Ebene ist die der Psychotherapie in der Linie etwa von Wilhelm Reich: Die Einschränkungen, die die Vernunft gegenüber den Impulsen ausspricht, sind eine Verstümmelung der oft effektiven und richtigen organismischen natürlichen Selbstregulation.

3. Die Vermittlung der beiden Ebenen übernimmt eine dritte Aussage, die Goodmans spezifische «Gestaltkritik» ausmacht: Die Beschränkungen der Impulse müssen unter das Prinzip einer vernünftig ausgewiesenen doppelten Eigenbeschränkung gestellt werden, in der die Vernunft (a) das verbietet, was schädlich ist, sich jedoch (b) selber ebenso untersagt, mehr als unbedingt nötig zu verbieten.

Demnach gibt es laut Goodman kein unbedingtes Recht darauf, seine individuellen Bedürfnisse oder Wünsche, eben die Impulse, auszuleben, weil ein Recht erst durch die Vernunft hergestellt werden kann, etwa in der Erkenntnis, dass die Beschränkung der Selbstregulation die menschliche Energie und den Witz beeinträchtigt. Die Gesellschaft hat jedoch genausowenig ein Recht, die Selbstregulation ständig auszusetzen, da das Recht nur im Falle des Konflikts (der fehlerhaften Selbstregulation) Sinn macht; wird es darüber hinaus ausgedehnt, sinkt es herab auf die Ebene eines unvernünftigen Impulses der Gesellschaft gegenüber dem Individuum, durch den die Gesellschaft sich selber Schaden zufügt.

Nun, der Zusammenhang zwischen Vernunft und Körper markiert das, was die Grenze sogar einer kritischen Psychotherapie sein müsste: Es könnte eine gerechtfertigte Aufgabe der psychotherapeutischen Intervention sein, eine neurotische Trennung von beidem zu überwinden. Das heißt: Es ist neurotisch, einer Vernunft zu frönen, die fälschlicherweise nie bestimmt, dass bisweilen von der Vernunft abzusehen sei. Aber neurotisch ist es gleichfalls, Triebregungen ohne jede Prüfung durch die Vernunft ausleben zu wollen. Lebensnotwendigen Leidenschaften zu folgen, muss stets auch vernunftgemäßes Handeln bleiben. Oder noch pointierter ausgedrückt: Handeln muss wirklich Handeln sein. Der Begriff Handeln schließt stets bewusste und damit vernunftgeleitete Entscheidung ein. Alles andere wäre unwillkürliches Bewegtwerden.

Goodman selber hat immer betont, dass Psychotherapie nicht als Ersatz für das vernünftige Entscheiden in Ethik, Erziehung und Politik fungieren kann, sondern ein Instrument darzustellen habe, Selbstbestimmung zurückzugewinnen. Ein Beispiel:

> **PHG, 1951:** «Der Trend, dass Klienten der Psychotherapie nicht mehr als ‹Kranke› kommen, sondern einfach nach einem ‹Zurechtkommen› oder sogar einem ‹guten Zurechtkommen› suchen, führt zu Theorien, wie sie auch in diesem Buch vertreten werden. In diesem Sinne übernimmt die Psychotherapie die klassische Funktion der Erziehung – das aber bloß deshalb, weil die heute übliche Erziehung im Elternhaus, in der Schule, in der Universität und in der Kirche immer unzureichender wird. Wir dagegen hoffen selbstverständlich eher, dass die Erziehung die Funktion der Psychotherapie übernimmt.»[1]

Die Realität der Psychotherapie entspricht dieser Hoffnung kaum. Der Wunsch der Klienten besteht darin, der Psychotherapeut möge sie in ihrer Ohnmacht dem Leben gegenüber begleiten und die unerwünschten Folgen mildern. Sie wollen nicht in Konflikte mit der Umgebung und sich selbst geführt

---

[1] A, 310. B, 88. C, 95. D, 99. E, 129. – Aufforderung zu einer Metatheorie der Psychotherapie.

werden, der ihnen Möglichkeiten einer vernünftigen Selbstbestimmung eröffnen würde. Denn das täte weh. Der Psychotherapeut seinerseits mag auch ein Interesse daran entwickeln,
dass die Klienten im Zustand fortwährender Unzufriedenheit
verharren, um als dauernde Kunden erhalten zu bleiben. Den
herrschenden Kräften kann dies therapeutische Paradox nur
recht sein: Die Menschen bleiben unmündig, so dass sie die
Gängelung durch die Institutionen nicht in Frage stellen, aber
gleichzeitig gibt's eine Instanz, die die menschlichen Probleme
abzufangen verspricht.

In dieser Hinsicht allerdings muss die Psychotherapie versagen: Die therapierten Menschen sind gestärkt worden, ihre
Bedürfnisse gegen die gefühlte Übermacht der Gesellschaft zu
vertreten. Da sie jedoch die Fremdsteuerung meist nicht durch
eine innere Vernunftleitung positiv, sondern durch eine bloße
Verneinung negativ ersetzt haben, werden sie emotional gesehen zu um sich schlagenden Monstern, welche keine Gesellschaft ertragen und welche keine Gesellschaft erträgt. Wenn
innere Leitung fehlt, wird in psychotherapeutischen Gruppen
der gesellschaftliche Mechanismus verdoppelt: Üblicherweise
sind psychotherapeutische Gruppenprozesse von großem Anpassungsdruck gekennzeichnet.

6

Die Gestalttherapie geht davon aus, dass die Menschen nicht
durch das lernen, was ihnen gesagt wird, sondern durch das,
was ihre reale Situation ist. Wenn nun die Realität der psychotherapeutischen Gruppe der Anpassungsdruck ist, lernen die
Klienten nicht die ihnen vorgesetzte Lehre von der Selbstbestimmung, sondern: Sie lernen, sich um so leichter von einer
Gruppe fremdsteuern zu lassen. Das aber ist die Funktion der
Psychotherapie in der herrschenden Gesellschaft: Sie soll die
Menschen besser einpassen.

Kritisch in der Tradition Goodmans wäre Psychotherapie,
wenn sie sich gegen die gesellschaftliche Instrumentalisierung
wehrt. Dies kann sie nicht erreichen, indem sie unqualifizierte
Bedürfnisbefriedigung propagiert. Vielmehr muss sie die An-
knüpfung an Aristoteles, Thomas von Aquin sowie Kant ernst

nehmen, die bei Goodman zu finden ist: Es geht der Gestalt-
therapie nach Goodman nicht um die Überwindung ethischer
Werte, sondern um Wiedergewinnung einer selbstbestimmten
Ethik.

Diese «Gestaltkritik»[1] macht den Kern von Goodmans an
Thomas anknüpfenden Anarchismus aus. Eine vernünftige
Verständigung darüber, was an ausgelebter Individualität sozial
verträglich sei, ist nur als aggressiver Prozess zwischen den Individuen zu denken. Sobald unter sozial eine mit organisierten
Gewaltmitteln ausgestattete Institution – Staat – verstanden
wird, verdrängt die Machtfrage jede Vernunft, und es herrscht
das reine Diktat ungezügelter Bedürfnisse im vermeintlichen
Recht des Stärkeren: Das ist die neurotische Gesellschaft, von
der Goodman sprach.

Die zitierte Wendung Goodmans, er hoffe, die Erziehung
übernehme die Funktion der Psychotherapie, ist im doppelten
Sinne kritisch gemeint: gegen die Psychotherapie, insofern sie
keinen Ersatz und schon gar keinen Fortschritt angesichts von
politischen Auseinandersetzungen bietet; und gegen die gesellschaftlichen Verhältnisse, in welchen Erziehung unmöglich
zu sein scheint und darum Psychotherapie nötig wird.

---

1 Mit dem Prinzip einer von innen heraus geschlossenen Gestalt werden
individuelle und soziale Mechanismen kritisiert, die die Gestaltschließung
behindern. (Wortbildung analog zu Literaturkritik.)

Stilfrage: Wer ist Antonicelli?

1

Das Buch war geschrieben. Wie ging's weiter? Laura und Fritz setzten ihre therapeutische Praxis fort, modifizierten sie; wobei Laura in New York heimisch wurde, während Fritz rastlos durchs Land streifte und Gestalttherapie predigte, bis er 1956 endgültig nach Kalifornien zog. Die Trennung von Laura war damit offiziell und unwiderruflich (obwohl er sie bisweilen besuchte). Von den Schülern und den Mitdiskutierenden bei der Formulierung des Buches begannen einige, jetzt ebenfalls als Therapeuten zu praktizieren, so etwa Isadore From. Und Paul Goodman. Er überlegte, welch ein Honorar er nehmen solle, und fragte, was ein Handwerker bekäme.[1] Das entsprach seiner Hochschätzung für Handwerker. Seine Honorarvorstellung legten einige ihm als Bescheidenheit aus, wenn sie im Kopf hatten, was unter Psychotherapeuten üblich war. Andere als Arroganz, schließlich verfügte er über keine Ausbildung, war weder Arzt noch Psychologe und auch kein Psychoanalytiker. Taylor Stoehr versicherte, dass Goodman seine Begrenzung als Therapeut durchaus im Blick hatte und keine schweren Fälle annahm.[2] In New York und Cleveland gründete man Gestalt-Institute, um weitere Therapeuten auszubilden. Vom Stil her ließen sich zwei Herangehensweisen unterscheiden, die Taylor Stoehr so beschrieb:

STOEHR, 1994: «Zwanzig Jahre lang führte Isadore From Trainings in Cleveland durch. Das Buch lag immer vor den Teilnehmern, als Ausgangspunkt für das Durcharbeiten von Prinzipien und Praxis der Gestalttherapie. Fritz ging ganz anders heran. Er tat, als existiere das Buch nicht. Gestalttherapie wurde vor den Augen der Teilnehmern neu erfunden, auf sein Fingerschnippen hin.»[3]

1 Taylor Stoehr, *Here Now Next*, San Francisco, CA 1994, S. 146.
2 Ebd., S. 169.
3 Ebd., S. 182.

Laura Perls und Paul Goodman standen zwischen diesen beiden Extremen. Nachdem Fritz sich ganz in Kalifornien nieder-
gelassen hatte, entwickelte er dort den durch Videomitschnitte
und deren Transkripte bekannten Demonstrations-Stil in
Workshops. Vor den Teilnehmern arbeitete Fritz jeweils kurz
mit einem von ihnen, um zu zeigen, wie man als Therapeut vorgehen könne. Dieser Demonstrations-Stil wurde von einigen
Teilnehmern und von manchen Beobachtern als volle Therapie
angesehen, was nicht der Fall war und von Fritz auch nicht so
gemeint. Er tat aber kaum etwas dafür, das Missverständnis aus-
zuräumen. Das empfand er nicht als seine Aufgabe.

Die Ausbildung von Therapeuten in Gruppen war übrigens
eine Neuerung gegenüber der Psychoanalyse, die teils bis heute
allein auf Lehrtherapie im Eins-zu-Eins-Setting setzt, obwohl
Wilhelm Reich bereits in der zweiten Hälfte der 1920er Jahre
in Wien sogenannte «technische Seminare» durchführte (an
einigen hatte Fritz Perls teilgenommen). Taylor Stoehr wies
auf die Tradition der Quäker-Meetings als möglichen typisch
amerikanischen Einfluss hin.[1] In den religiösen Gruppen der
Quäker – eine Abspaltung von den Puritanern, die, im Gegensatz zu den Puritanern, Pazifisten und nahezu Anarchisten
waren – sitzen die Gemeindemitglieder beim Gottesdienst im
Kreis und sprechen ohne formalisierte Hierarchie miteinander.
Die von Kurt Lewin ausgehende Gruppendynamik wäre als
eine zeitgenössische Quelle hinzuzufügen. Fritz hatte bei Max
Reinhardt an einer Schauspielklasse teilgenommen und Laura
in Seminaren von Elsa Gindler die somatische Körperarbeit
kennen gelernt; diese Erfahrungen nicht-schulischen Lernens
in Gruppen werden sie ebenfalls für die neu entwickelte Form
der Ausbildung von Psychotherapeuten genutzt haben.

Gegenüber dem mitunter ruppig und provokativ anmuten-
den Stil von Fritz Perls wird der von Laura Perls und von Paul
Goodman als eher unterstützend beschrieben.[2] Aber wie sahen
die Anfänge tatsächlich aus? Im vierten Teil von *Empire City*,
welchen Goodman im Laufe der 1950er Jahre schrieb, finden
sich zwei Kapitel mit der Darstellung einer therapeutischen

1 Ebd., S. 165.
2 Für Goodman vgl. ebd., S. 181.

Situation.[1] Taylor Stoehr schien überzeugt zu sein, Goodman habe sich hier in der Therapeutenrolle selber dargestellt;[2] ich werde Gründe nennen, die dagegen sprechen: Es handelt sich um eine Satire auf Fritz. Unabhängig hiervon ist die Szene einfach köstlich und illustriert gut Goodmans Herangehensweise an Psychotherapie; möglicherweise liegt mit ihr das früheste Zeugnis des Arbeitsstils von Fritz für die Zeit vor, in welcher «Gestalt Therapy» ausgearbeitet wurde.

2

Wir erinnern uns: Bei dem Versuch, ihn einzuschulen, hatte Horatio seine Akte geklaut und wuchs auf den Straßen von New York auf. Wir lernten ihn im ersten Buch von «Empire City» als Elfjährigen kennen. Das war 1942. Wir folgten dem Prozess, den das System Ende der 1940er Jahre gegen ihn wegen Verrats anstrengte, und den er mit dem Hinweis gewann, er sei verliebt: Damit bewies er, dass er nicht von der Gesellschaft, sondern nur ihrem organisierten Teil getrennt ist. Nun hat er Rosalind geheiratet und macht sich daran, ein ehrbarer Bürger zu werden. Die Rolle als Außenseiter ist er satt. Er versucht gar, sich in der «Parent Teacher Association»[3] zu engagieren,[4] was allerdings im Desaster endet. Bei einer Besichtigung der Schule merkt er, dass der Knauf der Toilettentür für kleine Kinder praktisch nicht zu betätigen ist, denn ein Mädchen bittet ihn, sie für sie zu öffnen; er rastet aus, als er feststellt, dass weder die Ladies der PTA – Horatio ist einziger Mann in der Runde – noch die Schulleitung das für ein erstzunehmendes Problem halten und untätig bleiben. Vor allem aber hat er beschlossen, die «Herald Tribune», das Blatt der Systemkonformen, zu lesen und «den General» als Kandidaten bei der Präsidentschaftswahl zu unterstützen. **KLEINE UNTERBRECHUNG.** Die Szene spielt mithin im Jahr 1952 unmittelbar nach der Publikation von «Gestalt Therapy». Der

1 Paul Goodman, *The Empire City*, New York 1959, S. 512-514, S. 518-523. Alles Folgende ist Paraphrase, keine Übersetzung.
2 Stoehr, a.a.O., S. 141.
3 Eine mächtige Institution, die die öffentlichen Schulen stark beeinflusst.
4 *Empire City*, a.a.O., S. 530-543.

Kandidat war Dwight Ike Eisenhower (1890-1969), während des zweiten Weltkriegs Oberbefehlshaber der alliierten Streitkräfte von Nordwesteuropa. Er trat für die Republikanische Partei an, gewann und symbolisierte ab da die bewegungslosen, konformistischen 1950er Jahre.

Rosalind ist besorgt um den Geisteszustand ihres Mannes und macht für ihn einen Termin bei einem Therapeuten aus, Antonicelli. Antonicelli sind wir schon einmal begegnet. Er war der Staatsanwalt im Prozess gegen Horatio. Am Ende der Verhandlung erlitt er einen Herzanfall, und Horatio rettete ihn durch handgreifliche Wiederbelebung. Antonicelli gab seinen Job auf und wurde – Psychotherapeut.

KLEINE UNTERBRECHUNG. Das fängt ja gut an. Die Ehefrau, die sich Sorgen macht, nicht weil ihr Mann aus dem Rahmen fällt, sondern sich zu sehr einpasst. Nicht ganz realistisch, oder?

Gehorsam sucht Horatio den Therapeuten auf. Er beginnt das Gespräch, indem er eine Straßenszene schildert, bei der er eine Bekannte traf. Antonicelli unterbricht ihn ruppig und fordert ihn auf, die Klappe zu halten. Horatio schluckt, sieht sich um und sagt nichts. Auch Antonicelli schweigt. Minuten verstreichen, und Horatio sagt immer noch nichts.

«Das wird teuer», sagt Antonicelli. Sein Taxameter zeigt es an, 5, 10, 15, 20 Dollar.

«Du hast mich kalt erwischt», sagt Horatio. «Ich möchte über was reden, aber du lässt mich nicht. Und verdammt, ich werd' mir jetzt kein Thema aus den Fingern saugen, über das ich nicht reden möchte. Das macht mich ratlos.»

«So, jetzt kommen wir weiter», sagt der Arzt und knackt mit den Fingerknöcheln. «Du bist ratlos! Hopp! Hopp! Bleib da, bleib bei der Sache. Hier ist der richtige Ort, um ratlos zu sein. Es ist die ‹fruchtbare Leere›, aus der alle schönen Dinge erwachsen. Hopp! Hopp!»

KLEINE UNTERBRECHUNG. Antonicelli sagt: «Now, we're getting somewhere!» Interessanterweise ist das eine Wendung, die genau so in dem berühmten Gloria-Film von 1965 auftaucht, in welchem Carl Rogers, Albert Ellis und Fritz Perls öffentlich mit der Klientin Gloria arbeiten, um ihre jeweiligen Methoden zu demonstrieren. Das passierte eine Handvoll Jahre, nachdem

Goodman den Romanteil schrieb, in dem diese Szene steht. «Now, we're getting somewhere!», rief Fritz, als Gloria aus der Haut fuhr, weil sie sich von Fritz nicht ernst genommen fühlte. Sollte Goodmans Redensart hier zufällig dieselbe sein? Oder deutet sie vielleicht an, dass es sich um eine Redensart handelt, die Fritz *typischerweise* verwandte, und Goodman das wusste? (Oder hatte Fritz sie sich bei Goodman abgeschaut? Das halte ich für weniger wahrscheinlich.) «Was sagst du da? Hopp! Hopp!», fragt Horatio zaghaft. «Was soll das heißen, wenn ich bitten darf?» «Keine Angst, Junge, sprich lauter!», dröhnt Antonicelli. «Hop! Hop! Ja, das sag'ich immer. Es heißt – am Ende heißt's, ‹Diese arme Leut›.» Er macht eine überhebliche Geste. «Du kennst das Ende von Wozzek [*sic*]? Na klar! Hopp! Hopp! ‹Diese arme Leut›. Es hat keinen Zweck, etwas für sie tun zu wollen. Hop! Hop! Ich hab's etwas amerikanisiert.»

KLEINE UNTERBRECHUNG. Goodman war ein großer Liebhaber von Musik, und der Roman ist durchsetzt mit musikalischen Anspielungen, teils sind Noten eingearbeitet. Gerade deshalb verdient dieser Bezug zu Alban Bergs Oper (welche auf dem Woyzeck von Georg Büchner basiert) aus dem Jahr 1925 eine Aufmerksamkeit. Wozzeck ist falsch geschrieben, das mag ein Druckfehler sein. Die Wendung lautet aber nicht «*diese* arme Leut», sondern «*wir* arme Leut». Der Sinn in der Oper ist, dass Wozzeck auf den Widerspruch von moralischer Forderung und materieller Armut hinweist. Antonicelli kehrt die Aussage um und fordert seinen Klienten auf, sich über diese armen Leute zu erheben. Das «Hopp! Hopp!» – teils mit einem, teils mit zwei p geschrieben – bezieht sich vermutlich auf die Zeile «tanzt Alle; tanzt nur zu, springt, schwitzt und stinkt», die Antonicelli «etwas amerikanisiert», mithin trivialisiert. Weder die Umkehrung der ursprünglichen Aussage noch die Primitiv-Fassung einer Zeile klingen danach, als habe Goodman sich das selber in den Mund gelegt. Und warum sollte er einem New Yorker Straßenjungen gegenüber eine deutsche Wendung einsetzen? Schließlich sei noch angemerkt, dass weder die Wendung «wir arme Leut» noch die Aufforderung «springt» am Ende des Stückes stehen; sie stehen auch nicht unmittelbar

hintereinander. Bergs Oper wurde 1925 in Berlin uraufgeführt.
Rasch gab es eine englische Fassung und es sind Aufführungen
in New York Anfang der 1950er Jahre zu verzeichnen. Goodman kann sie gekannt haben. Aber ob er sie gekannt hat oder
nicht, ich halte es für unwahrscheinlich, dass Goodman hinter
Antonicelli steckt. Vielmehr wird er in dieser schlampigen Bezugnahme Fritz Perls karikiert haben.

«Ja», sagt Horatio traurig auf Deutsch, «hopp! Hopp!» Er
ist beunruhigt. In wenigen Minuten hat der Arzt sich auf das
Terrain seiner Sorgen begeben.[1]

«Ich habe gehört, dass du für den General bist.»

«Natürlich bin ich für den General», sagt Horatio, und er
findet zurück zum Trost bei dem Gedanken, in der Mehrheit
zu sein. «Bist du etwa nicht für den General? Was zum Teufel
mache ich überhaupt hier? Du hältst mich für verrückt, ja?»

«In der Tat», sagt Antonicelli.

«Ha!», sagt Horatio. «Ha!» Und bricht in schallendes Gelächter aus. «Du denkst, ich sei verrückt, nur weil ich für den
General bin. Aber jetzt erzähle ich dir mal was. Am Wahltag
werden fünfzig Millionen Amerikaner so wählen wie ich, und
wenn ich verrückt bin, sind wir alle verrückt. Und du wirst mit
deinem Arsch in der Schusslinie sitzen. Der General ist der
Kandidat der nationalen Einheit. Was sagst du nun?»

«Lass meinen Arsch da mal raus», sagt Antonicelli trocken.
«Soll ich dir mal was verraten, Kumpel? Meine durchdachte
Meinung als erfahrener Psychologe?»

KLEINE UNTERBRECHUNG. Die Eigenkennzeichnung als ein «erfahrener Psychologe» ist sowohl für Goodman als auch für Antonicelli unzutreffend. Goodman war zum Zeitpunkt dieser
Szene so wenig erfahren wie Antonicelli, der erst kurz zuvor
aus der Staatsanwaltschaft in die Psychotherapie umgesattelt
hatte. Die Eigenkennzeichnung, wenn sie denn nicht Selbstironie ist, kann sich nur auf Fritz Perls beziehen.

«Leg los. Und ich hoffe, es ist gut.»

---

1 «Am wohlsten fühle ich mich […], wenn ich mit meiner Fähigkeit prahlen
kann, innerhalb kürzester Zeit das Wesen eines Menschen und seiner Probleme zu erfassen.» Frederick S. Perls, *Gestalt-Wahrnehmung: Verworfenes und
Wiedergefundenes aus meiner Mülltonne* (1969), Frankfurt/M. 1981, S. 2.

«Ich weiß ja nicht, wie es fünfzig Millionen Amerikanern geht, aber du bist aus reiner Bosheit für den General. Du willst, dass er verliert. Denn du hasst ihn. Das tust du, weil er für die Mehrheit steht und sie zu stark ist für dich. Als letzten verzweifelten Ausweg unterstützt du ihn, um ihn zu schlagen und ihn auf die Seite der Verlierer zu stellen. Was hältst du davon?»

«Wie bitte?», fragt Horatio verwirrt. «Ich unterstütze ihn – um ihn zu schlagen? Wie zum Teufel kommst du darauf?»

«Keine große Sache. Vor ein paar Tagen schneite ein Mann in meine Praxis, ein Anhänger des Generals, genau wie du. Ich werde nicht näher auf sein Problem eingehen, das ihn hierher brachte, aber das Gespräch machte schnell klar, dass er an einer Amnesie litt. Daran haben wir gearbeitet.»

KLEINE UNTERBRECHUNG. Die Geschichte ist ein eigenes Kapitel und zieht sich etwas hin, und es wird deutlich, dass der Mann, der zu Antonicelli kam, Goodman selber war, ein erfolgloser Schriftsteller, immer auf der Verliererseite, niemals im Strom der Mehrheit. «Wie der Typ aus Prag, der eines Morgens aufwachte und sich in einen monströsen Käfer verwandelt sah, wachte der Mann auf und stellte fest, dass er für den General sei. Hop! Hop!» – Der Typ aus Prag, offensichtlich ist Franz Kafka gemeint. Nach dem Exkurs gibt es erneut einen Kapitelwechsel; die Sitzung geht weiter.

«Achte bitte auf deine Atmung», sagt Antonicelli.

Horatio atmet unregelmäßig und flach, wenn auch brav aus dem Zwerchfell wie ein großer trauriger Hund. Er ist traurig, aber nicht ängstlich. Seine Krankheit sitzt *bloß* in seinem Kopf und in der Welt. «Ich atme flach, unregelmäßig», sagt Horatio. «Die Bronchien sind rau, und mein Herz ist geschwollen. Ich bin traurig.» Er seufzt.

«Kümmere dich nicht um Details. Du atmest doch, oder? Das ist es, was du bemerken sollst.»

«Ja, ich atme. Was ist damit?»

«Ha, Fragen! Bitte achte auf deine Stimme. Kannst du sie hören?»

«Was ist mit meiner Stimme? Sie ist schneidend.» Seine Stimme hat in der Tat etwas Schneidendes.

«Du sprichst doch, oder?»

«Ja, ich spreche, aber –»

«Kein Aber. Kein Aber und kein Wenn. Das ist es ja gerade. Hast du den Klang deiner Stimme gehört?»

«Ja.»

«Da hast du's wieder. Du kannst ihn hören. Atmen – Fragen – Sprechen – Hören. Jetzt spürst du: Du sitzt da. Siehst mich an – leugnen zwecklos; und du benutzt deine Augen. Steh auf!» Horatio steht auf.

Wie verzweifelt schlägt Antonicelli sich an die Stirn. «Da bist du ja wieder! Stehend! Sieh dich an! Auf deinen Füßen. Deine Beine halten dich aufrecht.» Er schaut unter den Tisch. «Genau, wie ich's befürchtet habe – deine Füße stehen fest auf dem Boden.»

Horatio setzt sich und schließt die Augen.

«Was tust du gerade?»

«Ich sammle mich.»

«Sammel dich! Was kommt danach?», brüllt der Doktor. «Danach wirst du mir sagen, dass dir was eingefallen ist! Und dann wirst du was fühlen – nein, das hast du schon. Du hast zugegeben, dass du traurig bist. Leugnen zwecklos. Und wohin geht die Reise? Ich sag's dir. Sie geht dahin, dass du auf irgendwas Bedeutungsvolles stößt, und das schon bald.»

«Ja, ich hab' nachgedacht», gesteht Horatio.

«Ich wusste es. Mein armer Junge! Du hast doch nichts dagegen, wenn ich dich Junge nenne, oder? Ist nur so 'ne Redensart. Nun, fassen wir zusammen; wir können's genauso gut alles noch schlimmer machen. Du sitzt da und atmest die ganze Zeit, sprichst mit dem Ausatmen, benutzt deine Ohren und Augen, sitzt auf deinem Gesäß und denkst sogar ab und zu an was. Und in einem solchen Zustand willst du dich an die gesellschaftliche Realität anpassen und erwartest, ein ernsthafter Leser der Herald Tribune zu sein? ... Nun, junger Mann, was gedenkst du, dagegen zu tun?»

«Ist es – schlimm?»

«Schlimm? Er fragt, ob es ‹schlimm› sei. Aus sowas folgen die *schlimmsten* Krankheiten.»

«Oh ... verstehe, was du meinst ... »

«Was?», sagt Antonicelli warnend. «Verstehen? Meinen?»

Horatio verstummt.

Antonicelli ringt die Hände und sprüht Funken wie eine fehlerhafte Verbindung. «Der junge Mann fragt mich, ob es schlimm sei, zu funktionieren. Das kann tödlich enden. Als Mann mit einiger Erfahrung sag' ich dir: Es gibt keine einzige soziale Fehlanpassung, die nicht auf solches Funktionieren zurückzuführen wäre. Das ist nicht zu leugnen. Atmen, Sprechen, zweifellos auch Essen und Ausscheiden, Vorstellungskraft, Fortbewegen, Begehren, Fühlen, Sex – du hast Sex, leugne es nicht. Aber vor allem das Atmen, das ist immer der Anfang. Ich finde immer, dass es was mit dem Atmen zu tun hat. Eine Spezialität von mir. Wenn wir doch bloß mit dem Atmen aufhören könnten, wäre es unter Umständen möglich, den Rest zusammenzuflicken.»

KLEINE UNTERBRECHUNG. Sowohl von Goodman als auch von Fritz Perls würde man das Gegenteil erwarten: dass sie den Klienten darauf hinweisen, seine grundlegenden biologischen Funktionen seien Okay, also solle er sich um soziale Fehlanpassung keine Sorgen machen. In «The Empire City» ging Goodman jedoch weiter und stellte dieses allzu naive Narrativ auf den Prüfstand. Als Staatsanwalt hatte Antonicelli Horatio angeklagt, dass er, indem er am Leben partizipiere, damit auch schon den Sozialvertrag unterschrieben habe, weil schließlich alles mit allem zusammenhänge (Holismus ist eben identisch mit Konformismus). Horatios großer Bruder Lothair verweigerte zeitweilig die Nahrungsaufnahme aus genau diesem Grund: Alles hängt mit allem zusammen; die Produktion von Brot ist Teil des Systems. Wenn man es bekämpfen will, muss man drauf verzichten – letztlich aufs Leben. Kein praktikabler Standpunkt, sondern ein Dilemma.

«Noch was dazu. Was ist die übliche Situation? Etwas läuft schief. Der Patient kommt zu einem Arzt. Der Arzt weigert sich, die ganze Situation zu sehen. Er versucht, diesen kleinen Knick auszubügeln, diese Macke zu glätten. Ein Mann hat ein Magengeschwür, und der Arzt probiert es mit Ernährungsumstellung; er hat Angstzustände und Herzklopfen, und der Arzt versucht, ihn dazu zu bringen, anständig Luft zu holen. Und so weiter und so fort. Empirie! Wenn ich nicht zufällig etwas übers Recht wüsste – ich hab' auch was Erfahrung auf dem Gebiet, ha, ha – würde ich es als ‹kriminell› bezeichnen.»

KLEINE UNTERBRECHUNG. Weder Fritz Perls noch Goodman verfügten über Erfahrung in Jurisprudenz[1] und möglicherweise nannte einer von ihnen die übliche ärztliche Praxis kriminell. Der Antonicelli im Roman weiß allerdings um die rechtliche Definition. Denn vorher war er Staatsanwalt gewesen. Deshalb muss er es im Konjunktiv sagen. Dies ist ein gutes Beispiel dafür, wie die Figuren in einem Roman ihr Eigenleben entfalten. Sie lassen sich nicht Beliebiges in den Mund legen.

«Und wie machst du es stattdessen, Antonicelli?»

«Da hast du es wieder, du stellst eine Frage. Das deutet auf Neugierde hin, und selbst die Volksweisheit kennt die Geschichte dazu. Neugierig war des Schneiders Weib.»

KLEINE UNTERBRECHUNG. Im Original: «Curiosity killed a cat.» Neugier ist der Katze Tod. Ein anderer Vorschlag für die Eindeutschung ist: Den neugierigen Spatz holt die Katz. Die Entstehung des Sprichworts liegt Ende des 16. Jahrhunderts und bezieht sich nicht aufs deutsche *Neugier*, sondern auf Sorgen: Sorgen bringen einen um. Die Etymologie von *curiosity* und die Entstehung dieses Sprichwortes war Goodman vermutlich bekannt, sodass es sich bei dieser Passage erneut um eine Satire auf Fritz Perls handeln könnte.

«Was soll ich tun?», fragt Horatio.

«Du sollst wie betäubt dasitzen, während ich plappere; das weiß jeder … Schau, Horatio, ich bin in Unruhe wegen dir. Es wird sehr schwer für dich sein, dich anzupassen – ich will ehrlich zu dir sein. Du weißt, dass du jemand bist, der mir etwas bedeutet; ich bin dir dankbar. Du hast mich vor dem Erstickungstod bewahrt, als du vor Gericht standest. Deshalb nehme ich dich jetzt tief ins Vertrauen. Du fragst, was du tun sollst. Wenn dich dein rechtes Auge beleidigt, reiß es aus. Das ist die Weisheit des Ostens. In diesen Dingen gibt es keine Hilfe, wenn man nicht an die Wurzel packt. Früher wusstet ihr das; versucht, euch jetzt daran zu erinnern. Wenn ein Mensch es nicht mehr erträgt, hilft nur, das Essen einzustellen. Wenn er

---

[1] Von Fritz Perls hatte die Mutter freilich erwartet, dass er Jura studieren möge. Aber das tat er nicht.

am Herzen erkrankt, halte es an. Und um ganz allgemein zu sprechen, da du mit jeder Körperfunktion auch Umgebung ein- und ausatmest, möchte ich dir ganz dringend anraten, die Hemmungsatmung zu üben.»
KLEINE UNTERBRECHUNG. Antonicelli bleibt Antonicelli. Seine Argumentation als Therapeut gleicht derjenigen als Staatsanwalt: Leben schließt sogar in grundlegenden biologischen Körperfunktionen notwendig die Konformität mit der Gesellschaft ein. Es handelt sich bei dem Wechsel aus der Anklägerin die Therapeutenrolle um eine Änderung der Bewertung und nichts anderes. Nun benutzt Antonicelli jenes Argument als Provokation des Klienten und als Mittel, Widerspruch zu erzeugen. Oder versprühte Goodman Galle darüber, dass Fritz in Südafrika «für den General» (Smuts) gewesen war?

«Lass mich», fährt Antonicelli mit ruhigerer Stimme fort, «eine Erkenntnis weitergeben, die ich von dem alten Professor Carlsen in Chicago erhalten habe.[1] Wir Studenten belästigten ihn immer mit Fragen über die schädlichen Auswirkungen von Tabak, Alkohol und so Zeugs. ‹Leute›, sagte er, ‹macht euch keine Sorgen darüber. Woran stirbt der Mensch? Am Liv. Es ist das reine Liv, das den Organismus verschleißt.›»

KLEINE UNTERBRECHUNG. Diese Anekdote, ob sie nun wahr ist oder Fiktion, kann sich in der Tat nur auf Goodman beziehen, denn Fritz Perls hat niemals in Chicago studiert.

«Aber –», sagt Horatio.

«Gegenwille!», donnert Antonicelli. «Was glaubst du, was du gerade machst mit deinem Arsch?»

«Ich –», beginnt Horatio.

«Das beweist es! Genau wie ich dachte. Jetzt sagt er ‹ich›. Ich werd' dir verraten, was du machst. Du stellst deinen Willen gegen meinen. So ist das. Du willst einen Konflikt, oder? Einen Wettkampf? Nun gut. (Denke dran, dass du hierfür bezahlst.) Hop! Hop! Arsch ist das, was eine Ziege zeigt, wenn sie sich in

---

[1] Anton Julius Carlson (1875-1956), schwedisch-amerikanischer Physiologe, 1904-1940 in Chicago. Die Lebensweisheit, die Goodman in einem Brief an die Zeitschrift «Harvard Crimson», 7. Januar 1964, wiederholte, wird fast wörtlich von dem Film «The Country Girl» (1954) übernommen, oftmals aber dem russischen Schriftsteller Anton Tschechow (1860-1904) zugeschrieben. Carlsen in *Empire City*, S. 520; Druckfehler?

was verrennt. Du verarschst die Leute. Glaub nun ja nicht, dass
du mir mit deinem nackten Arsch ins Gesicht hüpfen kannst.
Achte einfach drauf, was du mit deinem Arsch tust. Ich habe
dich mit meiner wohlüberlegten Meinung konfrontiert, mit
meinem Rat, dein Leben einzuschränken; und prompt setzt
du deinen Gegenwillen in Gang – es gefällt dir nicht. Ich sage
nicht, dass das gut ist, und ich sage nicht, dass das schlecht ist.
Wir geben uns hier nicht mit moralischen Urteilen ab. Aber
lass uns das Kind beim Namen nennen. Ich kann Gegenwillen
von der Perry Street bis zur Menninger-Klinik riechen.»

KLEINE UNTERBRECHUNG. Die Perry Street befindet sich im New
Yorker Bohème-Viertel Greenwich Village, wo sowohl Goodman als auch Perls wohnten und praktizierten. Interessant ist
der Hinweis auf die Menninger-Klinik in Topeka, Kansas (seit
2003 in Huston, Texas), die in den 1950er Jahren den Wandel
der Psychiatrie hin zu biologisch-psychologisch-sozialen An-
sätzen einleitete und die Psychoanalyse integrierte. 1937 hatte
Kurt Lewin dort einen Vortrag gehalten.

«Aber ich –», beginnt Horatio.

Antonicelli wirft die Hände hoch. «Ich sehe, da habe ich
etwas verlangt, das zu schwer für dich ist, etwas, das du unmöglich tun kannst. Wenn ich drauf bestehe, mache ich selbst das
Mögliche unmöglich – das ist eine meiner Schwächen. Ziehen
wir uns also ein wenig zurück und gehen Schritt für Schritt vor.
Lass uns einfach an den kleinen körperlichen Tricks arbeiten,
bis du es kapiert hast. Du wirst es schaffen, keine Sorge, hab'
Vertrauen. Mach's mir nach, ahme mich nach. Bist du perplex?
Gut, mach' mir nach: Wir drücken Perplexsein aus. Beobachte
mich. Augenbrauen hochziehen, die Stirn waagerecht runzeln
– und atmen! Nicht aufhören zu atmen – wenn du sehr verwirrt bist, könntest du deine Kopfhaut zusammenziehen, bis
sich deine Haare wie vor Schreck aufstellen.»

Gehorsam macht Horatio ein perplexes Gesicht.

«Nein! Nein!», ruft Antonicelli. «Ich habe gesagt, sieh mich
an, folge mir.» Sein eigenes Gesicht gleicht einer Totenmaske.
«Siehst du? Mach's so: Du bist zutiefst perplex –» Sein Gesicht
gleicht einer Totenmaske und er hält den Atem an.

Horatio beginnt, verwirrt zu sein.

«O.K., auch Perplexsein ist für dich zu schwer. Versuchen wir's mal mit Qual. Tiefes, senkrechtes Stirnrunzeln, schnelles, unregelmäßiges Atmen – denke, dass du bei der Übung versagen wirst; dass du die Erektion verlierst, nachdem du dir so viel Mühe gegeben hast, sie rumzukriegen. Nein! Nein! Schau mir zu! Folge mir!»

Das Gesicht gleicht einer Totenmaske, aber Horatio atmet ganz entspannt.

«Mein Gott, Mann», ruft Antonicelli, «kannst du dich denn nichtmal quälen? Spürst du denn gar nichts? Bist du völlig tot?»

Horatio wird ärgerlich. Keinem gefällt es, wenn man ihn für tot erklärt, selbst wenn es eine Methode der Therapie ist.

«Na gut, wie du willst», sagt der Arzt. «Wir werden es stattdessen mit Wut versuchen. Knirsch mit den Zähnen, reck' den Kiefer beim Ausatmen vor – verenge die blitzenden Augen – spanne die Finger an – aber dieses Mal, bitte, sieh mir wirklich zu und folge mir.»

Antonicellis Gesicht ist so ruhig wie's nur geht und er beginnt lässig, sich die Fingernägel zu schneiden. Die Schnipsel springen in seltsame Richtungen, wie das eben so ist. Nach jedem einzelnen, der davon fliegt, dreht Antonicelli sich um, um ihn zu beobachten, und er nickt leicht mit dem Kopf, wenn er landet. Und der nächste. Die Schnipsel springen davon. Natürlich folgt auch Horatio ihnen.

Als es keine mehr gibt, fährt Antonicelli fort, imaginären Schnipseln von einer Seite zur anderen zu folgen und leicht mit dem Kopf zu nicken, wenn jeder einzelne nicht landet. Mit ausdruckslosem Gesicht folgt auch Horatio ihnen und wackelt jedes Mal ein wenig erschrocken mit dem Kopf.

KLEINE UNTERBRECHUNG. Der Widerspruch zwischen dem Benennen der Emotion und dem Ausdruck, der von Antonicelli ausgeht, ist das eine – gewollte – provozierende Intervention oder seine Unfähigkeit? Und dann diese furiose Szene mit den Fingernägeln! Sie erinnert mich an David Foster Wallace und seine Häme Psychotherapeuten gegenüber. Wenn Goodman sich hier selber portraitiert haben sollte, war er zu mehr Selbstironie fähig, als ich ihm zugetraut hätte. Doch halte ich einstweilen daran fest, dass er Fritz karikieren wollte.

«Gut! Endlich!», sagt Antonicelli zufrieden. «Jetzt nähern wir uns der sozialen Realität. Das ist die Wut – in der Welt der Herald Tribune. Wollen wir's dann mal mit Liebe versuchen?» Aber das ist nicht nötig. Denn sobald er sich in der Lage sieht, sich seines Verhaltens in der sozialen Wirklichkeit bewusst zu sein und es zu kontrollieren, strömt eine warme Flut von Leben in Horatios Brust. In den Nasenlöchern zwischen seinen Augen spürt er einen schrecklichen, scharfen Luftzug. Es fehlte nicht viel, und er wäre in Tränen ausgebrochen, um seinen toten Bruder Lothair zu beweinen. **KLEINE UNTERBRECHUNG.** Horatios großer Bruder Lothair wurde von dessen eigenem kleinen Sohn ermordet. Eine wahrlich gruselige Szene des Romans, die dadurch in das Unerträgliche gesteigert wird, als deren Erzählung jeder moralischen Beimischung entbehrt.

Antonicelli, den Sieg als Arzt witternd, bläht die Flügel der Nase auf und will gerade nach einem Traum fragen. Aber es wäre ein Fehler, den Patienten hier an dieser Stelle weiter zu bedrängen und zu versuchen, die Fülle seines Elends zu enthüllen. Man muss lernen, mit seinem Elend zu leben. Und er selbst weiß nicht, wie er, Antonicelli, mit der Tatsache umgehen solle, dass wir nicht mehr im goldenen Zeitalter leben. Jetzt Horatio weinen zu lassen, würde in ihm nur ein ungeheuerliches Missbehagen wecken, und er hätte sich vielleicht bis in die Welt der Parlamentsakten zurückgezogen.

Aber Antonicelli kann sich nicht irren, denn er hatte zu Aeskulapius gebetet. Langsam öffnet sich die Schranktür, und die granatroten Augen und die gespaltene Zunge der Schlange erscheinen, um ihm zu verstehen zu geben, diese Sitzung zu beenden. Die Schlange schlängelt sich über den Boden zum Schreibtisch, richtet ihren Kopf auf und schaut Horatio und Antonicelli an, von einem zum anderen, und schnalzt mit der Zunge.

«Hallo, hallo», sagt Antonicelli. «Das ist Epidaurus, mein Vertrauter», sagt er zu Horatio. «Siehst du, ich bin ein Asklepiad ... bloß ein Asklepiad ... Doch auch Aeskulapius», sagt er mit festerer Stimme und – mit Würde, «segelte auf der Argo, mit seinen Freunden. Er war nicht *nur* ein Profi.»

Horatio holt das Stück Zucker aus seiner Tasche, das er für
den Fall bei sich trägt, dass er auf ein Pferd stoßen würde. Er
bietet es der Schlange an, die es aus Gefälligkeit nimmt, obwohl es ihr nicht schmeckt. Ganz und gar nicht.
«Das war's für heute, junger Mann», sagt Antonicelli. «Epidaurus bedeutet mir, ich solle aufhören. Ich glaube, wir verstehen uns prächtig. Übe dich einfach darin, (a) ratlos zu sein
und (b) das Gefühl und das Verhalten der sozialen Realität zu
erfassen. Wenn du diese beiden Dinge meisterst, hast du alles,
was du zur perfekten Anpassung brauchst ...» Er erhebt sich.
«Tschüss, Horatio Alger», sagt er, tippt ihn an die Schulter und
schenkt ihm ein warmes Lächeln. «Kopf hoch. Hop! Hop!»
«Danke, Antonicelli», sagt Horatio.

SCHLUSSBETRACHTUNG. Wenn es stimmt, wie Taylor Stoehr berichtet, dass Goodman nicht damit arbeitete, starke Spannung
aufzubauen, sondern sich mehr für die Gründe seiner Klienten
interessierte, die sie dazu brachten, sich so zu verhalten, wie sie
sich verhielten,[1] haben wir in dieser Szene aus «The Empire
City» einen frühen Fritz als Gestalttherapeuten, der provoziert,
Klienten in die Parade fährt und sie im Regen stehen lässt.
Goodman wäre nicht Goodman, hätte er in die literarische
Fiktion nicht auch sich selbst eingeschmuggelt; und gerade
zum Schluss bietet er sein Wissen um die griechische Mytho-
logie auf. Das Gebet zum griechischen Gott der Medizin passt
vielleicht besser zu Goodman als zu Fritz Perls. Aber Good-
man verstand sich nicht als Arzt (während Fritz einer war: ein
Asklepiad); er betete zum Schöpfergott *(creator spirit)*, nicht zu
Aeskulapius. Und die Selbstsicherheit, um nicht zu sagen ...
Selbstgefälligkeit am Ende der Sitzung hat mehr etwas von
Fritz Perls als von Goodman, ganz besonders in der Zeit, in der
die Szene spielt. Horatio, der Straßenjunge, bleibt die eigentliche Figur seiner Identifikation, auch was dessen verhandeltes
Problem betrifft: Goodman fühlte sich als Schriftsteller und
als politischer Aktivist gescheitert. Seine Rolle als Psycho-
therapeut war ihm bloß aufgesetzt, Heimat bot sie ihm nicht.
Er war Vater einer Tochter und eines Sohnes; welche Heimat

---

1 Stoehr, a. a. O., S. 181. – Die nicht unerhebliche Frage lautet hier sicherlich, worauf sich diese Einschätzung stützt.

würde er ihnen zu bieten haben? Die gesellschaftlichen Zustände schienen eingefroren. Sollte er nicht besser dran tun, es mal mit Anpassung zu versuchen? Hat Fritz mit Goodman in einer ähnlichen Weise gearbeitet, wie es die Szene von Horatio und Antonicelli zeigt? Incipit Laura Perls.

3

Laura Perls nahm sich Goodmans Problem an. Weder provozierte sie ihn wie Fritz-Antonicelli es bei Horatio versuchte, noch blieb sie bei einfacher Unterstützung durch ein billiges Fraternisieren mit dem Versager-Anteil seines Selbst stehen. Sie leitete ihn durch das Erkunden von Möglichkeiten, eine Gemeinschaft zu haben und dennoch aufrichtig bleiben zu können, und Kritik zu üben, ohne sich der Gesellschaft völlig entziehen zu müssen. Eine Möglichkeit hatte Goodman in «The Empire City» bereits erdacht, nämlich mit der Lektion, die Horatio dem Staatsanwalt Antonicelli erteilte: «Ich bin verliebt.» Sie existiert, die Sozialität außerhalb des Systems. Doch wollte es Goodman bislang nicht glücken, Horatios Weg auch selbst zu gehen.

Aber innere und äußere Entwicklung müssen zusammenstimmen. Der Weltgeist muss einem auch Rückenwind geben. 1960 erschien Goodmans Buch «Growing up Absurd: Problems of Youth in the Organized System», welches er Laura widmete. Sie hatte möglich gemacht, dass er es schrieb. Es war für ein Publikum geschrieben – für die Öffentlichkeit – und musste sich nicht als Avantgarde-Literatur tarnen. Mit diesem Buch analysierte Goodman die Probleme des Heranwachsens in einer Gesellschaft, die behauptet, dass es keine Probleme mehr gäbe, sobald alle sich nur brav auf den vom System vorgegebenen Gleisen bewegen. Die Gesellschaft also, die wenige Jahre später B. F. Skinner in «Jenseits von Freiheit und Würde» als das Ideal und die ultimative Lösung anpreisen würde. Dabei wandte Goodman sich sowohl den Jugendlichen aus gutbürgerlichen Elternhäusern zu, die rebellisch wurden, die ausstiegen, Drogen nahmen, merkwürdige Musik hörten, eigenartige Literatur verfassten, die gegen die atomare Aufrüstung protestierten, als auch den Jugendlichen der Randgruppen, der

Schwarzen, der Puertorikaner, aber ebenso der weißen Unterschicht, die Bambule machten, ohne artikulieren zu können, was sie umtrieb.

«Growing up Absurd» ließ Goodman über Nacht berühmt und zu einem Star der rebellischen Jugendlichen werden, zum Vordenker der entstehenden Neuen Linken in amerikanischer Prägung. Er war nun gefragt – als Redner, als Kolumnist in Zeitungen und im Rundfunk. Für kaum mehr als zehn Jahre waren seine Familie und er auch der wirtschaftlichen Sorgen enthoben. Doch 1968 verunglückte sein Sohn Mathew bei einer Bergwanderung. Zwar schrieb Goodman noch Texte, die zu den besten gehören, was er je verfasst hatte – literarisch den Zyklus der Trauer um den Sohn, «North Percy»,[1] essayistisch «New Reformation» (1970), «Speaking and Language» (1971) sowie «Little Prayers and Finite Experience» (1972) –, aber er sollte nie wieder richtig Fuß fassen im Leben. Auch die Entwicklung der Protestbewegung in Richtung dogmatischem Marxismus-Leninismus beunruhigten ihn. Nach mehreren Infarkten starb er 1972, erst 61 Jahre alt.

Zwei Jahre zuvor war Fritz Perls gestorben. Er hatte nach einem Leben mit Angina pectoris ganz zum Ende Frieden mit seinem Körper geschlossen – unterstützt dabei hatte ihm Ida Rolf (1896-1979) –, wandelte sich zum milden alten Weisen und gründete einen Gestalt-Kibbuz. Zu seiner Beerdigung ließ Laura Perls ausgerechnet Paul Goodman sprechen, seinen Konkurrenten. Von Goodmans Ansprache kursieren zwei Versionen, die eine Version erzählten die Laura- und die andere Version die Fritz-Getreuen. Hat Goodman sich arrogant über Fritz ausgelassen und unanständig die Totenruhe geschändet? Oder hat er fair gesprochen, sodass auch Fritz zufrieden sein konnte? Die Aufzeichnung der Rede ist verschollen und alles, was wir haben, sind die zwei Versionen.

Und Laura? Sie lebt ewig. Einst wird sie, wie Zapata, auf einem Schimmel reitend am Horizont erscheinen und uns zuwinken.

---

1 Einige Stücke aus diesem Zyklus haben Marie T. Martin und ich nachgedichtet in: *kleine gebete*, Berlin 2016, S. 81-113.

Epilog: Offene Zukunft

1

Kate Gompert, 21 Jahre jung, hat einen Suizid-Versuch knapp überlebt, liegt auf der geschlossenen Psychiatrie und steht unter 24-Stunden-Aufsicht. Arztvisite. Der Arzt ist ein Neuzugang von der Uni, klammert sich an seinen Leitfaden und hat trotzdem Angst, etwas falsch zu machen. Eine Szene aus «Unendlicher Spaß» von David Foster Wallace.[1] Im Laufe des Gesprächs geht der Arzt ein «frühes klinisches Risiko» ein, indem er sie fragt, «ob es nicht einfacher sei, wenn sie sich umdrehte und aufsetzte, sodass sie sich etwas normaler unterhalten könnten, von Angesicht zu Angesicht».[2] Ein Risiko, denn das steht nicht in seinem Leitfaden. Leider ist Kate zu diesem Zeitpunkt nicht offen dafür, ihm zu begegnen. Wenig später geht *sie* ein Risiko ein, und David Foster Wallace legte Wert darauf festzuhalten, dass ihr Gesicht jetzt den Ausdruck annahm, der dem glich, als der Arzt «das Risiko eingegangen war, sie zu bitten, sich aufzusetzen».[3] Sie weicht nämlich von der Routine ihrer Selbsterzählung ab und bemüht sich, sich ihm *verständlich* zu machen. Sie fragt den Arzt, ob ihm jemals schlecht gewesen sei.[4] Nun aber ist der Arzt nicht bereit und verschanzt sich hinter seiner noch gar nicht voll entwickelten Professionalität. Es kommt zu keiner Begegnung. Mit Buber würde man sagen, sie vergegneten sich.[5] Aber sie hätten sich begegnen können. Diese Möglichkeit einzuräumen, ist der einzige Funke Hoffnung, den David Foster Wallace uns zugesteht. In dieser Szene verpackt er eine Botschaft, die besagt: Wenn ihr von eurer Routine abweicht, könnte es Begegnung geben. Was würde es für diesen jungen Arzt bedeuten, wenn er,

---

1 David Foster Wallace, *Unendlicher Spaß* (1996), Köln 2009, S. 99-114. Kate kommt noch ein Handvoll Mal in dem Roman vor (S. 856, Anm. 245; S. 934-938; S. 994; S. 998-1002; S. 1025-1028; sowie S. 1111-1127), bleibt aber insgesamt eine Nebenfigur. Der Arzt ist namenlos.
2 Ebd., S. 103.
3 Ebd., S. 107.
4 Ebd., S. 108.
5 Martin Buber, *Begegnung*, Stuttgart 1960, S. 6.

anstatt nur das Programm zu exekutieren, das er gelernt hat, in Kontakt zu gehen verstünde und mehr als bloß dieses eine unbeabsichtigte und unreflektierte Angebot zu machen?

2

Therapie ist, wie das Leben, ein Risiko. Das bleibt sie immer. Die Gestalttherapie ist der Ansatz, der das Risiko nicht durch Methode bändigen und hinter Profi-Mienen zu verbergen trachtet. Der herrschende Trend im Gesundheitswesen – und nicht nur dort – weist freilich in genau die entgegengesetzte Richtung: Wer sich an die Richtlinien hält (egal welche), geht kein Risiko ein. Sogar wenn es schief läuft – man ist nicht schuld, solange man jedes Risiko vermieden und sich stromlinienförmig verhalten hat. Jedes Eingehen eines Risikos mit Unverantwortlichkeit gleichzusetzen – das ist bereits der erste Schritt in einen Abgrund, der Vergegnung zum Programm macht. Wenn die Gestalttherapie hier nicht widersteht und der durch die Staatsgewalt vorgegebenen Maxime nicht trotzt, wird sie untergehen wie die Psychoanalyse. *Wie*, die Psychoanalyse ist untergegangen? So von Tiefenpsychologie statt von Psychoanalyse gesprochen wird, heißt dies nur eins: Freud ist ihr ausgetrieben worden (Reich sowieso).

3

Widerlegt? – «Wer ins Restaurant geht, tut das in der Regel nicht, weil er feindselige Gefühle gegen die dort angebotenen Speisen hegt und sie daher vernichten will. Die beim Essen stattfindende Zerstörung der Lebensmittel ist funktional notwendig, hat aber nichts mit dem zu tun, was man landläufig unter Aggressivität oder Destruktivität versteht», bemerken Frank-M. und Barbara Staemmler in ihrer Abrechnung mit der «Perls'schen Aggressionstheorie und -methodik».[1]

Ich komme auf Goodmans Roman «The Empire City» zurück. Einer der Helden der Serie, Lothair, großer Bruder des

---

1 Frank-M. Staemmler und Barbara Staemmler, *Das Ego, der Ärger und die Anhaftung: Zur Kritik der Perls'schen Aggressionstheorie und -methodik*, in: Frank-M. Staemmler und Rolf Merten (Hg.), *Therapie der Aggression: Perspektiven für Individuum und Gesellschaft*, Bergisch Gladbach 2008, S. 35.

Protagonisten Horatio, gerät in existenzielle Nöte, weil er den
Gedanken nicht mehr ertragen kann, seine Zähne in andere
Lebewesen – seien es Tiere, seien es Pflanzen – zu schlagen
und sie zu töten, um selbst leben zu können. Seine spätere Frau
Emilia antwortet mit einem «Tischgebet», in dem es heißt:

> **GOODMAN, 1950:** «Seht, ein lebendes Tier ist getötet worden
> für unser Mahl. Lasst den, der Angst hat, dies zu sehen,
> der zimperlich ist, lasst den hier jetzt nicht essen, damit
> er seinen Ekel nicht zu unterdrücken braucht. Ein totes
> Tier. Wir stehen in einem Strom des Lebens und der Be-
> gierde mit diesen Tieren. Folgt daraus, dass wir sie nicht
> essen sollten? Nein. Daraus folgt, dass wir manchmal so
> wild zubeißen müssen, wie sie es tun.»[1]

In Zusammenfassung ihrer Kritik am Perls'schen Aggressionsbegriff verweisen die Staemmlers auf Seneca,[2] den römischen
Stoiker sowie maßgeblichen Erzieher des späteren Kaisers
Nero.[3] Sie vergessen zu erwähnen, dass der Stoizismus *jeden*
Ausdruck von Gefühlen, nicht nur des Gefühls von Zorn, als
hässliche und ablehnenswerte Verirrung auf dem ansonsten
geraden Weg der Vernunft bezeichnete. Der Stoizismus ging
davon aus, dass alle, auch positive Gefühle, letztlich Leid ver-
ursachen. Und die Vermeidung von Leid, insbesondere Trauer,
ist dem Stoizismus zufolge das Kennzeichen eines gelungenen
Lebens; das Hilfsmittel hierfür aber ist die Vernunft. Ganz im
Gegensatz dazu sah Goodman in der Tradition des Aristoteles
und Thomas von Aquins Gefühle als organische Indikatoren
an, ohne die auch die Vernunft inhaltslos werde. Woher soll die

---

1 Paul Goodman, *The Empire City*, New York 1959, S. 291. (In *The Dead of
Spring*, Glen Gardner, NJ 1950, S. 22 f.)
2 Staemmler/Staemmler, a. a. O., S. 71. Es geht hier ausschließlich um eine
Aggression im Sinne negativer Gefühle, niemals auch um Initiative.
3 Dass Seneca der Erzieher des irren Kaisers Nero (37-68 n. Chr.) war, bedeutet nicht automatisch, dadurch sei er als Philosoph widerlegt (so wenig
wie Aristoteles dadurch widerlegt ist, dass er der Erzieher Alexander des
Großen war); aber man sollte es nicht unterschlagen und wenigstens an-
satzweise reflektieren, was das eine mit dem anderen zu tun haben könnte.
Davon abgesehen, was immer man von Alexander halten mag, aber er hat
seinem Erzieher nicht so viel Schande bereitet wie Nero.

Vernunft wissen, was gut tut, wenn der Körper es nicht melden darf? – Seneca gab einer Frau folgende Anregung, mit der er ihr über die Trauer um den Verlust ihres Sohns hinweghelfen wollte:

SENECA: «Wie alle Fehler sich tief im Inneren einnisten, wenn sie nicht gleich bei ihrem ersten Auftreten unterdrückt werden, so gewinnen diese traurigen, unseligen und gegen sich selbst wütenden Triebe am Ende aus der Bitterkeit selbst ihre Nahrung, und der Schmerz wird für das unglückliche Gemüt zu einer verkehrten Lust. [...] Gleichwohl werden dir die Jahre diesen Trübsalskelch tropfenweise leeren: so oft du eine andere Beschäftigung vornimmst, wirst du eine Erleichterung spüren.»[1]

Das eigentliche Geschütz Staemmlers gegen die Aggressionstheorie ist jedoch modernste Empirie.

STAEMMLER, 2008: «Die große Mehrzahl der Forschungsergebnisse weist klar darauf hin, dass nicht nur die gestalttherapeutische Aggressionstheorie, sondern auch die aus ihr abgeleitete kathartische Praxis[2] überholt sind und sogar schädlich wirken können.»[3]

Hiermit bekräftigt er eine Ansicht, die Hilarion Petzold verschiedentlich äußerte.[4] – Ich halte viel von empirischer Über-

1 Seneca, *Trostschrift an Marcia* (zw. 37 und 41 n. Chr.), in Philosophische Schriften, Bd. 1, Leipzig 1923, S. 207 resp. 216. Seneca stellte den Grundsatz auf: «Mitleid ist ein Kummer der Seele beim Anblick fremden Elends oder Betrübnis aufgrund fremden Unglücks. [...] Kummer aber trifft einen weisen Mann nicht.» *De Clementia* (56 n. Chr.), Leipzig 1981, S. 81. Die Staemmlers hingegen meinen, Mitgefühl könne die von den Gestalteltern der Aggression zugeschriebene Funktion besser erfüllen (a. a. O., S. 93). Ist denn Mitleid nicht als ein Fall von Mitgefühl anzusehen?
2 Katharsis: Bei Aristoteles die Reinigung der Seele durch Mitgefühl mit fiktiven Schicksalen. Als kathartische Praxis bezeichnet Staemmler das Ausagieren feindseliger Gefühle an einem Ersatzobjekt.
3 Frank-M. Staemmler, *Wer nicht ‹klaut›, lernt nichts dazu – oder: Die Notwendigkeit, aus anderen Quellen zu schöpfen, am Beispiel gestalttherapeutischer Aggressionstheorie*, in Gestalt & Integration, Nr. 63, Okt. 2008, S. 53.
4 Hilarion Petzold, «*Goodmansche» Gestalttherapie als «klinische Soziologie»*,

prüfung der Theorien. In dem Fall allerdings wird die gestalttherapeutische Aggressionstheorie so umgedeutet, dass sie zu
den Forschungsergebnissen passt. – Die Forschungsergebnisse
zeigten, lautet die Behauptung, Aggressionen ließen sich nicht
«ausagieren», z. B. durch Eindreschen auf einen Punching Ball.
Mit einem Punching Ball vorlieb zu nehmen, um Aggression
per Ausagieren abzubauen, wäre ein «kathartischer Effekt».
Nach Staemmlers Darlegung besagt die Laura und Fritz Perls
zugeschriebene «Katharsis-Hypothese», «dass aus irgendeiner
Quelle permanent aggressive Energien in eine Art Behälter
fließen».¹ In diesem Behälter würden die aggressiven Energien
aufgestaut, bis dann der Kragen platzt. Diese Vorstellung bezeichnet Petzold als «Dampfdruck-Modell» der Aggressions-
entstehung. Psychologische Experimente bewiesen hingegen,
dass Personen nach dem Eindreschen auf einen Punching Ball
zu einer erhöhten Aggressionsbereitschaft tendieren. Das Ausagieren der Aggression führte demnach zu keinem Abbau der
Aggression; es kam mithin nicht zu einer Katharsis im Sinne
von Kontrolle. Petzold hielt den Gestalteltern entgegen, «nach
den Befunden psychologischer Aggressionsforschung», stünde
fest, dass das Beobachten von Gewalt im Film nicht zu einer
Senkung der Feindseligkeit eines Individuums führe.²
    Mir ist nicht bekannt, die Gestalteltern hätten behauptet,
Feindseligkeit lasse sich mittels des Eindreschens auf einen
Punching Ball oder des Betrachtens von Gewaltfilmen lösen.
Ihre Aggressionstheorie legt eine vollständig andre Sicht nahe:

in Gestalt Nr. 40 (Februar 2001), S. 48-66; Nr. 43 (Oktober 2001), S. 35-58;
Nr. 44 (Juni 2002), S. 19-57. *Aggressionsnarrative, Ideologie und Friedensarbeit*, in Frank-M. Staemmler und Rolf Merten (Hg.), *Aggression, Selbstbehauptung, Zivilcourage*, Bergisch Gladbach 2006, S. 39-72. Die Ansichten
von Staemmler und Petzold decken sich nicht, doch zumindest bezogen auf
die Aggressionstheorie stimmen sie überein.
1 Staemmler, a. a. O., S. 55. Ein Bild sagt mehr als 1000 Worte? Aber hallo!
2 Petzold in Gestalt, Oktober 2001, a. a. O., S. 42 (im pdf der erweiterten
Fassung aus dem FPI-Textarchiv, S. 54). – Die Frage, ob diese empirischen
Befunde gegen die ursprüngliche *aristotelische* Katharsis-These ins Treffen
geführt werden können, übersteigt den Rahmen meiner Untersuchung. Ich
vermute aber, dass dies nicht der Fall ist. Ohne die Annahme von Katharsis-
Effekten ließe die Wirkung populärer Kultur sich schwerlich begreifen. Wir
sind ja keine geborenen Stoiker. Und die meisten Menschen, die Gewalt in
Filmen schauen, legen sich danach schlafen. Sie laufen nicht Amok.

Wenn Menschen, die keinen Einfluss auf ihr eigenes Leben
haben, einen Punching Ball traktieren oder sich Gewaltfilme
reinziehen, kann ihnen ihre eigene Machtlosigkeit schmerzlich
zu Bewusstsein kommen. Ihre Reaktion wird dann zwischen
Resignation und – scheinbar – sinnloser Gewaltbereitschaft
schwanken. Petzold bezieht sich auf die Sozialpsychologin
Carol Tavris. Es ist interessant, dass sie – anders als Petzold –
differenziert, nachdem sie *zwei* Listen von Folgen zusammen-
getragen hat, die das Ausdrücken von Ärger haben könne. Die
erste Liste umfasst kathartische Effekte wie eine verbesserte
Kommunikation mit dem Objekt des Ärgers, Reduzierung von
Ärger, Verbesserung des eigenen Selbstwertgefühls, Problemlösung. Die *zweite* Liste umfasst entgegengesetzte Effekte wie
eine Verschlechterung der Kommunikation mit dem Objekt
des Ärgers, Verringerung des Selbstwertgefühls, Intensivierung
von Feindseligkeit und Ärger.

TAVRIS, 1989: «Die Frage ist nicht ‹Welche Liste der Folgen
ist richtig?›, denn beide sind es – unter gewissen Umständen. Die Frage lautet: ‹Unter welchen Umständen
hat das Ausdrücken von Ärger vorteilhafte Wirkungen
und wann wird es gefährliche Wirkungen haben?› [...]
Nach einer Auswertung der Beweislage und nach Interviews mit Klinikern und Forschern, glaube ich, dass das
Ausdrücken von Ärger am vorteilhaftesten wirkt unter
folgenden fünf Bedingungen: Erstens muss der Ärger
gegen das Objekt deines Ärgers gerichtet sein. [...]»[1]

Genau dies folgt aus der gestalttherapeutischen Aggressionstheorie. Aggression kann konstruktiv nur dann sein, wenn sie
das Objekt trifft, das die Barriere darstellt, und wenn sie die
Möglichkeit einer kreativen Lösung beinhaltet. Ein Ausagieren
an Ersatzobjekten führt entweder in die Depression[2] oder in ein
selbstzerstörerisches Umsichschlagen.

Nach meinem Verständnis der gestalttherapeutischen Aggressionstheorie ist schon die Darstellung nicht zutreffend, von

---

1 Carol Tavris, *Anger: The Misunderstood Emotion*, New York 1989, S. 152.
2 Nochmals: Dies ist nicht die einzig mögliche Quelle von Depression.

der Petzold und Staemmler ausgehen. Dies beginnt bei ihrer Redeweise, die aggressiven Energien stammten aus *irgendeiner* Quelle. Denn die Aussage der Gestalteltern lautete vielmehr, dass die Aggression im Ursprung ein konkretes Objekt habe. Das Ziel ist, eine Barriere zu überwinden, die daran hindert, ein Bedürfnis zu befriedigen. Die durch Staemmler benannten «Nebenwirkungen» der Aggression treffen *manchmal* zu: «Sie wirkt *meist* auch einschüchternd und abstoßend auf andere.» Ärger und Aggression «lassen sich nicht *dauerhaft* auf eine Weise ausleben, die für die, die sich ärgern, gesund wäre».[1] Aggression (in diesem Sinne) ist ein Notfallprogramm, das nur in einer *akuten* Krise greift. Diese Krise setzt Stress voraus und sie schließt Konflikt ein.

Die ursprüngliche Formulierung der Gestalteltern erklärte eine *dauerhaft* nach außen oder innen gekehrte Aggression zum Kernproblem psychischer Schwierigkeiten. Die Lösung besteht freilich weder in einer Unterdrückung des nach außen gekehrten noch in einem *beliebigen* Ausagieren des nach innen gekehrten aggressiven Impulses. Ursache der Aggression ist ein ungelöstes Problem; und Aggression wird notwendig, um dies Problem zu lösen. Eine Maßnahme, welche Aggression unterdrückt, stellt ihrerseits einen aggressiven Akt des Individuums gegen sich selbst oder der Gesellschaft gegen das Individuum dar. Die Gesellschaft als Aggressor kommt weder bei Petzold noch bei Staemmler vor. Der Staat schon gar nicht. Das ist ein bedauerlicher Rückfall hinter die Erkenntnisse von Freud und Reich.

Von Brad Bushman, auf den Frank-M. Staemmler sich beruft, gibt es eine aktuelle Metastudie von 2024, in der er alles auffährt, was die Empirie zu bieten hat: 154 Studien mit insgesamt 10189 Teilnehmern. Die Fragestellung war, was den Ärger *(anger)* oder die Wut *(rage)* besser kontrolliere,

KJÆRVIK/BUSHMAN, 2024: «ob die Versuchsgruppen sich auf die Verringerung der Erregung bzw. kardiovaskulären Aktivität konzentrierten (wie z.B. Tiefenatmung, Ent-

---

[1] Staemmler, a.a.O., S. 53f. (Meine Hervorhebungen.) Wer hat jemals von «dauerhaft» gesprochen?

spannung, Achtsamkeit, Meditation, Slow-Flow-Yoga, progressive Muskelentspannung, Zwerchfell-Atmung, Zählen, Auszeit) oder auf die Erhöhung der Erregung bzw. kardiovaskulären Aktivität (wie z.B. Krafttraining, Ärgerablassen wie Schreien, Schlagen oder Treten). Bei erregungssteigernden Aktivitäten wurde kodiert, ob es sich um aggressive Aktivitäten handelte (wie z.B. Kickboxen, auf einen Sandsack eindreschen, in ein Kissen schreien, Paintball, Wutraum, Laser Tag, Golfbälle abschlagen oder Schießübungen) oder um nichtaggressive Aktivitäten (wie z.B. Hot Yoga, Pilates, Seilspringen, Radfahren, Joggen, Klettern an Felsen oder Tauen).»[1]

Wichtig ist hier festzuhalten, dass es bei der Untersuchungsfrage um eine bloße Kontrolle der Emotion ging. Die Frage, ob diese Kontrolle weitergehende psychische – oder körperliche – Auswirkung auf das Leben der Teilnehmer hat, blieb außen vor. Interessant ist allerdings eine nichtempirische Bemerkung der Autoren. Das Studienergebnis, Joggen erhöhe den Ärger, kommentieren sie mit der Vermutung, dies liege möglicherweise daran, dass die monotonen Bewegungen beim Joggen zu Langeweile oder Frustration führen. Manche Personen hätten das Gefühl, beim Joggen wie im Hamsterrad keine Kontrolle zu haben, was Ärger auslösen könne.[2] Diese Vermutung hat im Hintergrund das «Dampfdruck-Modell» der Frustration sowie die gestalttherapeutische Aggressionstheorie, derzufolge die Aggression aus einem Gefühl von Mangel an Einfluss auf das eigene Leben entspringt.

Zum zweiten sei angemerkt, dass es sich bei den emotionssteigernden Aktivitäten um Ausagieren an Objekten handelt, die mit der Emotion nichts zu tun haben, die nichts klären und

---

1 Sophie L. Kjærvik u. Brad J. Bushman, *A Meta-analytic Review of Anger Management Activities that Increase or Decrease Arousal: What Fuels or Douses Rage?*, in Clinical Psychology Review 109 (2024) 102414, S. 6. Anschauen von Gewalt in Filmen wurde nicht untersucht. In *Designing Pacifist Films* formulierte Goodman die These, das Ansehen von Gewalt steigere selbst im Kontext einer pazifistischen Intention Aggressivität.
2 Ebd. S. 11. Es ist bezeichnend, 154 Studien zur Verfügung zu haben und in der Interpretation auf vage Vermutungen angewiesen zu sein.

die deswegen nichts ändern werden. Dies alles sind *retroflektive*
Aktivitäten. Und drittens beschränkte sich die therapeutische
Intervention auf Kontrollübungen; die Ursache der Emotion
fand keine Aufmerksamkeit. Auch sind mögliche Folgen der
Unterdrückung von Emotionen nicht bedacht worden.

Welche Aktivitäten auch immer: Egal ob der Impuls unterdrückt oder gegenüber Objekten ausagiert wird, welche nicht
das Problem darstellen, beides sorgt für keine Lösung des Problems und steigert aus diesem Grunde den aggressiven Impuls.
Beides, das Unterdrücken und das Ausagieren der Aggression,
koppelt den aggressiven Impuls von seinem Objekt ab. Dies
entgrenzt die Aggression.

Sowohl Individuum als auch Gesellschaft reagieren auf die
Entgrenzung der Aggression mit Angst: Aggression erscheint
als das Böse schlechthin, das antisozial ist und das Individuum
zu zerstören droht. Jene Angst begründet eine weitere Unterdrückung der Aggression. Dies zeigt sich in den sozialen Entwicklungen der letzten Jahre. Auf die gefühlte Steigerung der
Aggressivität beispielsweise an Schulen wird mit Maßnahmen
der sozialtechnischen Aggressionsunterdrückung geantwortet.
Damit sinkt die Möglichkeit der jungen Menschen, die Umgebung an die eigenen Bedürfnisse anzupassen. Das folgende
Gefühl der Ohnmacht wird bestenfalls in medial unterstützten
Gewaltfantasien sublimiert. Bisweilen bricht es in Gewalt aus,
was wiederum die Gefährlichkeit beweist, die darin liegt, den
aggressiven Impulsen Raum zu geben.

Die gestalttherapeutische Aggressionstheorie besagt nicht,
jedes aktuelle Ziel entspringe der Zerstörungswut einer be-
rechtigten Aggressivität; im Gegenteil: Weil die organisierte
Gesellschaft einen Verlust an Möglichkeiten mit sich bringt,
das eigene Leben sinnvoll zu gestalten, kommt es zu einer Umlenkung des aggressiven Impulses auf ungeeignete Objekte
und zwar entweder nach außen auf einen Sündenbock oder
nach innen auf sich selbst. Diesen Mechanismus hat sich die
militärische Disziplin immer zu Nutze gemacht. Die aus ihm
entspringende Zerstörungswut ist scheinbar sinnlos, weil sie
ihr Objekt nicht erreichen kann. Psychologisch gesehen allerdings ist sie sinnvoll, mithin folgerichtig. Die Fragestellung der

gestalttherapeutischen Aggressionstheorie lautete, warum die
Menschen sich in Kriege verstricken lassen, die ihren eigenen
Tod heraufbeschwören. Die Antwort der Gestalttherapie gibt
eine Erklärung, die mehr ist als eine hilflose Beschreibung.
Die gestalttherapeutische Aggressionstheorie ist nirgends
widerlegt, weder empirisch noch theoretisch. Sie wird jeden
Tag dringlicher. Sie aus der Gestalttherapie zu entfernen,
bedeutet, der Gestalttherapie den Biss zu nehmen, um sie in
die herrschenden Verhältnisse der scheinfriedlichen, staatlich
organisierten Gewalt eingliedern zu können. Die Aufgabe, ein
praktisches Äquivalent zum Krieg zu finden: bleibt die große
Herausforderung.

4

Apropos empirische Scheinwiderlegungen. Die Probleme, alle
Träume als Wunscherfüllung zu deuten, auch unangenehme,
peinliche und gar Angstträume, wurden – und werden immer
noch – herangezogen, um Freud und die Psychoanalyse zu ver-
spotten. Nun lässt diese Funktionsbestimmung, der Traum sei
eine Wunscherfüllung (weil diese im Dienst als der Hüter des
Schlafes steht), sich nicht aus der Deutung ableiten; denn sie
ist der Deutung vorausgesetzt. Lässt sich diese Voraussetzung
belegen? Leichter noch als die übergeordnete Behauptung, der
Traum sei der Hüter des Schlafs. Ein Beispiel für ... Schein-
widerlegung.

BIRBAUMER UND SCHMIDT, 1990: «Freuds Wunscherfüllungs-
theorie erwies sich als nicht zutreffend [...]. Wir haben
gesehen, dass REM-Deprivation zu keinerlei Erhöhung
der Antriebsbereitschaft für sexuelle oder andere Triebregungen führte. Wünsche sind als Trauminhalt äußerst
selten.»[1]

Zwei «interessante» Argumente. Das erste, REM-Deprivation
führe zu keiner Erhöhung der Antriebsbereitschaft für sexuelle
oder andere Triebregungen, zeigt eine Weise experimenteller

---

[1] Niels-P. Birbaumer und Robert F. Schmidt, *Biologische Psychologie* (1990),
Berlin 2010, S. 562.

Überprüfung einer Theorie, indem diese so umgedeutet wird, dass sie zu den Experimenten passt – und nicht andersrum, die Experimente so zu designen, dass sie die Theorie überprüfen. Denn die Theorie der Wunscherfüllung bezieht bei Freud sich darauf, der Traum erfülle *ad hoc* einen Wunsch, damit er den Träumenden nicht veranlasse, aufzuwachen, um zur Wunscherfüllung aktiv werden zu können. Drum taugt das Experiment zu einer Überprüfung dieser Theorie nicht. Die Behauptung, Traumentzug – sofern der durch REM-Deprivation bewirkt werden kann! – führe eine Erhöhung der Antriebsbereitschaft für sexuelle oder andre Triebregungen herbei, hat Freud meines Wissens nie aufgestellt. Ganz abgesehen davon fragt sich, ob REM-Deprivation nicht in einen psychischen Ausnahmezustand versetzt, wo an Sex nicht mehr zu denken ist. Zudem träumt der Mensch nicht nur in der REM-Phase des Schlafes. Und wenn etwas dran ist an der These des Neurowissenschaftlers Jan Born, der Traum werde in Aufwachphasen gebildet, wäre das ganze Experiment ohne Aussagekraft.

Das zweite Argument, Wünsche seien selten Trauminhalt, ist besonders widersinnig. Denn genau dies hat ja auch Freud beobachtet. Der Wunsch ist seiner Theorie nach nicht notwendig im (manifesten) Trauminhalt unmittelbar sichtbar, stellt sich vielmehr meist erst durch Analyse als latenter Inhalt dar. Der Traum drückt die Wunscherfüllung aus und nicht den zugrundeliegenden Wunsch. Dieser lässt sich oft bloß analytisch erschließen. Das Argument von Freud für die Funktion des Traums als Wunscherfüllung überzeugt: Jede Tätigkeit muss einem Bedürfnis entspringen bzw. jeder Tätigkeit geht ein Bedürfnis voran. Aufgrund der Schlafsituation, d. h. der Unfähigkeit zu bewusster und zielgerichteter Tätigkeit, also Bedürfnisbefriedigung, muss der Traum aufkommende Bedürfnisse als bereits befriedigt darstellen, denn andernfalls würden sie ein Aufwachen erwirken, um bewusst planen sowie zielgerichtet handeln zu können. Das ist die «halluzinatorische Besetzung der Wahrnehmungssysteme», von welcher Freud sprach.[1] Das

---

[1] Sigmund Freud, *Die Traumdeutung* (1900), Studienausgabe, Bd. 2, S. 523. Viele Kritiker von Freud haben bis heute nicht verstanden, dass ein «vollgültiges psychisches Phänomen» nicht *per se* bewusst sein muss.

Reich der Träume ist süß, weil in ihm Wünsche allein Kraft der Gedanken in Erfüllung gehen, ohne Anstrengung oder Aufschub. Der Traum wird nach dem Erwachen oft wieder vergessen, weil er seine Funktion bereits erfüllt hat. Unzureichend sind sowohl die neurobiologische Hypothese, der Traum habe keine Funktion (weil nicht einleuchtet, dass ausgerechnet die Traumtätigkeit keine Funktion habe, wenn doch alle anderen organischen Vorgänge funktional zu deuten sind), als auch die psychologische Hypothese, der Traum sende eine existenzielle Botschaft[1] (denn die meisten, nämlich alle vergessenen Träum wären dann verschwendet).

Zur Zukunft der Gestalttherapie würde auch gehören, die Freude am psychologischen Experiment wiederzugewinnen. Eine Quelle von Inspiration könnte Kurt Lewin sein. Er hat Experimente erdacht, die das Herz einer Theorie betreffen.

5

Eine integrierte Gestalttherapie braucht niemand. Es sind genügend Tools zur Hand, um die Menschen in die herrschenden Verhältnisse einzupassen. Dies bedeutet auch, sich nicht der Ödnis der staatsfinanzierten scheinempirischen Forschung zu unterwerfen, sondern aufzuzeigen, wie echte Erfahrung gemacht werden kann – auch mit Hilfe von wissenschaftlichen Experimenten. Die Tradition stünde zur Verfügung.

Meines Erachtens kontraproduktiv ist die Orientierung an einem Forschungsstand, der – angeblich – dem Konsens in der Wissenschaftscommunity entspricht. Unter Wissenschaftlern ist Konsens sehr selten, ist sogar vor allem ein Indikator für machtpolitische Einflussnahme. Konsens ist gefährlich, weil er die Weiterentwicklung behindert. Und falls es kurzfristig einen Konsens gibt, ist er morgen schon wieder überholt. Vor allem aber haftet dem Herbeizitieren von vermeintlich feststehenden empirischen Ergebnissen, ohne Zustandekommen und ohne Aussagen im Einzelnen zu prüfen, nichts als Blendwerk an. Ich habe es mit drei Beispielen demonstriert.

---

1 So z. B. Fritz Perls (1968) in *Gestalt – Wachstum – Integration*, Paderborn 1980, S. 206. (Workshop-Transkript.)

6

Zum Schluss sage ich das «Gestaltgebet» von Fritz auf, das
präzise ausdrückt, worum es geht, und was zu realisieren wäre,
wenn es mitmenschlicher zugehen soll auf dieser Erde:

Ich mach' mein Ding. Du machst dein Ding.
Ich bin nicht auf dieser Welt,
    um deinem Anspruch zu genügen.
Du bist nicht auf dieser Welt,
    um meinem Anspruch zu genügen.
Du bist du und ich bin ich.
Wenn wir uns dabei begegnen, schön.
Und sonst, hilft alles nichts.[1]

Das ist 100 % Buber. Ergänzungen um Wir sind 100 % Anti-
Buber. Der Schlachtruf *Wir sind mehr!* läuft auf gewalttätigen
Konformitätsdruck hinaus, bereit, alles das zu zermalmen, was
ein bisschen anders ist als man selbst.

7

Schlaft gut. Träumt süß. Und lasst euch ja nicht unterkriegen.
Die Erde braucht euch.

---

[1] «I do my thing and you do your thing. I am not in this world to live up to
your expectations, and you are not in this world to live up to mine. You are
you, and I am I, and if by chance we find each other, it's beautiful. If not, it
can't be helped.» Frederick S. Perls, *Gestalt Therapy Verbatim*, Lafayette, CA
1969, S. 4. In der deutschen Übersetzung (*Gestalttherapie in Aktion*, Stuttgart 1986, S. 13) fehlt natürlich der Rhythmus.

Bibliographie

QUELLEN ZUR GESCHICHTE DER GESTALTTHERAPIE

Amendt-Lyon, Nancy (Hg.), *Zeitlose Erfahrung: Laura Perls' un-veröffentlichte Notizbücher und literarische Texte 1946-1985*, Gießen 2017.

Bocian, Bernd, *Fritz Perls in Berlin, 1893-1933: Expressionismus – Psychoanalyse – Judentum*, Wuppertal 2007.

Clarkson, Petruska, und Jennifer Mackewn, *Frederick S. Perls und die Gestalttherapie* (1993), Köln 1995.

Doubrawa, Anke und Erhard (Hg.), *Erzählte Geschichte der Gestalttherapie*, Wuppertal 2003.

Feckova, Adriena, u. Beatrix Wimmer (Hg.), *Women in Gestalt Therapy: Autobiographical Reflections and Future Prospects in Contemporary Interviews*, Siracusa 2016.

Goodman, Susan, *Growing up with Paul Goodman: Reflections on His Life and Work*, in Gestalt Review, 20. Jg. (2016) Nr. 1, S. 7-32.

Knapp, Terry, *Ralph F. Hefferline: The Other Gestalt Therapist*, Gestalt Journal, 20. Jg. (1997) Nr. 1, S. 121-135. Dt. *Ralph F. Hefferline (1910-1974): Der unbekannte Gestalttherapeut*, Gestaltkritik 2/2005 (GIK-Archiv).

Lee, Jonathan, *Paul Goodman Changed My Life*, Dokumentarfilm 2011.

Parisi, Peter (Hg.), *Artist of the Actual: Essays on Paul Goodman*, Metuchen, NJ 1986.

Perls, Fritz, «*Gestalt-Wahrnehmung*»: *Verworfenes und Wiedergefundenes aus meiner Mülltonne* (1969), Frankfurt/M. 1981.

Perls, Laura, *Meine Wildnis ist die Seele des Anderen: Der Weg zur Gestalttherapie – Laura Perls im Gespräch mit Daniel Rosenblatt u. a.* (2005), Kassel 2017. – Teils Original in Amendt-Lyon (Hg.), *Zeitlose Erfahrung*, S. 269-350.

Sreckovic, Milan, *Geschichte u. Entwicklung der Gestalttherapie*, in Reinhard Fuhr u.a. (Hg.), *Handbuch der Gestalttherapie*, Göttingen 1999, S. 15-178.

Stoehr, Taylor, *Here Now Next: Paul Goodman and the Origins of Gestalt Therapy*, San Francisco, CA 1994.

LEXIKALISCHE HILFSMITTEL UND HANDBÜCHER

Bialy, Jeanette von, u. Helmut Volk-von-Bialy, *Siebenmal Perls auf einen Streich: Die klassische Gestalttherapie im Überblick*, Paderborn 1998.

Doubrawa, Erhard, und Stefan Blankertz, *Lexikon der Gestalttherapie* (2004), Kassel 2017.

Francesetti, Gianni, Michela Gecele u. Jan Roubal (Hg.), *Gestalttherapie in der klinischen Praxis: Von der Psychopathologie zur Ästhetik des Kontakts*, Gevelsberg 2016.

Fuhr, Reinhard, mit Milan Sreckovic und Martina Gremmler-Fuhr (Hg.), *Handbuch der Gestalttherapie*, Göttingen 1999.

Harmann-Kottek, Lotte, *Gestalttherapie*, Berlin 2004.

Hochgerner, Marcus, u.a. (Hg.), *Gestalttherapie*, Wien 2004.

Nicely, Tom, *Adam and His Work: A Bibliography of Sources By and About Paul Goodman*, Metuchen, NJ 1979.

PERLS, HEFFERLINE, GOODMAN (PHG)

Gestalt Therapy: Excitement a. Growth in the Human Personality. Ausgaben: New York 1951 (Julian Press).

A Erste Taschenbuchausgabe: New York 1965 (Delta Books; von dieser Ausgabe sind laut Tom Nicely, S. 51, bis 1974 rund 200000 Exemplare verkauft worden).

B Ausgabe der Gestalt Journal Press, in welcher der zweite, theoretische Teil zuerst und dann der erste Teil mit den praktischen Experimenten steht: New York 1994.

C In Deutsch: Stuttgart 1979 (Klett). Zitiert wird der Band «Lebensfreude und Persönlichkeitsentfaltung». Die Übersetzung ist text-, jedoch nicht seitengleich als

D Taschenbuch, München 1991 (dtv), erschienen. Zitiert wird der Band «Grundlagen».

E Neue Übersetzung: Stuttgart 2006 (Klett). Zitiert wird der Band «Grundlagen der Lebensfreude und Persönlichkeitsentfaltung».

F Auszüge mit Original, beiden Übersetzungen und meiner Übersetzung, sowie Kommentaren zu den Übersetzungen und weiterem Material in Stefan Blankertz, *Gestalttherapie Essentials: Das Wichtigste aus dem Grundlagenwerk von Perls, Hefferline und Goodman* (2012), Kassel 2019.

WEITERE QUELLEN

Adorno, Theodor, *Zur Metakritik der Erkenntnistheorie: Studien über Husserl und die phänomenologischen Antinomien* (1953), Frankfurt/M. 1990.

Adorno, Theodor, *Jargon der Eigentlichkeit*, Frankfurt/M. 1964.

Adorno, Theodor, u. a., *Der Positivismusstreit in der deutschen Soziologie* (1969), Darmstadt 1995.

Avrich, Paul, *The Making of an Anarchist: The Life of Voltairine de Cleyre*, Princeton, NJ 1978.

Avrich, Paul, *The Modern School Movement: Education and Anarchism in the United States*, Princeton, NJ 1980.

Bakunin, Michael, *Le Socialisme* (1867), in Œuvres, Band 1, hg. v. Max Nettlau, Paris 1895, S. 36-60.

Bakunin, Michael, *Unterschied ist Leben, Harmonie der Tod: Ein Brief von 1872*, ediert von Stefan Blankertz, Berlin 2020.

Beisser, Arnold, *Wozu brauche ich Flügel?* (1989), Kassel 2015.

Boadella, David, *Wilhelm Reich* (1973), Darmstadt 2008.

Bocian, Bernd, u. Frank-M. Staemmler (Hg.), *Kontakt als erste Wirklichkeit: Zum Verhältnis von Gestalttherapie und Psychoanalyse*, Bergisch Gladbach 2013.

Buber, Martin, *Pfade in Utopia* (1945/50), Heidelberg 1985.

Butler, Judith, *Gender Trouble*, New York 1990.

Chirimuuta, Mazviita, *Reflex Theory, Cautionary Tale: Misleading Simplicity in Early Neuroscience*, in Synthese (2021) 199, S. 12731-12751.

Chomsky, Noam, *Verbal Behavior by B. F. Skinner*, in Language, 35. Jg. (1959) Nr. 1, S. 26-58.

Clausewitz, Carl v., *Vom Kriege*, in Hinterlassene Werke, Bd. 1, Berlin 1832.

Cleyre, Voltairine de, *Selected Works*, New York 1914.

Daecke, Karin, *Perls' Bezugnahmen auf Smuts' «Holismus» und Friedlaenders Indifferenzbezug* (Vortrag, 2017).

Dawkins, Richard, *Der Gotteswahn*, Berlin 2008.

DeMeo, James, *New Information on Wilhelm Reich's Persecution, and Death*, in *The Orgone Accumulator Handbook*, Ashland, OR 2010, S. 10-28.

Dewey, John, *Experience a. Education* (1938), New York 1963.

Dewey, John, *The Public and Its Problems*, Chicago, IL 1946.

Doubrawa, Erhard, und Frank-M. Staemmler (Hg.), *Heilende Beziehung: Dialogische Gestalttherapie*, Kassel 2016.

Eco, Umberto, *Semiótica e Filosofía del Linguaggio*, Turin 1984.

Eissler, Kurt, *Reich Speaks of Freud*, New York 1967.

Ellis, Willis D. (Hg.), *A Source Book of Gestalt Psychology*, Einführung durch Kurt Koffka (1938), Gouldsboro, ME 1997.

Feyerabend, Paul K., *Against Method: Outline of an Anarchist Theory of Knowledge*, London 1975. Kritische Neuausgabe mit einem Vorwort von Ian Hacking, London 2010.

Fitzek, Herbert, und Wilhelm Salber, *Gestaltpsychologie*, Darmstadt 1996.

Foucault, Michel, *Der Diskurs der Philosophie* (1966, posthum veröffentlicht), Berlin 2024.

Frambach, Ludwig, u. Detlef Thiel (Hg.), *Friedlaender/Mynona und die Gestalttherapie*, Bergisch Gladbach 2015.

Freud, Sigmund, *On War, Sex, and Neurosis*, mit einem Vorwort von Paul Goodman, New York 1947.

Friedlaender, Salomo, *Friedrich Nietzsche* (1911), Gesammelte Schriften, Bd. 9, Herrsching 2009.

Friedlaender, Salomo, *Schöpferische Indifferenz* (1918), Gesammelte Schriften, Bd. 10, Herrsching 2009.

Friedlaender, Salomo, unter seinem Pseudonym Mynona, *Das Eisenbahnglück: Der Anti-Freud* (1925), Hamburg 1988.

Friedlaender, Salomo, *Kant gegen Einstein* (1932), Gesammelte Schriften, Bd. 1, Herrschen 2008.

Glassheim, Eliot, *The Movement Towards Freedom in Paul Goodman's «Empire City»*, Dissertation, Albuquerque, NM 1973.

Goldstein, Kurt, *Der Aufbau des Organismus*, Den Haag 1934. Engl.: *The Organism*, New York 1939. – Fr.: *La Structure de l'Organisme*, Paris, Gallimard, 1952 (in der von Maurice Merleau-Ponty herausgegebenen Bibliothèque de Philosophie). – Engl. Neuausgabe mit einem Vorwort von Oliver Sacks, New York 1995. – Dt. Neuausgabe hg. von Thomas Hoffmann und Frank W. Stahnisch, Paderborn 2014.

Goodman, Paul, *May Pamphlet*, in *Art and Nature*, New York 1946; *Drawing the Line*, New York 1962; *Drawing the Line*, hg. v. Taylor Stoehr, New York 1977; *Drawing the Line once again*, hg. v. Taylor Stoehr, Oakland, CA 2010.

Goodman, Paul, *The Facts of Life*, New York 1945.

Goodman, Paul, *Kafka's Prayer*, New York 1947.

Goodman, Paul, *The Structure of Literature*, Chicago, IL 1954.

Goodman, Paul, *The Empire City* (1942-1959), New York 1959.

Goodman, Paul, *The Society I Live In Is Mine*, New York 1962.

Goodman, Paul, *Making Do*, New York 1963.

Goodman, Paul, *Compulsory Mis-education*, New York 1964.

Goodman, Paul, *Growing Up Absurd*, New York 1960.

Goodman, Paul, *Five Years: Thoughts During a Useless Time* (ein Tagebuch aus den 1950er Jahren), New York 1969.

Goodman, Paul, *People or Personnel*, New York 1966.

Goodman, Paul, *North Percy*, Boston, MA 1968.

Goodman, Paul, *New Reformation: Notes of a Neolithic Conservative*, New York 1970.

Goodman, Paul, *Speaking and Language: Defense of Poetry*, New York 1971. Dt. Auszug im Goodman-Reader, S. 135-154.

Goodman, Paul, *Little Prayers and Finite Experience*, New York 1972. Neue Ausgabe des Essays ohne die Gedichte: *Crazy Hope & Finite Experience*, San Francisco, CA 1994. Dt. *Stoßgebete und anderes über mich*, Köln 1992. Einige der «Little Prayers» sind nachgedichtet in: Marie T. Martin, Stefan Blankertz, Paul Goodman, *kleine gebete*, Berlin 2016.

Goodman, Paul, *Collected Poems*, New York 1973.

Goodman, Paul, *Nature Heals*, hg. von Taylor Stoehr, New York 1977. Teilweise dt. *Natur heilt*, Köln 1989.

Goodman, Paul, *Collected Stories*, hg. von Taylor Stoehr, Santa Barbara, CA 1979. Vier Bände.

Goodman, Paul, *Einmischung: Ein Reader*, hg. v. Stefan Blankertz, Bergisch Gladbach 2011.

Goodman, Paul, u. Percival Goodman, *Communitas* (1947/60), New York 1990. Dt. Köln 1993.

Grubrich-Simitis, Ilse, *Michelangelos Moses und Freuds «Wagstück»: Eine Collage*, Frankfurt/M. 2004.

Heil, Jacob Amadeus, *Warum ist die Gestalttherapie keine kassenrechtlich zugelassene Therapieschule in Deutschland?*, Masterarbeit, Klagenfurt 2021.

James, William, *The Moral Equivalent of War*, Vortrag 1906.

Jefferson, Thomas, *Writings*, New York 1984.

Kjærvik, Sophie L., und Brad J. Bushman, *A Meta-analytic Review of Anger Management Activities*, in Clinical Psychology Review 109 (2024) 102414, S. 1-14.

Köhler, Wolfgang, *Die physischen* [sic] *Gestalten in Ruhe und im stationären Zustand*, Braunschweig 1920.

Köhler, Wolfgang, *Intelligenzprüfungen am Menschenaffen*, Berlin 1922.

Kropotkin, Peter, *La Conquête du Pain*, Paris 1892.

Kropotkin, Peter, *Landwirtschaft, Industrie u. Handwerk* (1899), Berlin 1976.

Kropotkin, Peter, *Mutual Aid* (1901), mit einem Vorwort von Ashley Montagu, Boston 1955.

Landauer, Gustav, *Aufruf zum Sozialismus* (1911), Köln 1923.

Levinas, Emmanuel, *Théorie de l'Intuition dans la Phénoménologie de Husserl* (1930), Paris 2010.

Lewin, Kurt, *Vorsatz, Wille und Bedürfnis: Mit Vorbemerkungen über die psychischen Kräfte und Energien und die Struktur der Seele*, Berlin 1926.

Lewin, Kurt, *Die psychologische Situation bei Lohn und Strafe*, hg. v. Stefan Blankertz, Berlin 2020. (Text von 1931.)

Lewin, Kurt, *Principles of Topological Psychology*, übersetzt von Fritz und Grace Heider, New York 1936.

Lewin, Kurt, *Die Lösung sozialer Konflikte* (eine Sammlung von soziologischen Essays, posthum), Bad Nauheim 1953.

Lewin, Kurt, *Feldtheorie in den Sozialwissenschaften* (posthume Sammlung sozialpsychologischer Essays), Bern 2012.

Lewin, Kurt, *Werke* (KLW; es sind nur vier von geplanten sechs Bänden erschienen). – Zur Bibliographie vgl. *Kurt Lewins Kritik der Ganzheit*, Berlin 2020, S. 137-142.

Malatesta, Errico, *Scritti*, hg. v. Luigi Fabbri, Bd. 1 Genf 1934, Bd. 2 Genf 1935, Bd. 3 Genf 1936.

Mandl, Elisabeth, *Revolution auf Krankenschein: Das politische Erbe der Gestalttherapie*, Masterarbeit, Wien 2018.

Mendes-Flohr, Paul, *Martin Buber* (2019), Berlin 2022.

Morton, Donald, *The Crisis of Narrative in the Postnarratological Era: Paul Goodman's «The Empire City» as a (Post-) Modern Intervention*, in New Literary History, 24. Jg. (1993) Nr. 2, S. 407-424.

Nettlau, Max, *Geschichte der Anarchie*, Band 3, Berlin 1931.

Obermiller, Tim, *Will the real Richard McKeon please stand up?*, in University of Chicago Magazine, Dez. 1994 (online).

Orwell, George, *Politics and the English Language*, in Horizon, 13. Jg. (1946) Nr. 76, S. 252-265.

Passos, Maria de Lourdes R. da F., *Skinner's Definition of Verbal Behavior and the Arbitrariness of the Linguistic Signal*, Temas em Psicologia, 15. Jg. (2007) Nr. 2, S. 161-172.

Perls, Fritz, *Ego, Hunger, and Aggression* (1942), London 1947. Dt. *Das Ich, der Hunger und die Aggression*, Stuttgart 1969.

Perls, Fritz, *Gestalt Therapy Verbatim*, Lafayette, CA 1969. Dt. *Gestalttherapie in Aktion*, Stuttgart 1986.

Perls, Fritz, *Die Grundlagen der Gestalttherapie: Einführung und Sitzungsprotokolle*, hg. v. Hilarion Petzold, München 1976.

Perls, Fritz, *Gestalt – Wachstum – Integration: Aufsätze, Vorträge, Therapiesitzungen*, hg. v. Hilarion Petzold, Paderborn 1980.

Perls, Fritz, *Was ist Gestalttherapie?*, Kassel 2018.

Perls, Laura, *Leben an der Grenze*, Köln 1989.

Petzold, Hilarion, «*Goodmansche» Gestalttherapie als «klinische Soziologie»*, 3 Teile: Gestalt Nr. 40 (Februar 2001), S. 48-66; Nr. 43 (Okt. 2001), S. 35-58; Nr. 44 (Juni 2002), S. 19-57.

Petzold, Hilarion, *Aggressionsnarrative, Ideologie und Friedensarbeit: Integrative Perspektiven*, in Frank-M. Staemmler und Rolf Merten (Hg.), *Aggression, Selbstbehauptung und Zivilcourage*, Bergisch Gladbach 2006, S. 39-72.

Petzold, Hilarion, *Zwischen Gestalt- und Integrativer Therapie*, in Psychologische Medizin 3 (2011), S. 14-44.

Petzold, Hilarion, «*Transversale Vernunft»: Fritz Perls, Salomo Friedlaender, Max Stirner und die Gestalttherapie*, in Polyloge, Ausgabe 16/2013 (FPI-Archiv).

Philippson, Peter, *Selbstwerdung* (2001), Berlin 2018.

Piaget, Jean, *Das moralische Urteil beim Kinde* (1932), Stuttgart 1983.

Proudhon, Pierre-Joseph, *Für dezentrale Nationen* (1862-1864, ediert von Stefan Blankertz), Berlin 2022.

Proudhon, Pierre-Joseph, *Théorie de la Propriété* (vor 1865; 1866 posthum veröffentlicht), Brüssel 1871.

Rand, Ayn, *Capitalism: The Unknown Ideal*, New York 1967.

Reich, Wilhelm, *Die Funktion des Orgasmus* (1927, revidierte Fassung 1942), Köln 1987.

Reich, Wilhelm, *Die Massenpsychologie des Faschismus*, Kopenhagen 1933. Überarbeitete engl. Fassung New York 1946; neue englische Übersetzung New York 1970. Überarbeitete deutsche Fassung (fehldatiert auf 1942) Köln 1971.

Schernus, Wilhelm, *Verfahrensweisen historischer Wissenschaftsforschung: Exemplarische Studien zu Philosophie, Literaturwissenschaft und Narratologie*, Dissertation, Hamburg 2005.

Schmidt, Stefan, *Die Fliege des Aristoteles*, in Zeitschrift für Anomalistik, Band 12 (2012), S. 158-178. Unter den Kommentatoren sei Wolfgang Hasselbeck, *Die Achtsamkeit des Aristoteles*, S. 184-189, hervorgehoben.

Simonson, Peter, *Richard McKeon in the Pragmatist Tradition*, in Robert Danisch (Hg.), *Recovering Overlooked Pragmatists in Communication*, New York 2019, S. 23-51.

Skinner, B.F., *Walden Two* (1948), Indianapolis, IN 2005.

Skinner, B.F., *News from Nowhere, 1984*, in Behavior Analyst, 8. Jg. (1985) Nr. 1, S. 5-14.

Skinner, B.F., *Beyond Freedom an Dignity*, New York 1971.

Smuts, Jan, *Holism and Evolution* (1926), London 1927; Nachdruck der ersten Auflage Highland, NY 1996. Dt. *Die holistische Welt*, hg. v. Adolf Meyer, Berlin 1938.

Spielrein, Sabina, *Destruktion als Ursache des Werdens* (1912), in Ausgewählte Schriften, Berlin 1986, S. 95-144.

Staemmler, Frank-M., *Babylonische Sprachverwirrung? Über die vielfältigen Verwendungen und Bedeutungen des Feldbegriffs*, in Gestalttherapie, 20. Jg. (2006) Nr. 2, S. 30-62.

Staemmler, Frank-M., *Wer nicht ‹klaut›, lernt nichts dazu – oder: Die Notwendigkeit, aus anderen Quellen zu schöpfen, am Beispiel der gestalttherapeutischen Aggressionstheorie*, in Gestalt & Integration, Nr. 63, Oktober 2008, S. 50-57.

Staemmler, Frank-M. und Barbara, *Das Ego, der Ärger und die Anhaftung: Zur Kritik der Perls'schen Aggressionstheorie und -methodik*, in Frank-M. Staemmler u. Rolf Merten (Hg.), *Therapie der Aggression*, Bergisch Gladbach 2008, S. 29-168.

Stahlmann, Katharina, *Gestalt und Anarchie*, in Gestaltkritik 1-2003 (GIK-Archiv).

Stein, Edith, *Einführung in die Philosophie* (zw. 1917-32), Freiburg 1991.

Stilley, Hugh Morgan, *Paul Goodman's Empire City: Genre and Epistemology*, Dissertation, East Lansing, MI 1974.

Tavris, Carol, *Beyond Cartoon Killings: Comments on Two Overlooked Effects of Television*, Stuart Oskamp (Hg.), *Television As a Social Issue*, Newbury Park, CA 1988, S. 189-197.

Tavris, Carol, *Anger: The Misunderstood Emotion* (1982), New York 1989 (überarbeitete Neuauflage).

Taylor, Gordon R., *Das Experiment Glück*, Frankfurt/M. 1973.

Watzlawick, Paul, *Wie wirklich ist die Wirklichkeit? Täuschung, Wahn, Verstehen*, München 1976.

Watzlawick, Paul (Hg.), *Die erfundene Wirklichkeit: Wie wissen wir, was wir zu wissen glauben?*, München 1981.

Wheeler, Gordon, *Kontakt und Widerstand* (1991), Köln 1993.

Wheeler, Gordon, *Jenseits des Individualismus* (2001), Wuppertal 2006.

Yontef, Gary M., *Awareness, Dialog, Prozess: Wege zu einer relationalen Gestalttherapie* (1988), Köln 1999.

EIGENE WERKE MIT GESTALT-BEZUG (BÜCHER)

Kritischer Pragmatismus, Wetzlar 1983 (Dissertation). Mit dem Titel *Paul Goodmans kritischer Pragmatismus*, Köln 1988.

Legitimität und Praxis: Öffentliche Erziehung als pädagogisches, soziales und ethisches Problem, Wetzlar 1989 (Habilitation).

Gestaltkritik: Goodmans Sozialpathologie in Therapie und Schule, Köln 1990.

Vernunft ist Widerstand: Thomas von Aquin u. die Gestalttherapie, Köln 1993.

Gestalt begreifen: Ein Arbeitsbuch zur Theorie der Gestalttherapie. Erstveröffentlichung 1996 und dann verschiedene Überarbeitungen. Aktuell: Kassel 2018.

Therapie der Gesellschaft, Wuppertal 1998.

Einladung zur Gestalttherapie (zusammen mit Erhard Doubrawa, 2000), Kassel 2018.

Lexikon der Gestalttherapie (zusammen mit Erhard Doubrawa, 2004), Kassel 2017.

Meister Eckhart: Heilende Texte, 2005, Kassel 2018.

Gestaltpädagogik, Schule und Freiheit, in George Dennison, *Gestaltpädagogik in Aktion*, Wuppertal 2006, S. 273-344.

Verteidigung der Aggression, Wuppertal 2010.

Gestalttherapie Essentials, 2012, Kassel 2019.

Pädagogik mit beschränkter Haftung: Kritische Schultheorie, 2013, Berlin 2019, S. 75-90.

Thomas von Aquin: Die Nahrung der Seele, Berlin 2015.

Die Geburt der Gestalttherapie aus dem Geiste Sigmund Freuds, Berlin 2016. Mit meinem Traumtagebuch.

Husserls Intuition und Levinas' Beitrag (zusammen mit Cornelia Muth), Berlin 2018.

Neue Nachrichten von der Seele (zusammen mit Cornelia Muth), Berlin 2020.

Verziehungsauftrag: Werkbuch kritische Schulpolitik, Berlin 2020, S. 155-168.

Wilhelm Reichs Massenpsychologie des Faschismus, Berlin 2020.

Nur ein altmodisches Liebeslied? Glanz und Elend des klassischen Anarchismus, Berlin 2023, S. 81-92 (Buber und Landauer), S. 219-238 (Goodman).

EIGENE WERKE MIT LEWIN-BEZUG (BÜCHER)

Kurt Lewins Kritik der Ganzheit, 2017, Berlin 2020.

Die psychologische Situation bei Lohn und Strafe (Edition eines Lewin-Textes von 1931), Berlin 2020.

Rothbard denken, Berlin 2021, S. 53-76.

«Antiherrschaftlicher Widerstand ist keine Systemkategorie»: Luhmann und das Schulsystem, Berlin 2023, S. 87-111.

Gabriele Blankertz
Kontakt gestalten: Wege zur Heilung
124 Seiten · [D] 12,80 € · edition g. 401

Stefan Blankertz
Kurt Lewins Kritik der Ganzheit
150 Seiten · [D] 13,80 € · edition g. 403

Stefan Blankertz & Cornelia Muth
Husserls Intuition und Levinas' Beitrag
124 Seiten · [D] 12,80 € · edition g. 404

Peter Philippson
Selbstwerdung
284 Seiten · [D] 19,80 € · edition g. 406

Stefan Blankertz
Wilhelm Reichs Massenpsychologie des Faschismus
152 Seiten · [D] 13,80 € · edition g. 407

Stefan Blankertz & Cornelia Muth
Neue Nachrichten von der Seele: Ein Brevier
90 Seiten · 17 Farbseiten · Hardcover
[D] 17,80 € · edition g. 408

Kurt Lewin
Die psychologische Situation bei Lohn und Strafe
herausgegeben von Stefan Blankertz
120 Seiten · [D] 10,00 € · edition g. 409

*Gabriele Blankertz (Hg.), Gianni Francesetti
und Alessio Zambon*
Gestalttherapie in der Psychiatrie
124 Seiten · [D] 12,80 € · edition g. 410

www.berliner-gestaltsalon.de
editiongpunkt.de

Stefan Blankertz
Nur ein altmodisches Liebeslied?
Glanz & Elend des klassischen Anarchismus

Diese Studie bietet eine Sozial- und Ideengeschichte des Anarchismus für Europa von seiner Begründung durch Pierre-
Joseph Proudhon 1840 bis zur Niederlage in Spanien 1939 sowie für die USA von den Anfängen während der 1830er Jahre
bis zum Tod Murray Bookchins 2006. Da die Historiografie
Verlierer schäbig behandelt, ist heute kaum noch im Bewusstsein, dass der Marxismus vor 1917 einen größeren Einfluss fast
nur in Deutschland ausübte und auch danach der Anarchismus
bis zum Zweiten Weltkrieg eine stärkere Kraft in den westeuropäischen revolutionären Bewegungen verkörperte. Die
Leistung des klassischen Anarchismus liegt darin, dass er es für
einen kurzen Augenblick der Geschichte Europas nicht bloß
als denkmöglich, vielmehr auch als praktisch umsetzbar hat
aufzeigen können, das Prinzip der Gewalt sei als struktur-
gebendes Element der sozialen Organisation überwindbar.

Der Ertrag der hier vorgelegten Studie zur Sozial- und
Ideengeschichte des Anarchismus lautet: Aufgrund ihres Antikapitalismus waren die klassischen Anarchisten anfällig dafür,
falsche Koalitionen zu schließen; nämlich mit denen, die den
Staat nicht abschaffen, nicht einmal ein kleines bisschen reduzieren, sondern in bis dahin unbekannter Weise ausbauen
wollten. Daran waren sie freilich nicht nur selber schuld. Die
bürgerlichen, aufklärerischen, liberalen Kräfte übten sich in
Distanzierung. Die oftmals ausgestreckte Hand der Anarchisten wiesen sie zurück. Lässt etwas sich für die Zukunft daraus
ableiten? für eine bessere Strategie? Überlegungen zu dieser
Frage schließen die Studie ab. Denn der Anarchismus sei mehr
als nur ein altmodisches Liebeslied.

324 Seiten · [D] 20,00 € · edition g. 127

editiongpunkt.de